华东师范大学课程思政研究丛书

总主编 梅 兵

副总主编 王宏舟 戴立益

生物学科课程思政教学指南

主 编◎杜震宇

副主编◎张美玲 叶方兴

华东师范大学出版社

图书在版编目(CIP)数据

生物学科课程思政教学指南/杜震宇主编. —上海:华东师范大学出版社,2020
ISBN 978-7-5760-0461-8

Ⅰ.①生… Ⅱ.①杜… Ⅲ.①高等学校-思想政治教育-教学研究-中国 Ⅳ.①G641

中国版本图书馆 CIP 数据核字(2020)第 094492 号

华东师范大学课程思政研究丛书
生物学科课程思政教学指南

主　　编　杜震宇
责任编辑　赵建军
责任校对　王丽平　时东明
版式设计　庄玉侠
封面设计　俞　越

出版发行　华东师范大学出版社
社　　址　上海市中山北路 3663 号　邮编 200062
网　　址　www.ecnupress.com.cn
电　　话　021-60821666　行政传真 021-62572105
客服电话　021-62865537　门市(邮购)电话 021-62869887
地　　址　上海市中山北路 3663 号华东师范大学校内先锋路口
网　　店　http://hdsdcbs.tmall.com

印 刷 者　杭州日报报业集团盛元印务有限公司
开　　本　787×1092　16 开
印　　张　23.5
字　　数　569 千字
版　　次　2020 年 8 月第 1 版
印　　次　2020 年 8 月第 1 次
书　　号　ISBN 978-7-5760-0461-8
定　　价　59.00 元

出 版 人　王　焰

(如发现本版图书有印订质量问题,请寄回本社客服中心调换或电话 021-62865537 联系)

《生物学科课程思政教学指南》编写组

主　编：杜震宇

副主编：张美玲　叶方兴

编　委（按姓氏音序排列）：

杜震宇　黄　静　毛春晓

乔　芳　任　华　田怀珍

叶方兴　俞黎平　张美玲

编　务：金　靖

ZONG XU 总序

教育是功在当代、利在千秋的德政工程。培养什么人、怎样培养人、为谁培养人是中国高等教育必须回答的根本问题。从习近平总书记在全国高校思想政治工作会议中提到“要用好课堂教学主渠道,使各类课程与思想政治理论课同向同行,形成协同效应”到《高校思想政治工作质量提升工程实施纲要》、《教育部关于深化本科教育教学改革全面提高人才培养质量的意见》等系列文件,明确提出坚持把立德树人成效作为检验高校一切工作的根本标准,把课程思政建设作为落实立德树人根本任务的关键环节,课程思政在为党育人、为国育才中的重要地位不言而喻。

课程思政自提出以来,高校对专业建设、教材建设、教学教法、评价与质量保障体系等教学全要素进行了卓有成效的探索,教师从理念到实践已经取得初步的成果,但同时一些重点和难点问题尚未解决且制约着课程思政的深入发展,比如:从理念向实践转化的一般性原则和方法、不同学科课程思政的指标体系与实施策略、“以学为中心”理念下学习成效的评价方法,这些都是课程思政开展中悬而未决、亟待解决的问题。

华东师范大学是新中国成立后组建的第一所社会主义师范大学,始终坚持以德立学、以德施教,把为国育英才作为自己的使命与责任。在办学中,学校继承了其前身大夏大学和光华大学爱国主义的优良传统,秉承“智慧的创获,品性的陶熔,民族和社会的发展”的办学理想,持续深化人才培养模式改革,在学分制、通识教育、思政课程、课程思政、师范生培养、拔尖创新人才培养等方面取得了良好的成绩。2017 年,学校在已有工作的基础上全面实施课程思政教育教学改革;2018 年 3 月,学校举行第十三次党代会,会议明确了“育人”、“文明”、“发展”的新使命;2019 年,学校发布《华东师范大学关于一流本科教育建设的实施意见》,强化思想政治教育贯穿教育教学全过程,明确以学生的素质和能力达成为中心,提出以教育模式的深刻转型推动人的全面发展。

学校以顶层设计保障课程思政的有效落实、以分层行动推动课程思政全覆盖、以教研文化激发教师将课程思政作为内在需要、以质保体系促使课程思政的持续改进,形成了思政课程—课程思政、教师思政—学生思政、教师发展—学生发展有机统一、协调发展的课程思政教育教学改革模式,获得了上级教育主管部门和专家同行的认可,2017 年入选上海市首批“课程思政教育教学改革整体示范校”,2019 年入选上海市首批“高校课程思政整体改革领航高校”，课程思政教学改革的影响力走出校园，辐射其他兄弟高校并与基础教育形成联动与衔接。

在开展课程思政教育教学改革的过程中，学校注重抓关键环节和关键问题。教师在示范课程建设中，精心进行教学设计，在教学内容有机融入课程思政元素、课程思政教学成效的评价方法方面积累了丰富的经验；示范专业和领航学院基于 OBE 理念，在培养目标—毕业要求—课程体系的完整链条中总结课程思政的一般性规律和共同要素，形成课程思政教学指南；职能部门则以“教育家”和“标准人”为目标，以冯契先生“化理论为方法、化理论为德性”的思想为指导，对课程思政实施中的管理机制、评价体系和质量保障体系进行探索创新。学校出版课程思政研究丛书，既是对课程思政教育教学改革经验的梳理和总结，也是对关键问题的研究和提炼。从实践操作案例到理论研究，聚焦课程思政从理念到实践转化的关键问题，期待以我校课程思政开展的逻辑与脉络、经验与模式、顶层设计与实践方法，为兄弟高校提供一种参考。我们希望这套丛书能够在以下方面对一线教师和教学管理人员有所启发：

一、课程思政教育教学改革的学理支撑

课程思政的实施需要一般性原则指导。丛书以**教育学、汉语言文学、生物科学、地理科学、生态环境类、体育教育**等不同学科、专业的实证研究，总结出开展课程思政的一般原则和策略，揭示推进课程思政的内在逻辑，为管理部门和一线教师开展课程思政提供学理支撑。

二、课程思政教育教学改革的体系框架

课程思政实施是管理、教学、教材、质保、评价的全链条、全要素协同。丛书以教师的课题研究成果搭建了管理体系、教学体系、质量保障体系、评价体系的框架，为其他高校开展课程思政提供借鉴与参考。

三、课程思政教育教学改革的实践指南

课程思政重在实践。丛书内容涵盖不同专业开展课程思政的教学指南，以及映射不同思政点的高质量课程思政案例集，为管理人员和一线教师提供从理念到实践的具体操作参考案例，同时又具有一定的开放性，一线教师和管理者可以根据本校的传统和特色进行拓展。

由于课程思政教育教学改革本身是在摸索中前进，其理念、内涵、方法在不断发展和深化，尽管本套丛书的编写者工作非常努力，撰写数易其稿，但代表的也仅是一家之言，再加上诸多局限性，本套丛书的缺点和不足在所难免，仅以此套丛书跟大家交流华东师范大学的探索和心得，欢迎各位同仁提出宝贵意见和建议。

梅　兵

2020 年 5 月于华东师范大学丽娃河畔

MU LU **目录**

《生物学科课程思政教学指南》简介与使用说明

《生物学科课程思政教学指南》(下简称《指南》)由华东师范大学"生物学一级学科课程思政教学指南编制组"编写完成,受到上海市教委"高校课程思政教学指南编制"项目的资助。本《指南》希望从生物学科的课程思政教学原则、思路、具体策略与教学方法各个层面,为全国各高校讲授生物学相关课程的一线教师与教学管理评估人员提供"操作手册"式的切实指导与参考。同时,本《指南》也为从事思想政治专业教学与研究的教师提供了生物学科的课程思政实践思路与大量鲜活生动的专业案例,亦可作为思政课程教学的实用参考书。此外,由于课程思政元素在各一级学科所属的课程中具有相当大的相通性,本《指南》虽然在学科隶属上指向生物学一级学科,但事实上,本《指南》所构建的课程思政教学理念、原则、策略与具体课程的课程思政操作实践也完全可供其他学科参考与效仿。希望本《指南》能从具体操作层面推动课程思政改革,将立德树人真正落实于每一门课程的教学中,从而培养符合中国特色社会主义建设要求的优秀人才。

本《指南》由"《指南》简介与使用说明"、"生物学科的课程思政教育理念、教学原则与策略"、"生物学科课程思政的八个维度及其诠释"、"生物学课程的课程思政教学评价原则、标准与操作策略"、"生物学二级学科代表性课程的课程思政教学指南"(共十门:动物学、植物学、微生物学、水生生物学、生物化学、生理学、神经生物学、分子生物学、细胞生物学、遗传学),共五个部分组成。其中,"《指南》简介与使用说明"为读者阅读与使用本《指南》提供了编者的意见。"生物学科的课程思政教育理念、教学原则与策略"为生物学科各课程的课程思政教学构建了理论框架、教学原则与基本教学方法,可供读者在总体上把握生物学课程思政实践的总体方向、教学边界与基本教学策略。而"生物学科课程思政的八个维度及其诠释"则帮助一线教师总结归纳出在生物学课程中所蕴含的八大思政维度、每个维度下的三项二级指标点,以及这些维度与指标点的思政内涵与教学注意点。"生物学课程的课程思政教学评价原则、标准与操作策略"则为一线教师与教学管理评估人员提供若干可具体操作的课程思政教学评价思路与方法。"生物学二级学科代表性课程的课程思政教学指南"则提供了十门具有代表性的生物学二级学科主干课程的课程思政教学指南,供主讲各具体课程的一线教师在教学中实际参考使用。因此,本《指南》构建了一整套完整的课程思政教学体系,可以为一线教师提供从理论原则、实际教学到评估评价的全程教学指导与参考。

本《指南》各篇章既有内在逻辑关联，也可独立成篇、相互比较。因此，读者既可通读全书，以完整系统地了解生物学科课程思政的教学理论与具体操作策略；也可根据实际工作需求，选择本《指南》中最适合自身实际情况的篇章和相应课程的课程思政教学指南进行阅读使用。本《指南》面向广大的一线教师与教学管理评估人员，它既可为已对课程思政有深刻领悟和具体教学经验的教师提供他山之石，进一步提高课程思政的教学意识与教学技能，也可为初涉课程思政教学的教师提供系统而详尽的理论与具体操作指导。本《指南》还可以作为课程思政的启蒙与培训教材，供教学管理部门在推动课程思政教学改革时使用。

需要注意的是，由于本《指南》意在为一线教师提供"操作手册"式的具体指导，因此编写组为读者提供了生物学一级学科下十门二级学科主干课程的课程思政教学指南。在每一门课程的编写中，又提供了每一章节的主要思政元素分析，以及相关思政元素融于具体知识点的教学策略。然而，由于生物学科所衍生的相关学科和课程非常丰富，远远超出本《指南》所列出的十门代表性课程；同时，又由于不同高校不同教师的教学重点均有所差别，即便是本《指南》列出的十门课程，在不同高校或不同教师的课堂上，其教学过程、教学方法与教学内容均大不相同，因此，本《指南》在提供各课程各章节的具体课程思政教学参考的同时，全书的编写也重在体现出一种可具体操作的课程思政教学思路和方法。对此，读者既可直接选用本《指南》所提供的课程思政教学策略与思政元素，也可参考本《指南》所体现的课程思政教学思路或者相近课程的课程思政教学指南，根据自身所教授的课程与教学风格，演化出更符合自身课程与教学要求的课程思政教学方法与策略。此外，我们在各课程各章节所列出的思政要点和教学策略，并不意味着本章节仅有这些思政要点，也不意味着在相关章节的实际教学中都必须使用这些思政要点和教学策略。事实上，我们相信，在掌握课程思政的教学原则与基本策略后，广大生物学相关专业的一线教师完全可以设计出比本《指南》所列各课程相关教学案例更为精彩的课程思政教学案例与教学策略。

由于编者水平所限，本《指南》难免出现疏漏甚至谬误，在相关知识点的课程思政元素分析与教学策略设计中也难免存在分析不足、设计不全之处，诚望广大读者和专家给予批评指正。

华东师范大学生命科学学院

杜震宇

2020.2.14

第一篇

生物学科的课程思政教学理论与教学策略总论

第一章

生物学科的课程思政教育理念、教学原则与策略

教育的根本任务是立德树人，人的培养是高等教育的重要使命。如何把社会主义核心价值观融入高校课程是当前高等教育的重要任务。习近平总书记在2018年的全国教育大会上明确指出："培养什么人，是教育的首要问题。我国是中国共产党领导的社会主义国家，这就决定了我们的教育必须把培养社会主义建设者和接班人作为根本任务，培养一代又一代拥护中国共产党领导和我国社会主义制度、立志为中国特色社会主义奋斗终身的有用人才。"党的十八大以来，高校思想政治教育工作已成为上升至国家战略层面的重要工作。具体到高校课程设置中，对高校学生的思政教育便不再仅仅局限于思想政治课程和思政专业教师，而应当成为全体教师共同承担的教育使命与责任。在这样的背景下，由上海市教委提出并推向全国的"课程思政"改革正适应了时代发展的需求。"课程思政"的实质是一种课程观，[①]是一种"课程承载思政，思政寓于课程"的育人理念和方法。"课程思政"要求高校所有课程都承担育人工作，构建高校课程体系合力机制，落实高校全员育人、全程育人、全方位育人的任务。专业课教师要深刻认清自身所肩负的社会使命和立德树人的根本任务，充分挖掘专业课程中所蕴含的育人资源，强化育人理念，构建"价值引领、能力培养、知识传授"三位一体的教学目标，促使所有教学活动都肩负起立德树人的功能，与思想政治理论课同向同行，形成协同效应和育人合力，实现思想政治教育功能的全课程覆盖，从而全面提升学生的思想水平、政治觉悟、道德品质、文化素养。

生物学是研究生物体的结构、功能、发生和发展规律的科学。作为自然科学的一部分，生物学目的在于阐明和控制生命活动，改造自然，为农业、工业和医学等实践服务。尽管生物学往往被视为自然科学，但事实上，生物学科的众多课程本身蕴含着丰富的思政教育元素。生物学课程知识体系中所包含的科学思辨、客观理性、求真求实、精益求精等专业素养，其本身便是全人教育和思政教学所希望引导大学生形成的积极世界观、人生观和价值观的重要组成部分。而生物学知识与实践成果对于医学、农学、生态学乃至国际气候变化、国家经济政策与发展道路的辐射与影响，更与制度自信、人文关怀、生态意识、社会责任等密切相关，如能通过恰当的教学方式将这些思政元素进行发掘并有效地传递至教学对象，便是课程思政的应有之义。此外，生物学科的课程教学也体现出其明显的特征：**1）客观性**：教学内容

① 高德毅，宗爱东. 课程思政：有效发挥课堂育人主渠道作用的必然选择[J]. 思想理论教育导刊，2017(1).

努力反映自然世界生命体真实而相对客观的自然属性；2)**专业性**：与其他学科专业一样，生物学科的知识构成具有明显的专业性；3)**逻辑性**：生命体的运行规律也是自然规律的一部分，具有天然的严密逻辑性；4)**自洽性**：生物学科的广袤知识体系，无论从科学史的演进和知识点的组成都自成一体，体现出高度的自洽性；5)**实践性**：生物学科是典型的实验科学，其知识来源与修正发展高度依赖于实验实践，因此生物学科的教学高度强调实践出真知和理论联系实际，具有明显的实践性；6)**关怀性**：生物学科研究的是包括人类自身生存繁育在内的鲜活生命过程，天然具有明显的"由己及他"的生命关怀和生态观念。正是这些特征，使得生物学科的课程教学极其注重知识的系统性和连贯性，视教学内容的客观真实性和实践性为课程的灵魂，同时又具有关切生命、珍惜生态的天然价值取向。由此，生物学科的课程思政教学，便应当具有生物学科自身的特点和理念，并遵循生物学科的课程思政教学原则，设计符合生物学科特点的课程思政教学策略。

一、生物学科的课程思政教学理念

生物学课程所培养的人首先是具有生物学专业知识、技能的专业性人才。从培养生物学专业性人才的长远目标来看，生物学课程并非只是培养具备高度专业化知识和思维的人，即"专业人"，更是培养具有专业性素养和品格的人。生物学课程思政是完成培养"生物学人"到"成为人"使命的活动。在具体的教学活动开展过程中，需要坚持生物学科课程思政的教学理念，体现生物学课程育人功能的法则和标准。具体来说，可概括为"三个统一"。

(一) 知识性与价值性相统一

生物学科各课程贯彻"课程思政"必须坚持知识性与价值性相统一原则。这是回答"教什么"、"为什么教"、"如何教"的基本问题。生物学课程的基本任务是完成生物学知识与实验实践技能的传授，这主要是回答"教什么"的知识性问题；而回答"为什么教"、"如何教"的问题，则揭示了生物学科课程思政的价值性。生物学科各课程所承载的专业知识和技能是在具体的社会政治情境中展开的，最终是要服务于国家、社会发展。与专业知识和技能的客观性、知识性相比，专业性的素养和品格，更加体现为一种社会性和价值性。生物学科所着重体现的科学精神、生命意识，人类在生物利用中所彰显的现实关怀，以及生物学所培育的专业人才所体现的修为都与价值密切相关。尽管生物体的结构、功能、发生与发展具有客观的规律性，不以人的意志为转移。然而，当科学研究者以人为的方式去捕捉、思考、把握生命体背后的规律性，那么，生物体就进入了人的知行之域，必定渗入人的价值态度和价值观念，决定了生物学从根本属性上必然应当具有价值属性。如果忽视了这一点，重讲授、重知识，轻育人、轻价值，就会忽视学生主体精神价值的需求，削弱生物学课程系统知识对学生素养和价值引领的陶冶作用。因此，生物学科各课程的课程思政教学，必须坚持知识性与价值性相统一的原则。

(二) 科学性与人文性相统一

生物学科的课程思政必须坚持科学性和人文性相统一的原则。生物学作为自然科学之一，具有特定的研究对象，借助科学的研究方法、概念和专业术语，揭示不同生命体活动和发展的规律。生物学科的科学性主要体现在：一是研究对象和规律的客观性；二是研究方法的科学性；三是研究术语的专业性。生物学课程的人文性主要体现为人在客观科学知识的传递过程中所表现的主体性和精神领域的塑造，具体表现为语言的理解和运用、对生命的关怀和人文精神的培养。如果在教学中只注重科学性，轻视人文价值，必然会导致科学主义泛滥，使学生变成毫无感情的工具理性者；而只提升人文价值，忽视科学性，人文精神就会淹没在神秘主义和信仰主义中。生物学是人的科学，是由人创立与发展，为人类服务的。因此，生物学科的课程思政教学必然要注重科学性与人文性的统一，才能真正体现出主体与客体统一，人、自然、社会三位一体的有机整体性。

（三）过程思维与育人目标相统一

生物学课程思政必须坚持过程与结论相统一原则。生命科学是在自我更正的过程中积累和进步的，每一个生物学知识的产生，都依赖于科学家群体的不懈探究过程。这些科研探究过程，既体现出科学的思维方式和研究方法，也表现出科学家群体的协同性、集体性和合作性。生物学科各课程要贯彻“课程思政”目标，一个重要渠道就是培育学生科学研究者所必备的精神、观念等，而这些精神、观念的养成往往是在知识学习与实验实习的过程中实现的。事实上，开展科学研究的过程，就是一个不断习得科学研究者所必需的能力、品格，养成科学探索精神、合作品质、奉献情怀，传承科学文化传统，明确纪律规范的过程。因此，在生物学课程过程中体现育人功能，就需要在学习与实践过程中，让学生真切感受到科学研究的严谨性、真实性、规范性，科学研究者对科学研究的态度观念，技术使用的价值和伦理关切，科学研究背后的人文关怀和社会责任，团队意识与协作精神，同时也应注重纪律意识的培养，这是生物学课程贯彻“课程思政”的重要保证。

二、生物学科的课程思政教学原则

尽管生物学科的课程本身便蕴含着丰富的思政教育元素，具有和思政教育的高度统一性，然而，这种统一性并不能天然保证在生物学科各课程中开展课程思政教育的成功。相反，在生物学科各课程中开展课程思政教育，需要教师精准地掌握专业教学和思政教育的平衡点，尤其必须注意以下教学原则，否则很可能造成专业教学与思政教育双输的局面。

（一）尊重生物学科各课程的专业教学体系

生物学科各课程的专业教学体系是历经多年理论和实践考验而形成的，其所包含的课堂教学体系、实验/实践/实习教学体系、评测考核体系体现着鲜明的专业特色，紧密服务于专业教学的教学目标。因此，在生物学科各课程中开展思政教学，必须首先尊重生物学科课程的专业教学体系。如果随意将思政课程的教学体系、教学方法生硬植入生物学科课程的专业教学体系，不但会破坏专业教学的教学体系，阻碍专业教学的开展，更无法得到学生的认同，无法开展有效的课程思政教育。

（二）保障生物学科各课程的完整知识体系

生物学科各课程是相关方向专业知识的系统化呈现，其章节设置、前后衔接，本质上反映了该学科领域的历史发展脉络和各知识点之间的逻辑关联。因此，保障生物学科各课程知识体系的系统性和完整性，是生物学课程的核心教学宗旨。任何形式的课程思政都必须优先保障生物学课程知识体系的完整性和系统性，绝不能通过减少专业教学时间或者随意改造章节设置来开展，否则将严重损害专业课程的专业性特征，并造成学生专业知识结构的严重缺陷。

（三）维护生物学科各课程的学科价值体系

生物学科各课程的知识体系内涵重在认识和理解生命体的运行和操控规律，并由此天然形成求真求实、尊重自然、关怀生命、珍惜环境的学科价值观。因此，在生物学科各课程中开展课程思政，务必注意维护生物学科的学科价值体系，将培养学生求真求实、科学理性、关爱生命的价值取向作为专业教育和课程思政教育的重中之重。如果生物学科各课程的课程思政重心偏离了专业学科的价值体系，便极易将专业课程上成思政课程，从本质上损害专业课程的严肃性，无法得到学生的内心认同。

三、生物学科课程的课程思政教学的规律和策略

生物学科的课程思政是基于生物学专业课程的思政教育，因此，生物学科各课程的课程思政必然带有生物学科的专业特色，它既服务于生物学科的课程教学，但又要从思政教育的角度发掘、整理和传递出隐藏和依附于生物学课程中的思政元素。由于这些思政元素和生物学科的知识与价值体系浑然一体，只有同时具有专业知识、思政意识和相应的教学策略，生物学科的专业教师才能较为自如地开展课程思政教学。本《指南》编者在总结自身教学经验的基础上，提出以下教学策略和要点，以作为高校生物学科教师开展课程思政教学的具体参考。

（一）生物学科课程的课程思政教学过程总体规律

本《指南》对包括生物学科在内的大部分理工科课程的课程思政教学规律进行了总结提炼。这种规律以教学准备、教学过程和教学效果三者顺序展开，依次列为："发掘元素"、"融入课程"、"渗透教学"、"依附知识"、"记忆固定"和"价值内化"几个环节（如下图）。

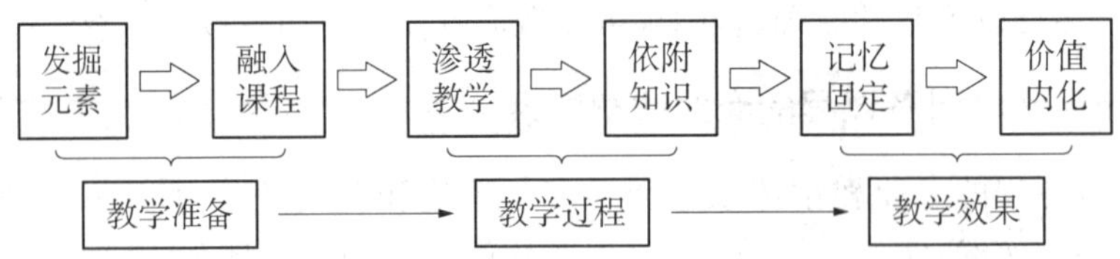

就具体而言，需要生物学科的专业教师在授课之前的教学准备中，细致审视教学内容，发掘专业教学内容中潜在的思政元素并进行系统整理，然后在备课中事先设定正确的教学技巧，将这些源自专业知识的思政元素融入计划讲授的课程知识内容中。而在教学过程中，则要运用巧妙而娴熟的教学技巧，将思政元素渗透于各个教学环节，并注意将思政元素紧密依附于具体的知识点进行传递。在合适的教学策略下，这些思政元素便能伴随着专业知识一起固化于学生的知识体系中，并在今后运用专业知识的过程中，时时闪现，让专业知识与思政元素相互交融，在润物细无声中，最终达成学生思想价值观的内化，实现专业教育和思政教育的统一，达到全人教育目标。

(二) 生物学科课程的课程思政教学策略

本《指南》编写者在近年来的课程思政实践中，也形成了若干行之有效的教学策略，总结并分析如下：

1. **发掘知识体系中天然自带的科学观、生命观与生态价值观**

生物学科各课程拥有生物学科的共同学科价值观，主要包括：科学理性、求真求实、尊重规律、关怀生命、珍惜环境、团结协作等，而这些价值观又与大部分的当代社会主义核心价值观有着天然契合之处。因此，在生物学科各课程的教学过程中，应当努力发掘各章节各知识点中隐含的这些学科价值观，并以专业的教学语言加以呈现。具体可参见本《指南》各二级学科课程的教学指南。

2. **彰显学科发展中时时闪耀的先辈楷模示范性**

生物学的发展史上，涌现出很多先辈楷模，无论从他们的科研探索精神、为真理献身的勇气，还是为大家舍小家的家国情怀，无不是思想教育的绝佳样板。因此，生物学科各课程的课程思政教育中，要特别彰显这些前辈楷模的事迹，以人为范，以情动人。在具体的教学设计中，可将先辈楷模的感人事迹与知识点合并讲授，并注意通过选择不同人物的事迹特点，渗透不同方面的思政元素。实践表明，只要选材得当，先辈楷模的事迹本身就是最好的思政教育。

3. **突出专业设置中无处不在的国计民生关联度**

生物学科的科研和教学内容与国计民生密不可分，而在这些与国计民生密切关联的知识点和教学环节中，蕴含着大量可发掘的与爱国主义、社会责任、时代担当等有关的思政元素。如果教师能善于利用粮食自给、疾病防控等关系国计民生的重要事件，以作为行业专家自身真切的急迫感来强化"行业的问题必须由行业人来担当"、"自身专业对国家的重要性"等内容，必能激发青年学子的社会责任感、投身国家建设的热情与激情。

4. **强化实验实习实践中真实可信的体验感**

在生物学科课程中广泛设置的实验、实习和实践环节，是开展课程思政非常理想的情境。在实验实习实践中，学生在体验真实的自然世界和社会环境后，往往都能意识到理论与现实的差异，从而反思自身理论学习的成效，反思自身在高校象牙塔中的思想观念。此时，往往是学生思想观念转变较大的环节。因此，教师应当在此时注意观察学生的学习过程与心理变化，并善于借助学生的心理变化言传身教，引导学生正确而积极地看待想象世界和真实世界的差异，并在事业规划和生活指导方面给予学生以切实而诚恳的指导。这种思政教学策略，对于年轻学生的引导和帮助非常大，对塑造学生积极向上的三观具有重要作用。

四、生物学科课程的课程思政教学要点

生物学科各课程开展课程思政教学，是一种在专业和思政之间取得平衡的教学艺术，用力不足则如隔靴搔痒、无法感染学生，用力过猛则破坏专业氛围、招致学生反感。因此，即便教师已经领会了课程思政的基本原则和教学策略，在实际备课和授课过程中，也必须时时注意拿捏的分寸感，保证课程思政的教学效果。本《指南》提出专业课程开展课程思政的若干

教学要点，合并称为“六尚”与“六忌”。

（一）六尚：尚亲、尚新、尚变、尚润、尚实、尚专

所谓亲，是指教师本身要和学生有亲近感，教学语言和教学方式具有亲和性，思政案例要贴近学生生活或者日常的思考范畴，这样才能打开学生心扉，有利于开展思政教学；**所谓新**，是指教师要时刻把握最新的国内外各种政策和形势的变化，把最新的政策精神、最新的时事要闻融入专业教学和课程思政，才能让学生始终处于知识和时局的最前沿；**所谓变**，是指教师对呈现不同知识点所体现的思政要素要有形式和内涵上的变化，才能体现思政元素的丰富性和综合性；**所谓润**，是指教师要努力提高教学技巧，善于将思政元素融入专业教学，以润物细无声的教学手段，将专业课堂浸润于思政的氛围之中；**所谓实**，是指教师要将思政案例和教学宗旨与真实的时局发展、社会现实相结合，在说实话、办实事的框架下开展思政教育；**所谓专**，是指教师必须在尊重专业教学和知识体系的前提下，将思政元素和一个个具体的专业知识点、具体的实验实习过程相结合，做到有物可依，在专业中渗透思政，才能体现课程思政的专业性。以上六尚，既有相对独立的意涵，又存在紧密的相互协作，需要教师细心体会。

（二）六忌：忌离、忌旧、忌僵、忌硬、忌浮、忌滥

与“六尚”相对应，“六忌”是对生物学科教师实施课程思政效果不佳的原因总结。**所谓离**，是指教师对学生没有发自内心的亲近感，对实施课程思政缺乏积极性，这种对学生和思政教育的疏离感，会被年轻学生敏锐地觉察并拉开师生沟通的距离，很难进行思想交流，这是思政教育的最大障碍；**所谓旧**，是指教师缺乏对最新时局和思政形势变化的了解，依然抱守陈旧的思政教育观念，无法契合年轻学生的心理特点和时代风貌；**所谓僵**，是指在从事思政教育时，忽略不同课程、不同教学环节、不同知识点的差异性，机械僵化地执行某种思政教学方式，严重影响思政教学效果；**所谓硬**，是指教师对思政元素的教学和渲染缺乏合适的教学技巧，教学语言干涩，在专业教学中生硬地植入思政内容，招致学生的反感；**所谓浮**，是指教师没有充分发掘思政元素，没有对专业知识背后的思政元素的内涵、外延、案例等进行充分的教学准备，在思政要素的教学传导过程中蜻蜓点水、浅尝辄止，导致思政元素无法和知识点牢固结合，无法真正进入学生的内心；**所谓滥**，是指教师在感受到生物学科知识体系背后丰富的思政元素后，在专业课程中设置过多的思政教学设计，结果造成思政与专业的失衡，破坏了生物学科知识体系的完整性和严肃性。综上，这些问题中，既有教师自身育人观念的问题，也有教学水平的问题，需要教师从教学观念到教学技能做全面的反思与更新。

五、开展课程思政教学对生物学科教师提出的要求

如前所述，生物学科课程中开展课程思政教学并不是单纯的专业＋思政，而是一种以专业为表型，以思政为基因型的育人方式。它有着与传统专业教学和思政教学共通的特征，也有着一些属于它自身特点的教学策略和教学要点，更需要任课教师在不同学科课程之间、在不同知识点之间、在专业和思政之间取得平衡。同时，教师也要具备健全的人格、积极向上的人生观念、坚定的政治方向以及高尚的道德和社会良知，并获得思想活跃的年轻学子的认可。这些，都对高校生物学科的教师提出了更高的要求。

（一）对青年学生的真切期待

不管是思政课程还是课程思政，其核心在于积极引导青年学生形成符合时代需求的、积极向上的世界观、人生观和价值观。只有内心充满对青年学子的殷切期待，希望他们拥有积极向上的三观和社会责任感，并期盼他们能在中华民族复兴的伟大时代里有所作为，教师才能发自内心地对青年学子给予真诚而正面的引导。思政教育，是心与心的交流，只有那些真心对待学生的教师，才能得到学子的真心回报与尊重，愿意追随教师的引导进入知识和思想的海洋。这是课程思政得以开展的最重要前提。

（二）对专业知识的精深理解

生物学科课程的课程思政，是依附于专业的思政教育形式。因此，生物学科课程的课程思政，首先依赖于教师对自身的专业知识是否有精深的理解。只有对专业知识有深刻的理解，才能读出专业知识点的“弦外之音”，从而敏锐地觉察思政元素的存在，正确地剖析这些思政元素在知识点构成中的分布及其与知识点的结合度，并最终将思政教育的基因成功表达于专业课堂上。

（三）对思政原理的准确领悟

生物学科教师应当积极主动学习思政教育相关的文献资料与政策走向，准确领悟思政教育的原理与内涵，学习并掌握思政教育的话语体系。教师只有准确理解思政教育的核心原则和教育原理，才能在专业知识的内涵外延中准确地判断什么是思政元素，以及相关思政元素在课程思政教育中的地位、类别与特点，才能开展正确的课程思政教学准备，做到与思政课程的同向而行、协同育人。

（四）对时局变化的及时把握

当前的世界纷繁复杂，我国的国内外环境也充满多种变数。因此，要使得课程思政贴合实际，反映当前时局，教师必须时时注意了解时局变化，站在中国特色社会主义和中华民族复兴的立场上思考这些变化中的专业和思政元素，善于将这些最新的国内外世事变化转变为各种专业和思政案例，并通过准确的解读，转化为青年学子对客观世界的了解，塑造其积极开放的世界观。

（五）对教学技能的熟练掌握

课程思政特别讲究专业和思政的平衡感，因此，这对教师的教学技能提出了很高的要求。从实践看，教学经验丰富、教学技能高超的教师，往往能很好地掌握专业与思政的平衡点，并善于用严密的逻辑、自然从容的教学语言引出与专业知识浑然一体的思政元素，将其深深嵌入学生的知识体系中。同时，熟练的教学技能，也有助于把控课堂气氛，并根据不同知识点和不同思政元素的差异，营造不同的教学情境，感染青年学子的心灵，达到润物细无声的教学效果。

（六）对育人信念的忠诚坚守

不论是思政课程还是专业课程，其根本的教育目的都是育人。生物学科教师需要深刻地认识到这一点,敞开胸怀接纳课程思政这样一种依托于专业课程开展的思政教育。尽管当前存在很多浮躁而急功近利的社会思潮和不甚合理的考核机制,教师必须坚守为师者的育人信念,将立德树人作为教师的职业信仰,以培养符合中华民族伟大复兴的接班人作为自身对这个时代和民族的最大贡献。

(杜震宇、叶方兴)

第二章 生物学科课程思政的八个维度及其诠释

生物学科各课程中蕴含着丰富的课程思政元素，为更好地帮助一线教师整理、提炼和理解这些课程思政元素，本《指南》将生物学科各课程的课程思政元素归纳总结为八个思政维度，每个维度列出三个主要二级指标点，从而形成生物学科的课程思政八维度体系。该体系的具体构成与维度诠释如下：

生物学科课程思政的八维度体系

一级维度	二级指标点
政治认同	拥护中国共产党领导 坚定中国特色社会主义理想信念 积极投身于中国特色社会主义建设
家国情怀	在情感层面发自内心地热爱国家 与国家民族休戚与共的家国同构 以百姓之心为心、以天下为己任的使命感
科学精神	客观理性的思维特质 严谨求实的工作作风 探索创新的价值取向
文化自信	认同并热爱中华民族的优秀传统文化 认同并热爱中国共产党的革命文化 认同并热爱新时代中国特色社会主义文化
法治意识	认同并支持中国社会主义法制体系 自觉尊法、学法、守法、用法 积极参与社会主义法治国家建设
公民品格	具备作为国家主人和社会主体的自觉意识 弘扬和践行社会主义核心价值观 明确并履行社会主义制度下的权利、责任与义务

（续表）

一级维度	二级指标点
生态文明	遵循人、自然、社会和谐发展的客观规律 树立符合自然规律的价值需求、规范和目标 倡导并践行生态理念，推动经济社会的可持续发展
全球视野	了解国际政治体制与文化差异 具备基于全球变化与国际差异的思维视角 以全球视野看待并参与社会主义中国的建设

一、政治认同

（一）含义

政治认同就是要拥护中国共产党的领导，坚定中国特色社会主义理想信念，并积极投身于中国特色社会主义建设。中国特色社会主义是改革开放以来中国共产党的全部理论和实践主题，更是党和人民历经千辛万苦、付出巨大代价取得的根本成就。政治认同是青年一代创造幸福生活的精神支柱、价值追求和道德准则。只有筑牢政治认同，才能形成全国各族人民团结奋斗的共同思想基础，才能为实现中华民族伟大复兴的中国梦而努力奋斗。

（二）二级指标点

1. 拥护中国共产党的领导

中国共产党领导和执政地位的确立是历史和人民的选择。中国特色社会主义最本质特征是中国共产党领导，中国特色社会主义制度的最大优势是中国共产党领导。党是最高政治力量，必须坚持党对一切工作的领导，这样才能实现推进现代化建设、完成祖国统一、维护世界和平与促进共同发展三大历史任务。

2. 坚定中国特色社会主义理想信念

建设中国特色社会主义是我们共同的理想信念。在社会主义事业中，我们既要坚定自己的共产主义理想，为共产主义奋斗终身，又要坚持中国特色社会主义信念，坚定对党的领导的信念，坚定走中国特色社会主义道路的信念，坚定实现中华民族伟大复兴的信心。

3. 积极投身于中国特色社会主义建设

建设中国特色社会主义，要体现在实际行动中，要立足于我国仍处于社会主义初级阶段这个最大实际，积极投身于中国特色社会主义事业，推进中国特色社会主义经济、政治、文化、社会和生态文明建设。要把远大理想与现阶段共同理想紧密地结合起来，胸怀共产主义崇高理想目标，坚持和发展中国特色社会主义，为实现共产主义理想目标创造物质、精神和社会条件。

二、家国情怀

（一）含义

家国情怀是一个人对自己国家和人民所表现出来的深情大爱，是对国家富强、人民幸福所表现出来的理想追求，是爱国主义精神产生的伦理基础和情感状态。家国情怀在中华文明数千年的演进历程中有着深厚的滋生土壤和历史渊源，我们要以历史文化涵养家国情怀，以时代精神焕发家国情怀。我们每个人要把自己的人生理想与价值追求融入国家繁荣和社会进步的滔滔洪流之中，担当起时代赋予的使命，为实现中华民族伟大复兴的中国梦而努力奋斗，努力实现自己的个人理想和社会价值。

（二）二级指标点

1. 在情感层面发自内心地热爱国家

要在厚植家国情怀上下功夫，首先在情感层面要发自内心地热爱国家。要从一言一行中体现出对祖国的深厚情感，表现出对故土家园、民族和文化强烈的归属感、认同感。情感是人们实践活动得以展开的催化剂，只有在情感层面热爱国家，才能表现出强烈的家国情怀。

2. 与国家民族休戚与共的家国同构

天下之本在国，国之本在家，家之本在身。我们要把家与国的关系看成是一个整体，把个人、家庭、国家进行有机结合，筑牢共同体意识，主动使个人意识服务于民族、国家的共同利益。

3. 以百姓之心为心、以天下为己任的使命感

一个人对国家的热爱，从来都不是抽象的。家国情怀本质上是一种精神，只有将这种精神化为实际，它才会具有实际意义。社会实践是青年成长的沃土和宽广的课堂，广大青年要站在人民的立场上，增强与人民群众的感情，要将“小我”融入“大我”之中，增强使命感，自觉为人类幸福而努力地工作，主动选择祖国和人民最需要的工作领域与地域，无私奉献知识与才华。

三、科学精神

（一）含义

科学精神是人类文明进程中结出的精神果实，它是科学的灵魂，也是马克思主义的精髓。科学精神以求实和创新为核心诉求，是现实可能性和主观能动性的结合。其中，现实可能性来自对客观性的追求，主观能动性则体现为强烈的创新意识。科学精神具有极其丰富的内涵，概言之，其主要特征包括：坚持理性信念、把握实证方法、秉承批判态度和遵循试错模式。坚持科学精神，就要求我们在马克思主义科学世界观和方法论指导下，用辩证唯物主义和历史唯物主义的基本观点，不断提高辩证思维能力，认清世界和社会发展规律和阶段性特征。在个人成长、社会进步、民族复兴和人类文明发展过程中作出正确的价值判断和行为选择，在实践创新中增长才干，为国家民族发展作出最大的贡献。

（二）二级指标点

1. 客观理性的思维特质

客观理性的思维特质是把自然界视为人的认识对象和改造对象，坚信客观世界是可以认识的。理性也是自我反思的产物，是人类发展的精神支柱，表现为对理智的崇尚。只有具有客观理性的思维特质，才能使得人们通过大胆假设、认真求证，从而不断地摆脱蒙昧主义和神秘主义、拓展知识边界，更清晰地认识世界，最终将认识从经验层面上升到客观真理层面。

2. 严谨求实的工作作风

事物的表象往往是复杂而多变的，只有具备严谨求实、客观公正的工作作风和态度，才有可能在思考和研究中尽力排除人为或主观因素的影响，并以尽可能精确精准的手段与方法，逐步揭示出事物的本来面目，从而保障认知结果的可信度和实用性，达到正确反映客观现实获取真理性认识的目的。

3. 探索创新的价值取向

探索创新的价值取向是科学精神的重要体现。墨守成规只会被历史所淘汰，而只有创新，才能真正推动人类的发展。要践行探索创新，便要提倡独立思考、不人云亦云，提倡不唯上只唯实，提倡批判精神、大胆质疑，提倡解放思想、敢为人先。只有不断探索创新，才能打破惯性思维，达成认知和思想上的新高度，做出重大的发明发现，创造新的价值。创新精神是一个国家和民族发展的不竭动力，也是一个现代人应该具备的素质。

四、文化自信

（一）含义

文化自信是一个国家、一个民族、一个政党对自身文化价值的充分肯定，对自身文化生命力的坚定信念，是国家、民族发展中最为基础、深沉而持久的力量。我们的文化自信来自于对时代发展潮流、中国特色社会主义伟大实践的深刻把握，同时又是对古往今来悠久的中华文明深切的价值关怀，包含着对我们中华优秀传统文化、革命文化的自信，对中华文化发展前途的自信，对中国特色社会主义文化发展道路的自信。

（二）二级指标点

1. 认同并热爱中华民族的优秀传统文化

文化是民族的血脉、民族的灵魂，是我们的精神家园，更是一个国家、民族屹立不倒的根基所在。中华民族在长期的社会生活实践中，在各民族之间不断的交流与碰撞中，逐步形成了天下一统的国家观、人伦和谐的社会观、兼容并包的文化观以及艰苦奋斗的生活观为主要特征的中华优秀传统文化，这为中华民族的生存与发展提供了巨大的心灵支撑和强大的内在动力。我们要认同并热爱中华民族的优秀传统文化，以中华优秀传统文化为滋养，助推中国特色社会主义文化繁荣发展。

2. 认同并热爱中国共产党的革命文化

革命文化是中国共产党领导中国人民在伟大斗争中创造培育的文化，它以马克思主义为指导，以"革命"为精神内核和价值取向，继承中华优秀传统文化，借鉴世界优秀文明成果，是具有鲜明中国特色的先进文化。它起源于五四新文化运动和中国共产党成立，形成于新民主主义革命时期，丰富发展于社会主义革命与建设以及改革开放时期。在新的时空条件下，中国共产党的革命文化不断被赋予新的阐释、解读和传播，其价值内涵得以接续转化、丰富和发展。我们要引导广大青年学生认同革命文化、传承革命文化，推进革命文化与时俱进，用其武装头脑，指导实践。

3. 认同并热爱新时代中国特色社会主义文化

党的十九大报告指出，中国特色社会主义进入了新时代，新时代对于文化自信建设提出了更高的要求。新时代，要高扬中国特色社会主义文化自信，强固民族脊梁，就必须坚持以马克思主义为指导，必须用马克思主义中国化的最新成果——习近平新时代中国特色社会主义思想来指导新时代中国特色社会主义文化建设。在教育实践中，就需要不断增强广大青年学生对新时代中国特色社会主义文化的情感认同。

五、法治意识

(一) 含义

法治意识是对于现行法律发自内心的认可、崇尚、遵守和服从。概括为十六个字，即：科学立法、严格执法、公正司法以及全民守法。当前，人们需要基于对于法律的理性认识，进一步内化形成对于法律的情感认同，增强全社会厉行法治的积极性和主动性，形成守法光荣、违法可耻的社会氛围，使全体人民都成为社会主义法治的忠实崇尚者、自觉遵守者和坚定捍卫者。

(二) 二级指标点

1. 认同并支持中国社会主义法制体系

了解中国特色社会主义法制体系，认识其形成历史、体系构成和主要内容，对于社会法律相关事实有基本的判断能力，并在此基础上支持我国法治事业，推动中国社会主义法治体系进一步完善。

2. 自觉尊法、学法、守法、用法

自觉尊法就是尊重法律，不做违反法律的事；学法，要做到对法律的基本认识和了解；守法，就是严格约束自己遵纪守法，不去触碰法律底线；用法，即是增强法律意识，用好法律武器来维护自己的合法权益。

3. 积极参与社会主义法治国家建设

坚定坚持党的领导，坚定不移走中国特色社会主义法治道路，以满腔热忱自觉投身于社会主义法治国家建设，包括积极发展中国特色社会主义法治理论、扎实推进中国特色社会主义法治体系建设，从而在全面依法的治国实践中作出应有贡献。

六、公民品格

（一）含义

公民品格是关涉社会公共生活领域的公民品行、人格与道德要求，体现的是对社会公共生活秩序及其公正性的追求，以及公民在社会公共生活中所应遵守的道德原则与行为规范。公民的品行人格、道德素养、文明水准是整个民族素质的体现，它不仅是一个国家软实力的重要组成部分，而且也是促进人的全面发展，培养现代公民的基本纲领和基本方式。中共中央《公民道德建设实施纲要》已经提出了“爱国守法、明礼诚信、团结友善、勤俭自强、敬业奉献”二十字的公民道德基本规范。

（二）二级指标点

1. 具备作为国家主人和社会主体的自觉意识

公民作为国家主人和社会主体，无论何时何地都要以国家和民族的利益为重，自觉维护国家荣誉、利益和安全；明确必须履行对于国家和社会应尽的责任与义务的意识，树立权利与义务不可分离的观念，并尊重他人的合法权利。自觉进行民主参与，积极参加政治生活，成为支撑中国发展的社会中的一分子。

2. 弘扬和践行社会主义核心价值观

社会主义核心价值观是社会主义核心价值体系的内核，它体现社会主义核心价值体系的根本性质和基本特征，反映社会主义核心价值体系的丰富内涵和实践要求，是社会主义核心价值体系的高度凝练和集中表达。十九大报告中指出，培育和践行社会主义核心价值观要以培养担当民族复兴大任的时代新人为着眼点，强化教育引导、实践养成、制度保障，发挥社会主义核心价值观对国民教育、精神文明创建、精神文化产品创作生产传播的引领作用，把社会主义核心价值观融入社会发展各方面，转化为人们的情感认同和行为习惯。

3. 明确并履行社会主义制度下的权利、责任与义务

作为一个公民，要正确行使自己的权利，同时还要自觉履行应该承担的责任与义务。在社会主义制度下，权利与义务相互依存、不可分离、有机统一。作为国家的公民，享有宪法和法律确认的公民权利。同时，也需要履行包括维护国家统一和各民族团结；遵守宪法和法律，保守国家秘密，爱护公共财产，遵守劳动纪律，遵守公共秩序，尊重社会公德；维护祖国的安全、荣誉和利益；保卫祖国、依法服兵役和参加民兵组织；依法纳税等公民义务与责任。

七、生态文明

（一）含义

生态文明，是人类遵循人、自然、社会和谐发展这一客观规律而取得的物质与精神成果的总和，是指人与自然、人与人、人与社会和谐共生、良性循环、全面发展、持续繁荣为基本宗旨的文化伦理形态。当前社会面临着资源约束趋紧、环境污染严重、生态系统退化的严峻形势，必须树立尊重自然、顺应自然、保护自然的生态文明理念，走可持续发展道路。

（二）二级指标点

1. 遵循人、自然、社会和谐发展的客观规律

人类社会的发展实践证明，如果违背生态规律造成生态系统失衡，导致生态系统不能持续提供资源、能源等要素，物质文明的持续发展就会失去载体和基础，进而整个人类文明都会受到威胁。因此，必须在全社会达成共识：人类可以改变生态规律的作用条件，但不可改变生态规律。

2. 树立符合自然规律的价值需求、规范和目标

在经济发展中处理好人与自然的关系，达到人与自然的和谐共生，是生态文明的基本价值取向。尊重自然规律，实现人与自然的和谐共处是人类社会持续发展的奋斗目标。因此，人类一切生存生产生活行为，都应该以符合自然规律作为最基本的价值需求、行动规范和最终目标。

3. 倡导并践行生态理念，推动经济社会的可持续发展

将生态理念形成为人们内心认同并自觉实践的价值观和生产生活方式。在生活消费中，需要培养和树立人们的绿色消费观念，在追求健康舒适和幸福生活的同时，注重环保，节约资源和能源，实现可持续消费。在工农业生产中，需要着力开发应用节约资源、环境友好的生产技术与工艺，实现可持续发展。

八、全球视野

（一）含义

当今我们所处的环境并不是真空和封闭的，而是处在一个全球化和国际化的时代背景之中。我国与全球国家的联系比以往更加紧密，在文化、经济、政治等各方面与世界各国发生着极为广泛的交流与碰撞，从而也对上至国家政策、下至民众的日常生活产生着重要影响。构建全球视野，便是要求人们在考虑问题时能够从全局着眼，以世界为视域，在世界格局中思考、理解与解决中国问题，并在与世界的沟通交往中理解并认同具有中国特色的政治体制与知识体系。

（二）二级指标点

1. 了解国际政治体制与文化差异

了解各国不同的政治文化以及形成的不同基础，并根据各国自然与社会情况，了解不同国家的经济生产方式和经济形态，并在此基础上，深入了解各国社会政治和生活结构。此外，世界上不同民族，不同国家也都有自己独特的文化，这种国际文化多样性是不同国家的重要标志，“和而不同”是我们在体会世界文化的差异和多姿中需要秉承的态度。

2. 具备基于全球变化与国际差异的思维视角

国际局势和全球形态时时发生着变化。在马克思主义哲学原理中，一切皆是运动、变化和发展的，因此，我们需要能够在全球变化的环境背景之中以多视角、多角度思考和考虑问

题，并结合不同国家、国际组织和地区之间的差异，形成多元化思考问题的角度。

3. **以全球视野看待并参与社会主义中国的建设**

在当前全球一体化的世界中，中国的问题必然和世界局势密切相关。在考量并参与中国特色社会主义建设中，如果仅仅囿于国内的环境和视野，就会使得中国特色社会主义的建设脱离全球化背景的视角，而变成一种囿于自身的演绎，走进世界的死角。因此，这就要求当代社会主义中国青年具备开阔的全球视野，站在中国特色社会主义建设的立场上，在国际纵横比较中看待与理解中国问题，参与国家建设，并从中了解中国特色社会主义制度理论体系的强大生命力。

（叶方兴、杜震宇）

第三章

生物学课程的课程思政教学评价原则、标准与操作策略

教学评价是任何学科、专业教学体系的有机组成部分，承担着控制教学质量、评估教学成效、监督教学过程、推动教学改革等重要职责，为一线教师和教学管理部门所高度重视。[①] 当前，基于专业课程的课程思政教学改革正在全国如火如荼地推广。然而，无论在理论界还是一线教学过程中，如何进行专业课程的课程思政教学评价，至今尚没有一套系统的理论与操作策略，这已成为广大一线教师和教学管理部门推动与落实课程思政教学的关键瓶颈。为此，本《指南》编写组根据近年来的课程思政一线教学经验，提出生物学课程的课程思政教学评价原则、标准与操作策略，供广大生物学相关课程的一线教师和教学管理部门参考使用。此外，由于课程思政教学在不同学科之间具有一定的相通性，生物学课程的课程思政教学评价原则、标准与操作策略也完全可以供其他学科借鉴和参考使用。

一、生物学课程的课程思政教学评价的功能定位与目标

与一般课程的教学评价类似，生物学课程的课程思政教学评价同样包含以下功能：1）控制教学质量；2）评估教学成效；3）监督教学过程；4）推动教学改革。基于这些功能定位，生物学课程的课程思政教学评价系统的设计定位与目标应包括以下内容：1）推动课程思政的规范化教学；2）推动建立有效可靠的教学反馈方式与渠道；3）推动形成课程思政教学过程闭环；4）推动激发课程思政的内生性改革，提升课程思政教学质量与成效。

二、生物学课程的课程思政教学特点

课程的教学评价体系必须符合相关课程的教学特点，生物学课程的课程思政教学评价体系也必须符合生物学课程的课程思政教学特点。和其他专业课程的课程思政教学一样，生物学课程的课程思政教学也具有课程思政的一些共性，包括：1）教学内容隐性化；2）教学形式多样化；3）教学方法个性化；4）教学目标重在构建政治认同、塑造积极三观、磨练品性、陶冶情操，而不强调对思政知识性内容的机械记忆等。[②] 除了这些课程思政的共性特点之

---

① 孟林华，金娟琴，唐月明. 开展课堂教学质量评价的实践与体会[J]. 高等农业教育，2000(01)：77—79.

② 高燕. 课程思政建设的关键问题与解决路径[J]. 中国高等教育，2017(Z3)：11—14.

外，生物学相关课程的课程思政教学还有着基于学科特色的教学特点，主要包括：1)课程体系包括理论课、实验课和实习/实践课程，其教学模式和教学空间更为多样化；2)更强调理论联系实际，体现学以致用、实践出真知；3)生命系统的复杂性要求生物学相关课程的课程思政更强调整体与个体、对立与统一、量变与质变、简单与复杂等辩证思维的训练；4)课程内容更突出生命观和生态观。这些学科特点，同样是设计和进行教学评价所必须注意的。

三、生物学课程的课程思政教学评价原则

根据课程思政教学的特点，课程思政的教学评价与专业课程的教学评价所遵循的原则也必然有所不同。本《指南》提出课程思政的教学评价应遵循四个基本原则，即忌机械、倡综合、重感悟、观实效。

1. 忌机械

从课程思政改革的初衷出发，课程思政的教学目标重在对青年学子思想品格的熏陶与塑造，要求以“润物细无声”的教学方法，不拘形式、巧妙而灵活地将思政内容“基因式”地融于专业知识的教学之中。[①] 这就意味着在专业课程的教学中，课程思政必然是一种隐性教学，并可能以多种形式和形态存在于专业课程的各个环节之中。此外，由于不同教师对专业知识的理解、拓展以及教学风格存在很大差异，其人生经历和生活感悟也各不相同，这必然导致不同教师即便对于同一堂课、同一个知识点的课程思政设计和教学方式也会大相径庭。因此，对于课程思政的教学评价，决不能机械而生硬地对教学形式、教学内容进行限定，应当鼓励教师发挥主观能动性，不拘一格地采用灵活巧妙的课程思政教学方式，以实现“春风化雨”、“润物无声”的教学效果。

2. 倡综合

课程思政的精髓在于教学过程的隐性化、立体化和多样化，在教学过程的每一个环节或任何一种教学方式都可以进行课程思政教育。课程思政，决不能成为一种形式单调而范式化的教学形式。优秀的课程思政教育需要教师能在一门课的教学过程中，综合采用多种教学方式，综合使用多个专业知识点，综合选择多个教学环节进行思政元素的渗透和熏陶，实现复合的课程思政元素在课程教学中的全面体现。由此，课程思政的教学评价应当重点考察课程思政教学内容和教学策略的综合性，其本质在于借此鼓励并倡导教师拓宽课程思政教学思路、采用多样化的教学案例和教学方法，将课程思政全面融入专业教学的各个环节，形成综合立体的课程思政教学体系，避免课程思政教学在内容和教学方法上的单调与刻板。

3. 重感悟

课程思政教学重在对青年学子思想品格的塑造，而不是思政知识的灌输。因此，课程思政教学的全部教学设计与方法，都应当重在引发同学们的思想和情感触动，从而实现思政元素的入脑入心。所以，对课程思政教学进行教学评价，无论是教师的自我评价还是教学同行和教学管理部门的外部教学评价，务必遵循课程思政的教学精神，感悟教学过程和教学方法对同学和评价人员思想和情感的触动，并以“感悟”的质量与程度作为评价的重要标准和

---

① 高德毅，宗爱东. 从思政课程到课程思政：从战略高度构建高校思想政治教育课程体系[J]. 中国高等教育，2017(1)：43—46.

内容。

4. **观实效**

尽管课程思政教学是一种“隐性教学”，其教学成效未必能用客观知识的考核加以评价。但是，成功的课程思政教学必然会引导青年学子形成积极而正确的三观以及高度的专业自信与自豪感。这些思想品格和专业态度的转变，也必然会反映在学生对待教师、对待学习、对待专业和对待外部世界的态度转变上，进而促进专业学习成绩的提升和对社会关注度的增加，这些才是课程思政与专业课程教学有机融合后所应该达到的真正成效。因此，课程思政的教学评价，需要着重考察同学对专业学习的态度和成绩变化，考察学生对教师教学风格和教学过程的认可度，考察课内外学生对国家社会发展的关注度和认同感，这才体现出课程思政教学评价的真正内涵和符合专业教学特点的务实性。

四、课程思政的教学评价标准

1. **整体性评价标准——六尚六忌**

在本《指南》第一章中，提出了生物学课程的课程思政教学要点“六尚六忌”，包括六尚——尚亲、尚新、尚变、尚润、尚实、尚专，六忌——忌离、忌旧、忌僵、忌硬、忌浮、忌滥，其具体含义参见本《指南》第一章。事实上，这“六尚六忌”同样也可作为教学评价的正向标准与负面清单，在实际评价工作中加以使用。

更具体而言，课程思政的教学评价应该含有丰富的层次感和评价维度，包括：1)师生之间的亲和性，2)思政要素的时代性，3)教学内容的多样性，4)教学方法的恰当性，5)思政教学的务实性，6)教学素质的专业性。这些都可成为课程思政教学的评价标准。而与“六尚”标准相背离的“六忌”，包括：1)游离的教学态度，2)陈旧的思政内容，3)僵化的教条思想，4)生硬的教学方法，5)浮浅的教学语言，6)泛滥的思政元素。这些则可作为评价不甚理想的课程思政教学时可遵循的标准。

2. **基本教学要素评价标准**

所有的规范化教学都应该包含基本的教学要素。一般而言，规范化的课程教学的基本要素除教学的主体——教师和学生之外，还包括：1)教学目的；2)教学内容；3)教学方法；4)教学环境；5)教学考核。① 这些也是所有教学评价的重要评价内容。尽管课程思政教学与一般的专业课程教学在教学内容、形式上均存在较大差异，但是其所应含有的教学要素则与一般专业课程的教学要素类似。

从教学评价的角度出发，本《指南》编写组提出课程思政教学的基本要素评价标准，可概括为以下五条：“教学目标具体明晰、教学内容合理准确、教学方法灵活巧妙、教学情境真切感人、教学考核细腻无形”。此处，对这几个教学要素的评价标准在生物学课程的课程思政教学中的具体含义做简要概述：

教学目标具体明晰。教师在开课之前的备课过程中，应该根据本课程或本次课的专业教学内容，思考并设计课程思政教学目标，同时明确本课程或本次课的课程思政教学目标所

① 陈碧钦，罗锋. 思想政治理论课贴近专业学习实际问题探究[J]. 沈阳农业大学学报(社会科学版)，2012(01)：92—94.

涉及的思政维度，并根据思政维度分级进一步细化本课程或本次课的课程思政的二级育人目标。生物学课程的课程思政维度划分，参见本《指南》前述章节。

教学内容合理准确。教师在备课过程中，要在教案中明确列出本课程或本次课的思政元素以及相关联的具体专业知识点或教学案例，并明确所涉及思政元素的具体教学内容。教师还必须慎重考虑课程思政内容在本课程或本次课中所占份额的合理性，不能影响专业内容的教学质量。教师还应当通过对思政、哲学、法律等专业文献书籍的阅读对照，做到课程思政教学内容符合国家方针政策，正确而准确。相关专业知识与课程思政内容的关联与挖掘方法和实例，参见本《指南》第二篇各课程指南。

教学方法灵活巧妙。教师需要在备课过程中针对本课程或本次课的专业知识与思政元素的特点，事先设计课程思政教学方法，明确这些课程思政元素在教学过程中的具体教学形式、方法与边界，做到合理、巧妙和灵活多样。课程思政的教学方法必须注重实效，既要让这些事先设计的思政元素在课程教学中得到充分的传达以及对同学们思想心灵的熏陶，又要避免因为课程思政而干扰专业教学。相关的具体案例可参见本《指南》第二篇各课程指南。

教学情境真切感人。生物学科各课程的教学环境较为多样，有教室、实验室，甚至田野、山林、海滨，教师需要事先预判本课程或本次课的教学环境对专业教学和课程思政教学的有利与不利影响，在备课过程中根据客观环境变化，主动设计与营造有利于课程思政教学的真切情境与熏陶氛围，促进思政内容动人动情、入脑入心。

教学考核细腻无形。课程思政的考核应不同于思政课程的传统考核方式，不建议用以知识性的思政内容进行考试，而应与课程思政的改革精神与育人目标相匹配，以"隐性考核"为主体思路，将课程思政的"育人成效"考核以融盐入汤式的方法，细腻无形地融于专业课程的过程性与结果性评价之中。比如，借由精心设计的课堂汇报、课堂讨论或课后作业，考察学生对不同思政维度的理解与接受度；在期中期末考试中，将思政元素融入开放性考题等。

以上的这些生物学科的课程思政教学基本要素，是所有生物学科相关课程开展课程思政所必须考虑并纳入在内的。这些基本要素是否齐全，是否准备充分，是否考虑或执行得当，便是课程思政教学评价所主要考察的基本内容。本《指南》书末附有《课程思政教学备课表》(以《动物学》相关章节为例)，供同行参考使用。

五、专业课程的课程思政教学评价策略

教学评价是对任课教师和教学成效的检验与建议，在一般的专业课程中，其评价策略一般可分为内部评价与外部评价。内部评价一般采用教学测验和问卷调查等形式，其评价结果可供教师自身参考使用。外部评价则往往来自于同行、教学督导和教学管理人员，通常采用听课或管理部门的课程评价信息化数据统计等策略进行。由于课程思政教学的教学成效往往很难用知识性测试来进行评价，因此课程思政的教学评价策略必然与传统的教学评价策略有所差异。本《指南》编写组提出以下几种适用于大部分学科的课程思政教学评价策略，并做简要论述，供同行与教学管理部门选择与参考。

1. 基于专业学习的评价

课程思政是立足于专业的隐性思政教学，如本《指南》第一章所明确的：课程思政绝不能干扰专业教学，甚至影响学生对专业知识的学习成效。事实上，理想的课程思政教学应该激

发同学们对专业学习的热情，培养他们基于专业的职业担当和责任感。因此，课程思政教学的一个重要评价方向，必须定位于专业学习的成效。无论是教师为主的内部评价，还是同行和教学管理部门为主的外部评价，评价者都必须以敏锐的观察力，通过课堂表现与课程考试成绩分析，判断课程思政教学对学生专业学习态度和学习成效的影响。如果课程思政教学反而干扰甚至损害了专业教学，那是对课程思政精神的严重违背，因此，学生对专业学习态度的下降和学习成绩的下滑应当成为课程思政评价中高权重的负面指标。

2. 基于课程思政特点的评价

除了基于专业学习的评价，本《指南》也提出若干针对课程思政教学本身的评价策略，包括基于教学要素和"六尚六忌"的整体性评价体系、融于专业考核的思政考核评价、主观描述性反馈评价、量化问卷评价和长期跟踪评价等。这些评价策略既可单独使用，也可综合搭配使用。以下，对各策略做简要论述并适当举例说明：

基本教学要素评价体系。"教学目标具体明晰、教学内容合理准确、教学方法灵活巧妙、教学情境真切感人、教学考核细腻无形"是前述小节中提出的教学评价标准。包括教师自身在内的评价者可以按照上述相应标准，根据自身或本单位情况，对教学目标、教学内容、教学方法、教学情境设置和教学考核的手段进行定性或量化评价，通过检查教学大纲和教案、随堂听课、分析教学反馈等方法，因地制宜，建立覆盖教学全过程的课程思政评价体系。

"六尚六忌"评价体系。如前所述，本《指南》所提出的"六尚六忌"标准，同样可以为评价者所使用。这些标准，根据不同教师和教学管理部门的需求，还可以继续细分至二级乃至三级评价指标，从而涵盖教学全过程。"六尚六忌"评价标准，既可单独作为一个评价体系使用，也可与上述基本教学要素评价体系结合使用。本《指南》书末附有一份《课程思政课堂教学评价表》，供同行和教学管理部门参考使用。

融于专业考核的思政考核评价。学生是否理解、认同并接受教师在课程思政教学中所传递和强化的思政元素，是检验课程思政教学的重要评价内容。因此，有针对性的测试和考查是必要的。由于课程思政是融合于专业的隐性教学，相对应地，教师对课程思政的教学考核也应该是隐性的。教师可以在专业的过程性考核（课堂汇报、课后作业、教学讨论）和期中、期末测试的结果性考核中，将思政元素融于专业考核之中，设计兼具专业考核和思政考核的巧妙作业或考题，从中评价课程思政教学的有效性。比如，在"微生物学"的考试中，可以设计以下考题："我国政府于2020年开始全面禁止在养殖业饲料端使用抗生素，请阐述我国政府颁布此法规的出发点是什么，并从微生物学专业的角度分析此法规的科学依据是什么？"这一考题既可考查同学们对我国政府关注民生的理解，也考查了同学使用微生物学专业知识深刻理解现实社会事件的能力。对此类考题的仔细分析，便能使得教师掌握同学们对课程思政元素的理解和接受度，并做出相对客观的教学评价。

主观描述性反馈评价。课程思政教学是以引导并影响青年学子的思想品性为主要教学目标的，由于学生们的思想觉悟、认知水平、性格习惯、生活背景存在很大差异，课程思政的教学成效在不同同学中的表现也会有所差异。因此，主观描述性反馈是课程思政评价的一种实际可行的评价方式。无论是任课教师还是教学管理部门，都可采用不同形式收集同学们对本课程或者本次课的描述性评价，并从一定数量样本的描述性反馈中分析出教师的课程思政评价的优缺点和效果。从具体操作角度，教师可以在重要教学环节结束后，或者期中、期末布置并收集同学们对于课程教学、专业必要性和学习本专业意义等具体问题的实名或匿名评价，教学管理部门可以借助信息化平台收集选课同学的文字评教记录。成功的课程思政教学，其成效往往会表现在同学们的文字评价中。一般而言，这些文字评价，往往含有同学们对本课程教学影响他们认识世界、认识国家、认识专业等方面的个人感悟。这些感悟在一定数量的文字反馈样本中的出现频率和感悟内容、深度，经过和课程思政八维度体系的对应对照，并经过合适的数据处理，便可以非常直观地体现出课程思政教学的成功与否。从本《指南》编写组的实践看，这是一种进行课程思政教学评价的理想方法。

量化问卷评价。问卷调查是常用的教学评价方式。在课程思政的教学评价中，问卷调查也是一种可以补充使用的教学评价方法。评价者可以设计一系列符合本课程特点的，以调查学生是否感受到、理解、认可和接受课程思政内容为主要目标的问题，在课程结束后进行匿名的问卷调查，并根据调查结果进行数据分析。这种分析方法，特别适用于班级之间的课程思政教学评价比较。它既可用于分析平行班之间不同教师的课程思政教学模式差异，也可以比较同一教师所负责的不同班级学生对课程思政接受和认可程度的差异。此外，本《指南》编写组也建议，此量化问卷评价应该在课程结束后进行，以避免在授课期间学生因为调查问卷而刻意寻找教学过程中的思政元素，反而干扰课程思政“融盐入汤”式的教学模式。

六、结语

包括生物学课程在内的课程思政教学，重在“融盐入汤”、“春风化雨”，其教学形式不拘一格，灵活多样。因此，根据不同单位的实际情况和不同教师的个人风格，课程思政的教学评价也必然呈现出丰富的操作形式与策略。只要紧紧抓住课程思政的改革初衷和精神，紧扣课程思政的教学评价基本原则，制定符合实际教学规律的评价策略，课程思政的教学评价工作便能真正发挥其应有功能，保障课程思政的教学质量，推动课程思政的深入改革，全面而规范地促进课程育人。

第二篇

生物学二级学科代表性课程的课程思政教学指南

第一章

“动物学”课程思政教学指南

一、“动物学”的专业教学体系与课程思政教学目标

1. “动物学”课程简介

动物学是研究动物的形态结构、分类、生命活动与环境的关系以及发生发展的规律的一门基础学科。本课程是生物科学与生物技术专业的专业基础课，将奠定学生的生物学理论与技能的学科基础，激发学生热爱自然、探索生命的科学素养与理念。本课程以动物进化为线索，讲解各动物门类的主要特征，重要代表动物的形态结构、生理机能、生活史特点。本课程一般在大学一、二年级开设，是生物学专业学生的必修课，是后续动物生理学、生态学、发育生物学、水生生物学以及生物医学等课程的基础。

1.1 “动物学”的专业教学体系结构

一般而言，“动物学”课程由理论课、实验课和野外实习组成，从而形成理论、操作和实践三位一体的课程教学体系。

1.2 “动物学”的专业教学目标

◎ 从进化的角度掌握动物各主要类群的基本结构、生物学特征、生殖和发育、生态和分布的特点；

◎ 掌握基本的动物观察解剖技术，理解动物形态与机能的高度统一性以及动物进化规律；

◎ 通过分析动物各类群的多样性，构建动物—人类—社会的和谐统一理念。

1.3 “动物学”常用专业教材与特色

刘凌云，郑光美主编. 普通动物学(第四版)[M]. 北京：高等教育出版社，2009.

本教材第一版由诸多知名动物学家于 1977 年编写。多年来，在诸多动物学家的不断更新修订下，目前本教材已经成为国内综合性大学和师范院校最为常用的动物学教材，也是农、林、医学等有关专业的重要参考教材。本教材注重动物形态与机能的结合、理论与实际的结合，以生物演化和适应为主线，着重介绍有关生物多样性保护的理念。同时，在历年修订过程中，根据动物学科发展现状，本教材在加强基础的同时也拓宽口径，注意介绍现代动

物科学知识和动物学宏观与微观研究前沿的最新成果，如进化理论、行为学、动物资源保护与可持续利用、人与自然的和谐发展等，以及联系、反映发育生物学、分子生物学、基因组学有关的新知识。本教材也提出了不少尚未解决、有待研究的问题，以激发学生学习兴趣、培养独立思考能力和创新意识。

2. “动物学”的课程思政教学目标

2.1 “动物学”的课程思政特征分析

“动物学”课程是生物学相关专业的基础核心课程，更是培养高校低年级学生树立最基本生命观念的主要课程。在“动物学”纷繁复杂的动物学基本知识中，也蕴含着丰富的课程思政元素。“动物学”的授课对象一般是大一、大二的高校学生，他们往往处在世界观、价值观和人生观的建立期，也正处于政治意识和公民意识的萌芽期。若能在动物学专业知识的传授过程中，以“润物细无声”的方式将课程思政元素浸润于专业知识中，这将使得学生能够在学习动物学专业知识的同时，也潜移默化地塑造三观，自觉成为符合社会主义中国发展要求、能够推动中华民族伟大复兴的新时代青年。

就“动物学”课程而言，根据其专业特征、知识特征和教学特征，其蕴含的思政元素主要可归于八大维度：政治认同、家国情怀、科学精神、公民品格、生态文明、法治意识、文化自信与全球视野。

政治认同：“动物学”课程中有多处专业内容与辩证唯物主义密切相关，这些专业知识与案例是对马克思主义思想的自然证明，非常有助于同学们在专业学习中理解与认同马克思主义世界观与方法论。此外，课程中也有大量新旧中国的案例对比，体现出中国共产党领导下的社会主义制度的优越性和先进性。同学们也将由此意识到一个富强文明的中国对于一个完善的动物研究、保护和利用体系的决定性作用，从而完成对支持中国发展和崛起的政治体制和国家意识的认同。

家国情怀：“动物学”的教学内容中彰显了多位学界前辈为国为民、以天下为己任的事迹，体现出前辈们的浓厚家国情怀。教学内容中也有着大量体现我国壮阔山河、丰富物产的知识内容。此外，受惠于编写《动物学》教材的动物学家前辈们的英明远见，教材对各类动物类群及其代表种类的选取，以具有演化意义、经济意义和科学意义的中国动物作为主要原则。这使得“动物学”课程的讲授与我国国情和自然资源紧密相连，也使得“动物学”课程成为大学生了解国情、盘清家底的重要知识来源。在此教学过程中，同学们可以逐渐建立对中华大地的情感，从而发自内心地热爱这个国家。“动物学”课程中所体现的对国家和人民的浓厚情感，正是家国情怀的体现。

科学精神：“动物学”课程是一个以理论讲授和实验、实习为手段，以动物演化为主线进行讲授，并突出动物结构与功能相适应的专业教学体系。因此，理解生命的进化观、理解生命活动的物质基础是本课程重要的教学目标。事实上，这正是马克思主义唯物史观的源头。因此，从思政角度，整个“动物学”的课程教学事实上便是马克思主义唯物史观在动物学方向上的全面论证与思想教育。在此基础上，辩证唯物主义及其所延伸的求真求实、客观理性、矛盾统一等科学精神，便成为浸润于“动物学”理论课、实验课和野外实习教学中的基因内核。作为自然科学的基础课程之一，科学精神是“动物学”课程的核心与灵魂。

公民品格：“动物学”课程着重讲述包括人类在内的动物生命在漫长历史年代中的演化

与复杂多样性，绘制出一部宏伟壮阔的生命奋斗史。当代人类在回顾和学习生命演化这一壮阔的生命画卷时，其内心都会受到触动与震撼，感受到生命体繁衍生息至今的不易与艰辛，从而油然而生对世间生命的尊重。因此，“动物学”课程教学中，蕴含着深刻而朴素的生命观。这种尊重自然、尊重生命的价值观，无疑是当代文明社会公民所应当具备的基本人格之一。同时，《动物学》在不同章节中，也对现代公民所应该具备的社会责任感、公共参与度等提出了要求。这些对于社会主义公民的人格道德要求，也与社会主义核心价值观相契合。

生态文明：“动物学”课程并不单纯将动物类群作为一个孤立的对象进行讲授教学，而是将其纳入一个完整的生态系统框架进行讲授的。无论是漫长历史年代的动物演化与适应，还是特殊时期的动物命运变迁，都与生态环境的变化息息相关。由此，在“动物学”的课程教学体系中，无论是理论讲授还是野外实习，都时时渗透着动物和环境的相互依赖性。这种动物（人）与自然的不可分割性，应当成为青年学子世界观和价值观中不可缺少的一部分。而这种动物（人）—自然—社会和谐统一的生态文明意识，正是当代中国在建设生态家园、达成人与自然的和谐相处、推动社会可持续发展过程中最根本的思想基础。

法治意识：“动物学”课程的理论讲授和实验实习中，都有大量合理利用动物资源、保护野生动物的知识要点和操作注意点。这背后既体现着中国日益进步和完善的法治观念和法治制度建设，但同时也反映出我国仍然存在地区发展不平衡所造成的部分公民法治意识的缺失。作为现代文明社会，法治是社会稳定和发展的重要基石，而公民的法治意识也决定了社会的文明程度和发展潜能。从这个意义上，“动物学”课程的教学过程，也应当成为一个普法的过程，使得青年学子在惊叹于伟大生命奇迹的同时，也将法治意识纳入自身的三观塑造中。

文化自信：“动物学”的课程内容中，特别是涉及动物学史的部分，也有多处涉及我国的传统文化和传统典籍，这也使得同学们得以在自然科学的课堂里感受我国的灿烂文化和伟大传统，从而树立文化自信。

全球视野：了解不同国家民族的体制和文化差异，并基于国际局势理解我国的现状和发展方向，是当代大学生的必要素质。“动物学”课程中有不少内容涉及国际间的学术和思想交流与比较，也有部分内容与国际地缘政治博弈相关，这都有利于培养同学们的全球视野，扩大他们思考问题的格局。

2.2 “动物学”的课程思政教学目标

由上分析，“动物学”课程具备丰富的课程思政元素和内涵。在“动物学”课程的教学过程中，应当采用合适的教学方式，体现和强化这些思政元素，实现以下的主要课程思政教学目标：

◎ 在深刻理解动物演化和适应规律的基础上，接受马克思主义唯物史观，使用辩证唯物主义思维和科学严谨的态度分析和解决问题。

◎ 通过对动物学专业知识的学习，培养客观理性的思维特质、严谨求实的工作作风和探索创新的价值取向。

◎ 在了解生命进化、结构、功能的复杂性和统一性基础上，认识生命之美，树立对生命的敬畏、尊重和关怀。

◎ 在掌握基本的中国本土动物种类、保护动态和利用原则基础上，了解基本国情，热爱祖国河山，建立文化自信，认同中国共产党的领导，认同中国特色社会主义发展道路。

◎ 在系统学习动物和生态环境的相互依赖性基础上，理解动物（人）和自然和谐共处的统一性和必要性，构建动物（人）—自然—社会的和谐统一理念；同时，作为生物学专业学生，认同生态文明建设，并建立愿意为之奋斗的意愿。

◎ 在正确而合规地进行动物实验和实习过程中，学习并理解我国的动物保护法规，树立保护动物、合法合规合理利用动物的法治意识。

二、《动物学》各章节课程思政教学指南

第一章　绪论

1.1　专业教学目标

本章是《动物学》的开篇，在整门课程的教学中具有“开宗明义”的功能。本章着重介绍动物学科的宏观知识和基本概念上，使得同学们掌握最基本的生物学和动物学相关概念、研究目的和意义以及学科发展历史，为之后讲解各个动物门类奠定基本的理论基础和宏观视野。具体教学目标如下：

◎ 掌握生物的分界及动物在其中的地位，理解物种演化规律；

◎ 了解动物学的学科含义及其分科；

◎ 理解动物学的研究目的和意义；

◎ 了解动物学在西方和我国的发展简史；

◎ 掌握动物研究方法和分类基本知识。

1.2　重要思政元素分析与相关知识板块

本章作为“动物学”课程的开篇，其内容覆盖面广，蕴含了丰富的思政元素。与之后大部分章节相比，本章的思政元素维度广、素材多，是“动物学”课程开展课程思政的重点章节。其主要的思政元素和相关的重点知识板块包括：

1) 制度认同

本章在“我国动物学发展”小节的后半段中，特意介绍了我国的动物学研究在明朝之前在世界上并不落后，但在随后的国家衰落和旧中国的内忧外患中，动物学研究进展缓慢，落后于世界水平。只有当新中国成立后，我国的动物学研究才重新走上正轨，并在党和国家的高度重视下得到蓬勃发展，目前已经重新成为国际动物学研究的重要力量，并在部分领域居于国际领先水平。这部分内容清晰讲述了政治与学科发展的关系，表明一个稳定而强大的国家对于科学研究发展的重要性，是对我国现行政治制度进行政治认同感教育的良好素材。

2) 爱国情怀

本章在“我国动物学发展”小节的前半段中，较为系统地梳理了我国古代的动物学研究的辉煌历史、成就和重要典籍。这一部分可以很好地激起同学们的民族自豪感，引导同学产生“这是一个值得热爱的伟大国家”的内在情怀。

3) 马克思主义唯物史观

本章开篇所讲述的生物分界系统是根据进化理论对生命体所进行的划分，浓缩了生物的进化过程。同时，在“西方动物学的发展”小节中，也介绍了达尔文全面阐述进化理论的伟大著作《物种起源》，以及马克思、恩格斯对达尔文进化理论的高度评价。事实上，进化论是马克思唯物史观形成的重要源头和支撑。这部分内容可以紧密结合马克思唯物史观，是马克思主义的良好载体。教材在本章还留下一个思考题：你如何理解恩格斯说的“没有物种概念，整个科学便都没有了”？这正是绝好的思政素材。

4) 理性思维

本章在“研究动物学的目的和意义”中，列举了大量有益动物和有害动物的案例，以及资源动物和保护动物的案例，这些案例中蕴含着深刻的科学理性思维，反映着人类如何科学理性对待动物、对待生命的态度。通过这部分案例，如何客观理性地对待和利用人类之外的动物，形成理性的动物保护观，不偏激、不走极端，是本部分内容重要的思政内容。

5) 科学精神

在本章的“动物学研究方法”小节中，教材列举了多种动物学研究方法，并着重强调：“不管哪一种，最重要的还是忠于事实。准确认真，思考周密精细，记载详明。将观察到的现象进行分析、归纳，做出科学的解释，把最本质的问题揭示出来。”这既是动物学研究的基本要求，也是科学精神的明确体现。对这一段文字，值得在本章教学中加以强调和强化。

6) 社会责任

本章在“研究动物学的目的和意义”小节中，列举了不少有害动物危害人类健康、影响国家稳定发展的案例，也列举了不少有益动物、资源动物为人类造福的案例，而对于有害动物的防控、对有益动物的合理利用，均需要专业的动物学知识。因此，作为生物学专业的学生，学好动物学，也是今后造福人类、造福社会的必然条件。这部分内容蕴含着专业知识和社会责任的关联，值得作为思政元素加以发掘和利用。

7) 可持续发展

在本章中有不少知识板块均阐述了动物—自然—人之间的相互关系。有害动物和有益动物、资源动物和保护动物，均随着环境、社会的变化和人对待自然态度的变化而进行变化及转换。这种变化，深刻揭示出人类发展和自然环境之间的相互依赖性。对这些内容的了解和理解，是形成可持续发展观的重要知识基础。

1.3 课程思政的教学策略实例

本章思政元素丰富。为做到课程思政教学“润物细无声”的教学要求，需要采用多种教学手段和策略，在教学内容中融入相关思政元素。以下列举三例：

1) 课程思政教学实例一：政治认同感的思政教学策略

可通过古中国、旧中国和新中国三个阶段的动物学研究成果和重要成就的比较（强—弱—重新变强），展现出在党的坚强领导下，当前我国正处于“中华民族重新崛起”的历史阶段，从而引导同学形成对我国当代道路的自信和对政治制度的认同。

2) 课程思政教学实例二：唯物史观教育

可分为课堂和课后作业两个维度进行。在课上，在讲授达尔文的《物种起源》时，联系当今已发现的大量确凿无疑的进化类群化石证据，表明进化理论的正确性和可靠性。随之话锋一转，提到我们经常讲马克思唯物主义，同学们可知《物种起源》正是马克思唯物主义思想形成的重要源头，我们今天学习生物进化，可以设想我们正在和当年的马克思、恩格斯对话，一起理解世界和生命的起源。同时，便可以根据教材所列的思考题，布置课后作业：你如何理解恩格斯说的“没有物种概念，整个科学便都没有了”？通过课堂引导和课后作业，可以引导同学们将生物进化与马恩理论、唯物史观紧密联系在一起。

3）课程思政教学实例三：科学理性思维教育

可以在讲授人类对不同动物（有益动物、有害动物、资源动物、保护动物）的不同做法之后，开展课堂或课后讨论，或者通过线上论坛功能，讨论什么是人类对待动物的理性态度。可以通过众多同学和社会民众提倡关爱流浪猫，但流浪猫又大量捕杀野生鸟类破坏城市生态这一现实矛盾，请同学们展开讨论，在教师的合理引导下，培养同学们放下个人情绪，学会根据科学证据理性思考、辩证分析复杂的现实问题。

第二章　动物体的基本结构与机能

2.1　专业教学目标

本章是《动物学》的第二章，仍然属于动物学最基础的通用知识板块。本章着重介绍动物细胞、组织和器官的基本结构与机能，使同学们对千姿百态的动物体的基本生命组成单位有充分的了解，从而为之后理解不同门类动物复杂多样的结构和生理机能、寻求生物普遍规律奠定知识基础。具体教学目标如下：

◎ 掌握细胞和亚细胞成分（细胞膜、细胞核等）基本结构和生物学特征；

◎ 掌握细胞的基本生物化学组分与重要作用；

◎ 理解并掌握细胞周期和细胞分裂的基本概念及其生物学意义；

◎ 掌握组织的细胞概念与四大类基本组织的主要类别和特征。

2.2　重要思政元素分析与相关知识板块

本章节专业性较强，以相对微观的专业知识为主要内容。然而，其中仍然蕴含着重要的思政内容，值得在专业知识的讲授中得到体现。几个主要的思政元素和相关知识板块如下：

1）马克思辩证唯物主义思想

本章节有两处导言直接出自马克思主义的历史经典著作。本章节开篇第一句“一切有机体，除了最低级的之外，都是由细胞构成的……”便出自恩格斯《反杜林论》（人民出版社，1970 年，74 页）。此后，“细胞分裂”小节的第一句“……一切多细胞的机体——植物和动物，包括人在内——都各按细胞分裂规律从一个细胞中成长起来。”也出自恩格斯《自然辩证法》（人民出版社，1971 年，176 页）。这是本教材在本章节中的天然思政元素。由于《反杜林论》和《自然辩证法》是马克思主义重要的经典著作，它们在《动物学》课程中的出现，无疑和动物学专业知识有着密不可分的关联。事实上，细胞的发现，对于人们认识自然界的辩证发展过程具有十分重要的意义。恩格斯在《自然辩证法》、《反杜林论》、《费尔巴哈论》等重要著作中都一再提到它，并深刻地指出，由于细胞的发现和自然科学的其他巨大进步，“使我们对自然过程的相互联系的认识大踏步地前进了”。学界普遍认为，细胞学说、能量守恒和转化定律、生物进化论这三大发现是马克思主义哲学产生的自然科学基础。因此，本章节的一个主要思政内容和重点，便是将马克思辩证唯物主义经典著作和思想起源，通过细胞结构和功能的讲授悄然进入课堂，和专业知识融为一体。

2) 爱国主义与科学精神

在本章节讲述细胞成分蛋白质时，教材着重提到了我国于1965年在世界上首次用化学方法合成具有全部生物活性的蛋白质——结晶牛胰岛素。这是人类第一次人工合成具有生物活性的蛋白质，是我国科学家在人类认识生命、揭开生命奥秘伟大历程中的重要贡献。新中国成立后，我国生物科学家能在当时相对落后艰苦的条件下完成结晶牛胰岛素的人工合成，没有报效祖国和造福人类的信念，没有艰苦奋斗的精神和忘我的工作热情，是无法获得这一伟大的世界级成就的。因此，这一蕴含着爱国主义和科学精神的专业案例，可以在本章相关知识点的讲授中加以强调和升华。

2.3 课程思政的教学策略实例

1) 课程思政教学实例一：马克思主义经典著作和辩证唯物主义的自然科学基础

基于本章第一句话便是恩格斯《反杜林论》中的重要语句，教师可以在开课后立刻向同学们提问："作为一个生物学的专业知识章节，为什么用马克思主义的经典著作《反杜林论》的话作为引言呢？同学们对恩格斯的《反杜林论》有多少了解？"在简短的师生提问交流中，或交流后，教师便可以在讲授专业知识之前明确提出：本节课的讲授内容，正是马克思主义形成的三大自然科学基础之一。并在讲授细胞分裂知识点时，再次强调此小节引言又来自马克思主义的经典著作《自然辩证法》，从而在同学中再次强化本章内容与马恩经典著作和思想的关联。教师还可以布置课后作业，请同学们在《反杜林论》和《自然辩证法》中找出更多和本章内容相关的语句，以及在著作中的作用，从而通过专业课让同学们阅读马恩经典著作，重温自然辩证法，更理解自然科学对于社会进步的重要性。

2) 课程思政教学实例二：爱国主义和科学精神

我国科学家在结晶牛胰岛素人工合成方面的伟大成就是本章节开展科学精神和爱国主义教育的绝好素材。教师可以结合相关的牛胰岛素分子立体教具或者通过多媒体展示牛胰岛素分子的3D影像，在讲授生物大分子的复杂结构的同时，突出对比我国科学家在合成这一大分子时的困难背景和伟大成就，从而强调我国科学家的爱国信念和科学精神。

第三章　原生动物门

3.1 专业教学目标

本章是《动物学》的第三章，开始进入"动物学"课程的主体部分——动物门类的学习。原生动物是动物界最原始、最低等的动物，其主要特征是身体由单个细胞构成，因此也被称为单细胞动物。由于所有的多细胞动物都是经过单细胞动物阶段发展起来的，因此，本章在所有动物门类的学习中，具有非常重要的基础作用。要求学生能够掌握原生动物的基本结构、生物学特性、生殖和发育、生态和分布的特点，理解原生动物形态与机能的高度统一性，理解原生生物多样性。了解原生动物研究方法，掌握观察原生动物的实验技术。具体教学目标如下：

◎ 掌握原生动物门的主要特征；

◎ 掌握鞭毛纲动物基本特征以及代表性动物的主要形态与机能特点；

◎ 掌握肉足纲动物基本特征以及代表性动物的主要形态与机能特点；

◎ 掌握孢子纲动物基本特征以及代表性动物的主要形态与机能特点；

◎ 掌握纤毛纲动物基本特征以及代表性动物的主要形态与机能特点；

◎ 掌握疟原虫、利什曼原虫、球虫、孢子虫等对人类和养殖动物健康造成严重威胁的原生动物生活史和防治原则；

◎ 了解原生动物起源、演化和分类研究概况。

3.2 重要思政元素分析与相关知识板块

本章节所涉及的原生动物虽然只是单细胞动物，但却和人类关系密切，有多个种类是曾经或者正在严重危害人类和养殖动物健康的病原生物，因此也涌现出大量体现党和政府本着为人民负责的态度开展疾病防治、科学家为科学献身、我国科学家在重要疾病防治方面的世界级贡献等实际案例和事迹，这些都是本章节开展课程思政的绝佳素材。值得注意的是，在疟原虫的防治研究中，上述几类元素均有所体现，值得深入挖掘使用。几类思政元素分述如下：

1) 社会主义制度政治认同感

在本章节介绍不同原生动物时，提到了多个曾经流行全国的寄生虫病，尤其提到了疟疾（由疟原虫引起）和黑热病（由利什曼原虫引起）。这些在解放前肆虐全国，对普通劳动人民健康危害极大的寄生虫病，均在新中国成立后，在党和政府的高度重视下，以科学理论为指导，在全国开展群防群治和针对性药物开发，最终在全国范围内基本控制了这些流行病，极大地保障了全国人民的健康。这些案例，体现了社会主义制度下党和政府对人民健康的负责态度，是证明社会主义制度优越性的优秀案例。

2) 科学精神

疟原虫的生活史是本章节的重点内容。教材中讲到，在我国著名学者江静波教授研究河南省间日疟原虫的长期潜伏史时，有三位研究人员以英勇的献身精神，自愿被人工感染疟原虫的蚊虫叮咬，以研究疟原虫在人体内的潜伏期，从而首次以人体实验的方式证明长潜伏期间日疟原虫在我国的存在，并获得了该虫在人体内长潜伏期的具体精确时间。这一感人案例，无疑是体现我国科学家为人类福祉、为获得精准科学数据而不计个人安危的科学精神的现实写照，值得重点讲述。

3) 民族自信

本章节的疟原虫相关内容，可以非常自然地和我国第一个本土诺贝尔医学奖获得者屠呦呦教授发现青蒿素的事迹相关联。教师应当熟悉青蒿素治疗疟原虫的原理和在世界疟疾治疗中的宝贵价值，熟悉屠呦呦教授自中医典籍中寻找线索，大胆创新提取青蒿素的研究经历，并深刻理解屠呦呦教授为全人类健康所作出的巨大贡献。这些内容的讲授和学习，将极大地增强学生们的民族自豪感和自信心。

3.3 课程思政的教学策略实例

1) 课程思政教学实例一：政治认同

教师在讲授相关的有害原生动物时，应注意结合这些动物的生活史和机能特点，讲授其在旧中国对劳动大众健康的严重危害，以及新中国建立后党和政府为消灭这些寄生虫病所作出的巨大努力和伟大成就。教师可以采用课堂提问或者课后作业等方式，让同学将党和政府所开展的各有效防治措施与相关原生动物的生活史过程或机能特点一一对应，从而既能掌握这些动物的生物学特征，又能充分理解党和政府开展有效群防群治的智慧与决心。

2) 课程思政教学实例二：科学精神

教师在讲授疟原虫的生活史时，应当讲授我国科学家为获得疟原虫潜伏期精确数据所作出的英勇献身事迹。教师可以通过课堂讨论或者课后作业的方式，请同学据此整理国内外科学家以自己为实验工具，不畏艰险获得重要科学成就的实例，并通过合适方式在同学群中加以展现，从而潜移默化地引导学生感受科学家的科学精神。

3) 课程思政教学实例三：民族自信

教师可以在讲授疟疾防治相关知识点时，讲授屠呦呦发现青蒿素并由此获得诺贝尔奖的经历，以及屠呦呦团队最新的科研成就。教师可以通过在课堂上播放屠呦呦教授的诺贝尔奖获奖感言和诺贝尔评奖委员会的评奖理由，突出我国科学家为世界人类健康所作出的伟大贡献，从而增强学生们的民族自豪感和自信心。

第四章　多细胞动物的起源

4.1　专业教学目标

本章是《动物学》的第四章。本章在“动物学”课程内容中具有重要的地位和作用，是衔接单细胞动物（原生动物）和后续章节的多细胞动物的重要环节。本章的主要教学目的，在于使得同学们理解动物从低等向高等发展的客观规律，以及这一重要的生物演化的主要证据、生物发生律理论和若干重要的多细胞动物起源学说。具体教学目标如下：

◎ 了解原生动物、中生动物、后生动物的基本特征及对这三类动物在分类上的不同学术观点；

◎ 了解多细胞动物起源于单细胞动物的证据；

◎ 掌握多细胞动物胚胎发育的共同特征；

◎ 掌握生物发生律并理解其对了解动物的演化与亲缘关系的意义；

◎ 理解并掌握多细胞动物起源的几种重要学说的主要内容。

4.2　重要思政元素分析与相关知识板块

在本指南所使用的《动物学》教材中，本章节篇幅相对较短（8 页），然而在这 8 页中，出现两次伟大革命导师恩格斯的语录，其一涉及生命的进化，另一涉及形式和内容的相互制约和统一，这不是偶然的，而是和本章内容所蕴含的深刻的自然辩证哲理相吻合的。事实上，本章节是生物学学生形成唯物主义世界观和辩证思维的重要教学环节，因此，本章的思政重点便在于引导学生对马克思主义唯物史观和自然辩证哲理的深刻理解。这两类思政元素分述如下：

1) 马克思主义唯物史观

多细胞生命体的复杂性及其来源一直是神创论的主要依据。然而，随着达尔文进化学说和随后赫克尔生物发生律（重演律）的提出，以及后期大量古生物学、形态学和胚胎学方向的证据，为生物从单细胞生物演化为多细胞生物提供了可靠的证据。尤其是重演律的提出，说明个体发育简短地重演了系统发展的过程，表明再复杂的多细胞动物也都起源于单细胞动物。正因为如此，恩格斯说："有机体的胚胎向成熟的有机体的逐步发育同植物和动物在地球历史上相继出现的次序之间有特殊的吻合。正是这种吻合为进化论提供了最可靠的根据。"对于这些教学内容的深刻理解，将有助同学们接受科学的进化论观点，形成唯物主义世界观。

2) 自然辩证法

自然辩证法是马克思主义的自然观和自然科学观的反映。体现马克思主义哲学的世界观、认识论、方法论的统一，是马克思主义哲学的一个组成部分。本章节内容中有大量体现自然辩证关系的内容，比如对生物发生律的辩证理解便是一个很好的例子："生物发生律是一条客观规律……当然不能把'重演'理解为机械的重复，而且在个体发育中也会有新的变异出现，个体发育又不断地补充系统发展。这二者的关系是辩证统一的，二者相互联系、相互制约，系统发育通过遗传决定个体发育，个体发育不仅简短重演系统发育，而且又能补充和丰富系统发育。"此外，在本章节各种多细胞动物起源的学说中，无不渗透着这种自然辩证的思想。因此，本章节引用了恩格斯的语录："整个有机界在不断地证明形式和内容的同一或不可分离。形态学的现象和生理学的现象、形态和机能是互相制约的。"所以，本章节所蕴含的生命现象中的自然辩证法，是生物专业学生所必须应该具备的世界观、认识论和方法论，也是本章节的重点思政内容。

4.3 课程思政的教学策略实例

1) 课程思政教学实例一：马克思主义唯物史观

教师在开展这一思政内容的教学中，首先自身需要清晰地了解神创论和进化论的重要区别，并分析其核心矛盾所在。在具体教学中，教师可以通过神创论和进化论在生命起源和发展中的观点对比，结合本章节所涉及的大量进化证据和学说，驳斥神创论，并由此让同学们树立牢固的进化论和唯物史观。

2) 课程思政教学实例二：自然辩证法与矛盾的对立统一

教师在讲授本章各类知识点时，需要着重强化这些知识内容中那些"结构与功能"、"个体与系统"、"演化与变异"等相互制约而统一的关系，并通过对这些关系的总结，延伸到对恩格斯自然辩证法原理以及中国哲学中的"阴阳"、"天人合一"等朴素辩证思想的简要讲述，集中展示马克思主义哲学唯物辩证法关于矛盾对立统一的方法论，让同学们将生命现象与辩证法理论和文化传统相关联，从而印证马克思所言的"辩证法是人类精神所共有的"。

第五章　多孔动物门

5.1 专业教学目标

本章节所讲授的多孔动物是最原始、最低等的多细胞动物，在动物演化和科学研究上具有重要的作用。本章的教学目标如下：

◎ 掌握多孔动物的形态结构与机能特点；

◎ 掌握多孔动物的生殖与发育特征；

◎ 了解多孔动物门的分类与演化地位(含附门—扁盘动物门)；

◎ 了解多孔动物与人类的关系。

5.2 重要思政元素分析与相关知识板块

本章内容相对较为简单，但仍蕴含着多处可以发掘的课程思政元素。其中，海绵动物的结构功能特征，值得作为进化论世界观和辩证思维方面的思政元素进行挖掘。而我国当前在深海多孔动物研究方面的突破可以激发同学们的民族自豪感，并感悟无畏的科学精神。具体分析如下：

1) 进化论和辩证法

海绵动物具有特殊的身体结构和细胞分化特点，这使得它被认为是处在细胞水平的多细胞动物，这既体现了物种进化的阶段性，也契合了恩格斯在《自然辩证法》中关于"非此即彼"和"亦此亦彼"的辩证论述。恩格斯在《自然辩证法》中提到："绝对分明的和固定不变的界限是和进化论不相容的……'非此即彼'是愈来愈不够了……除了'非此即彼'，又在适当的地方承认'亦此亦彼'。"而海绵动物正是理解恩格斯这段充满深刻辩证哲理的话的绝佳动物类型。

2) 民族自豪感与科学精神

海绵动物具有强大的逆境适应能力，在大部分动物无法生存的深海也能生活繁衍，因此成为深海的明星物种。深海探测是科技强国才能开展的高难度国家行为，而我国在近年来连续下水了多艘国际一流水平的有人或无人深海探测器，从而跻身于国际深海探测强国之列。近年来，以我国中科院海洋研究所、上海海洋大学为代表的一系列科研院所的英勇科学家们，以无畏的献身精神多次进行载人大深度下潜，在深海海底放置国旗等国家标志，并取得了大量珍贵的深海生物样本，其中包括大量的多孔动物。这些最新的科研进展，既可作为教学内容讲解，也是激发同学们的民族自豪感和感受科学精神的思政载体。

5.3 课程思政的教学策略实例

1) 课程思政教学实例一：进化中的辩证思维

进化论所阐述的生物演化规律得到绝大部分科学家认可的关键，就在于其证据充分，尤其是大量处于关键进化地位的过渡物种的存在，使得生物演化的基本链条清晰而可信。由于海绵动物身体机能是或多或少由独立活动的细胞完成的，因此一般认为海绵动物是处于细胞水平的多细胞动物。教师应当将这一知识点的讲解和进化论相关联，并提醒同学们注意海绵动物既具有单细胞动物特点也具有多细胞动物特点，然后将其和恩格斯"非此即彼"、"亦此亦彼"的辩证法论述进行联系，从而让同学们深入领会进化中的辩证思维。

2) 课程思政教学实例二：民族自豪感与科学精神

海绵动物是深海探测中发现的明星物种。在多部体现我国深海探测的电视节目、纪录片中，均出现了和教材插图类似的清晰海绵图像。教师应当了解我国当前在深海探测中的巨大进步和研究现状，并善于将这些最新的进展和图像视频作为教学素材进行利用。教师可以在课堂上播放我国科学家乘坐深海探测器进行下潜的实况录像，并在出现典型海绵图像时对其进行讲解。同时，也可播放我国深海探测器在海底放置中国国旗的画面，和我国多位资深科学家身先士卒进入窄小探测器进行危险的大深度深潜探测的画面，从而激发同学们的民族自豪感和对我国科学家科学精神的敬佩及尊重。

第六章　腔肠动物门

6.1　专业教学目标

腔肠动物被认为是真正的后生动物的开始，在进化过程中占有重要位置，所有其他后生动物都是经过这个阶段发展起来的。因此，本章是“动物学”课程中的重点教学章节。本章的教学目标如下：

◎ 掌握腔肠动物门的主要特征并了解其在动物进化上的重要位置；

◎ 掌握腔肠动物门的代表性动物水螅的基本结构，并由此了解腔肠动物的体壁结构、组织分化等基本特征；

◎ 了解腔肠动物分为哪几个纲及每个纲的主要特征；

◎ 了解腔肠动物各纲的代表性动物及其与人类的关系；

◎ 初步了解腔肠动物的起源进化及当前存在的问题。

6.2　重要思政元素分析与相关知识板块

由于腔肠动物在动物进化中的重要地位，本章节的专业知识较多，专业教学任务量较大。然而，本章所介绍的几种代表性动物，尤其是珊瑚纲动物，其对自然生态和人类生活具有重要意义，当前又面临着巨大的生存危机，却正是开展爱国主义教育、生态意识教育、建立可持续发展价值观的良好思政素材。具体分析如下：

1) 环保与生态意识

海洋珊瑚是维持海洋生态系统的重要组成部分，对全球碳循环有重要作用，也是形成海洋海岛地理结构的重要推动力。然而，由于环境污染和全球气候变暖的影响，地球上已有超过 1/4 的珊瑚死亡，并仍在恶化中，这对海洋、对部分海洋国家甚至全球都有着巨大影响。当前，海洋珊瑚已被列入濒危物种红色名单。因此，这些内容将极大地震撼学生的内心，引发他们对于人类当前生存环境的担忧，从而内发产生环保与生态意识，深刻认识人类只有走可持续发展之路才是人类得以继续繁衍生息的正道。

2) 国情教育与爱国主义

南海是我国的神圣领土，大量南海岛礁均为珊瑚岛礁。然而，当前我国南海仍有大量岛礁被他国占领，并仍有少数西方国家在南海兴风作浪，妄图将我国南海问题国际化。随着我国国力和军力的强盛，我国对于南海的掌控能力逐渐增强，扩建了多个南海岛礁并驻扎军力，使得一个个珊瑚岛礁成为我国南海一艘艘不沉的航空母舰。这些内容可以随着珊瑚的功能知识点在课堂讲授，从而将珊瑚(虫)这一重要的腔肠动物与我国国情相关联，点燃同学们心中的爱国主义情怀。

6.3　课程思政的教学策略实例

1) 课程思政教学实例一：环保生态意识的树立

教师在讲解珊瑚的生态和经济价值时，可使用澳大利亚大堡礁珊瑚大面积白化死亡的触目惊心的照片，介绍珊瑚作为环境敏感的海洋物种是人类无节制活动的受害者，但珊瑚礁的死亡反过来也会通过影响海洋生态和地球化学循环导致人类受害。教师也可布置课后作业让学生观看《蓝色星球》等自然海洋纪录片，从中使得学生受到震撼，树立环保生态意识和可持续发展价值观。

2) 课程思政教学实例二：国情与爱国主义教育

同样在介绍珊瑚虫对于自然地理面貌形成的重要作用时，教师可以用我国南海岛礁面貌作为教学资料进行教学。教师可以用不同大小的南海岛礁（有的可以起降飞机，有的仅能让数人站立）来介绍珊瑚成岛的过程。在介绍这些岛礁形成的原理时，教师便可以自然插入介绍我国南海有多少类似的珊瑚岛礁和当前的南海局势，尤其强调只有国力的强盛才能保卫领土边疆。由此，当代国情教育、爱国主义教育和"为中华崛起而读书"的情怀便能自然地融入本章的教学之中。

第七章　扁形动物门

7.1　专业教学目标

扁形动物门开始出现两侧对称和中胚层，这对动物结构和功能的进一步复杂、完善和发展，对动物从水生过渡到陆生奠定了必要的基础，在动物演化史上占有重要地位。此外，本门的许多动物都和人类生活密切相关。因此，本章节是"动物学"课程的重点章节之一，专业教学目标较多，具体如下：

◎ 掌握扁形动物门的主要特征，并理解两侧对称和三胚层的出现对动物演化的意义；

◎ 掌握扁形动物门各纲动物的主要特征；

◎ 掌握扁形动物门各纲代表性动物（涡虫、吸虫、绦虫）的结构、生活史、对人类的危害、防治历史与防治原则；

◎ 通过吸虫与绦虫的生活史，理解寄生虫与寄主之间的相互作用；

◎ 理解扁形动物门的起源、演化以及它们与人类的关系。

7.2　重要思政元素分析与相关知识板块

由于本章涉及多种重要的人类寄生虫，其曾经对我国民众造成了严重的健康威胁，新中国成立后政府耗费大量财力、物力、人力进行寄生虫病的研究和防治，取得了伟大的成就，也涌现出大量感人的人物事迹和案例。因此，本章节的重要思政元素便主要集中在这一内容中，主要可分为对新中国成立后的政治认同、为人民服务、科学精神三个方向。此外，寄生虫和人类的密切关系，也是动物和人类相互关系的组成部分，对这些关系的正确认识，有利于帮助学生树立客观而合理的可持续发展自然观和动物利用观。因此，本章的主要思政元素分析如下：

1) 社会主义制度认同

我国自西汉以来便已有血吸虫病的流行，然而2000多年来的血吸虫病，只有在新中国成立后才得到较为彻底的防控和治疗，取得了伟大的成就。这里，既有科学发展的巨大贡献，但同时也应该注意到，血吸虫的中间宿主钉螺在全国分布广、生物量巨大、生活的地理环境十分复杂，如果没有一个强有力的关怀民生的政党以及中央政府的统一领导和部署，单靠劳动人民的个体意愿和能力，是很难在短时期内达成对钉螺的有效灭杀和对全国血吸虫病的有效防控的。因此，这部分内容以及类似的寄生虫案例，均可从这一角度出发，体现我国政治制度中“全国上下一盘棋”、“集中力量办大事”的独特优势和为民众作出的巨大贡献。

2）以人民为中心的发展理念

新中国成立前，以血吸虫病为代表的寄生虫病肆虐，对人民健康造成了极大的损害。新中国成立后，为彻底防治这些寄生虫病，有一大批生物学家抱着对新中国的赤诚之心和对人民健康的切身牵挂，在极其艰苦的条件下，全身心投入寄生虫研究，从而彻底了解了多种危害巨大的寄生虫的生活史和中间宿主，为寄生虫病的防治提供了正确的科学依据，为保护人民健康作出了巨大贡献。这些为寄生虫防治作出重要贡献的科研工作者，后来都得到了国家和人民的高度认可，涌现出一大批院士和著名科学家。如厦门大学唐仲璋、唐崇惕父女均毕生从事寄生虫研究，先后入选中科院院士。事实上，可以在课堂上指出，在中国历史上，凡是为百姓苍生作出伟大贡献、毕生为人民服务的人，都会得到百姓的爱戴。人民会永远记住为人民服务的人！

3）科学精神

寄生虫生活史的研究是非常艰苦的。在新中国成立后，有大量生物学家不顾个人健康安危，常年深入疫病一线进行调查研究，取得了大量真实可靠的研究资料，为最终阐明多种寄生虫的生活史奠定了坚实的基础。作为生物学专业的学生，应当对科学前辈们当年艰苦的研究环境有所了解，并从中体会科学家立足基层造福百姓的社会责任与担当，体会严谨求实的科学研究精神。

4）可持续发展的自然观和理性动物伦理观

本章节涉及了大量对人体和养殖动物健康造成危害的寄生虫。这里，需要通过寄生虫对人类健康的危害，和人类对这些寄生虫和中间宿主动物的全民防控灭杀，促发同学们深刻而理性地思考人类与动物的关系。尤其要反对泛道德主义的绝对“生命平等观”，提倡基于不同时代和不同人类需求的、以不损害人类健康和可持续发展为前提的理性客观的动物伦理观。

7.3 课程思政的教学策略实例

1）课程思政教学实例一：政治认同

扁形动物门中多个物种属于寄生虫，和人类的“相爱相杀”已经延续数千年以上，比如在湖南马王堆出土的西汉古尸肝脏中就发现了血吸虫卵。教师可以紧紧抓住这一“冷知识”，激发同学们的好奇心，使得他们了解到血吸虫危害人类已有数千年之久。之后，再告知同学危害劳动人民这么久的寄生虫病，却在新中国成立后不久便得到了彻底的防治。这种“数千年危害一朝消除”的强烈对比，无疑将使得同学们对新中国的政治制度优势有直观的了解，从而有利于同学们建立对我国政治制度的信心和信任。

2）课程思政教学实例二：以人民为中心的发展理念

寄生虫的生活史是本章节的重点知识内容。教师在讲解这一知识内容时，应当适当提及多位在阐明寄生虫生活史和中间宿主中作出重要贡献的生物学家（院士）及其事迹，并通过展示我国多位由于寄生虫研究当选为院士的科学家名单，让同学们对寄生虫研究在我国动物学研究中的重要地位有所了解，并通过提问“为什么寄生虫研究可以当选这么多院士”，让同学们理解：人民会信任和支持为人民服务的人，从而有助于他们形成“为人民服务”的基本意识和价值观，并成为他们今后事业选择的基调。

3) 课程思政教学实例三：科学精神

在讲解寄生虫的生活史、危害与防治时，教师应当事先学习多位寄生虫研究领域的前辈学者在开展寄生虫研究时的感人事迹，展现当年研究者所经历的艰辛困苦，从而让同学们了解到：当下教科书上一个个清晰的不同种类寄生虫的生活史图背后，是无数科学前辈在艰苦环境下不顾个人健康安危的全身心付出。希望让同学们在阅读这些插图时，内心能油然而生对学界前辈们的深深敬意。

4) 课程思政教学实例四：可持续发展的自然观和理性动物伦理观

当前，受西方极端动物福利主义思想的影响，在国内也逐渐兴起一股打着"生命绝对平等"旗号的极端"动物保护"思潮。作为生物学教师，应当通过本章中大量寄生虫与人类的相互作用、危害人体健康的案例，引出在漫漫进化长河中人类和动物长期共处的复杂性，并最终应该旗帜鲜明地提倡以人类健康和可持续发展为基础的当代理性动物伦理观，从而让同学们深刻思考人和动物乃至人和自然的复杂关系，逐渐形成可持续发展的自然观和理性的动物伦理观。

第八章　假体腔动物

8.1　专业教学目标

假体腔动物在扁形动物的基础上出现了假体腔。从无体腔到有体腔，这是动物演化历程中的一个巨大进步。尽管假体腔动物是动物界中庞大而又非常复杂的一大类群，形态差异巨大，但仍有共同的特点。本章的主要专业教学目标如下：

◎ 掌握什么是假体腔与假体腔动物的共同特征；

◎ 了解假体腔动物包括哪些门和主要代表性动物；

◎ 掌握线虫动物门的特别特征，以及两种模式动物——蛔虫和线虫的生物学特征及其与人类的关系；

◎ 掌握线虫动物门的两个纲及其代表性寄生虫的生物学特征、生活史和防治原则；

◎ 掌握轮虫动物门的主要特征及其代表性动物的生殖发育过程；

◎ 了解假体腔动物在进化和分类上的争议与发展方向。

8.2　重要思政元素分析与相关知识板块

本章的专业性非常强，专业知识较多，专业术语的出现也非常频繁。但是，本章仍存在可以挖掘的思政元素。主要包括：通过模式生物研究这一生命科学的研究范式开展马克思主义辩证唯物论思想的学习；通过特殊的寄生虫病防治历史对同学进行政治认同感、科学精神和职业道德的培养。具体分析如下：

1) 矛盾的特殊性与普遍性

在本章介绍线虫动物门时，介绍了一类生命科学研究常用的"模式生物"——秀丽线虫。事实上，在当今的生命科学研究中，由于生物种类数不胜数，科学家便选择了若干种"模式生物"，以将其作为不同类物种的代表进行集中而深入的研究，从而揭示生命现象中蕴含的普遍规律。而在对模式生物的选择和运用的背后，既是中国古代名言"窥一斑而见全豹"在现代生命科学研究中的再现，事实上更体现了马克思主义经典著作《自然辩证法》(恩格斯)、

《矛盾论》(毛泽东)中关于矛盾的特殊性和普遍性的对立和统一。更具体地来说,表明在矛盾的特殊性中蕴含着普遍性,因此,通过对少数模式生物的深入了解,可以让人类了解生命的部分普遍规律。所以,对模式生物做深入分析,也正是《自然辩证法》和《矛盾论》马克思主义辩证唯物主义思想的实际应用。

2) 政治认同感、科学精神与职业道德

与上一章类似,本章所涉及的线虫动物门等多个动物门类中,也有不少寄生虫种类,对人类健康造成巨大危害。然而,新中国成立后,在党和政府的支持下,我国科学家和医护人员克服种种困难,在很短时间里克服了多种曾肆虐全国的寄生虫病。尤其需要注意的是,本章中提到了一种骇人的寄生虫病——象皮病,由蚊虫携带的丝虫反复感染引发,至今仍是世界主要的致残性疾病之一。其患者出现巨大的下肢和阴囊象皮肿,其病理赘生物可重达数十斤。患者不光要忍受着残酷的畸形之痛,极度自卑的他们还要在异样的眼光下苟延存活。由于象皮病患者往往具有恐怖的肢体外观,在很多国家和民族中被常人所遗弃,甚至被医护人员所拒收。我国曾经是世界上丝虫病危害最严重的国家,据相关数据显示,新中国成立之初该病在中国肆虐范围达 16 个省,受威胁人口达 3.4 亿,该病患者达 3 000 多万。但在党和政府的高度重视和统一领导下,科学工作者和医护工作者通力协作,目前我国已经在全球 83 个丝虫病流行国和地区中率先基本消灭了淋巴丝虫病。因此,我国的政治体制优异性、科学家的科学精神、医护工作者的职业道德均可从这一案例中得到体现。

8.3 课程思政的教学策略实例

1) 课程思政教学实例一:辩证唯物主义

教师在讲授线虫动物门的重要代表动物——秀丽线虫时,需要在备课中注意收集近年来以秀丽线虫为研究对象揭示生物学基本规律的重要论文,并作为教学资料做进课件中。在课上,教师可以在讲授秀丽线虫是模式生物这一知识点时,用提问或讨论的方式向同学发问:"为什么科学家要选定模式生物来研究生命现象? 少数几种模式生物能成为普遍生物学规律的代表吗?"接着,教师便可在与学生们的讨论中将这一问题总结至《自然辩证法》、《矛盾论》所论述的矛盾辩证统一论,即在矛盾的特殊性中蕴含着普遍性,因此,通过对少数模式生物的深入了解,可以让人类了解生命的部分普遍规律。为证明此观点,教师便可展示备课时所准备的利用线虫所发现的生命普遍规律,从而让同学们接受辩证唯物主义思想和思维方式。

2) 课程思政教学实例二:政治认同、科学精神与职业道德

教师应当利用象皮病这一特殊案例,深入挖掘这一案例所体现的思政元素。教师可以通过展示象皮病患者的照片突出其恐怖的肢体外形,从而告诉同学们此病在人类社会存在已有数千年之久,但长期以来患者一直被正常人社会所歧视甚至遗弃,甚至得不到医疗人员的救治。因此,此病至今仍是世界最主要的致残性寄生虫病,在相当多的国家广泛流行。之后,教师应当告知学生,中国一直是淋巴丝虫病的高流行国家,各地都有相关的民谣反映,例如"四人围桌桌,狗都钻不过"(嘲弄患者有肥大的下肢),并展示具体的巨大患者数目。之后,教师应该继续告知同学们,新中国成立后,在党和政府的高度重视和统一领导下,科学工作者以艰苦奋斗、严谨求实的工作精神很快查清了病因和传播途径,而医护工作者也对患者不离不弃开展精心治疗,目前我国已经在全球 83 个丝虫病流行国和地区中率先基本消灭了淋巴丝虫病,成为世界象皮病防治的典范。这种强烈的对比,可以使得同学们自然产生对我

国的政治体制优异性、科学家的科学精神、医护工作者的职业道德的认可，并潜移默化地影响他们的价值观。

第九章 环节动物门

9.1 专业教学目标

环节动物在动物演化上占有非常重要的位置，不仅两侧对称、三胚层，而且身体分节，出现真体腔、循环系统、后肾管、复杂的消化系统和趋向集中的神经系统，是高等无脊椎动物的开始。因此，本章的专业知识点较多，主要的专业教学目标如下：

◎ 掌握环节动物门的主要特征，了解环节动物体节和真体腔的形成及其对动物生存和演化的意义；

◎ 掌握同律分节的概念和形成基础；

◎ 了解环节动物疣足和刚毛的基本结构和机能；

◎ 理解并掌握环节动物闭管式循环系统与开管式循环系统的主要区别和相应的代表性动物；

◎ 理解并掌握后肾管和原肾管的结构与功能特点以及两者的区别；

◎ 掌握环节动物神经系统的结构特点以及与扁形动物和假体腔动物的区别；

◎ 掌握环节动物各纲的基本特征及代表性动物的主要特征；

◎ 了解环节动物与人类的利害关系与新近的研究热点进展。

9.2 重要思政元素分析与相关知识板块

本章的专业知识点密集，是“动物学”课程教学的重点章节，教师的专业授课时间紧、任务重。然而，本章仍有开展课程思政的相关素材，如运用得当，亦可起到很好的三观培养效果而不会影响专业教学。本章的思政元素主要集中在辩证思维的培养、传统文化教育、人与动物的利害关系以及生物防治与可持续发展。具体分述如下：

1) 辩证思维

环节动物中有不少人们所熟知的常见种类与人类存在密切的利害并存关系。以蛭纲动物（又称蚂蟥）为例，该纲中有多个种类是对在田野山区劳动人民造成较大困扰的动物。然而，除了对野外人员的困扰危害之外，蛭纲动物中的一些种类也具有非常高的经济和医学价值，比如医蛭就可被用来吸取病人脓血或保持静脉血管通畅，其唾液中所含有的抗凝血的水蛭素和纤维蛋白酶均已经成为重要的生化药物。因此，同一事物往往具有利害双面性，看待问题要善于分析其积极和消极的方面，由此，如何看待蛭纲动物与人类的利害关系，便是一个典型的辩证思维训练过程。

2) 中华优秀传统文化与文化自信

环节动物门中有多个种类早已被中国古代医学所重视并入药，并已经在长期实践中对相关动物进行了细致的观察与描述，这是我国古代辉煌文化的一个重要侧面。如蛭纲动物，在《神农本草经》中即有记载：“水蛭味咸平。主逐恶血瘀血、破血瘕积聚……生池泽。”在唐代，苏敬也在《唐本草》中记载：“有水蛭、草蛭，大者长尺许，并能咂牛、马、人血。今俗多取水中小者，用之大效，不必食人血满腹者。其草蛭在深山草上，人行即着胫股，不觉入于肉中，产育为害，山人自有疗法。”类似地，我国古代对蚯蚓的药效也早已了解，干制蚯蚓药名“地龙”，在《本草纲目》等古代医学典籍中多有记载。这些古代动物学和医学的内容，既与本章节专业知识相匹配，也是对我国古代辉煌文明的介绍。

3）合理利用动物与可持续发展

当前，人类已经意识到自身对环境的破坏，因此走可持续发展之路已成为共识。然而，如何进行可持续发展？如何修复已被破坏的环境？尚存在大量难题。目前，合理利用生物发展循环经济，或者利用生物特殊机能进行环境修复或改造，已经成为可持续经济的重要组成部分。本章所介绍的环节动物，在生物循环经济和环境修复方面具有重要的作用。比如，将沙蚕移至较为寡淡的水域中繁殖，便可作为鱼类的天然饵料从而提高水产渔业的产量；而蚯蚓的粪便可作为营养丰富的复合有机肥料；蚯蚓还被用来处理污泥和城市垃圾，并被作为“土壤重金属富集器”用以净化重金属污染严重的农田。这些内容，均是合理利用动物走可持续发展道路的典型案例，值得发掘使用。

9.3 课程思政的教学策略实例

1）课程思政教学实例一：人与动物的利害关系与辩证思维培养

蛭纲动物与人的利害关系是非常好的辩证思维训练案例。教师在讲述蛭纲动物以吸血为生、危害人类的生物学特征时，也要讲述蚂蟥为了适应吸血这一生活方式而在唾液中发展出天然的抗凝血生化物质—水蛭素和其他抗凝蛋白。但正是这些抗凝血物质，又使得蚂蟥有益于人类的医学发展，得以救助更多的病人。教师在讲述完这些客观事实后，必须强调：这种同一事物利害并存的关系，事实上正是这个世界绝大部分事物都拥有的特征，这也正是辩证思维成为认识客观世界的有力工具的原因。由此，同学们便将一个动物学案例与辩证思维关联在一起，从而逐渐内化进同学们的自身思维方式中去。

2）课程思政教学实例二：中国传统文化教育

由于中国古代典籍对诸多环节动物有非常客观而准确的描述。因此，在描述某些代表性动物时，教师可索性使用我国古代典籍中对这些动物习性特点的文言文描述，介绍这些动物的生物学特性与药用价值。比如，在介绍蚂蟥吸血特性时，便可以直接在课堂上诵读唐代医学大家苏敬在《唐本草》中记载蚂蟥习性的原文：“有水蛭、草蛭，大者长尺许，并能咂牛、马、人血。今俗多取水中小者，用之大效，不必食人血满腹者。其草蛭在深山草上，人行即着胫股，不觉入于肉中，产育为害，山人自有疗法。”如此，教师在改变单一的授课风格的同时，我国古代的辉煌文明和传统文化也随着教师在动物学课堂上的之乎者也，自然而然地植入同学们的心中。

3）课程思政教学实例三：合理利用动物与可持续发展

教师在讲述环节动物与人类的关系这一知识点时，需要紧紧抓住“合理利用动物促进可持续发展”这一思政重心。不论讲述哪个案例，都应当先将人类对当前环境的破坏作为前提，之后再通过介绍对相关动物的合理利用方式，从而阐明合理利用动物是一种“环境友好”的改善环境和提高资源利用效率的可持续发展方法。比如：教师在讲解利用蚯蚓来净化高重金属污染农田这一案例中，可以将常规的污染农田净化过程（周期长、费用高、效果差）与蚯蚓净化法进行比较，突出工业排放对环境的破坏、环境治理的难度以及用蚯蚓来治理污染农田的简便与高效，从而让同学们认同动物在人类进步中的重要价值，并树立可持续发展观。

第十章　软体动物门

10.1　专业教学目标

软体动物是动物界第二大动物类群，大量物种和人类有着密切的关系。在动物演化上，软体动物和环节动物由共同的祖先发展而来。在长期发展过程中，因适应不同环境条件和不同生活方式，软体动物也形成了形体差异不同的很多类群。其专业教学目标包括：

◎ 掌握软体动物门的主要特征；

◎ 了解软体动物与环节动物的进化亲缘关系及其根据；

◎ 掌握软体动物各个纲的主要特征及其代表性动物类群；

◎ 分析比较腹足类、双壳类和头足类动物身体结构与不同生活方式的相关性；

◎ 了解软体动物与人类的关系。

10.2　重要思政元素分析与相关知识板块

由于软体动物与人类具有非常密切的关系，其中的某些种类甚至由于人类的需求而濒临灭绝，这是进行法治教育、建立生态意识和可持续发展世界观的良好契机。同时，有些种类又因为人类的疏忽大意而泛滥成灾，这又是开展科学精神教育的上好案例。此外，还有一些种类在科学理论实践指导下，造福于人类。因此本章的主要思政元素，基本围绕软体动物与人类的关系，具体分析如下：

1) 遵纪守法与可持续发展

贝壳是软体动物门中非常重要的动物种类，其数量繁多、姿态万千、色彩斑斓，自古以来是人们喜爱的采集和收藏对象，甚至在人类文明早期作为货币使用。然而，近年来随着收藏市场和资本运作的兴旺，人们大量采集砗磲等珍奇贝类，使得某些种类的自然种群数量骤减，濒临灭绝。目前，砗磲、鹦鹉螺、大凤螺等多个双壳纲、腹足纲物种都已列入联合国濒危动物名录，并受到世界各国相关法律法规的保护。因此，这一现状深刻体现了人类的欲望与可持续发展之间的矛盾，而解决这一矛盾的重要举措便是法律法规。在此，遵纪守法这一社会主义核心价值观，便和动物保护、可持续发展紧密关联，这种关联，值得教师发掘并使用。

2) 科学精神与生物危机

有多种软体动物具有很高的经济价值，因此受到多国人民的重视，往往被作为养殖动物引进繁殖。然而，在此过程中，由于人们不尊重自然规律，在彻底了解目标动物的生物习性前就盲目进行引种和扩大繁殖，造成了多起严重的生物入侵事件，得不偿失。典型的如我国作为人工养殖新品种所引进的褐云玛瑙螺（非洲大蜗牛）和福寿螺，现已成为危害我国农作物和生态系统的有害生物，并且作为多种人畜寄生虫和病原体的中间宿主威胁人畜健康，已被列入我国“危害严重”的外来入侵物种。这些教训提示，在人类试图利用动物之前，需要用严谨的科学态度和高度的社会责任感对相关物种进行认真研究，分析利弊，才能在了解自然规律情况下合理利用动物。而忽视自然规律，缺乏科学精神，一味依照人类的意愿，便会办错事甚至办坏事，最终造成难以挽回的惨痛后果。

3) 正确合理的动物利用观

与上述内容相对应，在严谨系统的科学研究基础上，有一些软体动物被人类所合理利用，并获得良好的经济效益和生态效益。典型如我国的珍珠养殖，便是在科学家正确了解珍珠形成过程和调控机制的基础上，开发出合理高效的珍珠蚌人工养殖技术，在我国内陆和海洋中成功进行养殖，既获得了良好的经济效应，又可以利用珍珠蚌的滤食特性净化和改善养殖水域的水质，实现生态效应。同时，我国的珍珠养殖还深入南海区域，为守护我国海疆作出重要的贡献。因此，只有通过科学研究，遵循自然规律办事，才能办好事、办对事，对动物的利用才能做到合理而正确。这一点，值得学生思考，并成为他们做事的基本思维模式。

10.3 课程思政的教学策略实例

1) 课程思政教学实例一：遵纪守法与可持续发展

在讲授软体动物各纲代表性动物时，尤其讲到双壳纲和腹足纲的代表性动物时，教师在讲授完相关专业知识点后，可以结合近年来海关查获的大量违规携带珍贵贝类案件，以及当前砗磲等珍贵贝类的生存状况，提示同学们思考人类喜欢贝类的原因，珍贵贝类濒危的原因，以及立法保护的必要性，最终引导同学思考人类的欲望（占有欲）与生态保护和可持续发展之间的矛盾，从而树立遵纪守法意识和生态责任感，克制个人贪欲，建立可持续发展的世界观。

2) 课程思政教学实例二：科学精神与动物的合理利用

教师可以通过课后作业的形式，请同学们收集人类利用软体动物失败的案例（比如福寿螺生物入侵等）和成功案例（比如珍珠人工养殖等），列表比较这些案例中相关动物的生物学特性、失败和成功的根源，并提出对动物利用的若干建议。这样，既达到了对课堂专业知识的复习和应用，同时，也使得同学们通过案例比较和深入思考，逐步树立科学理性、尊重规律、唯物辩证的思维模式。

第十一章　节肢动物门

11.1 专业教学目标

节肢动物种类占到目前已知100多万种动物中的90%以上，也是无脊椎动物成功进化到陆地的类型。此外，节肢动物中的多个类群与人类有着极其密切的关系，自古至今对人类的生活均有重大的影响。因此，本章是“动物学”课程教学中的重中之重。专业教学目标如下：

◎ 理解节肢动物在世界上如此繁荣发展的原因；

◎ 掌握节肢动物的重要特征；

◎ 掌握节肢动物的几个亚门和相关代表性动物的主要特征；

◎ 理解节肢动物门代表性动物（比如虾蟹和昆虫）附肢和口器的结构特征、功能分化和生活习性之间的相关性；

◎ 掌握节肢动物门相关代表动物的内分泌系统、呼吸系统、排泄系统和神经系统的结构和功能特点；

◎ 掌握昆虫发育的变态类型及其内分泌调控过程；

◎ 了解节肢动物与人类的密切关系，并掌握与人类生活密切相关的重要节肢动物的生活习性与益害原理。

11.2 重要思政元素分析与相关知识板块

本章节的教学内容十分丰富，也含有很多思政元素。由于节肢动物和人类关系十分紧密，本章有大量案例体现出生态平衡与可持续发展的内在含义。另外，节肢动物以迥异于其他动物类群的发育和结构特性获得了巨大的生存成功，这种进化上的成功，事实上也体现了多种放之四海而皆准的普遍规律和自然辩证思想。具体分述如下：

1) 生态平衡与可持续发展

节肢动物与人类有着密切的关系，有的给人类带来危害，有的则能造福于人类。但是，在很多案例中，节肢动物作为有益动物和有害动物的角色转变，则往往取决于生态是否平衡。比如，东亚飞蝗作为很多鸟类或两栖动物(蛙类)的食物，在维持生态系统中起到重要作用。但是，如果由于气候变化或者捕食者数量的减少，蝗虫就会出现爆发性增长从而造成蝗灾。又如，利用生态平衡中的生物间相互关系而开发的生物防治技术，已经在农业害虫的防治中受到越来越多的重视，比如利用以虫治虫思路，用赤眼蜂防治菜青虫、斜纹夜蛾等鳞翅目害虫可取得显著的效果，从而减少了农药的使用，保护了自然环境。因此，节肢动物这一章节中有大量的生态平衡和可持续发展相关的思政案例，可以进行发掘。

2) 结构与功能的辩证关系

在节肢动物适应各种环境和生活方式中，其器官发生了各种特异的适应性变化(特化)。比如，为吸食花朵深处的花蜜，不少蝴蝶演化出长而弯曲的虹吸式口器；为适应在海洋中游泳，三疣梭子蟹的最后一对步足演化为扁平的游泳足等。此外，在很多种群中，都出现了分类地位相近，但由于生活环境差异巨大而造成外形结构差异巨大的现象。这些案例，都体现出生物体结构与功能的自然辩证关系：结构决定功能，但功能的变化也会诱导结构发生进一步改变。事实上，生物体中出现的结构与功能的辩证统一，是放之四海而皆准的普遍性原理，是同学们处理和解决实际问题时所需要的重要思维方法。因此，借由学习生物体的结构功能相统一的种种案例，同学们将逐步建立基于自然辩证法的世界观和方法论。

3) 刚柔并济：矛盾对立统一的哲学思考

节肢动物在地球上的生存获得了极大的成功。其繁荣发展的原因也是本章节需要重点了解和思考的专业内容。事实上，节肢动物取得生存成功的一个主要原因是其既拥有较为坚实的外骨骼，又在体节间、体节与附肢间和附肢关节间拥有柔软而较薄的表皮，形成了灵活的关节。也正是这种刚性外骨骼和柔性关节的存在，使得节肢动物拥有了对外界环境的强大适应力。这一点，正是我国传统哲学中“刚柔并济”思想和方法论在生物界的体现。事实上，刚柔并济既是客观世界的写照，也是为人处世的重要原则。节肢动物刚柔并济的身体结构特点与传统哲学思想的结合，可以促进同学们对客观世界和个人人生观的深度思考。

4) 变与不变的哲学思考

节肢动物在地球上的成功生存有多种原因，除了上述的刚柔并济之外，节肢动物的变态现象又是其成功的另一因素。通过在发育过程中的变态，节肢动物往往存在一种甚至多种形态的幼体，其栖息地、食性和行为均有所不同，极大地减少了同种群不同发育期个体间的竞争，也极大地增加了对不同环境和气候变化的适应性。事实上，节肢动物这一独特的生理现象背后，蕴藏着“变”(运动)与“不变”(静止)的马克思哲学原理。在马克思哲学体系中，变是绝对的，不变是相对的。在中国特色社会主义建设中的改革创新、与时俱进，都是马克思主义“变”与“不变”辩证统一的现实体现。事实上，也只有积极“求变”，才能适应复杂的国内外形势，实现社会的稳定发展（不变）。这与节肢动物通过变态发育（变），适应复杂环境，从而顺利完成个体的固定生命周期乃至物种的稳定繁衍（不变），实则有异曲同工之妙。这一思政元素，无论在挖掘深度还是表现方式上，都值得教师进行相关探索。

11.3 课程思政的教学策略实例

1) 课程思政教学实例一：生态平衡与可持续发展

由于本章节有大量的直接相关案例，教师可以采用多种方式将生态平衡与可持续发展思想与这些具体的案例相关联。比如，可以直接通过讲述方式，在讲授由于生态失衡造成的动物危害时直接表明生态平衡是人类得以安宁生活的前提。也可以通过布置课后作业，让同学们收集整理本章中与生态平衡/可持续发展相关的动物案例，并通过查阅资料对这些案例进行更细致完整的补充与思考。这既加深了对课堂知识的理解，进行了复习，同时，又有助于形成同学们的生态思维，接受可持续发展理念。

2) 课程思政教学实例二：结构与功能的辩证统一

结构与功能的统一，是自然辩证法中的重要内容。本章节中有非常多的具体案例描述不同节肢动物为适应环境而演化出来的特化结构，因此教师应当在讲授本章内容时，注意强调这些结构与功能之间的辩证统一关系，甚至可以借鉴仿生学的进展，将节肢动物门各种生物体的结构与功能辩证统一关系推广至更大的社会生活与工程技术发展。此外，教师也可通过课后作业与考试的方式，让同学列举能够体现结构与功能相统一的案例，并对每一个案例中的结构与功能辩证关系进行具体分析。由此，同学们将会把结构与功能的辩证统一，纳入他们的知识体系里。

3) 课程思政教学实例三：刚与柔、变与不变的普遍哲学原理

节肢动物种类占据世界上全部动物种类的90%以上，取得了巨大的进化成功。教师必须让同学们理解，节肢动物的这种巨大的生存成功不是偶然的，而是通过一系列独特的生理构造和习性达到的。而这些独特的生理构造和习性，蕴含着放之四海而皆准的普遍真理。教师可以先针对性地讲授外骨骼与柔软关节，以及节肢动物的变态发育过程，然后请同学们归纳这些使得节肢动物繁荣发展的特征含有什么普遍规律和哲学思想（可以提示）。在同学们总结归纳出一系列的矛盾统一关系后（刚与柔、变与不变），教师应当理清这些关系的出处与哲学普遍原理，然后旗帜鲜明地告诉学生，这些哲学原理也正是我国当前的改革思路和社会主义建设的核心内涵。由于这些普遍原理无论在自然界还是人类社会都体现出正确性，因此，以这些普遍原理为基础和内核的中国社会主义建设，也一定可以像节肢动物门一样，繁荣昌盛，走向成功。如此，同学们便会自然而然地思考我国的国情与发展战略，并树立对党和国家的战略方针的信任和政治认同。

第十二章　触手冠动物

12.1 专业教学目标

触手冠动物的分类地位至今仍存较大争议，按本《指南》所用教材，触手冠动物分为苔藓动物门、腕足动物门和帚虫动物门。它们既有原口动物的特征，又有后口动物的特征。专业教学目标包括：

◎ 了解触手冠动物所包括的动物类群(门)及其共同特征；

◎ 了解苔藓动物门、腕足动物门和帚虫动物门的主要特征，以及这些门类代表性动物对人类的利弊关系；

◎ 理解触手冠动物演化地位争议的原因。

12.2 重要思政元素分析与相关知识板块

本章的专业内容相对较少，其动物分类地位也有较大争议。触手冠动物的很多种类存活于史前，化石多见于不同地质年代的地层中，而现存种类相对较少，与人类的关系往往不为民众所熟知。因此，本章节的思政元素也相对较少。但是，也正是触手冠动物的这些特征，反倒能够作为很好的素材，从一些独特的视角开展课程思政教育。这里，主要可分为以我国近年来的古化石大发现为基础的国情教育，以及以触手冠动物在海洋资源勘探中的重要指示作用为引导的科学精神和国土教育。具体分析如下：

1) 国情教育与国家认同

我国已发现多个大型史前地质化石库，典型的如 1984 年云南澄江寒武纪生物化石库的发现，为研究 5.3 亿年前寒武纪生命大爆发提供了极其宝贵的化石资料。在触手冠动物的起源和进化研究中，近期已有多项突破性进展，均是依赖澄江化石的研究而获得的。比如，西北大学张志飞教授课题组和中国科学院南京古生物研究所相关研究人员组成的国内研究团队，在澄江化石库发现了 700 多枚新的砂质、多节、具触手的椎管状化石，并将其命名为精美玉玕囊形贝。研究鉴定表明精美玉玕囊形贝代表一类与帚虫动物紧密相关，兼具有不同腕足动物亚门和寒武纪托莫特壳的触手冠动物。由此，张志飞教授等人的发现表明，腕足动物起源于一类底栖固着生活的、躯体砂质胶结的缺乏生物矿化的触手冠动物，从而挑战了早期学者提出的 BF 假说，即 Halkieria 状的祖先。这些化石代表了分子生物学家和古生物学家心中期盼已久的腕足动物"始祖鸟"化石，为解决腕足动物的起源和后生动物的矿化发生以及冠轮类动物之间的系统关系提供了重要的化石依据。这些基于我国特有的化石库而开展的重要研究和对科学的贡献，也正是对远古中国的追溯。对于这些知识点的适当拓展，是让同学们了解国情、增进国家认同感的好途径。

2) 海洋战略与国土疆域意识

尽管触手冠动物中的大部分种类与人们日常生活距离较远，然而，它们在海洋资源开发中，却有着独特的价值。比如，我国近年在东海、南海所开展的油气田开发中，触手冠动物化石作为重要的地质年代和远古海洋环境指示物种，往往是海底地层钻探中的重要检测指标，为鉴定潜在油气资源所在地层的地质形成历史和当时的海洋地理环境提供关键证据。由于触手冠动物大部分生活于海洋中，因此，此知识点便与我国当前建设海洋强国的海洋发展战略密切相关。同时，借助这一知识点，也可将我国对东海与南海疆域的守护和开发纳入课堂教学中。在本章节的教学中，我国的海洋发展战略和国土疆域意识是可以被发掘和使用的课程思政内容，值得教师重视。

3) 隐忍坚守、不计名利的科学精神

在当代，与热门行业相关的研究方向往往可以获得大量的支持和较高的社会曝光度。而传统的动物分类学则因为与当前经济发展热点关系较远而成为"冷门"，其所能获得的支持和社会关注度均较少。在动物分类学中，关注触手冠动物这类"冷门"动物的科研工作者受到的关注就更少。然而，即便是在这样的氛围里，我国仍有一批甘于清贫、不计名利的科学家，隐忍坚守、矢志不渝，守护着他们所热爱的研究领域。而正是这些科学家的坚守，才让大众和相关产业行业在认识到这些“冷门动物”所具有的独特价值时，科学界仍能提供专业的知识与可贵的参考建议。因此，对于科学家的这种隐忍坚守的科学精神与职业操守，应当成为生物学专业学生们的楷模，得到学生们的尊重。

12.3 课程思政的教学策略实例

1）课程思政教学实例一：地质化石库与国情教育

触手冠动物的起源、进化与分类是至今仍有争议的学术问题。因此，教师不能仅使用教材提供的内容，而应该积极主动查找近期文献，为学生提供最新的研究进展信息。由于近期大量的相关研究进展往往与云南澄江化石群等化石库的研究突破有关，教师可以将云南澄江化石群纳入相关知识点的讲授。教师可以通过地图、照片等展示其全貌，并通过近年来在各大期刊上发表的澄江化石群相关论文的展示，向同学们讲述我国史前的生物地质环境，这种基于专业知识的国情教育，是培养同学爱国爱家乡情怀的好途径。

2）课程思政教学实例二：海洋战略与国土疆域意识培养

当前，我国已经确立了建设海洋强国的国家战略，但我国目前在守护传统海洋疆域方面正面临着多重而复杂的挑战。因此，全民族对于我国国家海洋战略的理解并树立坚定的国土疆域意识就显得尤为重要。在本章节关于触手冠动物与人类关系的相关知识点中，教师可以在介绍当前利用触手冠动物鉴定我国南海海洋地质环境的一系列案例中，在课堂上展示我国海疆地图，标注我国正在进行油气田开发勘探的位置（比如西科一号钻井），并加以适当而少量的南海、东海现状介绍，潜移默化地将我国海洋战略和当前在南海和东海的国际政治博弈传递给同学们，从而让同学们了解国家发展战略，激发守疆护土意志。

3）课程思政教学实例三：隐忍坚守、不计名利的科学精神

教师在介绍触手冠动物时，可以在专业讲授之外，适当强调对这类动物的研究与当前的热门领域（人工智能、基因编辑、新药开发等）相比，属于社会关注度有限的“冷门”领域。从事这一领域的研究，某种程度上便是选择了清贫和寂寞。然而，学科虽然有冷热之别，却无高贱之分。即便少人关注，仍有科研人员坚守在这些冷门的学科领域，几十年如一日，淡泊名利、隐忍坚守，为国家保留着这些学科领域的血脉和研究力量，并在相关产业和科技创新需要这些领域的专业知识时，为之提供专业的知识和技术支持，推动国家相关产业和科学技术的发展。需要指出的是，在介绍这一现状时，教师应当选择合适的语气和语调，创建一种严肃而神圣的课堂氛围，从而深深感染听众，将这种不计名利、隐忍坚守的科学精神和职业操守植根于同学们心中，成为他们日后事业的价值取向。

第十三章 棘皮动物门

13.1 专业教学目标

棘皮动物是后口动物，是无脊椎动物中最高等的类群。其还有一些高等动物所具有的特征，如中胚层来源的骨骼等，但也有水管系、围血系统等一些特殊的结构。专业教学目标包括：

◎ 掌握棘皮动物门的主要生物学特征；

◎ 了解并掌握棘皮动物门作为无脊椎动物中最高等类群的原因，并了解其在动物演化

中的地位和意义；

◎ 掌握棘皮动物门各纲代表性动物的生物学特征及其与生活方式的适应性；

◎ 了解棘皮动物中的经济种类与人类的关系及其现状。

13.2 重要思政元素分析与相关知识板块

本章节涉及的棘皮动物全部为海洋生物，其中有多个种类为国人所熟知，并已成为重要的养殖品种。此外，棘皮动物也是海底生态系统的重要组成成分，近年来在世界各地多次发生棘皮动物数量骤降或灾害式大爆发，表明全球生态系统的失衡。一些棘皮动物生活于深海，近年来在我国深海考察中，有多个棘皮动物新种被发现并记录。以上这些，均涉及相关思政内容，主要包括：合理合法的动物利用观、生态平衡与可持续发展，以及中国崛起与科学发展。具体分析如下：

1) 合理合法的动物利用观

在棘皮动物中，海参、海胆等均是国人熟知的海产品。海参作为国人心目中的高档海产品，一直被作为山珍海味的代表性食品（海八珍之一）。早年由于没有人工养殖，餐桌上的海参主要依赖自然捕捞。在巨大的消费市场刺激下，野生海参数量骤减，曾经一度濒临灭绝。为满足广大人民群众的需求，目前在我国海洋生物学家和水产科学家的努力下，海参已经基本实现规模化养殖，并培育出更多更美味营养的新品种，从而既保护了野生种群，也满足了人民群众的需求。因此，在介绍棘皮动物与人类的相关关系时，合理合法地利用动物与生态保护这种相辅相成的关系，可以为教师所用，培养生物专业学生的合理生物利用观。

2) 生态平衡与可持续发展

棘皮动物中的多个种类对环境十分敏感。比如，海参对水温十分敏感，高温期海参会进入"夏眠"。如果水温过高，便会引发大量海参死亡。近年来，由于温室效应的日益加剧，全球气温普遍上升，高温期频繁发生，已经造成大量棘皮动物，比如海参的大面积死亡。此外，由于人类活动造成的海洋富营养化则造成了棘皮动物中的一些种类（比如棘冠海星）的种群大爆发。当前，澳大利亚的大堡礁珊瑚已经受到数量极其巨大的棘冠海星的严重威胁。这些与棘皮动物有关的生态案例，均可为教师所用，在课堂上强化环境保护、生态平衡和可持续发展的世界观。

3) 中国崛起与科学发展

随着中国国力的日益强盛，我国在多个高难度的科研领域正在取得突破，深渊探测就是我国近年来取得快速进展的研究领域。在近年来的深海考察中，我国自制的载人或无人深潜器拍摄记录下了我国南海深渊大量生物新种，并已经通过相关纪录片、图片等向公众发布。在已公开的视频和图片中，在相对"冷清"的深海，却往往能发现海百合、海星、海参等多种棘皮动物。因此，在介绍棘皮动物的生活环境时，我国最新的深海科考成果完全可以作为教学素材进行呈现，并通过合适的呈现方式激发同学们的自豪感。

13.3 课程思政的教学策略实例

1) 课程思政教学实例一：合理合法的动物利用观

在讲授棘皮动物与人类关系时，教师可以从《舌尖上的中国》中的"葱烧海参"的诱人画面引出海参是我国传统的海中珍品，广受群众追捧。教师继而便可告知同学们由于人们的追捧，自然海域中的海参曾由于大量捕捞而陷于灭绝的边缘。之后，教师可以展示当前海参规模养殖和新型海参品种的照片，以及在国内外学术期刊上发表的海参养殖的相关论文，告知对海参的人工养殖极大地减少了对野生海参的捕捞，既满足了群众的口福，也保护了自然种群。因此，教师需要画龙点睛地指出：合理合法地开发和利用动物资源，可以达到满足人类需求和保护自然资源的双赢。

2）课程思政教学实例二：生态平衡与可持续发展

由于人类的活动，尤其是化肥和生活废水持续排入海洋，海洋富营养化现象日益严重，使得一些物种的种群数量出现爆发式增加，海洋生态遭受到严重的威胁。比如，澳大利亚大堡礁深受棘冠海星的巨大威胁，这已经成为海洋生态领域的热点问题。教师可以将此热点生态事件作为课堂案例，既讲述了海星的生活习性，也复习了之前腔肠动物门珊瑚虫的特性，更借此突出了海底生态系统的脆弱和环境保护的重要性。此外，在讲述海参的生物学特性时，尤其讲到"夏眠"这一特殊习性时，教师可由此讲述地球温室效应现象对海参等温度敏感型海洋生物造成的威胁，从而把一个小小动物的生物学习性和全球气候变化相关联，引发同学们对维护生态平衡、保护自然环境的重视，培养可持续发展世界观。

3）课程思政教学实例三：中国崛起与科学发展

在讲述棘皮动物分类和生活环境时，教师可以用不同图片和视频展现不同棘皮动物的生境。其中，教师可以有意插入我国近年来利用载人/无人深潜器拍摄到的多种深海棘皮动物的画面或视频，并通过提问的方式吸引同学对这些画面和视频的注意力，然后便可简要说明这些画面和视频的出处，以及我国目前在深海探测中的快速发展，由此激发同学们的民族自豪感和对中国崛起的自信。

第十四章　半索动物门

14.1　专业教学目标

半索动物门是无脊椎动物中的一个高等门类，但目前已知的动物种类较少，人类对该门动物的了解也相对较少，且对其分类地位存在一定争议。专业教学目标如下：

◎ 掌握半索动物两个纲的代表动物的基本结构和特征；

◎ 了解半索动物在动物界系统进化中的地位并理解当前对其分类地位的争论所在。

14.2　重要思政元素分析与相关知识板块

这一章节内容相对较少，代表动物数目也较为稀少，而且由于大部分半索动物与人类的关系相对并不密切，对普通民众而言相对较为陌生。但是，近年来，依托我国澄江地质化石库，我国科学家在半索动物的系统分类演化的理论探索上作出了重大贡献，也展开了客观理性的学术争论。这里，我国科学家对科学的贡献，以及为真理而辩的科学精神均值得作为重要的思政元素。具体分析如下：

1）中国科学家的科学贡献

半索动物在动物界中的分类进化地位一直存在大量争议，但大部分科学家认为应将其归入无脊椎动物的高等门类——半索动物门。不过，相关的实验和化石证据仍相对较少。我国科学家在近年来，依托于我国云南澄江等多个大型地质化石库，以细致严谨的态度发现了海口虫、云南虫等多个宝贵化石，并提出了多种进化理论，为世界动物的分类进化研究提供了极其宝贵的材料和理论。教师可以利用这部分内容，凸显我国当代科学家在动物分类进化研究中的地位和贡献，从而增强当代学生的民族自信心。

2) 求真求实的科学精神

在半索动物的进化分类研究中，我国科学家具有非常重要的地位，并根据对化石的研究和理解，提出了不同的理论。比如，1992 年，西北大学早期生命科学研究所所长舒德干教授发表论文认为云南虫和海口虫属于无脊椎动物门中的高等动物——半索动物。然而，1995 年，中国科学院南京地质古生物研究所（以下简称南古所）研究员陈均远在《自然》期刊发表论文，提出云南虫和海口虫应该属脊索动物中的低等动物，即头索动物的论证。之后，1996 年，舒德干和合作者重新研究了云南虫化石，认为云南虫是更原始的半索动物，并在 1996 年 4 月 4 日出版的英国《自然》杂志发表了题为“将云南虫重新解读为已知最古老的半索动物”的论文。至今，仅在《自然》和《科学》杂志上专门讨论云南虫生物学属性的论文便有 6 篇。尽管，关于云南虫和海口虫的分类地位仍有争议。但是，作为科学发展的必然过程，不同科学家依据自己的证据和知识，开展理性的学术争论，正是探索未知世界、求真求实的科学精神的一种体现。

14.3 课程思政的教学策略实例

1) 课程思政教学实例一：中国科学家的科学贡献

澄江动物化石库是我国动物学研究的宝库，依据这一宝库，我国科学家已在动物分类进化研究上发表了大量顶级论文，举世瞩目。比如，仅在《自然》和《科学》杂志上专门讨论云南虫生物学属性的论文便有 6 篇，这在学术研究中是非常罕见的。教师应当在课堂上展示我国科学家在这一领域发表的大量顶级论文，并告知同学们我国科学家在这一领域里的国际权威地位，引发同学们的高度关注，从而让同学们了解我国当代科学家在国际科学界的地位和崇高声誉，引导同学们产生对当代中国的民族自豪感。

2) 课程思政教学实例二：学术争论与科学精神

关于云南虫的进化地位之争是非常典型的科学学术争论。自云南虫被发现之日起，我国不同科学家从不同角度出发，对云南虫的化石结构进行研究，并通过发表论文和学术会议，对其进化地位提出了不同的观点和理论，至今仍在继续中。这种激烈而理性的学术争论，推动着持不同观点科学家不断利用新的科学技术，对相关问题进行持续而深入的研究，从而让人类对相关科学问题的理解认识越来越深刻。这部分内容，教师应当细致整理这场争论的相关立场、科学证据和相关理论观点以及代表性论文，并将其总结于一个时间轴上向同学们展示。也可将其作为课后作业，请同学们整理以上材料信息，绘制“云南虫学术争论大事记”图表。由此，可以使得同学们真正理解科学理性的学术争论，也培养他们“以理服人”的科学精神和行为方式。

第十五章 脊索动物门

15.1 专业教学目标

本章节在“动物学”教学中居于承上启下的地位，是动物界中最高等门类的起始章节。本章中含有尾索动物和头索动物两个亚门的具体介绍，并对脊椎动物亚门的主要普遍特征和结构特点进行了描述。同时，又对脊索动物门的起源演化及其潜在争议进行了介绍。这些内容对“动物学”后半部分的教学尤其重要。本章的主要专业教学目标如下：

◎ 掌握脊索动物的主要特征；

◎ 掌握脊索动物门下各亚门和各纲的名称及其基本特征；

◎ 了解尾索动物和头索动物的命名来源；

◎ 深入理解并掌握文昌鱼的解剖学、发育生物学和基本生理学特征；

◎ 理解文昌鱼在进化上的特殊性和重要性；

◎ 了解脊索动物的起源以及寒武纪生物大爆发的相关学说。

15.2 重要思政元素分析与相关知识板块

本章节是动物从无脊椎动物向脊椎动物进化的重要过渡阶段，体现出明显的进化主线。同时，寒武纪在相对较短的时间里出现了大量生物类群，这种爆发式出现生物种类的现象，多年来一直是对进化论的重大挑战。这些与进化论相关的内容安排和研究进展，都构成了本章节开展进化论相关课程思政的重要元素。此外，在脊索动物乃至脊椎动物的起源上，中国古生物学家都作出了巨大的贡献，可以成为建立民族自信、科技自信的良好素材。再者，本文中出现的文昌鱼，既具有研究价值，也具有经济价值，是培养学生形成合理的动物利用观的好材料。这些都是本章节的重要思政内容。具体分析如下：

1）进化论思想

本章节以丰富的内容和插图，并配以几种典型的代表性动物（海鞘、文昌鱼等）比较了脊索动物与无脊椎动物的区别和演化方向，介绍了脊索在不同动物中的出现和形成，并专门辟出一小节以高度概括的语言讲述脊索动物的起源和演化。因此，本章体现出非常浓厚的进化论世界观。同时，本章节也重点指出 5.3 亿年前的“寒武纪生物大爆发”在短短数百万年中，便出现了几乎所有的现生动物门类，在生命进化中存在“进化的突变性”和“突变的自发性”。同时，本章节也毫不避讳地指出寒武纪生物种类大爆发曾经对达尔文进化理论所形成的挑战。事实上，寒武纪生物大爆发自发现之日起，也成为神创论攻击进化论的重要依据。最新的古生物、古地理学和古气候学等学科的最新进展均提示，其实在寒武纪之前已经有大量不同动物门类的祖先存在，而在寒武纪特殊的地球化学和地理环境下，促发了生物种类的快速进化。因此，进化论仍然成立，但进化并不是匀速的。在此，教师必须要以最新的科学进展对寒武纪大爆发进行解读，使得同学们深入理解进化论，将进化论和唯物主义内化为他们的世界观。

2）合理的动物利用观

本章节提到了多种脊索动物的代表性动物，典型的如文昌鱼。作为从无脊椎动物向脊椎动物进化的中间类型动物，文昌鱼在科学研究上有着重要价值，已经逐渐成为动物进化研究中的模式动物。野生文昌鱼，也受到相关法律法规的保护。近年来，我国水产科学家对文昌鱼的人工繁育和养殖成功，使得文昌鱼也逐渐走上百姓餐桌，成为我们的食物。同时，人工繁育的文昌鱼也在国家部门组织下，开展增殖放流，增加野生种群的数量。这里体现出人类对动物“既保护、又开发”的合理利用思想。

3）中国科学家的科学贡献

在脊索动物的分类和演化研究过程中，古生物学和古生物化石起到至关重要的作用。在此，中国科学家发现了多个重要动物化石种类，如“始祖长江海鞘”、“海口鱼”等。这些关键化石的发现以及中国科学家据此所建立的相关学说和理论，均对脊索动物起源进化研究起到了极其重要的推动作用。教师应当注意挖掘这部分内容，体现出中国科学家对科学发展的贡献，有助于学生建立民族自信。

15.3 课程思政的教学策略实例

1) 课程思政教学实例一：进化论思想

进化论思想和世界观是本章节最为重要的专业内容和思政内容。教师应当细致梳理各部分内容中的进化线索，并在课堂讲授中加以突出。同时，由于本章节特意指出寒武纪生物大爆发这一"历史疑案"，而这一疑案又成为当前神创论支持者攻击进化论的重要依据。教师应当事先学习整理古生物学、古地质学、古气候学等学科的最新学术进展，将反驳"寒武纪大爆发神创论"作为本章节一个重要的思政内容准备。教师可通过翻转课堂形式，以"寒武纪大爆发神创论是否成立?"为题，让学生事先自行准备相关资料，在课堂上进行课堂讨论，也可自行整理成系统的课件在课堂讲授，或者作为课后作业布置。这样，既让同学们了解最新的学术动态，也能更进一步理解进化论理论的正确性，促进进化论世界观的培养和建立。

2) 课程思政教学实例二：合理的动物利用观

文昌鱼的结构和生物学特征是本章节的重点教学内容。教师可以通过布置课后作业，让同学们整理出当前生命科学的主要和潜在的模式动物，以及不同模式动物的主要应用范围，从而让同学们理解这些动物在人类探索自然、理解生命过程中的重要作用。同时，教师可以简要介绍文昌鱼目前已经由我国水产科学家人工繁育和养殖成功，既成为人们的美味佳肴，也可以通过增殖放流增加野外种群数量，达到经济效应和生态效应的双赢。教师在介绍完毕后，必须强调：这种既保护又利用的动物利用观，体现出人类合理的动物利用观。由此，使得生物学专业的同学能逐渐理解并具备这种理性的动物利用观。

3) 课程思政教学实例三：中国科学家的科学贡献与民族自信

中国科学家在脊索动物起源研究上有着很高的国际声誉，这是由于我国科学家在这一领域研究中，通过多年系统的野外挖掘和实验室工作，提供了多种珍贵的古化石标本，建立了多个重要的理论学说，大大推进了这一领域的发展。教师可以系统收集学习我国在这一领域的重要古生物学家、重要的古化石标本和重要的理论学说，自行或让同学整理成表，作为课堂学习参考资料，并在课堂上强调我国科学家在这一领域的贡献和声望，从而引发同学们建立对中国科学发展的自豪感和民族自信。

第十六章 圆口纲

16.1 专业教学目标

圆口纲动物是现存脊椎动物中最为原始的一类，本章主要了解圆口纲动物作为最原始的脊椎动物的原始性以及与半寄生生活方式有关的特化特征。其主要的专业教学目标包括：

◎ 熟悉并掌握圆口纲动物作为最原始脊椎动物的原始特征；

◎ 了解掌握七鳃鳗的生活习性、生理结构特征并理解其结构和生活习性的对应关系；

◎ 了解并掌握七鳃鳗的生活史及其幼体生理特征对判断圆口纲动物进化地位的意义；

◎ 了解圆口纲下盲鳗目和七鳃鳗目动物的重要区别，及其与远古生物甲胄鱼的亲缘进化关系。

16.2 重要思政元素分析与相关知识板块

本章内容涉及了一种重要的动物——七鳃鳗。由于该物种具有奇特的半寄生方式和恐怖的口齿，是很多科幻和恐怖电影中恐怖生物的原型。事实上，七鳃鳗已经成为多个国家的入侵物种，并对当地的渔业和生态系统造成了严重的影响。这里就涉及马克思主义哲学对于量变和质变矛盾关系的论述，可以成为马克思主义哲学的注脚。另外，七鳃鳗幼体与成体差别很大，反倒与头索动物文昌鱼非常像，再次体现生物进化中的“生物发生律”，在一个物种的发育史上体现出物种进化的规律，值得强调和挖掘。具体分析如下：

1) 自然辩证法——质量互变规律

在马克思主义哲学体系中，质量互变规律是重要的自然辩证法原理。马克思哲学认为：量变是质变的基础，质变是量变的飞跃。事物往往只能在它量变规定的范畴内起预期的变化，如果超出量的范畴，则会发生质变，导致不可预料的结果。所谓的“过”就是超出量变的范畴，引起了对事物发展不利的质变。在本章节中，七鳃鳗的生活习性和相关的结构特征是重要的教学内容。七鳃鳗在其原栖息地往往“安分守己”，不构成明显的生态风险。但在20世纪50年代，海七鳃鳗进入北美五大湖区后，肆虐成灾，成为美国环境和渔业部门的重点灭杀对象。从动物生态学原理而言，四处迁徙的动物种类很多，但只有其生殖生活能力超出当地环境容量，才会造成严重的后果。这里，生物入侵这样一个生态问题的背后，就涉及从量变到质变的辩证原理，值得教师挖掘和体现。

2) 生物发生律和进化世界观

在《动物学》教材的第四章，重点讲授了“生物发生律”，说明个体发育简短地重演了系统发展的过程，表明再复杂的多细胞动物也都起源于单细胞动物。由此，恩格斯论述道：“有机体的胚胎向成熟的有机体的逐步发育同植物和动物在地球历史上相继出现的次序之间有特殊的吻合。正是这种吻合为进化论提供了最可靠的根据。”在本章节中，七鳃鳗的幼体与成体差别很大，反倒与头索动物文昌鱼非常像，多年来被以为是另一种更原始的动物，并将其命名为“沙隐虫”。这里，又一次体现出生物进化中的“生物发生律”。而作为生物专业的学生，进化世界观和思维是其所应当具备的基本观念，也需要教师在课堂上不断加以强化。

16.3 课程思政的教学策略实例

1) 课程思政教学实例一：自然辩证法

七鳃鳗是本章节的重要代表性动物，由于具有奇特的半寄生方式和恐怖的口齿，是很多科幻和恐怖电影中恐怖生物的原型。因此，它是一种非常容易引起同学们课堂兴趣的动物，也特别适合开展润物细无声的课程思政教育。教师可以在课前准备若干著名电影中以七鳃鳗生物学特征作为原型的电影形象或片段，在课堂上呈现，既突出了七鳃鳗的生物学特征，同时引发同学们对此动物的兴趣。之后讲述其在现实中作为入侵生物对各国渔业和环境生态造成的严重威胁，然后顺势带出自然辩证法中的量变质变规律，明确点出量变质变规律是生物入侵乃至多种生态失衡背后的根本规律，从而让同学们认识到马克思主义哲学对认识世界的重要指导意义。

2) 课程思政教学实例二：生物发生律和进化世界观

由于"生物发生律"在《动物学》教材的第四章出现并在当时进行了重点讲授，在本章节中恰好可以作为一个复习和重温的环节出现。教师可以先重点讲解七鳃鳗的幼体与成体的区别，以及幼体所体现出类似于更原始的头索动物特征。之后，向同学们提问：这种幼体体态结构体现出比成体更原始特征的现象在学术上被称为什么规律？由此，教师可以引导同学们重温生物发生律，并借此再次强化物种进化论，有利于同学们形成进化世界观。

第十七章　鱼纲

17.1　专业教学目标

鱼类是人类最为熟悉的动物类群之一，也是世界上种类最多的脊椎动物类群，因此本章节是《动物学》教材中的重点章节。本章内容丰富，知识庞杂，也是"动物学"课程中的学习难点章节。本文的主要专业教学目标包括：

◎ 理解鱼类高度适应水生生活所具有的一系列结构和生理特征；

◎ 了解鱼类的鳞、鳍、尾、鳔等重要器官的不同类型及其功能；

◎ 掌握鱼类骨骼系统、循环系统、呼吸系统、消化系统、神经系统等各系统的结构特征和相应生理功能，以及这些系统在软骨鱼类和硬骨鱼类间的差异；

◎ 掌握淡水鱼和海水鱼的渗透压调节原理与异同点；

◎ 掌握鱼类受精、生殖和发育的几种主要类型；

◎ 掌握鱼类洄游的几种主要类型；

◎ 熟悉软骨鱼类和硬骨鱼类下的各亚纲及总目，主要代表性鱼类的生物学习性及其与人类的关系；

◎ 理解鱼类的起源与进化理论，了解鱼类进化中的关键物种及其意义。

17.2　重要思政元素分析与相关知识板块

鱼类是人类最为熟悉、与人类关系极其密切的动物类群，同时也是地球生命中数量庞大、对全球生态系统意义极其重要的动物类群。由古至今，鱼类出现在无数文人墨客的笔下，其命运也和人类的发展休戚相关。鱼类既是科学研究的重要对象，也是社会经济生活中不可缺少的组分。因此，在鱼类章节的教学中，蕴含着极其丰富而多元化的课程思政元素，内容之丰富不可枚举，在此仅列举若干可供教师参考的方向。

1) 中华灿烂文化

中华上下五千年，其文化之灿烂辉煌，世上无出其右。在中国的灿烂文化中，鱼类作为一个独特的符号和象征，在中国文化中具有不可替代的地位。无论是用"鱼米之乡"来形容地区的富饶，还是借"子非鱼，焉知鱼之乐也"流传下的古代哲学思想；无论从河姆渡遗址发现的双鱼衔耳盆，还是至今仍流行全国的祝福"年年有余(鱼)"；无论是"桃花流水鳜鱼肥"等流传千古的诗词名句，还是如今深受民众喜爱的锦鲤文化，鱼都可作为一个绝佳的媒介将灿烂的中国文化呈现于课堂之上。

2) 生态环保意识

鱼类是培养学生生态环保意识最为理想的动物类群之一。从正面角度而言，当前人类已经认识到维护鱼类种群的重要性，因此在修建各类水利枢纽或者改造海域等大型工程时，均会考虑工程对所在地鱼类洄游或产卵场的影响，体现出强烈的生态环保意识。但是，更多的负面案例，包括20世纪六七十年代"敲罟作业"竭泽而渔的超强度围捕导致的野生大黄鱼资源枯竭至今未能恢复，长江水体污染和过度捕捞导致野生刀鱼资源枯竭，各大河口地区由于水体污染和过度开发导致鱼类产卵场急剧减少，多种鱼类在河口地区日益稀缺；人们对于鱼翅、黄金鳔等陈旧饮食习俗造成鲨鱼、鮸鱼等种群锐减等，又反过来不断警示人们时刻都应注意对环境的保护和对生态资源的合理利用。

3）中国伟大成就

中国百姓很早就已经把鱼类作为重要的食物加以人工养殖。春秋战国时期已有范蠡所著《养鱼经》，是世界上最早的鱼类人工养殖著作。到今天，中国已经成为世界上第一水产养殖大国，水产养殖量占世界70%以上，在鱼类遗传育种、病害免疫、营养饲料等领域的科研和产业研发能力均居于国际先进水平，并拥有包括多位两院院士在内的一大批国际顶级专家学者，和以一系列中国人命名的先进渔业养殖技术（如林浩然院士所开创的鱼类催产"林-彼方法"）。此外，我国在鱼类基础研究领域也成绩斐然，在《自然》等国际顶级刊物发表了多篇鱼类相关论文，对鱼类生物学起到了重要的推动作用。这些由古至今取得的成就，足以鼓舞同学们的激情，树立民族自信。

4）中国共产党和人民群众的"鱼水情"

中国共产党来源于人民、成长于人民，得到人民的拥护和爱戴，这是中国共产党从弱到强，战胜一切困难险阻的根本法宝。因此，党一直把和人民群众的关系形容为"鱼水情"。由于本章节的一个重要知识点便是鱼类适应水生环境的结构形态和生理特征，探知鱼离不开水的生物学原理，正是引导同学理解党群鱼水情的良好契机。

5）海洋强国战略

海洋渔业资源是国家的重要战略资源之一，我国渔民向来是开拓和保卫我国海疆的重要力量。同时，渔业争端也往往是海洋领土争端的导火线。从钓鱼岛到黄岩岛，我国近年来的海洋领土争端都与渔业矛盾紧密相连。而我国当前正在进行的大型海洋鱼类养殖工船研发、远洋渔业资源调查等，均是我国海洋强国战略的组成部分。因此，海洋鱼类资源相关的知识点中，都蕴含着我国的海洋战略和我国当前的海洋国情，值得教师加以发掘和使用。

17.3 课程思政的教学策略实例

1）课程思政教学实例一：中华灿烂文化

如前分析，我国上下五千年的灿烂文化中，处处都有鱼的影子。这种鱼文化、鱼图腾本身，就含有鱼类的一些生物学特征和生理习性。教师完全可以将这些文化要素作为相关知识点的引子甚至直接作为知识点本身进行讲解。比如，通过我国先民器皿上的鱼类形象，来比较不同鱼类的器官特征（如尾型、鳍型等）；通过陆游诗句"两京春荠论斤卖，江上鲈鱼不值钱"，介绍鱼类随季节变化的洄游和产卵规律。有心的教师可以通过适当的编排，将一堂鱼类学的专业课，呈现出满满的中国文化。

2）课程思政教学实例二：生态环保意识

如前述分析，很多鱼类种群的兴衰，与人类的活动或饮食习惯有着直接的相关性。教师既可以在课堂上直接讲解若干典型案例，如三峡工程预留鱼类洄游通道、"敲罟作业"导致的大黄鱼资源枯竭、以鱼翅作为背景的"没有买卖，没有伤害"等，旗帜鲜明地提出生态环保的重要性。也可以将“追忆餐桌上再也吃不到的鱼”作为主题作业布置，请同学们搜集整理在历史上和近年来渔业资源日益枯竭从而退出普通百姓餐桌的鱼类，并分析其种群锐减的原因。由此，将潜移默化地增强同学们的生态环保意识，建立合理的动物利用观念。

3) 课程思政教学实例三：鱼类与中国伟大贡献

以鱼类养殖为代表的水产养殖是我国自古以来的重要生产活动和经济产业，有着悠久的历史和辉煌的成就。我国是世界水产养殖第一大国，产量占世界水产产量70%左右。在美国学者布朗(Lester R. Brown)的知名著作《谁来养活中国?》中，提到中国对世界的两大贡献是计划生育和淡水渔业，后者为世界提供了大量优质蛋白质，也是中国粮食安全的重要保障。近年来，我国鱼类学家先后攻克了四大家鱼和大菱鲆、石斑鱼等海水鱼类的人工繁育和配合饲料难题，极大丰富了人民群众的餐桌菜肴，无论在产业发展和学术进步上均取得了伟大成就。教师可以从鱼类对人类的重要性这一角度入手，简要讲述上述内容，既强调了课程本身的知识点，也让同学们了解这一领域里中国科学家的地位和贡献。

4) 课程思政教学实例四：中国共产党和人民群众的“鱼水情”

此处，教师可在讲授鱼类适应水生环境的结构特征和生理特点后，强调鱼离不开水。然后，顺势带出：正因为鱼离不开水，所以我们经常把党和人民群众的关系形容为“鱼水情”，因为中国共产党来源于人民、成长于人民，得到人民的拥护和爱戴，没有人民群众，就没有中国共产党。这样的表述方式，自然流畅，使得同学们对党群“鱼水情”有了出自专业知识的理解，将大大加深他们对于党群关系的理解。

5) 课程思政教学实例五：鱼类与海洋强国战略

为在课程中彰显海洋强国战略，教师可在讲授鱼类生活区域、洄游路径以及鱼类与人类的关系时，利用多媒体展现我国渔民在钓鱼岛、南海诸岛受到其他国家海岸警卫队舰船围追堵截，以及我国海警船在敏感海域维护我国渔民权益的照片、视频。伴随这些图像音像，教师一方面讲解这些地区是鱼类生活洄游的重要地区，渔业资源丰富，同时也要简要介绍海洋渔业资源是国家的重要战略资源之一，而我国近年来的海洋领土争端都与渔业矛盾紧密相连。为和平而坚决地捍卫我国海疆主权，维护我国领土完整，我国当前正在进行的大型海洋鱼类养殖工船研发、远洋渔业资源调查等，均是我国实施海洋强国战略，应对复杂海疆争端的办法。由此，可以激发同学们的爱国激情和对我国海洋强国战略的理解和支持。

第十八章　两栖纲

18.1　专业教学目标

在动物的进化上，两栖动物是从水生到陆生的关键过渡类群，具有非常重要的地位。其生活史和身体结构特征兼具水陆生活的特性，但尚不能完全适应陆生环境，因此其分布范围较为狭窄。主要专业教学目标包括：

◎ 理解并掌握动物从水生过渡到陆生环境所面临的主要矛盾；

◎ 了解两栖动物在身体构造、生活习性上对陆地环境的适应性以及不完善性；

◎ 掌握两栖动物的主要基本特征和生物学习性；

◎ 了解两栖纲动物各目的主要特征和代表性动物；

◎ 了解两栖动物起源和进化脉络以及相关理论学说；

◎ 了解两栖动物生存现状以及影响两栖动物生存的主要因素。

18.2 重要思政元素分析与相关知识板块

由于两栖动物尚不能完全离开水体，也不能完全适应陆生生活，它们的生存栖息地相对较为狭小，对环境依赖度高，这导致两栖动物成为脊椎动物中比较脆弱的一个类群，也成为生态环境是否健全的指示性物种，这一点是本章节开展生态意识、环保法规教育的最佳思政抓手。同时，作为一个从水到陆的过渡物种，两栖动物在身体构造上的不完善性，说明新生事物的发展是循序渐进的，不可能一蹴而就，这和马克思主义哲学对新生事物的论述异曲同工，也可作为一个可以加以改造使用的思政元素。具体分析如下：

1) 生态环保意识

两栖动物由于尚不能完全适应陆生生活，其对栖息地的要求存在诸多限制，导致其极易受到人类活动的影响。当前，人类对自然的大规模开发和城市化进程，已经导致三分之一的两栖类物种受到威胁，已有多个物种已经灭绝或濒临灭绝。当前，栖息地破坏和环境污染已经成为威胁两栖动物生存的两大主要因素。在很多地方，“听取蛙声一片”的场景已不再出现。两栖动物是否繁盛，已经成为生态环境是否健康的重要指标。由此，两栖动物的独特生物学特性决定了这一类群的生存已与当前人类的环保意识、环保举措休戚相关。教师应当在讲解两栖动物生物学特征时，强化其背后所关联的生态环保理念。

2) 环保法治建设

由于青蛙(田鸡)等两栖动物在历史上也曾经是部分地区民众的食物，至今仍存在少数民众捕捉青蛙的现象。基于两栖动物的生态脆弱性，我国在《野生动物保护法》中已经将绝大部分蛙类列入保护动物名录。但至今仍有部分民众不了解、不理解保护两栖动物的重要性，近年来，屡屡有人因为滥捕青蛙而触犯法律受到惩处。因此，教师在讲授两栖动物生态脆弱性时，非常有必要讲授用法律法规保护两栖动物的必要性，从而引导同学们认识到年轻一代摈弃陋习树立新风的重要性。

3) 对待新生事物的马克思主义观点

两栖动物是动物从水生走上陆地的探索物种，也是水陆生活的过渡物种。尽管它还具有很多不完善的特征，但从生命的进化史轴而言，两栖动物在从水到陆适应过程中所作出的生物学特征变化，最终在陆生动物中获得了进化上的巨大成功。这里，也和马克思主义对待新生事物的观点异曲同工。马克思主义认为：新事物，并非所有新产生、新出现的事物，而是在历史发展过程中具有必然性、进步性和远大发展前途的事物。新事物是在旧事物无法克服自身缺陷中诞生的，它在开始阶段总是弱小的、不完善的，其发展道路是艰难曲折的，但它添加了旧事物中所没有的新因素，拥有比旧事物强大的生命力和优越性，所以它是不可战胜的。因此，两栖动物作为生命从水到陆的“新事物”，是非常符合马克思主义哲学观点的。这种自然规律和马克思哲学的相通性，是值得教师加以发掘并作为思政元素使用的。

18.3 课程思政的教学策略实例

1) 课程思政教学实例一：生态环保意识

在这一主题下，教师可以强化讲授两栖动物的生物学特征及其相关的生态脆弱性，除了引用两栖动物濒危现状的数据之外，也可用多种形式的对比和案例以证实两栖动物的生态脆弱性。比如，很多千古名句中呈现的田野风情比如“稻花香里说丰年，听取蛙声一片”，在当今滥用农药的时代，已经一去不复返了。美国学者蕾切尔卡逊的经典著作《寂静的春天》，也同样描绘了类似的生态悲哀。教师在课堂讲授中流露出的这种对生态环境变化和好时光一去不复返的惋惜，可以感染同学们，引导他们树立生态环保意识。

2) 课程思政教学实例二：环保法治建设

教师在讲授两栖动物的生态脆弱性时，除了惋惜已经逝去的良好生态环境之外，也可以使用多个近年来被报道的“两栖动物被滥捕只为了满足少数人的口腹之欢”的案例，体现出痛心之情。由此，教师应当强化立法保护野生动物的必要性，并引导同学们思考一些传统的饮食习俗是否应该根据时代的变化而做出改变。这将有助于同学们支持环保法治建设，并自觉改变传统陋习。

3) 课程思政教学实例三：对待新生事物的马克思主义观点

如前述分析，两栖动物在进化上的重要性和现存生物学构造上的不完善性，完全符合马克思主义对于“新事物”的论述。因此，教师可以在讲授和分析完两栖动物的进化意义后，展示马克思主义对“新事物”的论述分析。然后请同学们以两栖动物的生物学特征和进化意义为依据，对马克思主义对新事物的论述进行一一对应的诠释。由此，可以有效地让同学们在基于生物学专业背景下增进对马克思主义原理的学习和认识，同时，也是对两栖动物的进化意义进行哲学意义上的复习和升华。

第十九章　爬行纲

19.1　专业教学目标

爬行动物是从古代两栖类中演化出来的一支以羊膜卵繁殖的动物，无论在繁殖、运动和各生理功能方面，均演化出适应陆地生活的能力，成为真正陆栖脊椎动物的原祖。由此，爬行动物在动物进化史上具有重要的地位。本章的主要专业教学目标如下：

◎ 了解羊膜卵的主要特征及其在动物进化史上的意义；

◎ 了解并掌握爬行动物适应陆生生活的主要特征；

◎ 在与两栖动物比较中掌握爬行动物在皮肤、肌肉、骨骼、循环系统和泌尿生殖系统方面的主要结构和功能；

◎ 掌握爬行动物的不同颞孔类型以及现生种类与不同颞孔类动物的关系；

◎ 了解恐龙的主要特征、类群和演化历史，并了解恐龙灭绝原因的不同假说；

◎ 了解现存爬行动物各目的基本特征与代表性物种；

◎ 了解当前爬行动物面临的生存危机。

19.2　重要思政元素分析与相关知识板块

本章节所讲授的爬行动物已经成为完全适应陆上生活的动物类群，其曾经统治地球，有过极其繁盛的历史年代，但也以悲剧式的结局而告终。但至今，爬行动物仍然种类繁多，相当一部分与人类有着密切的关系。爬行动物的兴衰历史，以及当今人类与爬行动物的相关性中，富含了很多深刻的哲学原理和现实思考，值得作为思政要素体现。具体分析如下：

1) 人类终极命运的思考

恐龙作为曾经统治地球的爬行动物，衍生出适应各种环境的种类，取得了巨大的成功。但是，如此成功的物种，在某种剧烈变化的外在因素变化下，也在短时间内近乎灭绝。联系到当前的人类，同样是统治世界的物种，但同样存在因为某种突发因素而整体灭绝的可能。因此，人类对于终极命运的忧患意识，以及通过发展科学技术不断增强人类抵御各类自然灾害的能力，是每个理性的地球人都应该具有的共识。

2) 生态环保意识

爬行动物中的一些物种，已经因为人类的生活方式而濒临灭绝。这些生活方式，有些是当前人类社会的共性问题，比如塑料制品的大量使用导致海龟数量的急剧减少；有些是地域性的，比如部分地区的特殊饮食习惯诱发对野生爬行动物的滥捕滥杀和黑市交易。因此，从整体的人类生活方式改变到局部地区民众观念的改变，都需要共同遵循生态环保理念。这部分思政元素，和本章节的知识点紧密相关，值得教师使用。

3) 人与动物的利害关系与辩证思维

爬行动物中有不少人们所熟知的常见种类与人类存在密切的利害并存关系。典型的如蛇类，这是无数民众恐惧的动物品种，见者往往恨不得除之而后快。然而，蛇类在自然生态链中又处于非常重要的角色，在维持生态系统的稳定性和生物多样性方面具有重要的作用。因此，如何理性看待这些动物，需要具备理性的自然辩证思维，方能做到扬益抑害。

19.3 课程思政的教学策略实例

1) 课程思政教学实例一：人类终极命运的思考

恐龙曾经的繁荣昌盛和突然的灭绝一直是广受全世界人们关注的热点。教师在讲授这一部分内容的时候，应当将话题逐渐引向当前繁荣昌盛的人类，并通过提问、课堂讨论或课后作业的方式，请同学们思考如下问题：“人类是否可能灭绝？”“人类灭绝的可能原因有哪些？”“如何避免人类灭绝？”对这些问题的思考，无疑将引发同学们对人类终极命运的思考，并逐渐形成他们作为人类一分子所应当具有的忧患意识和发展科学技术改变人类命运的共识。

2) 课程思政教学实例二：生态环保意识

爬行动物当前面临的生存危机是本章的重要知识内容。为加深同学们对爬行动物生存危机的直观理解，教师可以在课堂上播放大量因误食海洋漂浮塑料袋而死亡的海龟视频或图片，以及部分地区饮食陋习所造成的野生爬行动物黑市交易猖獗等新闻，明确指出人类当前的生产生活方式对野生动物造成的巨大危害。这些视频和画面，往往能引发同学们内心的波动，教师应该顺势利导，引导同学们认识到当前人们的生产生活方式中生态环保意识的不足，从而加强他们对于我国建设生态文明的认同和支持。

3) 课程思政教学实例三：人与动物的利害关系与辩证思维培养

益害交替共处的辩证关系是作为生物专业学生看待动物所应该具备的基本立场和思维方式，教师务必在各章节进行强调和引导。在本章节中，教师可以通过蛇类这一人类普遍恐惧的动物的影像，引发同学们的情绪变化。之后，教师再通过讲解蛇类在生态系统维护和生物多样性保持方面的重要作用，引导同学们思考益和害的辩证关系，树立对动物的理性思维。

第二十章　鸟纲

20.1　专业教学目标

鸟类由于具有恒定的体温和飞翔的能力，种类繁多，遍布全球，是进化上非常成功的物种，也是仅次于鱼类的第二大脊椎动物类群。鸟类与人类的关系也极其密切，长期受到人们的高度关注。因此，鸟类是“动物学”课程中的重点教学内容，其专业教学内容包括：

◎ 掌握鸟类形态结构的主要特征及其与爬行动物的异同；

◎ 掌握鸟类适应飞翔生活方式的器官系统结构和功能特点；

◎ 了解鸟类起源的主要理论学说、重要的化石证据及其意义；

◎ 掌握鸟类3个总目的主要分类特征差异和主要的代表性鸟类；

◎ 理解掌握不同鸟类在适应不同环境和生活方式中其形态结构的适应特征和趋同性特征；

◎ 了解鸟类迁徙定向的主要学术假说和相应证据；

◎ 了解鸟类繁殖行为的主要特征及其生物学意义；

◎ 了解鸟类与人类的相互关系以及当前鸟类生存危机的成因。

20.2　重要思政元素分析与相关知识板块

鸟类是在进化上非常成功的物种，进化出高度适应其生活方式的形态结构和生理功能，是动物学教学的重要章节，专业内容丰富。同时，由于鸟类与人类的关系极其密切，自古以来受到人类的高度关注，或赞赏喜爱，或憎恶厌烦，衍生出种种文化现象。因此，本章节中，从进化的哲学原理和鸟类所涉及的文化现象，到当前鸟类面临的生存危机和人类传统观念的转变，无不蕴含着极其丰富的课程思政元素。以下，仅举数例，供教师参考。

1) 保持内部稳定、抵御外部风险

鸟类（包括哺乳动物）之所以能取得进化上的成功，其重要原因之一便在于具备恒定的体温，为自身打造出一个稳定的内环境。稳定的内环境，保障了各种生化酶类可以全季节、全天候稳定工作，保障生理功能的正常，也使得鸟类可以在冬季、夜间都正常活动，不受外界气温变化的影响。鸟类成功的经验，也显示出一个稳定的内部环境对于一个社会和国家的极端重要性。只有内部的稳定，才能抵御复杂多变的外部环境。无论从国共合作一致抗日，到当前维护社会安定团结以抵御国际博弈风险，均显示出国家内部的团结稳定对于中华民族复兴的重要性。教师应当善于利用动物和社会的内在关联性，开展课程思政教育。

2) 中华灿烂文化

鸟类能自由飞翔，多种鸟类又有婉转的鸣声和艳丽的体色，自古以来便受到国人的喜爱。对鸟儿的向往、喜爱、赞赏和共情，通过书画诗词和戏曲文学，成为我国灿烂文化中的一个重要组成部分。教师完全可以以鸟类为载体，在课堂上呈现灿烂的中华文化。

3) 建设生态文明、摈弃传统陋习

随着时代的发展，有一些传统的饮食和生活习俗已经不适应时代的发展，应当理性摒弃。当前，人类对自然的开发破坏了大量野生鸟类的栖息地和迁徙中转地。同时，人民生活水平的提高和商业文化的兴起，又使得部分民众对燕窝、野鸟的食用需要和对鸣禽、猛禽的饲养需求增加，这些又导致了对野鸟的大规模捕猎，从而导致野生鸟类的数量大大减少。另外，当前养猫弃猫现象严重，导致流浪猫泛滥成灾，已经成为城市野鸟数量锐减的重要因素。因此，树立生态思维，提倡文明新风，摈弃传统陋习，应当是教师在讲授鸟类和人类的关系时需要体现的课程思政内容。

4）尊重科学规律

在人类和鸟类的关系中，出现过多次大规模的鸟类捕杀事件。典型的如我国20世纪50年代的“除四害”运动中，将麻雀作为粮食减产的害鸟以群众运动的形式大肆捕杀，导致我国麻雀数量锐减，近乎灭绝。美国也曾出现为保护开垦的农田而大肆捕杀旅鸽使之灭绝的悲剧。事实上，这些都是当时人们不了解客观科学规律，盲目行事所带来的后果。因此，在处理人和自然的关系时，必须进行充分全面的评估，尊重客观科学规律，以免造成不可挽回的后果。这些涉及鸟类的惨痛教训，是非常好的课程思政内容。

20.3　课程思政的教学策略实例

1）课程思政教学实例一：保持内部稳定、抵御外部风险

鸟类恒定的体温及其给鸟类带来的巨大竞争优势是本章节重要的知识内容。教师在讲授这些内容之后，需要通过精炼的总结将恒温动物应对复杂外部环境的优势提升到“内部稳定是抵御外部风险的重要前提”这一结论上。之后，便可以顺势拓展至国家和社会的稳定，并通过抗日战争中的国共合作共御外敌等案例表明内部稳定的重要性，从而最终指出在中华民族的伟大复兴过程中，我国当前的社会安定与团结在抵御国际博弈风险中是多么的重要和可贵。由此，教师可将专业的生物学知识与我国当前的治国方针紧密联系，促使同学们理解当前维护社会稳定的极端重要性。

2）课程思政教学实例二：中华灿烂文化

灿烂的中国文化中，处处都有鸟的影子。从千古流传的名句“两个黄鹂鸣翠柳，一行白鹭上青天”，到松鹤呈祥的喜庆年画；从七夕的鹊桥传说，到凤凰涅槃的文化意象，教师可以将中国文化中的鸟全面融入课程的讲授过程中。无论是代表性鸟类的生活习性，还是鸟纲分类知识的讲授，各种带着中国文化内涵和意象的鸟类均可成为教师的教学素材，把课堂打造为科学知识与中国文化交相辉映的舞台。中国文化在同学们心中的扎根和生长，正是来自这样一次次的熏陶。

3）课程思政教学实例三：建设生态文明、摈弃传统陋习

在讲授人与鸟类的关系时，教师需要旗帜鲜明地指出当代人的一些传统习俗甚至陋习极大地威胁着野生鸟类的生存。吃燕窝、掏鸟蛋、吃野味所导致的对野生鸟类窝巢破坏和对成鸟的滥捕已经成为当前动物保护的重点和难点工作，而非理性的养猫弃猫所造成的大量流浪猫也成为城市鸟类的主要杀手。教师可以用图像展示我国部分地区在鸟类栖息地或迁徙路线上触目惊心的鸟网和无数鸟挂网的惨状，也可用伦敦流浪猫泛滥导致城市野鸟数量锐减的案例，警醒同学们建设生态新风，摈弃生活陋习。

4）课程思政教学实例四：尊重科学规律

教师可以在课堂上用寥寥数语并配以当时全民灭麻雀的历史照片，讲述麻雀被当成“四害”后又被平反的案例，从而顺势点明：事物有两面性，如果不遵照科学客观规律，只片面看到事物的一方面，往往会好心办坏事。由此，教师需要提醒同学们努力学习科学文化知识，尽可能地全面了解事物，依照事物发展的客观规律办事，否则必定得不偿失。

第二十一章　哺乳纲

21.1　专业教学目标

哺乳纲是我们人类所属的动物类群，是全身被毛、运动快速、恒温、胎生和哺乳的脊椎动物，也是脊椎动物中躯体结构、功能和行为最复杂的一个高等动物类群。哺乳类和鸟类都是从爬行动物起源的，并以不同方式适应陆栖生活。在进化历史上，哺乳类比鸟类出现早，保持着某些与两栖纲类似的特征。哺乳纲是《动物学》教材中介绍的最后一个动物门类，又涉及我们人类自身，是课程的重中之重。本章的主要专业教学目标包括：

◎ 掌握哺乳动物在进化上的进步性特征以及具体的器官系统特征；

◎ 理解并掌握恒温、胎生与哺乳对于动物生存的重要意义；

◎ 总结并掌握哺乳类动物皮肤、血液、消化、呼吸、泌尿、生殖、神经、运动、内分泌等器官系统的结构、功能和运作模式；

◎ 了解哺乳类各亚纲与各目的主要特征与代表性动物；

◎ 了解哺乳类动物的起源与辐射适应的概况与相关学说；

◎ 了解人类的起源进化与相关理论学说；

◎ 掌握我国重点保护的哺乳动物种类、分级、现状及其生活习性。

21.2　重要思政元素分析与相关知识板块

本章涉及内容是人类所属的哺乳动物，大量专业教学内容均能“感同身受”，因此有大量非常容易引起同学们关注的教学案例，这是本章节开展课程思政教育的优势所在。人的起源、稳定的体温和胎生习性、哺乳动物多种多样的适应进化、野生哺乳动物的生存状况与动物保护法规等，都是开展课程思政理想的抓手。以下仅列举若干可供教师参考的课程思政方向：

1) 进化论世界观

人的起源是进化论和神创论的矛盾焦点。当前的动物学、人类学研究，在古化石和分子生物学证据的支持下，已经对人类的连续进化和迁徙、分布有了基本明确的结论。这些证据对于理解“我从哪里来”这个根本的哲学问题有着重要的意义。因此，在本章的教学内容里，关于人的起源的进化论证据，无论从专业教学还是课程思政教学方面来说，都应该成为一个重要内容。

2) 社会环境的重要性

和鸟类一样，哺乳动物也是恒温动物，除此之外，哺乳动物是胎生的动物。动物胎儿在母体内孕育，比鸟类孵蛋又增加了内环境的稳定性。因此，哺乳动物对于陆栖生活的适应性更强。这点再次证明一个稳定的内环境对于适应复杂环境的重要性。类似的，努力维持我国当前国家社会的稳定，是抵御外界风险的重要前提。教师应当在上一章的同一个思政点的基础上，继续强化这一重要的思政要素。

3) 透过表象看本质

为了适应不同的环境和生活方式，哺乳动物在长期进化中形成了陆栖、穴居、飞翔和水栖等不同生态类群，广布全球。正是由于这些多样化的形态特征，使得各国先民甚至至今仍有民众将蝙蝠、鲸等哺乳动物当成鸟类或鱼类。也正是现代动物学的进展，使得人们得以从动物内部结构、各类生理和分子证据理解动物的本质。纷繁复杂的自然万象，如果不从本质出发看问题，便会乱花渐欲迷人眼，被表象所迷惑。因此，表象与本质的关系，也是教师可以发掘的思政内容。

4）生态文明与环境保护

哺乳动物，尤其是大型哺乳动物，因为对食物和栖息地的丰富度需求较高，在人类当前开发自然的脚步前几乎退无可退；此外，一部分民众对虎骨、熊掌、象牙、犀角、穿山甲等的畸形喜好所导致的动物非法捕猎，已经导致多个物种灭绝或者濒临灭绝，包括白鱀豚、黑犀牛、非洲象、东北虎等等。由于同为哺乳动物，一种哺乳动物的灭绝往往比其他物种的灭绝更牵动人类的心。教师应当借助这样的心理，在同学们心里树立生态文明观念，拒绝陋习，关爱自然，维护生态平衡。

5）国家富强与动物保护

随着我国国力的强盛，我国对野生动物的保护也日益重视。无论从自然保护区的设立管理到动物保护法规的制定和落实，我国当前的行动力度日益加强，并已经取得了积极的效果。当前，人民群众的动物保护意识日益增强，一些濒临灭绝的动物种群正在逐渐恢复。然而，在一些战火纷飞或贫困落后的国家地区，政府对自然资源和野生动物的保护无心无力，导致大量珍贵野生动物被滥捕滥杀。因此，对野生动物的保护与国家富强密切相关。只有一个富强的国家，才可能有完善的动物保护体系。因此，教师需要抓住这一关联点，引导同学理解国家富强的意义所在，从而使得同学们树立为国家富强而努力的人生目标。

6）尊重客观规律

很多和人类生活区重合或者交杂的哺乳动物也会造成对人类生活生产的危害，比如山区的野猪、猕猴，平原地带的野兔、高原地带的鼠兔等等。尤其是啮齿目的鼠类，由于数量极其庞大，其中一部分种类与人类生活生产区高度重合，除了对农林牧渔业造成危害之外，还携带病原微生物或病原媒介物，给人类的生产和健康带来严重威胁，成为害兽。对于这些动物，应当遵照科学规律，在认真分析其益害和生活习性后采取不同的处理方式。这里，尊重科学规律、全面分析利弊的科学理性思维就显得尤为重要。

21.3 课程思政的教学策略实例

1）课程思政教学实例一：进化论世界观的建立

“我从哪里来”是最根本的哲学问题之一，而从生物学的角度，了解人的起源有助于理解这个哲学问题。“动物学”课程，从原生动物开始终于讲到了哺乳动物，讲到人类自身，这本身就是一个“我从哪里来”的解答。而哺乳动物章节中对于人的起源的知识，是对这个问题更直接的回答。教师应当充分利用当前最新的人类学和动物学研究进展，结合化石和分子生物学证据，以比课本更详实、更可信的教学素材，讲授人的起源。教师这一专业知识的精深讲授，加之与神创论的客观对比，将有助于生物学专业的同学建立系统完整的进化论世界观。

2）课程思政教学实例二：现象与本质

乱花迷人眼，社会是纷繁复杂的。作为涉世未深的年轻学子，在看待复杂的社会问题时，难免会感到困惑甚至被他人所迷惑。作为教师，在讲授本章节内容时，可以在讲授哺乳动物的适应性进化和飞翔、水生、陆栖等生态类型时，用蝙蝠似鸟、鲸如鱼作为案例，提醒同学们：表象不等于真相，要探究真相必须了解事物的本质。由此引导同学们注重科学思维的训练，培养求真求实的品性。

3）课程思政教学实例三：生态文明与环境保护

当前有大量关于野生哺乳动物遭非法猎杀的报道，其背后的原因往往源自人类以收藏和食用为目的，对珍稀野生动物器官组织（象牙、熊掌等）的畸形追捧。教师可以通过精美的象牙雕塑和血淋淋的动物盗猎现场照片对比，引导同学们思考当代应该树立怎样的文明标准。同时，人类对自然地域的无节制开发，也造成了大量野生动物，尤其是大型哺乳动物的灭绝。教师在讲授水生哺乳动物时，可以用我国“孤独的白鱀豚淇淇”这一广为人知的案例，讲授长江母亲河中发生的生态危机，引导同学们树立生态文明和可持续发展理念。

4）课程思政教学实例四：国家富强与动物保护

大量事实已经证明，只有国家的富强，才能有相对健全的资源和动物保护体系。教师在讲授我国当前大力加强自然保护区和动物保护法规建设、监督管理的同时，可以以一些贫困落后战火纷飞的国家地区盛行的盗猎滥杀为反例，从而引导同学思考：建立一个健全的动物保护体系的前提是什么？由此，热爱自然、热爱动物的生物专业学生会更加理解：如果没有一个富强的国家，自身的专业理想都无法真正实现，从而让同学们真正理解国家富强的重要性，并树立为国家富强而奋斗的人生价值观。

5）课程思政教学实例五：基于客观规律的野生动物种群控制

教师在动物学教学中，也应当注意引导同学们理解：并不是一切动物都必须无条件地得到人类的保护。对于一些严重危害人类生产生活的动物，必须进行数量的控制，降低其危害，这是一种理性的动物保护观。在本章中，野猪、野兔和鼠类便是引导同学形成这种理念的良好案例。教师可以通过鼠类危害的图片视频，让同学们对鼠害有更直观深入的了解，之后便可顺势引出害兽的概念。之后，教师应当以专业的姿态讲授人类消灭“害兽”中的成败得失，从而引出按客观规律办事在控制野生动物种群中的重要性。因此，尊重科学、尊重自然规律，理性控制野生动物种群，应该成为生物专业学生应当具有的理性特质。

第二十二章　动物进化基本原理

22.1　专业教学目标

进化是“动物学”课程的教学主线，而本章内容是对进化的系统性介绍。因此，本章教学内容是对前述各章节从进化主线上的梳理。主要的专业教学目标包括：

◎ 了解地球生命起源的基本条件以及起源的基本过程；

◎ 理解并掌握达尔文进化理论的主要内容，以及新达尔文主义对进化论的贡献；

◎ 了解分子进化生物学研究进展以及重要的分子进化学说和证据；

◎ 了解不同进化理论和学说，并了解它们之间的差异所在；

◎ 理解掌握动物进化的型式假说及其各自特点；

◎ 掌握物种的基本含义和形成的主要方式；

◎ 了解大进化和小进化的含义与差别。

22.2 重要思政元素分析与相关知识板块

基于进化本身就是马克思主义世界观和认识论的重要组成部分，本章节的专业内容本身就是本章最大的思政要点。此外，进化学说中的具体理论、案例也隐含了很多的思政元素。以下仅举几个方向，供教师参考使用。

1) 进化论世界观

进化是一种世界观也是一种方法论。《动物学》各章节的编排便是按照进化的主线进行的，但本章对进化论的系统讲授能帮助同学们更具体而系统地了解进化论。本章所介绍的多种进化理论和学说，列举的大量进化证据，都是对同学们已有的进化思维的一次系统整理和强化，从而有利于真正形成进化论世界观和基于进化理论所形成的分析世界事物变化的方法论。

2) 自然辩证法三大原则

对立统一原则、质量互变原则和否定之否定原则是自然辩证法的三大原则。进化论综合体现了这三大原则：遗传和变异体现了对立统一；基因突变的逐渐积累最终形成新物种，这体现出量变引起质变；生命体的结构和功能在进化长河中不断地被抛弃、改造而发展出更适合新环境的结构与功能，这又体现出否定之否定的客观规律。因此，讲授进化论，事实上也是在讲授自然辩证法。

3) 学术民主与科学精神

民主和科学精神是社会主义核心价值观。而进化论理论本身的进步就是不同进化理论百家争鸣、求真求实科学精神的最好体现。教师应当紧紧抓住不同进化学说在民主争鸣中互相取长补短，用证据立论，以理服人，不断完善进化理论这一过程，彰显其中所展现的学术民主和科学精神。

22.3 课程思政的教学策略实例

1) 课程思政教学实例一：进化论世界观的形成

进化论的基本原理和具体的动物门类相比，显得较为理论化。教师应当尽可能调动同学们的学习积极性，以不同理论学说的代表性案例和动物为抓手，逐步引出不同的进化理论。并在讲授中，采用逐步设疑法，清晰地展现出进化中的进化论是如何解决一个又一个进化难题的。由此，将有助于同学们建立一个科学真实的、体现客观世界而富有生命力的进化论世界观和方法论。

2) 课程思政教学实例二：自然辩证法三大原则

自然辩证法是马克思主义哲学的核心内容。教师可通过课堂提问或课后作业，甚至考核题目等方式，请同学们自主总结自然辩证法三大原则在进化理论中的具体体现。由此，通过自主思考和整理，同学们既能复习进化论相关知识，更能深刻理解进化论所蕴含的哲学原理。

3) 课程思政教学实例三：学术民主与科学精神

教师可以通过课堂讲授或课后作业的方式，最终清晰地列出不同进化理论的主要观点、代表性人物和对进化论发展的贡献。在最终整理完整这一体系后，教师应当有意点出，这种基于证据的争论，是学术民主的重要体现，而“争论”之所以不是“争吵”，关键就在于科学立论和客观证据的呈现。因此，进化论本身的不断进步，正是归功于学术民主和科学精神。教师应当进一步画龙点睛地指出：社会的进步和发展，同样需要真正的民主和科学精神。

第二十三章 动物地理

23.1 专业教学目标

本章动物地理学主要介绍动物在地球上的分布格局以及这种格局形成的历史原因。与上一章进化主要着重动物在历史长河中的纵向发展有所不同，动物地理学主要着眼于从不同尺度上探究动物分布的规律及其与系统进化的关系。本章主要的专业教学目标包括：

◎ 掌握大陆漂移学说的主要内容；

◎ 了解动物地理学的主要研究内容、基本概念和基本理论；

◎ 了解动物分布的基本类型和特点；

◎ 掌握世界各个动物地理界的划分依据和著名代表动物；

◎ 掌握动物分布区和栖息地的关系；

◎ 掌握我国各动物地理区的主要特征及代表性动物。

23.2 重要思政元素分析与相关知识板块

动物地理学偏重于动物的分布规律研究，尤其强调其分布、扩散、回缩的原因。自从人类出现后，动物的栖息和分布便越来越多地受到人类生产生活的影响，因此人与自然的关系便是本章重要的思政点。此外，本章着重讲授了我国的动物地理区和大量代表性物种，这里就涉及我国的基本国情，同样是重要的思政教育要素。详细分析如下：

1) 人类发展与生态环境

动物的栖息地往往随着人类的活动而减小，甚至被割裂从而形成生境的碎片化，挤压动物的生存空间。当前，大量自然生境已经被农田、城市、公路等割裂为一个个的“岛屿”，对动物的生存空间形成了严重的威胁。因此，人类的发展和动物的天然生存之间的矛盾如何解决，是当前可持续发展模式下的一个重要命题，教师需要提出这一命题，有助于提醒同学们形成生态观念，时时思考人与自然的关系。

2) 生态优先的发展实践

我国近年来建设了大量横跨各动物地理区的铁路和公路。在这些大工程的建设中，我国越来越多地注意到了人类工程对动物栖息地的影响，并采取了大量有效的措施。比如，在我国青藏铁路的修建中，为使得被铁路分割的藏羚羊等动物的栖息地仍然能相互连通，铁路设计者在动物学家的指导下，在关键的野生动物栖息地铁路段，特别修建了方便野生动物横穿铁路线的线下涵洞。这些都是我国实践可持续发展生态思想的有效举措，值得教师加以使用，以增强同学们对国家建设的信心和支持。

3) 中国国情与生态文明

我国由于幅员辽阔，地理条件复杂，拥有多个动物地理区，从而拥有了种类繁多、分布广泛的复杂动物类群，在世界上也首屈一指。本章节讲授了我国存在了多个动物地理区，以及大量的动物代表种。教师需要着重强调这一点，并突出我国这一自然资源优势。但同时，也要提醒同学们如此大好河山、宝贵资源，更需要我们的守护。由此，既强化同学们对祖国的热爱，又促使他们形成生态责任感。

23.3 课程思政的教学策略实例

1) 课程思政教学实例一：人类发展与生态环境

在本章中，为树立学生们生态观念的形成，教师在讲授动物的地理分布和岛屿效应时，可以用卫星实景地图展示人类的活动（农田、城市、公路、铁路等）是如何割裂动物的自然栖息地从而形成生境碎片化的，从而让同学们对人类活动影响动物分布留下深刻印象。由此，教师便可以顺势提出“如何解决人类的发展和动物的天然生存之间的矛盾”这一当前可持续发展模式下的重要命题，这一命题尚没有标准答案，但教师对这一命题的提出，将有助于提醒同学们形成生态观念，时时思考人与自然的关系。

2) 课程思政教学实例二：生态优先的发展实践

当前，我国的经济发展越来越重视生态保护和可持续发展，也已取得了大量可喜的成果。教师应当在讲授完上述思政点后，列举种种我国在经济社会发展过程中兼顾发展与生态保护的案例，展现我国的生态保护现状。其中，青藏铁路建造时特意修建的野生动物穿越涵洞是一个避免生境碎片化的有效举措。教师可以利用《新闻联播》中播放的藏羚羊穿越铁路涵洞，在铁路两侧自由穿行的相关影像，加强同学们对于我国野生动物保护举措的认识，从而增强他们对于国家建设方针和方向的认同与支持。

3) 课程思政教学实例三：中国国情与生态文明

在本章节开展中国国情教育有着独特优势。我国由于幅员辽阔，地理条件复杂，拥有多个动物地理区，所拥有的动物种类在世界上也首屈一指。教师可以利用《我们诞生在中国》等动物纪录片，以及收集的大量珍稀动物照片给同学们以视觉上的冲击，从而让同学们了解我国这独特的自然资源优势。之后，教师便需要进一步强调，如此大好河山、宝贵资源，是先辈留下的财富，更需要我们的守护。由此，既强化同学们对祖国的热爱，又促使他们形成生态责任感。

第二十四章　动物生态

24.1 专业教学目标

本章节“动物生态”主要介绍动物与其周围环境的相互关系，是从更宏观的层面介绍动物在生态圈中所扮演的角色和地位。主要的专业教学目标包括：

◎ 了解掌握生态因子、种群、群落、食物链等生态学的主要概念与基本特征；

◎ 理解掌握各种生态因子与动物相互作用的基本方式和过程；

◎ 理解掌握动物种群数量变化及调节的基本规律与方式；

◎ 掌握食物链、能流与生态系统的相互关系；

◎ 理解生态平衡与自然保护的相关性。

24.2 重要思政元素分析与相关知识板块

生态文明与可持续发展本就是我国当前经济社会发展的主要方向。因此，本章作为专门讲述动物生态相关原理的教学内容，其本身便是理解并树立生态思想的思政教学内容。其中，某些与我国当前经济建设相关的案例，可以供教师作为单独强调的典型进行课程思政教学。具体分析举例如下：

1) 生态观念与可持续发展

由于人口数目的增多，人类的生活和发展区域与野生动物栖息地的重合度越来越高，因此，要想切实走生态保护、可持续发展之路，就要在制定经济发展计划和目标时切实做好生态论证，保护生态环境。这里，习总书记关于生态文明“绿水青山就是金山银山”的论断便是本章内容的最好诠释。因此，本章时时要体现生态环境对于自然和人类生产生活的重要性，这既是专业教学的需求，也是思政教学的重点。

2) 保护环境与个人担当

当前，尽管建设生态文明已经成为社会潮流，但是要真正做到生态文明、保护环境，也需要每一个公民具有责任与担当，从我做起。反过来说，环境污染、失衡的生态影响着每个公民。这里，由于工农业生产和个人生活方式所造成的环境污染以及所造成的生态失衡，正通过影响气候、影响食品安全等方式损害着每一个人的健康与发展。因此，教师应当强化个人与自然的相互关系，从而把保护环境、维护生态与个人利益相关联，强化同学们的责任与担当，树立“我为人人，人人为我”的社会价值观。

24.3 课程思政的教学策略实例

1) 课程思政教学实例一：生态观念与可持续发展

教师在讲授本章内容时，建议可交叉使用“反例”和“样板”，用反例展示世界各地，尤其是在中国发生的生态灾害，用触目惊心的图片和影像触发同学们对生态环境的爱惜之情。同时，使用各地各行业成功建设生态文明的样板图片和影像，则能给予同学们以发展的信心。这种正反案例和图片影像的交替使用，可以将生态理论落实到一个个具体的案例，既增强了专业知识的讲授，又能触动同学们的心灵，从而让生态观念和可持续发展成为同学们价值观的一部分。

2) 课程思政教学实例二：保护环境与个人担当

为激发同学们的自我责任与担当，避免将生态价值观拔得过高以至于脱离个人的生活实际，教师需要强化本章节中那些破坏生态环境以至于影响到每个人的案例，比如破坏生态环境导致食品安全危机、导致流行病发生等等，从而将生态环境的重要性与个人的健康和发展紧密关联。由此，教师便可以对当前社会很多不符合环保理念的个人行为，包括乱丢垃圾、滥用一次性碗筷、过度更换电子产品等提出批评，从而强化同学们“我为人人，人人为我”的社会价值观和“保护生态环境从我做起”的责任感。

三、“动物学”实验与野外实习课程思政教学指南

第一章 “动物学”实验课程

1.1 专业教学目标

生物学是一门实验科学，因此，“动物学”的理论教学也必须结合实验教学，才能真正达到“动物学”的教学目标。“动物学”实验课以对不同动物的形态观察和手术解剖作为最基本

的实验方法，并由此使得同学们真实了解代表性动物的内外结构，理解结构与功能的统一，并掌握基本的动物观察、描述和解剖技能。其主要的教学目标包括：

◎ 熟练掌握从原生动物到脊椎动物的形态观察与描述技术，通晓并使用相关专业术语；

◎ 熟练掌握利用显微镜对动物活体、器官、组织和细胞进行观察与描述；

◎ 熟练掌握动物的麻醉和解剖技术，以及动物器官组织的手术分离技术；

◎ 熟练掌握规范的动物绘图和标识技术；

◎ 理解并掌握代表性动物关键结构与功能的相关关系。

1.2 重要思政元素分析与相关知识板块

"动物学"实验课程重在实验操作，尤其着重于对动物活体或尸体进行观察和解剖，因此，动物学实验课程在训练生物专业学生的观察、解剖和描述技能的同时，也非常适合开展生命观教育、实践出真知与工匠精神等世界观和职业精神的思政教育。具体分析如下：

1) 理性生命观

在动物学实验中，会使用多种动物作为观察和解剖的对象，不可避免地会造成动物的人为死亡和损伤。事实上，在人类探索生命世界的进程中，会使用大量实验动物作为实验对象，而人类对于生命世界的每一个研究进展，往往也需要以这些动物的牺牲作为代价。尽管国内外都有一些极端的动物福利主义者声称一切生命绝对平等，但在当前人类的科技水平下，在人类追求幸福生活的探索中，仍然离不开实验动物的必要牺牲。但是，在当前的文明社会中，不滥用实验动物、善待实验动物，在可能的情况下以体外实验代替活体实验等实验动物伦理观念已经成为生命科学研究的重要法则。因此，在动物学实验课中，教师需要引导同学们树立理性的生命观，理解并接受现代实验动物伦理观。

2) 实践出真知

实践是检验真理的唯一标准，这是我国在改革开放、探索中国特色社会主义进程中的重要指导思想。任何理论，都要经得起实践的考验。而作为实验科学的动物学实验课，正是树立实践观念的绝好时机。动物学实验课，是通过实验解剖和观察，证实《动物学》教材中的种种理论、定义和概念的过程。这一过程，正是"实践出真知"、"实践检验真理"过程的情景再现。教师需要在一次次的实验过程中，不断强调强化这一观念和思想，使得同学们理解手中的实验正是一个检验真理的过程，从而树立坚定的实践观念。

3) 工匠精神

形态观察和动物解剖，是一项对专注力、观察力和控制力要求很高的工作，需要操作者全神贯注、细致严谨，否则往往造成实验失败，无法成功观察到或分离出目标组织器官的结构。因此，动物学实验操作的要求与工匠精神有异曲同工之处。教师对于学生实验操作的教学和要求，其实正是对同学们工匠精神的培养和训练。这一点，需要教师在实验课程中加以强调。

1.3 课程思政的教学策略实例

1) 课程思政教学实例一：理性生命观的建立

教师应当在第一次实验课程开始时进行理性生命观的教育。教师可以先大概介绍"动物学"实验整个教学过程会使用到的动物种类和数量，然后请同学估算全国乃至全球实验动物的消费量，从而引导同学思考：人类人为地杀死如此大数量的实验动物是否合适，我们应该如何对待实验动物，如何减少不必要的实验动物消耗等重要问题。这些问题，教师可以通过学生间的讨论与教师总结，最终推导出当今的实验动物伦理要求：不滥用实验动物、善待实验动物、在可能的情况下以体外实验代替活体实验等。同时，教师也可由此对同学们提出实验操作的要求：尽可能做好课前预习，熟悉每一次实验课程的内容、操作过程和实验目标，增加实验成功率，从而减少实验动物的痛苦与使用数量。这样，既使得同学们能够建立正确的理性生命观，也提高了实验课的学习质量。

2) 课程思政教学实例二：实践是检验真理的唯一标准

动物学实验课程，事实上便是通过实验检验教材理论概念的过程，就是实践检验真理的过程。教师在实验课的开展过程中，不能仅限于实验技能的教授与训练，而应当时时注意提问学生：这些显微镜下或手术解剖分离的器官组织与教材所提到的这些动物的功能存在何种联系？此外，教师也应当不断提醒同学们设想：如果自己便是创立相关理论和概念的学术前辈，是如何通过对这些动物器官结构的观察得出相关理论或概念的？由此，实践与真理的相关性便成为贯穿整个动物学实验课程的重要主线，有助于培养同学们树立坚定的实践观念和求真求实的精神特质。

3) 课程思政教学实例三：工匠精神

在一些重要的实验操作教学之前，教师可以通过播放示范视频或动画，详细讲解精细的实验操作过程，并通过达芬奇等传世的精细解剖手稿，激发同学们对于精细手术操作的赞叹。在此过程中，教师可以通过提问方式，询问同学们：完成一个成功的解剖学实验需要具备哪些素质和技能？由此，认真、专注、细致、严谨和持之以恒的大量训练等“工匠精神”便自然而然地被总结出来。而这些由同学们自己总结的工匠精神要素，便可以成为教师的实验教学要求，在整个实验课过程中加以强调和强化，从而让工匠精神深深植根于同学们的心中。

第二章　“动物学”野外实习课程

2.1　专业教学目标

动物的结构、功能都与它们实际生活的环境息息相关，因此“动物学”课程的一个重要教学环节便是野外实习，使得同学们能在自然环境里观察和调查动物的行为与生存状况，并熟悉支持其生存的自然环境。主要的教学目标包括：

◎ 熟悉实习所在地的地形地貌与所在的动物地理区系；

◎ 掌握野外动物调查所需的基本安全知识与专业技能；

◎ 熟悉实习所在地的主要代表性动物的种类、生物学特征及其生境；

◎ 理解掌握实习所在地的动物生态群落特点与运作模式；

◎ 理解并思考实习所在地的生态环境与所在地人类经济生活发展模式的协调性与可持续性。

2.2　重要思政元素分析与相关知识板块

野外实习是“动物学”的重要教学环节，也是生物学专业学生喜爱并具有高度学习积极性的教学内容。野外实习具有与课堂理论和室内实验教学完全不同的教学环境与教学氛围，师生之间距离感大大减少，集体合作性大大增强，实习内容和过程贴近生活实际，是教师贴近学生心灵，培养学生正确三观，开展课程思政教育的大好时机。野外实习蕴含了大量课程思政元素，仅举数例，分析如下：

1) 科学精神和前辈品性

动物学的大量知识和概念，是科学前辈在恶劣的野外环境里经过多年艰辛调查所得来的。带领同学们在野外环境里进行基本的动物学调查，也是在让同学们远离城市，感受野外调查的艰苦工作环境。当前的大学生野外实习一般为期在1周以内，也有基本的住宿条件。但毕竟与舒适的城市高校生活差异很大，教师应当告知同学们真正的野外动物学研究的实际情况，让同学们领悟到科学工作者不畏艰辛、追求真理的科学精神，以及前辈们舍弃舒适生活开创动物学科各研究方向的高贵品行。

2) 艰苦奋斗的工作态度

与高校学习环境相比，野外实习的学习环境相对较为艰苦，泥泞陡峭的山路、路边的毒虫荆棘、闷热的夏季山林等等，都会让同学们实实在在地感受到野外工作的艰辛与不易。教师应当鼓励同学们发挥集体力量，主动克服各种客观条件的困难，完成教学实习任务。教师需要利用相对较差的野外环境，强调艰苦奋斗对于个人生存和事业发展的必需性和重要性，从而让生物专业的学生具备艰苦奋斗的内心认同感并最终成为其学习和工作的专业态度。

3) 实事求是，实践出真知

纸上得来终觉浅，绝知此事要躬行。野外实习无疑是深入理解课堂知识，走进真正动物世界的重要教学环节。书本的理论和实验室的标本所展示的“死知识”，最终都需要同学们在真实的自然环境里加以检验、运用，才能真正转化为鲜活而真实的“活知识”。因此，教师在指导野外实习时，需要时时注意“死知识”向“活知识”的转化引导，并注意将自然生态中的动物特性与课本概念或实验室标本进行对比，才能让同学们形成更为全面丰富的专业认知，并潜移默化地接受实践出真知的价值观。

4) 基于特定案例的三观教育

如前所述，野外实习是大学生喜爱并往往具有很高学习积极性的教学环节，在实习过程中师生之间互帮互助，容易建立起高度的信任感。野外实习不仅仅是专业教育，事实上也是培养日常生活习惯、交流讨论社会与个人问题、畅想未来发展等方面的全人教育。在此过程中，教师不仅仅只是作为动物学教师而存在，更应该成为学生的人生导师，身体力行，成为学生的榜样与引路人，并根据学生的实际问题进行解答、讨论和引导。所谓传道授业解惑，于点滴处培养学生三观，也正是教师在野外实习中需要承担的职责。

2.3 课程思政的教学策略实例

1) 课程思政教学实例一：感悟科学精神和前辈品行

在野外实习过程中，教师在引导和带领同学们克服野外种种困难时，可以讲述自身或同行以及前辈在野外考察调查中的种种艰苦经历，这种讲故事式的交流，在野外环境下对同学们的影响会非常大，会让他们把亲身感受与教师描述的科学前辈经历紧密地结合起来，达到对科学探索精神与前辈品行的高度认同。

2) 课程思政教学实例二：实践出真知

教师在指导野外实习时，也必须时时将课堂知识与野外观察紧密结合起来。在讲解野生动物的生物学特性时，要时时与书本知识点相对照、比较，从而让同学们获得完整全面的知识，并引导同学们真正理解：做任何事情不能纸上谈兵，必须走出书斋、走进基层，实践出真知，实践是检验真理的唯一标准。

3) 课程思政教学实例三：基于特定案例的三观教育

野外实习是一个完整的生活学习和沟通过程。教师应当有意识地利用各种在生活和学习中的机会与案例，开展对学生品质和思想的教育。比如，在野外实习住宿时的安全教育可以引导同学们理解“每个成年人必须为自己和他人的生命负责”；严格的作息时间和外出请假制度可以用来培养学生们的规范意识；分组实现教学任务是培养集体精神、团队合作的良好时机；途经农村或种养殖区域则可以通过讲解让同学们了解我国新农村建设的种种成就，并让同学们在基层了解农业基本情况与从事农业人群的真实生活状态……林林总总，都是开展思想政治教育的好时机，所谓“心中有道，处处是道”，便是教师在野外实习中发掘思政元素、开展课程思政教育的正确之道。

四、“动物学”课程思政元素总览表

课程章节	重要的课程思政元素	相关联的专业知识或教学案例	所属思政维度
一、《动物学》各章节课程思政教学指南			
第一章　绪论	制度认同	新中国动物学研究的复兴与崛起	政治认同 全球视野
	爱国情怀	中国古代动物学研究的辉煌	家国情怀 文化自信
	马克思主义唯物史观	生物分界系统与进化论	政治认同 科学精神
	理性思维	动物资源的合理利用	科学精神 法治意识
	科学精神	客观严谨的动物学研究方法	科学精神
	社会责任	生物学专业学生的职业担当	家国情怀 公民品格
	可持续发展观	动物—自然—人的相互关系	生态文明 公民品格
第二章　动物体的基本结构与机能	马克思辩证唯物主义思想	细胞的发现及其对恩格斯和马克思的影响	政治认同 科学精神
	爱国主义	中国科学家在艰苦条件下合成结晶牛胰岛素	家国情怀
	科学精神	人工合成牛胰岛素中的艰苦探索	科学精神
第三章　原生动物门	社会主义制度政治认同感	新中国成立后的寄生虫病防治取得巨大成功	政治认同
	科学精神	科学家为获得精确的寄生虫数据以自身做实验	科学精神 家国情怀
	民族自信	疟原虫、青蒿素、屠呦呦与诺贝尔奖	文化自信 科学精神

（续表）

课程章节	重要的课程思政元素	相关联的专业知识或教学案例	所属思政维度
第四章　多细胞动物的起源	马克思主义唯物史观	达尔文进化学说和赫克尔生物发生律（重演律）	政治认同 科学精神
	自然辩证法	对生物发生律的辩证理解	政治认同 科学精神
第五章　多孔动物门	进化论和辩证法	海绵动物特殊的身体结构和细胞分化特点及其在进化中的特殊地位	政治认同 科学精神
	民族自豪感与科学精神	我国深海探测中的多孔动物新发现	家国情怀 科学精神
第六章　腔肠动物门	环保与生态意识	海洋珊瑚的生存危机	生态文明 全球视野
	当代国情与爱国主义	南海珊瑚岛礁与海洋主权斗争	家国情怀 全球视野
第七章　扁形动物门	社会主义制度认同	新中国成立后对血吸虫病的成功防治	政治认同
	以人民为中心的发展理念	生物学家以“解救苍生”的责任感投入寄生虫学研究	家国情怀 公民品格
	科学精神	生物学家不顾个人健康安危深入疫区开展寄生虫研究	科学精神 家国情怀
	可持续发展的自然观和理性动物伦理观	动物对人类的“益害”关系分析	科学精神 生态文明
第八章　假体腔动物	矛盾的特殊性与普遍性	以线虫为代表的动物模型的研究价值与意义	科学精神 政治认同
	政治认同感、科学精神与职业道德	新中国成立后政府、科学家和医护人员在防治丝虫病中作出的贡献与所体现的可贵精神	政治认同 公民品格
第九章　环节动物门	辩证思维	蚂蟥等环节动物与人类的利害关系转换	科学精神
	中国传统典籍与文化自信	中国古代医学对环节动物代表种类的精准描述	文化自信
	合理利用动物与可持续发展	环节动物在生物循环经济和环境修复中的重要作用	科学精神 生态文明
第十章　软体动物门	遵纪守法与可持续发展	珍稀贝壳的保护现状	法治意识 生态文明
	科学精神与生物危机	未经过科学评估所造成的生物入侵	科学精神 生态文明
	正确合理的动物利用观	珍珠贝等动物的合理养殖与环境、经济效益	科学精神 生态文明

（续表）

课程章节	重要的课程思政元素	相关联的专业知识或教学案例	所属思政维度
第十一章　节肢动物门	生态平衡与可持续发展	生态平衡与动物的“益害”	生态文明
	结构与功能的辩证关系	节肢动物身体结构的适应性变化	科学精神 政治认同
	刚柔并济：矛盾对立统一的哲学思考	节肢动物外骨骼和柔性关节的共存	科学精神 公民品格
	变与不变的哲学思考	节肢动物的变态发育	科学精神 政治认同
第十二章　触手冠动物	国情教育与国家认同	我国多个宝贵的大型地质化石库	家国情怀
	海洋战略与国土疆域意识	触手冠动物化石作为海洋石油钻探的指示物与我国海洋资源开发	家国情怀 全球视野
	隐忍坚守、不计名利的科学精神	科学家在冷门研究方向的坚守	家国情怀 科学精神
第十三章　棘皮动物门	合理合法的动物利用观	海参从野生濒危到人工养殖的命运变迁	科学精神 生态文明
	生态平衡与可持续发展	气候环境变化对棘皮动物生活生产的影响	生态文明 全球视野
	中国崛起与科学发展	中国深海探测的发展与棘皮动物新物种的发现	政治认同 科学精神
第十四章　半索动物门	中国科学家的科学贡献	中国科学家在半索动物门分类中的重大贡献和国际影响力	科学精神 家国情怀
	求真求实的科学精神	对于半索动物分类地位的理性学术争论	科学精神
第十五章　脊索动物门	进化论思想	寒武纪生物大爆发对传统进化论的冲击	科学精神 政治认同
	合理的动物利用观	文昌鱼从野生到养殖	科学精神 生态文明
	中国科学家的科学贡献	中国科学家在脊索动物门起源研究中的重大贡献	科学精神 家国情怀
第十六章　圆口纲	自然辩证法——质量互变规律	七鳃鳗从安分守己到变成生物入侵物种	科学精神 政治认同
	生物发生律和进化世界观	七鳃鳗的幼体形态特征	科学精神
第十七章　鱼纲	中华灿烂文化	中国鱼文化	文化自信 家国情怀
	生态环保意识	大型水利工程对鱼类洄游的影响及相关解决策略	生态文明 科学精神
	中国伟大成就	中国在鱼类养殖领域自古至今的优势地位	家国情怀 政治认同

（续表）

课程章节	重要的课程思政元素	相关联的专业知识或教学案例	所属思政维度
	党和人民群众的“鱼水情”	鱼对水环境的生理适应	政治认同
	海洋强国战略	海洋渔业与海洋国土权益维护	政治认同 全球视野
第十八章　两栖纲	生态环保意识	两栖动物的全球生存危机	生态文明 全球视野
	环保法治建设	青蛙等两栖动物的保护法规	法治意识 公民品格
	对待新生事物的马克思主义观点	两栖动物是动物从水生走上陆地的探索物种	政治认同
第十九章　爬行纲	人类终极命运的思考	恐龙的兴衰	科学精神 公民品格
	生态环保意识	爬行动物的生存危机	生态文明 法治意识
	人与动物的利害关系与辩证思维	理性对待蛇等人们比较害怕的爬行动物	科学精神 生态文明
第二十章　鸟纲	保持内部稳定、抵御外部风险	鸟类体温恒定对环境适应的意义	政治认同
	中华灿烂文化	中国鸟文化	文化自信
	建设生态文明、摈弃传统陋习	鸟类保护与传统陋习的矛盾冲突	生态文明 公民品格
	尊重科学规律	“除四害”导致麻雀数量锐减	科学精神 生态文明
第二十一章　哺乳纲	进化论世界观	人类起源与进化的科学证据	科学精神 政治认同
	社会环境的重要性	胎生、恒温对于生存的意义	政治认同
	透过表象看本质	哺乳动物的结构分化和生态类群分化	科学精神
	生态文明与环境保护	野生哺乳动物的生存危机	生态文明
	国家富强与动物保护	我国日益完善的动物保护制度与日趋良好的社会氛围	政治认同 生态文明
	尊重客观规律	动物与人类“益害”关系的复杂性	科学精神 生态文明
第二十二章　动物进化基本原理	进化论世界观	进化论的证据链	科学精神 政治认同
	自然辩证法三大原则	遗传与变异、突变与渐变、进化与适应三对关系的理解	科学精神 政治认同
	学术民主与科学精神	进化理论在争鸣中发展的历史	科学精神

（续表）

课程章节	重要的课程思政元素	相关联的专业知识或教学案例	所属思政维度
第二十三章　动物地理	人类发展与生态环境	人类生活导致动物生境的碎片化	生态文明
	生态优先的发展实践	大型工程中的动物保护策略	政治认同 生态文明
	中国国情与生态文明	中国动物地理区系的丰富性	家国情怀 生态文明
第二十四章　动物生态	生态观念与可持续发展	经济规划与生态论证	生态文明 法治意识
	保护环境与个人担当	个人生活方式与环境生态保护	生态文明 公民品格
二、“动物学”实验与野外实习课程思政教学指南			
第一章　“动物学”实验课程	理性生命观	实验动物伦理观	科学精神
	实践出真知	实验课的意义与教学目的	科学精神
	工匠精神	实验操作要求	科学精神
第二章　“动物学”野外实习课程	科学精神和前辈品性	在野外工作环境中体会学科知识的获得与发展	科学精神 家国情怀
	艰苦奋斗的工作态度	野外实习中对各种艰苦条件的主动适应	科学精神
	实事求是，实践出真知	课堂知识与实践调查的结合	科学精神
	基于特定案例的三观教育	走进农村山林，在基层感受国情	政治认同 公民品格

（杜震宇）

第二章

“植物学”课程思政教学指南

一、“植物学”的专业教学体系与课程思政教学目标

1. “植物学”课程简介

植物学是生物学相关专业的必修专业基础课，由植物形态解剖学（主要讲述营养器官和繁殖器官的形态结构）和植物系统分类学（主要讲述各大植物类群的基本特征和系统发育关系）两大部分组成。

植物学是一门实践性很强的课程，包括理论讲授、实验两部分，采用讲授、讨论、专题讲座、实验、校园及公园考察、兴趣小组等多种教学方式相结合的教学模式，培养学生的观察思考技能和动手能力。在理论课教学过程中特别强调直观教学，充分展示植物原色原形；实验课在数码互动实验室开展，培养学生规范的实验操作、独立观察和研究能力，实现理论学习和实验训练相互促进。

本课程一般在大一开设，通过植物学相关知识的学习，为以后从事生命科学的教学、科学研究或其他相关工作打基础。

1.1 “植物学”的专业教学体系结构

“植物学”课程由理论课、实验课和野外实习组成，是融合了理论、操作和实践三方面内容的课程教学体系。

1.2 “植物学”的专业教学目标

◎ 从进化的角度认识植物细胞、组织、器官的形态特征及功能，掌握营养器官和繁殖器官形态解剖的基本知识和相关技能；能够运用分类学的原则、原理，识别和鉴定植物，掌握植物各大类群及其相互间的亲缘关系和系统发育的规律。

◎ 理解植物学实验的基本原理，掌握植物学实验的基本操作技能，提高学生实验观察、分析和解决问题的能力。

◎ 通过植物学理论和实验学习，培养学生善于发现自然现象并通过实验推理得出正确解释的能力，以及热爱科学、勇于探索的精神。

1.3 “植物学”常用专业教材与特色

马炜梁主编,马炜梁、王幼芳、李宏庆编著. 植物学(第2版)[M]. 北京:高等教育出版社,2015.

本教材第二版在第一版的基础上进行了更新,保持了第一版经典植物学的知识体系和以形态解剖彩图为明显特色的内容形式,结合学时变化、学科进展和新形态出版模式,系统匹配了数字课程学习资源。数字资源整合了《高等植物及其多样性》、《植物学学习指导》和《植物学实验指导》等相关教材,使得这些优质教学资源得以集中呈现。

目前本教材已经成为国内综合性和师范院校最为常用的《植物学》教材,也是农、林、医学等有关专业的重要参考教材。本教材最大的特点是富集了第一手的非常精美的彩色植物解剖图片,以图文并茂的形式将植物学中不易理解的概念生动地展现出来,同时各个植物类群的代表种类均配有详尽的彩色解剖图,这对于学习者是非常珍贵的资源。同时加之各章节有学习要点、难点分析、拓展阅读、网站介绍、习题及参考答案等,同时还有编者们完整的配套教材体系,这些对于学习植物学是非常有帮助的。

2. “植物学”的课程思政教学目标

2.1 “植物学”的课程思政特征分析

“植物学”课程往往是生物学相关专业的第一门核心基础课程,意在让高校生物相关专业的低年级学生树立最基本的生命观念和生态系统意识。在“植物学”多样复杂的基本知识中,也蕴含着丰富的课程思政元素。“植物学”的授课对象一般是大一的学生,他们刚刚结束了紧张的高中生活,进入大学,正处于政治意识和公民意识的萌芽期,也是建立正确三观的时期,包括自己人生的职业规划也处于意识初建期。若能在植物学专业知识的教授过程中,在实验和野外实习过程中,潜移默化地将课程思政元素渗透于专业知识中,这将使得学生能够在学习植物学专业知识的同时,塑造积极健康的三观,选择正确的人生发展方向,从而培养符合我国社会主义建设需要,积极奋斗、乐观向上的有志青年。

单纯就“植物学”课程而言,根据其专业知识特点和教学特点,其蕴含的思政元素主要可归于八大维度:政治认同、家国情怀、公民品格、科学精神、文化自信、生态文明、法治意识和全球视野。

政治认同:“植物学”课程中涉及大量中国的本土植物类群,也会讲授植物对于国家和民族发展崛起的重要意义。本课程的教学过程中,必然会联系历史与当今植物的分布状况,在中国本土植物的命运变迁中意识到一个富强文明的中国对于植物种类资源的保护和利用体系的决定性作用,从而完成对支持中国发展和崛起的政治体制和国家意识的认同。

家国情怀:“植物学”教材大多数选择的都是具有较高代表性,演化意义、经济意义和科学意义比较高的中国植物作为代表。这使得“植物学”课程的讲授与我国国情和自然地理资源状况紧密相连。在教学过程中,同学们可以感受到我国的地大物博和壮阔山河,从而感叹中国大地对中华民族的养育,逐渐建立对中华大地的情感。此外,在介绍部分植物的研究历史和实践故事时,更突显出植物学界前辈为国奉献的家国情怀。由此,“植物学”天然具有家国情怀的内涵,能够引导学生把远大的理想抱负和现实追求落实到报效国家、服务社会的行动中,勇于承担社会责任。

公民品格:“植物学”中的不少代表植物在我国都有着悠远的文化历史,例如松、竹、梅、兰、菊等。这些植物蕴含着丰富的民族气质、文化底蕴。因此，在讲述这些植物的同时，也在弘扬我国自古以来所崇尚的坚强、向上、廉明、高洁等民族精神品质。此外，“植物学”课程着重讲述植物世界在漫长历史年代中的演化与复杂多样性，学生在学习植物生命在进化过程中繁衍生息至今的困难、生境变化的磨砺时，会感叹任何一个微小的生命体都来之不易，存之不易，自然也就会尊重生命。因此，“植物学”课程教学中，蕴含着朴素而深刻的生命观。尊重自然和生命的价值观，是当代文明社会公民所应当具备的基本人格之一。而这种生命观，也应当渗透于“植物学”的各个教学环节中。

科学精神：“植物学”课程以理论讲授、实验教学和野外实习为手段，以植物系统进化为主线进行讲授，同时突出植物结构与功能相适应、不同类群植物系统进化发育的专业教学体系。植物生命在不同环境中的客观进化也正是马克思主义唯物史观的源头，因此，从思政角度来说，整个“植物学”的课程教学事实上就是马克思主义唯物史观在植物学方向上的全面论证与思想教育。在此基础上，辩证唯物主义及其所延伸的实事求是、客观理性、辩证统一等科学精神，便成为渗入“植物学”理论课、实验课和野外实习教学中的灵魂。

文化自信：文化是民族的血脉、民族的灵魂，是我们的精神家园，更是一个国家、民族屹立不倒的根基所在。中国是一个多民族国家，各民族文化之间不断地交流与碰撞，逐渐形成兼容并包的文化观。在植物学领域，特别是在植物应用方面，很多植物作为不同的民族植物药都有着久远的应用历史，同时在长期的历史交融过程中，人们互相学习这些植物的应用知识并相互促进，造福国民。中华民族在植物应用文化方面在世界历史上都有着举足轻重的地位。在“植物学”课程中通过列举优秀植物文化，让同学们增强文化自信。

生态文明：“植物学”课程中不论是形态解剖学部分还是植物系统学部分，都不会是孤立地讲授一个知识点，而是将其融入一定的生长环境下，伴随着植物的演化与适应条件进行理解，这些都与生态环境的变化分不开。由此，在“植物学”的课程教学体系中，不论是理论讲授、实验教学还是野外实习，都会不断地强调植物与环境的相互依赖性。植物是自然界不可分割的部分，是人类赖以生存的基础，在构建生态中国、和谐社会和平衡世界的时候，植物必然是需要保护和有效利用的，“植物学”的学习过程便是在培养同学们的积极生态观念。

法治意识：“植物学”课程的理论讲授和实习教学中，都有大量利用植物资源的案例，这必然会涉及如何有效利用植物资源同时又保护野生植物的内容。虽然一些不合法利用植物的案例反映出我国仍然存在地区发展不平衡所造成的部分公民法治意识缺失的现象，但值得肯定的是中国随着经济的逐步发展，不断完善的法律制度和公民逐步提高的法治观念是卓有成效的。由此而言，可以从“植物学”课程的教学过程中，增进同学们对法律是现代文明社会稳定和发展的重要基石的理解，增进学生的法治意识，使得青年学子在理解植物生命进化的同时，将法治意识融入学习之中。

全球视野：在当今科技、通讯快速发展的时代，全球各地的人们正在以前所未有的速度进行着各种领域的沟通和合作。在“植物学”教学过程中，从宏观角度，我们着眼于全球植物生态领域的发展。不同国家对植物生态的保护或者破坏，对珍稀濒危植物的保护都不再是本国小范围的“国事”，而是影响世界的“天下事”。任何关于植物的研究进展也都是人类共享的公共研究成果，只有站位在全球高度才能更有效地对植物资源进行研究和应用。

2.2 “植物学”的课程思政教学目标

由上分析，“植物学”课程具备丰富的课程思政元素和内涵。在“植物学”课程的教学过程中，需要采用恰当的教学方法，适时适度地体现和强化这些思政元素，实现以下的主要课程思政教学目标：

◎ 在了解植物结构、功能的复杂性和统一性基础上，了解植物进化规律的前提下，感受生命的伟大，树立对生命的热爱、敬畏和尊重。

◎ 在深刻理解植物演化和适应规律的基础上，接受马克思主义唯物史观，使用辩证唯物主义思维和科学严谨的态度分析和解决问题。

◎ 在了解中国本土植物的种类、特点和利用历史和现状的基础上，深入了解我国的基本国情，增加对祖国壮美山河的热爱，对中华民族的崇敬和热爱，对当今中国发展道路的认同，对中华民族文化的自信。

◎ 在系统学习植物对生态环境的适应、与环境的相互依赖性基础上，了解植物在构建自然和谐生态系统中的作用，深入理解植物—自然—社会的和谐统一理念；同时，作为生物学专业学生，认同我国生态文明建设，并建立愿意为之奋斗的意愿。

◎ 在了解合理合法利用植物资源的情况下，学习并理解我国以及世界相关的野生植物保护法规，树立保护植物资源、合法利用植物资源的法治意识。

二、《植物学》各章节课程思政教学指南

第一章　绪论

1.1　专业教学目标

本章是《植物学》的开篇，在整门课程的教学中非常重要。本章着重介绍植物学的宏观知识和基本概念，使得同学们了解植物学基本研究内容和研究方法，理解植物学的学习目的和意义，为之后讲解植物形态解剖部分和植物系统学部分奠定基本的理论基础和学习思路。具体教学目标如下：

◎ 了解生物分界的原则和现状；

◎ 掌握“国际植物命名法规”和“国际栽培植物命名法规”的意义及学名的正确书写；

◎ 掌握学名的书写规程；

◎ 了解植物在自然界的作用以及植物学与今后工作的关系。

1.2　重要思政元素分析与相关知识板块

本章因为是《植物学》的开篇，意在激发学生的兴趣，授课内容覆盖面广，所以蕴含的思政元素比较丰富。本章的思政元素素材多，是“植物学”课程开展课程思政的重点章节，其主要的思政元素和相关的重点知识板块包括：

1）生态意识

本章一开篇涉及植物的作用，从人类的吃、穿、住离不开植物到植物在整个生态系统与自然和谐中的作用，处处都体现出植物的生态系统价值。由此，本章处处体现出生态系统的组成要素和维护生态平衡发展的重要性。

2) 对生命的尊重和热爱

即使是再微小的植物也是一个完整的生命，在整个自然界中都有它该有的地位，为地球生命的繁荣昌盛作出贡献。对地球生命的尊重和爱护，是当代公民所应具备的重要素质。

3) 科学精神

本章列举了大量案例，既论述人类对植物的合理利用思想与实践，也有不少反面的案例，总结了人类为了一定的目的，涸泽而渔地对植物资源进行破坏所造成的惨痛生态教训。这些正反对比的案例，正是训练同学科学理性思维的教学方式。此外，在本章中非常强调"如何学习植物学"，要求学生在学习植物学的过程中提高全面的学习能力：观察能力、思考能力、动手能力、分析能力、沟通能力。这是研究植物学的基本要求，但这个研究的过程也正是科学精神的体现过程。

4) 社会责任感

本章从植物是什么，有什么作用，到植物学学什么，学了植物学有什么用，再到如何学习植物学，让同学们意识到我们的生存时时处处都离不开植物，学好植物学，对于自己、对于服务社会都是必须的。因此，这部分内容将专业知识和社会责任进行关联，让学生意识到作为生物学的学生有责任把植物学学好，以服务社会。

1.3 课程思政的教学策略实例

本章可以说是思政元素最为丰富的章节。以下通过案例的方式来展现如何将课程思政融入本章的教学中。

1) 课程思政教学实例一：政治认同和生态意识

在讲到植物调节气候的作用时，举例二十年前后延安的变化，从 1999 年延安的荒山秃岭、沙尘暴肆虐的景象和二十年后满山苍翠、绿树成荫的景象对比，以切身对延安空气质量、居住环境的体验来真实地说明这种变化。而这样的变化源于我们的党政方针的实施，正是由于国家的重视和支持，延安地方人民的积极参与，才有了现在的变化。同时，举例目前中国正在建设生态中国，"绿水青山就是金山银山"的生态发展战略，全国范围逐步推广垃圾分类政策，这些举措都是党和政府为保护人居环境、改善国土生态作出的巨大努力。通过这些显著的生态环境变化和环保措施的推动，同学们应当能感受到我们国家政治体制的优越性，从而建立内心的政治认同感。同时从自身生活环境的改善增加对生态环境保护的意识，认识到良好的生态环境对于我们每个公民的生活至关重要。

2) 课程思政教学实例二：社会责任感教育

在讲完植物的作用，尤其是植物在生态系统中的作用以后，教师可以以植物拟人，提出未来的各位同学可能是一名教师、一名工人、一位生物实验员或者其他各种职业的劳动者，但不论怎样都是生活在社会中的一个人，承担着社会的某种责任。而不论是高大的乔木还是低矮的小草，同样在生态系统中行使着某种功能，承担着某种"责任"。由此，教师可以提出：只要我们活着，我们就承担着对这个社会的责任，需要为这个社会作出应有的贡献。

3) 课程思政教学实例三：法治意识教育

植物，特别是具有很好药用价值的植物一直以来都是人民所关注的。在讲到植物作为植物药应用时，举例紫杉醇的作用。南方红豆杉的树皮中可提取紫杉醇，目前红豆杉属所有种都是国家保护植物，然而有些人依旧对其进行采挖，造成红豆杉的死亡，非法采挖的人员因为法律意识淡薄而受到牢狱之灾。说明要合理合法地利用植物资源，加强与植物相关的法治教育，增强人民法治意识。

4）课程思政教学实例四：政治认同

讲到植物命名，会讲到目前使用最新的植物命名法规是“深圳法规”，这是 2017 年在我国深圳举办的第 19 届国际植物学大会上通过的。这个会议每 6 年举办一届，这是第一次在中国召开，也是第一次在发展中国家召开。这次会议的规模之大是空前的，说明我国的综合国力增强了，相关的植物研究得到了国际同行的认可。通过这些介绍，让同学们增加民族自豪感以及责任感，由此产生基于专业的政治认同感。

第二章　植物细胞和组织

2.1　专业教学目标

本章是“植物学”课程真正知识内容的第一课，具体教学目标如下：

◎ 掌握植物细胞的基本结构、生理功能、分裂方式、生长和分化，重点掌握植物细胞壁、质体和液泡等特有的结构；

◎ 掌握植物组织的类型及特点，并建立植物组织系统的概念。

2.2　重要思政元素分析与相关知识板块

植物细胞和组织一章，从细胞的发现到植物细胞的结构和功能，以及组织类型、组织系统和内含物的介绍，其中可展现的思政元素有：

1）科学发展观

本章先介绍植物细胞的发现过程，是依赖于显微镜的发现，而后提出了细胞学说，最后由于组织培养技术的发展，进一步完善了细胞理论。由此可见，任何科学的发展都是依赖于前期科学研究的基础，遵循着不断创新、不断进步的科学发展规律。

2）社会责任与社会分工

本章的重点之一便是细胞的结构和功能。细胞的结构复杂，细胞器功能各异，但却能协调统一地运行着，保持着整个细胞的和谐稳定。将一个细胞放大到一个社会，便意味着社会的和谐发展需要组成这个社会的每一个机构和每个人的配合和贡献。

3）社会实践的重要性

在细胞和组织的讲授中，会涉及一些作物在种植、收割等活动中的表观现象与细胞组织功能的相关关系。而随着城镇化的进程，许多同学已经远离了这些活动，也远离了很多一线基层百姓的生活。所以，要真正了解社会现状、真正理解中国社会，需要同学们走进基层，体验生活，进行社会实践。社会实践不仅仅有助于理解专业知识，也有助于理解国情社情。

2.3　课程思政的教学策略实例

1）课程思政教学实例一：探索创新的科学精神

从第一台显微镜被发明，科学家从软木塞薄片中观察到了细胞，到之后提出的“细胞学说”成为 19 世纪自然科学的三大发现之一，再到随着生物技术的发展和组织培养的进步，细胞理论更为完善。教师应当注重强调这个逐步发现科学真理的探索过程，让同学们认识并接受任何一个发现都是依赖于前期的发现而成就的，都需要有一个过程而不断完善，从而将探索创新认同为一种积极而必然的科学价值观。

2) 课程思政教学实例二：整体与部分的辩证统一

在讲授细胞结构的时候将细胞比喻成一个工厂，细胞壁是工厂的外墙，细胞内各个细胞器是执行不同功能的车间，都在细胞核这个中枢调度室的指挥下相互合作，平衡发展，维持工厂的平稳运行。此时可以借细胞来比喻我们每个人，小到一个家庭，大到一个社会，每一个人就像一个细胞器一样，都是必不可少的，都发挥着自己的作用，每个人都是整体不可分割的部分，但每个人也都离不开集体中的其他组成部分。

3) 课程思政教学实例三：社会实践的重要性

在讲到“质体”这个概念时，会介绍白色体、叶绿体和有色体。此时，以番茄的成熟过程为例，课堂上先问问同学们是否知道番茄成熟过程中颜色的变化。教师往往会发现能够亲眼见过这个过程的同学越来越少，这是与我国城镇化过程有着必然联系的。随着城镇化的推进，越来越多的人脱离了农业劳作，孩子们从小失去了与大自然和土地的紧密联系，确实没有机会观察到这样的现象，也就失去了思考这些自然现象的可能。此时可以借机跟同学们强调一下社会实践的重要性，我们即使生活在高度机械化、自动化的新时代，拥有新设备、新技术，也需要去探索实践，不能做“四体不勤五谷不分”的人。

第三章　种子植物的营养器官

3.1　专业教学目标

本章是“植物学”形态解剖部分的重点之一：种子植物的营养器官，包括了对根、茎、叶的形态和结构的介绍及发育过程的了解。种子植物营养器官的结构在植物界中是最为完善和复杂的。本章学习要求有：

◎ 了解营养器官与功能和生长环境的相互关系；

◎ 了解根尖的分区及其形态结构与功能的一致性；

◎ 掌握双子叶植物根和茎的初生结构特点；

◎ 掌握单子叶植物根和茎的初生结构特点；

◎ 茎生长变粗过程中形态与结构的变化；

◎ 掌握叶的基本结构及不同生态环境下叶在形态、结构与功能上的适应性变化；

◎ 了解叶迹、叶隙、枝迹和枝隙的形成过程及其特征，熟悉根与茎维管组织过渡区的转变方式；

◎ 营养器官地下部分与地上部分及顶芽与腋芽的相互关系；

◎ 了解营养器官的经济价值。

3.2　重要思政元素分析与相关知识板块

本章主要讲授种子植物的营养器官，根、茎、叶的结构和功能及其之间的联系。包含的思政元素有：

1) 政治认同

植物营养器官之间的辩证关系“根深叶茂、本固枝荣”，运用到我国社会建设来说就是基础建设打得扎实了，国家发展才可得以飞跃。新中国成立以来力求创造和平的国家生态格局，扎实发展社会主义经济建设，就是在夯实基础，也正是这样国家综合国力才不断提升，世界影响力才越来越大。

2) 家国情怀

植物的营养器官根、茎、叶之间的关系是相互促进又相互抑制。在特殊时期和背景下，只能够选择主要目标，必然会牺牲掉作为"小我"的部分。就像建设国家这个大家的过程中，有时就需要牺牲小家的利益以成全大家的发展。在新时代下的社会主义中国发展过程中，我们作为新时代的青年更需要情系家国，做好为了社会的需要努力奋斗，牺牲小我的准备。

3) 品格修养

"根深叶茂、本固枝荣"，一个人最基本的品质是做好人，这是"根"；做事是"枝叶"，无论如何，都要先抓住"根"，才可能有茂密的枝叶。

4) 法治观念

不少植物的根、茎、叶都具有很好的药用价值，因此也具有很高的经济价值。如果民众没有足够的法律意识和观念，便会导致非法采集植物事件的频繁发生，从而破坏自然资源环境。由此，合理利用植物、保护环境的前提，是要在民众中形成普遍的法治观念。

5) 生态意识与可持续发展

中国有着丰富的植物资源，但如果没有生态意识，不进行合理利用，再丰富的资源也会枯竭。因此，需要培养可持续发展的生态意识，以科学为指引，合理有序地利用植物资源，以达到既有效保护植物资源，同时又满足人类需求的目的。

3.3 课程思政的教学策略实例

1) 课程思政教学实例一：相互依赖又相互促进的辩证统一

通过根、茎、叶结构和功能的讲授，器官之间的联系，同学们应该清楚了各部分之间的关系，此时稍微引申一下，植物根、茎、叶之间的相互联系也是辩证唯物的。只有根扎得越深，吸收足够的水分和养料才能供给地上枝叶的需求，枝繁叶茂获得更充分的养料才能给根更多的吸收动力，相互促进。这种相互依赖又相互促进的关系，充分地体现了辩证统一的思想。

2) 课程思政教学实例二：夯实基础求发展

教师可以通过"根深叶茂、本固枝荣"这一个看似简单的植物生长现象，引申出丰富的内涵。以我国的社会发展来说，我国力求维持一个相对和平的国际环境，大力进行基础建设，推行全民教育，这些都是在夯实国家的基础，也只有基础打扎实了，国家才能兴旺发达，人民生活才能安定。而就一个单独的人而言，健康是"本"，其他都是枝叶，没有健康的身体，个人的事业发展和社会贡献都是空中楼阁。类似的，一个人如果没有健康的心理和良好的人品作为"本"，那么就算拥有再多的学识和技能也很难为国家民族作出卓著的贡献。

3) 课程思政教学实例三：贡献和牺牲精神

在讲到"顶端优势"的时候，可以举例向日葵的种植，为了能够获得更饱满的结实，那么就必须打掉侧枝叶腋处长出的"小向日葵花"；而种植番茄时，为了能够得到更多的果实，必须在幼苗状态时进行"打尖"，去掉顶端优势，让更多的腋芽发育，长出更多的枝条。教师在讲述完这个农艺操作后，可以强调这个案例其实也隐含着贡献和牺牲精神，当集体需要达到一个目标的时候，作为"小我"的"腋芽"和"尖子"的牺牲与放弃，成就的却是更为丰硕的收获。

4) 课程思政教学实例四：法治意识

在讲茎的韧皮部和周皮结构时，往往会以南方红豆杉为例。南方红豆杉的韧皮部中含有抗癌化合物紫杉醇，在相关报道刊登之后，一时间我国南方红豆杉遭到了毁灭性的“扒皮”，造成了大面积南方红豆杉的死亡。目前该物种已经成为国家一级重点保护植物。即便如此，很多人缺乏法律意识，还是会铤而走险地去剥南方红豆杉的树皮，甚至砍伐树木去剥皮而获牢狱之灾。此处，便是教师进行法治意识教育的最好时机，引导同学们加强法律意识，不可做违法之事。

5）课程思政教学实例五：可持续利用

在讲茎的周皮发生发展时一般都会拿杜仲举例，杜仲的树皮是一味传统中药材，也是大家相对比较熟悉的利用树皮做药的植物之一。那么如何科学地利用杜仲树皮的生长习性，能够做到可持续地对杜仲树皮进行收割，这就需要我们掌握其生物学特征。只要在适合的时期，用适当的方式进行剥皮，杜仲都可以在后期的生长过程中再次长出新的树皮。这是长期的生产实践中科学地可持续利用植物资源的典型案例。这可以与南方红豆杉树皮被非法剥离的案例进行对比，让同学们更深刻地意识到可持续利用的重大意义。

6）课程思政教学实例六：弘扬传统文化

在讲到植物茎时，竹子是其中比较特殊的类型，对竹子的茎进行介绍时会讲到“席子”，非常自然地讲到了“香九龄能温席”的故事，这个故事体现的是中华民族的传统美德之一“孝”。这个故事在古代少儿启蒙读物《三字经》中就被广为诵读，而教师在讲到竹子的茎时，便可以顺势提到这一传统美德，弘扬传统文化。

7）课程思政教学实例七：提高自身适应性

在讲述不论是根、茎还是叶都会涉及其形态和功能的适应性，特别会强调不同形态与环境的适应性。比如水生植物为了适应水生的环境，维管结构从形态上进化出更发达的韧皮部，更发达的通气组织。此时教师可以话锋一转，讲到作为生活在社会中的人，会遇到各种各样的生活环境，形形色色的人和事，那么我们就需要学习更多的本领，掌握更多的技能，调整积极健康的心态，去应对各种人和事，适应各种环境，为社会作出自己的贡献。

第四章　种子植物的繁殖器官

4.1　专业教学目标

本章讲授植物的繁殖器官：花、果实和种子。主要介绍各器官的组成、结构和发育过程。相关的教学要求包括：

◎ 了解花是适于繁殖的变态短枝，它由花柄、花托、花被、雄蕊群和雌蕊群构成，可发育为果实和种子；

◎ 掌握花药和花粉粒的结构，了解小孢子的形成及经过两次有丝分裂产生精子的过程；

◎ 掌握胚珠、胚囊的发育和结构，了解大孢子的形成过程及经过三次有丝分裂产生卵细胞的过程；

◎ 掌握双受精的过程及其生物学意义；

◎ 掌握种子和果实的形成过程、种子的结构和果实的主要类型，了解种子和果实对传播的适应。

4.2 重要思政元素分析与相关知识板块

本章是植物解剖部分的重点和难点，讲授植物的繁殖器官，包括花、果实和种子，各器官的组成和结构，特别是大、小孢子的发育过程，尤其双受精是非常重要的。本章知识所涉及的思政要素可以有：

1) 科学奋斗精神

本章课本中会涉及不少植物花朵的精细解剖，这些耗费大量时间和精力、一笔一划的精细描绘或拍摄，都是教材的作者长期积累的第一手珍贵照片，这体现了作者们为了科学、教育事业的奋斗精神。

2) 生命的责任

植物的全部生命周期包含了一个非常重要的部分：繁殖。这是任何生命生长到一定阶段的必经之路，使生命得以延续。种子就担负着延续生命的使命，讲到种子时自然会介绍到世界种子库和中国的种子库，收集种子就是为了生命能够延续下去，这也是人类在延续植物生命，一定程度也是人类赖以生存的生命之源。

4.3 课程思政的教学策略实例

1) 课程思政教学实例一：科学奋斗精神

《植物学》教材是马炜梁老师主编的彩色版教材，这本书中包括了很多作者在几十年教学和科学研究过程中拍摄的植物精细解剖图。例如在讲述木兰科时，看到白玉兰的解剖图，讲师可以让学生去试想一下，一朵花几十枚雄蕊，需要花费多大的精力把它们一枚一枚的剥下来，按照螺旋状顺序摆放，排成科学又美观的造型，然后换不同颜色的背景板进行拍摄。这个过程是非常耗时，需要足够的毅力去完成的。每次讲到这个的时候，笔者都会讲述自己跟着马炜梁老师一起出差拍精细解剖的经历，以切身经历让同学们感受老一辈学者对于科学研究的执着和奉献精神，同时也让同学们学习这种几十年如一日的工匠精神。

2) 课程思政教学实例二：科学精神和生命的延续

种子是生命延续的实体，介绍种子时向同学们介绍世界种子库和中国种子库，这是人类为了能够让植物生命延续所做的伟大工程。这时可讲到复旦大学的钟扬教授，他的一生虽然短暂，但是却得到了永久的延续。他发现世界种子库里没有来自我国西藏的种子，而西藏是植物丰富且又极其特殊的地方。他用了 16 年时间采集了青藏高原植物的 4 000 万粒种子，同时为西藏大学培养了一批优秀的学生。学生也是"种子"，未来会发芽、开花、结出更多的种子，这些连同钟扬老师采集的植物种子一样，都是他生命的延续。当讲述钟扬老师的故事时，学生们会更深刻地理解什么叫做为科学献身的精神，什么叫做更高价值的生命延续。

第五章　藻类植物

5.1 专业教学目标

从本章开始，"植物学"进入教学第二大部分，即植物系统学。讲述的顺序是由最低等的藻类开始，按照植物进化系统，对植物类群进行系统讲述。本章的相关学习目标有：

◎ 了解藻类是一群起源早、植物体结构和繁殖方式简单、大多数水生的植物；

◎ 藻类植物的分类主要依据：植物体的形态，细胞核的构造，细胞壁的成分，载色体的形状和结构，所含色素的种类，贮藏物类别，鞭毛的有无，着生位置和类型，繁殖方式及生活史类型等；

◎ 认识各门藻类的代表种类及特点；

◎ 了解藻类植物繁殖方式的多样性、原始性及演化规律；

◎ 了解藻类植物生活史类型的多样性与系统演化的关系；

◎ 了解藻类植物在分类系统上的位置；

◎ 通过学习理解植物界由水生向陆生、低等向高等、简单向复杂的演化规律；

◎ 了解藻类植物的经济用途及在国民经济中的意义。

5.2 重要思政元素分析与相关知识板块

本章课程主要选择了藻类系统中比较重要的蓝藻门、绿藻门、红藻门和褐藻门为代表介绍藻类植物的基本特征和演化方式。藻类植物知识板块中可以关联的思政要素主要有：

1) 环保意识

当前，全国各地水域频繁暴发蓝藻水华，严重损害水域景观和经济生产力，给沿岸群众生活和区域经济发展带来极大的损害。而蓝藻暴发的主要根源仍然在于环境污染。因此，在讲述蓝藻门的负面效应时，教学内容便与环保意识密切相关。

2) 社会责任与公民品格

在讲授绿藻门时，浒苔既是一个重要的分类代表种，也与人们日常生活有着密切关系。2008 年在奥运会帆船赛前夕，青岛海面出现大量浒苔，而为了奥运会的顺利进行，青岛驻军和群众齐心协力，全民合作，终于在赛事之前清除浒苔。这些与藻类过度暴发相关的案例中都蕴含着公民品格、社会责任等重要的思政元素。

3) 对植物的可持续利用

褐藻门中有大量与人们生活密切相关的种类，比如海带是人们的常见餐桌美食，海藻为原料制成的海藻酸钠是重要的化工原料，而很多褐藻还是中药的重要成分。在我国沿海，人们已经掌握了海带的生物学特性，并进行了大规模的海带生态养殖，从而实现了对植物的合理利用和海域经济的可持续发展。

5.3 课程思政的教学策略实例

1) 课程思政教学实例一：增强环保意识

讲到蓝藻和绿藻危害时，会提到 2007 年太湖爆发严重的蓝藻污染，造成无锡全城自来水污染，严重危害人民健康，而近 10 年的治理仍然未能彻底解决。而太湖之所以如此严重的蓝藻污染，是因为一定时期在发展经济的过程中以牺牲环境为代价造成的。所以在新时代下一定要增加环保意识，不片面追求经济发展的速度，也要还人民一个绿水青山、蓝天白云。同样在讲念珠藻属的代表植物发菜时，也会介绍甘肃、宁夏地区曾经为了采集发菜而造成地表植被的严重破坏和水土流失的惨痛教训。由此可见，我们在发展经济的同时一定要兼顾环境保护，不能以牺牲环境为代价。

2) 课程思政教学实例二：社会责任与公民品格

在讲到浒苔时，教师可以展现 2008 年奥运会帆船赛前青岛海域出现大面积浒苔暴发的图片，以及军民一心清除浒苔的画面。教师由此可以讲述为了保障奥运会帆船赛的顺利进行，青岛市调动人民解放军来人工清运海面的浒苔。人民军人永远都是各种战场的主力军，他们担负的是保家卫国的使命，即使是清运浒苔这场没有硝烟的战争也不例外，他们总是奋战在第一线。同时，参加这场战役的还有普通的市民，甚至来青岛旅游的人们都自发地进行清运。无论是军人还是普通市民，他们都有着为国家光荣、为奥运成功而奉献自我的集体主义意识和社会责任，体现出高度的社会责任感。通过这样的故事讲述，很容易激发同学们内心深处的那份纯真和热爱，激发他们的社会责任感。

3) 课程思政教学实例三：植物资源的可持续利用

我国藻类资源比较丰富，但仍然远远不能满足人民的需求。为了能够提供足够的藻类产品，科学家们通过各种实验尝试人工养殖。例如，在我国山东沿海最初利用"绑苗投石"等方法进行少量养殖，到现在采用竹筏育苗的方法进行大量养殖，完全实现了海带的足量供应。教师可以借此让同学们理解专业知识对于植物资源的可持续利用的重要性，从而既鼓励他们学好专业知识，也有助于树立可持续发展的理念。

第六章　菌类

6.1　专业教学目标

菌类在有些植物系统中已经不放在植物界了，但是因为我们采用的是二界系统，所以仍然保留在学习的范围内。本章的学习目标为：

◎ 了解细菌在自然界中的作用和经济意义；

◎ 了解细菌的主要特征及分类地位；

◎ 了解发网菌生活史的特点及黏菌门的分类地位；

◎ 通过对真菌代表种类的了解，掌握真菌门的主要特征；

◎ 了解真菌门五个亚门的特征及其代表种类；

◎ 掌握钩状联合、锁状联合、子囊及子囊孢子、担子及担孢子的形成过程及不同点；

◎ 了解真菌的经济价值。

6.2　重要思政元素分析与相关知识板块

本章从上一章水生植物逐步过渡到了陆生的一类，是与我们日常生活更为贴近的一类植物：菌类。结合菌类的相关知识，可以联系的思政要素主要有：

1) 辩证思维

细菌在平常人的意识里看似都是对人体有害的，但事实上，细菌在整个生态系统中充当着非常重要的分解者的作用，维持着整个生态系统的物质平衡。在农业生产、工业生产中都发挥着重要的作用。所以，对于细菌功能的认识，便是一个训练学生辩证思维的过程。

2) 诚信教育

本章所讲授的菌类中有不少是名贵的中药材，如冬虫夏草、灵芝等，在现实交易过程中有不少商家以假乱真，以次充好，这些问题的背后都存在诚信问题。诚信问题是自古至今一个人乃至一个国家的根本品质，无信不立。本章的这些案例，可以作为很好的载体来增强同学们的诚信意识。

6.3 课程思政的教学策略实例

1) 课程思政教学实例一：辩证思维

在讲菌类这一章时，一开始可以以提问的方式问同学们："大家认为细菌好还是不好?"很多同学会回答不好，因为从小家长总是要我们饭前洗手，出门回来第一件事情先洗手，告诉我们手上有很多细菌，会危害我们的身体。所以，"细菌是不好的"概念已经植入了很多民众的基本认知中。而事实上，并不是所有的细菌都是不好的。就生态系统来说，细菌扮演了非常重要的分解者的角色，它们将动植物的残体、排泄物通过分解转变为无机物，然后被植物重新吸收利用，以达到物质的不断循环。农业生产中的根瘤菌也是细菌，农民们有效地利用其固氮作用，以减少对氮肥的使用。工业上利用细菌发酵制造乳酸等都是利用了细菌好的一面。所以，教师可以对细菌的认识为例，教育学生认识任何事物需要全面、辩证，不可以偏概全。

2) 课程思政教学实例二：诚信教育

诚信是一个道德范畴，是日常行为的诚实和正式交流的信用的统称。我们在公民品格教育时十分注重诚信的重要性。本章讲授的菌类中有很多我们平时食用的种类，如香菇、茶树菇、木耳、银耳等，也有不少名贵的中药材，如灵芝、冬虫夏草等。灵芝已经很成功地进行了人工栽培，而冬虫夏草目前只有野生的。随着人民生活水平的提高，对身体健康更加重视，保健意识不断增强，都愿意购买一些可以提高免疫力的产品，冬虫夏草和灵芝自然是佳品。然而，真正野生的灵芝数量有限，天然的冬虫夏草产量也非常少，所以野生灵芝和虫草的价格一般都非常昂贵，而很多人对其真假不了解，辨识不清。有些无良商家就利用了人们不认识真品但又想买好东西的特点，以栽培的灵芝冒充野生的灵芝，以人工加工的冬虫夏草充当野生的虫草来牟取暴利，更有甚者用石膏粉做虫体，用铅丝来增重，这些都是危害身体健康的原料。这些商家的行为就是完全没有诚信的表现。古人云"人无信不立，业无信不兴，国无信则衰"，由此可见信用对于小到个人大到国家都是极其重要的，需要我们增强诚信意识。与此同时，近些年我国也越来越重视诚信问题，互联网时代的发达，让失信的人更是寸步难行，奖惩兼具，以此促使更多的人讲究诚信。

第七章　地衣

7.1 专业教学目标

在讲完藻类植物和菌类之后，到了植物系统进化的更高一级——地衣。它是藻类和菌类的共生体。本章学习目标有：

◎ 了解地衣是由真菌和藻类组合而成的复合有机体；

◎ 了解壳状地衣、叶状地衣和枝状地衣三种地衣的形态，异层地衣与同层地衣两种类型的结构；

◎ 了解地衣产生粉芽和珊瑚芽等营养繁殖方式，有性生殖仅共生的真菌独立进行，以共生的子囊菌产生子囊孢子或共生的担子菌产生担孢子的方式完成；

◎ 了解地衣分泌的地衣酸在岩石风化过程中的作用。

7.2 重要思政元素分析与相关知识板块

地衣这一章就知识点来说并不算多，大多数是要学生了解的内容，但其中仍不乏有一些可以使用的思政要素。

1) 科学精神和集体协作

地衣是一类特殊的植物体,其结构的发现史本身就是一个体现科学家群体前赴后继、集体协作、不断探索创新、体现高度科学精神和团队精神的典型案例。而这样的案例,既是专业知识点,又可追溯科学真理的发现过程,也是课程思政的绝佳切入点。

2) 环境保护

地衣对大气污染非常敏感,它们是大气污染的指示植物。所以可以根据地衣的类型来判断不同地域的大气污染状况。当前,很多大城市中都很难看到地衣,这与城市大气污染严重有关。而如果政府和民众能提高环保意识,改变产业结构和城市规划,空气质量改善后,地衣就会自然回归。因此,本章所讲述的地衣,其实已经成为判断不同地域环保水平的标志性生物,也是开阔学生知识面、树立环保意识的很好案例。

7.3 课程思政的教学策略实例

1) 课程思政教学实例一:团队协作的科学精神

我们的教科书中对地衣的定义是:多年生植物,是由真菌和藻类组合而成的复合有机体。二者是一种共生关系,藻类通过光合作用制造有机物供真菌生长,真菌提供藻类需要的水分和无机盐。这一结论在生物学教科书上存在了100多年。直至奥地利植物学家托比·斯普利比尔(Toby Spribille)利用现代分子生物学手段发现,地衣并不是我们所认为的仅仅是子囊菌和藻类二者共生的关系,还存在一种担子菌,它们应该是三者共生的状态。虽然地衣中担子菌、子囊菌和藻类共生态的形成机制还不清楚,但这个发现改写了100多年来人们对地衣的认识。而这个伟大的发现并不是他一个人的成果,是整个团队成员,包括了博物学、基因组学、显微影像学等各路专家共同合作的结果。通过给同学们讲述地衣发现的故事,让同学们去体会作为一个研究者孜孜不倦、刨根问底的科学精神,同时宏扬通力合作的团队精神。

2) 课程思政教学实例二:环保意识

在介绍完地衣的结构和分类后,让同学们回想一下在自己的家乡或者去过的城市是否见过地衣,再想想这些地方的空气质量如何。然后告诉大家地衣是大气的方向标,可以作为大气污染的指示植物。没有任何地衣存在的区域为二氧化硫的严重污染区,只有壳状地衣生长的区域是二氧化硫的轻度污染区,有枝状地衣的区域为二氧化硫的清洁区。大家可以对照一下自己见过的地衣类型,来判断这个地点的空气质量。然后可以放一些教师自己在野外拍摄的不同类型的地衣照片,特别是在西藏、云南西北部、四川西部的山区拍的松树上挂满松萝的景象照片,那些都是空气非常清洁的地方。而与之相反中国北方很多城市雾霾连天,空气污染严重,通过对比增强同学们的环境保护意识,让他们更深刻地意识到环境保护与植物多样性息息相关。

第八章 苔藓植物

8.1 专业教学目标

本章介绍苔藓植物,这是一类最原始的高等植物。重点介绍苔藓植物不同门类下的代表植物及其特征,学习目标有:

◎ 掌握苔藓植物的世代交替过程；

◎ 掌握苔藓植物留"根"、"茎"、"叶"的特点；

◎ 了解苔藓植物归属于高等植物的依据；

◎ 了解苔藓植物精子具有鞭毛、受精作用离不开水的生物学意义；

◎ 了解苔藓植物的3个门；

◎ 了解苔藓植物起源的两种解释。

8.2 重要思政元素分析与相关知识板块

苔藓植物与我们的生活较之于地衣来说更贴近了一步，所以相对而言对苔藓植物会更为熟悉一些。在讲述苔藓相关知识的同时，可以联系的思政要素有：

1）生态保护与植物的合理利用

介绍苔藓植物时，一定会介绍到泥炭藓。泥炭藓对于水土保持具有非常重要的作用，而随着园艺产业的发展，对泥炭藓的需求增加，野外采挖日渐严重，资源量急剧减少，生态环境遭到严重破坏。这里便涉及生态意识，以及资源植物的合理使用问题，需要对同学们进行强调和引导说明。

2）奋斗精神

"白日不到处，青春恰自来。苔花如米小，也学牡丹开。"意思是说，苔藓虽然"开花"微小似米，但是却要像牡丹一样尽情绽放，因为在苔藓的心中，自己跟牡丹一样，生长于同样的蓝天白云之下。即使它们没有牡丹那么艳丽夺目，也很少有人问津，但它们依旧执着地将自己最美的笑脸绽放给全世界。这也是一种积极向上的奋斗精神。幸福是奋斗来的，不是外界赐予的，是内心通过努力获得的。苔藓本身所蕴含的精神，同样是培养学生人格品质的重要思政要素。

8.3 课程思政的教学策略实例

1）课程思政教学实例一：永续利用，生生不息

教学中在讲到泥炭藓时，自然会介绍泥炭藓的形态和作用，特别对于泥炭藓在生态系统中的作用会进行强调。而我国不仅泥炭藓制品需求巨大，且出口大量泥炭藓植物，导致野生泥炭藓资源被掠夺性开采，以至于很多泥炭藓湿地生态系统破坏严重。这时可以给同学们展示野外拍摄的泥炭藓被采集后的景象，分析这些泥炭藓如果在自然生长状态下可能是几十年生长的产物，而采集之后恢复会非常困难。借此号召大家增强生态保护意识，可以利用现代生物技术手段去人工种植泥炭藓，以减少对野生资源的破坏。

2）课程思政教学实例二：苔花如米小，也学牡丹开

苔藓植物是没有花朵的，个体小，被称为"植物世界的小矮人"。但是苔藓植物具有完整的生活史，生活环境多样，特别是在一些极端环境中可以生存，是植物界的拓荒者。此时可以引清代诗人袁枚的《苔》这首诗："白日不到处，青春恰自来。苔花如米小，也学牡丹开。"当然首先指出这首诗中的描述"花"是有科学问题的，因为苔藓植物是没有花的，这里的花是苔藓植物的生殖托，形态上确实像"花"一样。然后解释一下这首诗，作者在平时不经意的地方看到了苔藓的"花"，虽然非常的小，只有米粒那么大，但是也倔强地像牡丹一样绽放着。这体现出了一种奋斗的精神，不论外界环境如何，做到自身的不懈奋斗就是最美丽的，内心也是最幸福的。所以可以借"苔花如米小，也学牡丹开"的这份倔强、奋斗的精神来激励同学

们,幸福都是奋斗出来的,这也符合新时代党对青年人的号召,鼓励大家努力奋斗、自强不息。

第九章　蕨类植物

9.1　专业教学目标

本章介绍蕨类植物,蕨类植物是继苔藓植物之后更为高等的植物类群,具有了真正的维管组织,个体更大,结构更为复杂。本章的学习目标有:

◎ 掌握蕨类植物是“孢子体世代占优势的有胚孢子植物”的含义;

◎ 掌握中柱的主要类型及其进化意义;

◎ 了解蕨类植物的生活史“不产生种子、受精作用离不开水”在进化过程中的地位;

◎ 熟悉蕨类植物门5个亚门各自的特征;

◎ 了解蕨类植物的起源和莱尼蕨等裸蕨类在进化中的地位。

9.2　重要思政元素分析与相关知识板块

蕨类植物的种类多样,从水生个体微小的萍到陆生高大的桫椤,其中有不少的药用种类和珍稀濒危种类,如金毛狗、桫椤等。主要的思政元素有:

1) 法治意识

蕨类植物中有不少国家二级保护植物,如桫椤、金毛狗等,具有很高的观赏和经济价值。然而,由于这些蕨类植物往往生长在较为闭塞的未开发山区,缺乏监管。因此,也常常遭到非法采挖。在这些案例中,让更多的民众具备法治意识,自觉尊法守法,便成为保护生态环境、守护大自然的必要前提。

2) 家国情怀和科学精神

蕨类植物并不是植物学中的“显学”,研究者相对较少。然而,也有一些学者,甘坐冷板凳,以自身一生的心血建立起中国蕨类研究的大厦。这些前辈学者的事迹,无疑是家国情怀和科学精神的最佳体现。本章节的讲授,往往会讲到著名中国蕨类植物学家秦仁昌教授。而秦教授的生前经历,感人至深,足以激发同学们的家国情怀和科学精神。

9.3　课程思政的教学策略实例

1) 课程思政教学实例一:正确的植物利用观

蕨类植物中有不少国家保护植物,例如桫椤和金毛狗都是国家二级保护植物。桫椤因为个体高大,姿态优美,观赏价值很高,所以大多数被采挖作为庭院种植,但是真正能将桫椤种植得非常好的却不多。而金毛狗是农村家庭必备的止血良药,所以人为采挖的现象相当严重,资源骤减。虽然这些蕨类植物已经被列为了国家重点保护植物,但是当地居民缺少法律意识,不论是为了观赏还是药用,他们认为自己祖祖辈辈都是靠山吃山靠水吃水生活的人,就理所应当地可以采集,而无视法律的存在,铤而走险地去偷采偷挖。所以,教师需要强调,在法治社会,人人需要具备法治意识,自觉懂法尊法守法,避免触犯法律的事件发生。

2) 课程思政教学实例二:蕨类之父的故事

讲蕨类植物的分类系统时,我们目前用的是秦仁昌先生创建的蕨类植物系统。秦仁昌先生是中国乃至世界的“蕨类之父”,他是非常著名的蕨类植物学家、中国科学院院士。这里教师可以介绍秦先生的生前经历：他毕业于南京金陵大学林学系，之后半工半读在东南大学兼任助教，在教学过程中，他发现对中国蕨类植物进行研究的都是外国学者，模式标本都在国外，后来他跟着陈焕庸先生在香港植物园标本馆工作一段时间后，立志进行蕨类植物的研究。他努力学习外语，熟练掌握英文、拉丁文、法文、俄文和德文，他搜集了大量的文献资料。后来为了研究清楚国内蕨类植物，他远赴欧洲收集中国产的蕨类和种子植物标本，带回来一批非常珍贵的植物模式标本照片和资料，这为后来我国蕨类植物的分类和种子植物的研究奠定了非常珍贵的标本和文献基础。秦先生提出了蕨类植物的新系统，即被国际公认的“秦仁昌系统”，填补了中国对蕨类植物系统分类的空白。此外，秦仁昌教授还发表了《中国蕨类科属名词和分类系统》，完成了《中国植物志》第一卷、《中国高等植物图鉴》中杜鹃花科部分，他还翻译了《植物学拉丁文》。秦先生一生在植物分类方面成就卓越，正如美国蕨类植物学权威科泼兰特 1947 年在其巨著《真蕨属志》一书的序言中所说：“在极端困难的条件下，秦仁昌不知疲倦地为中国在科学的进步中赢得了一个新的地位。”秦仁昌为祖国争得了荣誉，为中国和世界的植物学发展立下了不朽的功勋。秦仁昌先生一生为了祖国，为了植物分类事业孜孜不倦，他辛勤耕耘的人生经历必能激发同学们的家国情怀，培养他们对坚持不懈的科学精神的高度认同。

第十章　裸子植物

10.1　专业教学目标

本章讲授植物界中更为高等的类群——裸子植物，现存的裸子植物多为第三纪的孑遗物种，被称为“活化石”。我国有不少特有的裸子植物种类，也有不少的珍稀物种。本章的学习目标有：

◎ 掌握裸子植物世代交替的特点；

◎ 掌握裸子植物不同于蕨类植物和被子植物的生活史特点；

◎ 理解胚珠形成种子的意义；

◎ 熟悉苏铁纲、银杏纲、松柏纲、红豆杉纲和买麻藤纲的代表植物及其特征；

◎ 了解裸子植物可能的起源与演化路线。

10.2　重要思政元素分析与相关知识板块

裸子植物中有大家熟悉的松树、苏铁、银杏等植物，这些植物很多都与中国文化有着密切的关系。可以联系的思政要素有：

1) 民族文化

裸子植物中的很多种类，比如松柏和银杏，在中国的传统文化中具有相当高的地位。这些植物，或高大挺拔，或坚韧顽强，或宁折不弯，体现着中华民族的气质和品格，被历代文人墨客所赞赏和称颂，也成为中国民族文化的重要意象。

2) 国情教育与家国情怀

裸子植物种数虽远不及后面章节的被子植物，但却分布于世界各地，特别是在北半球的寒温带和亚热带的中山至高山带经常分布着大面积的各类针叶林，代表种包括油松、红松、马尾松、侧柏、圆柏、银杏、青杄、白杄、云杉、冷杉、罗汉松等。我国大部分地区恰好处于寒温带和亚热带，大面积的针叶林山区已成为我国重要的地理景观，而其中一些生于悬崖险处的奇绝松柏，更成为我国自然景观的国家名片，已被同学们所熟知。由此，本章节从专业角度讲述我国著名的地理自然景观，正是进行"一草一木"国情教育，培养热爱祖国大好河山的理想教学场景。

10.3 课程思政的教学策略实例

1) 课程思政教学实例一：植物情结中的中华精神

银杏所被赋予的精神与中国传统文化非常契合，银杏反映出人民追求健康、长寿的美好，与古代儒家、道家的思想非常吻合。银杏文化很多时候体现儒家的中庸之道以及温、良、恭、俭、让的精神。儒家思想提倡真、善、美的道德品质与银杏所散发的健康、奉献的精神相互融合。道家崇尚自然和人心灵的和谐统一，银杏寿与山齐，深受道家推崇敬仰，视为吉祥的象征，所以在道教圣地多种有银杏。银杏与墨家也有联系，墨家倡导仁义道德，主张"兼爱"，"利人"，利天下之人，银杏全身皆宝，无私奉献的精神正是利人的典范。银杏与佛教更是自古结缘，佛教将银杏尊为"圣果"、"圣树"。所以在讲银杏时可以提及中国传统的各家思想。与之类似，松树也是我国文化中的著名意象。松树象征着坚忍、顽强，显示着高风亮节的精神，松树还象征着奉献精神，更兼有坚贞不屈、挺直高洁、不畏艰难的精神。这些都是中华民族的优秀品质。教师在课堂讲授中，可以通过具有中国文化特征的诗句或绘画，引出相关代表种，或将代表种的生物学特征与文化意象紧密结合，必能达到很好的课程思政教学效果。

2) 课程思政教学实例二：国情教育与尊法守法

我国裸子植物类群，是我国北方尤其是东北的森林的主要构成树种。松柏类植物因为富含油脂，所以更加容易受到火灾的威胁。这时教师可以自然讲到我国 1987 年 5 月 6 日，黑龙江省大兴安岭地区的森林大火。该次火灾是新中国成立以来最严重的森林火灾，境内森林受害面积 101 万公顷，受灾居民 1 万多户，灾民 5 万余人。大火中丧生 211 人，烧伤 266 人。当时由 5.88 多万军、警、民经过 28 个昼夜的奋力扑救，于 6 月 2 日彻底扑灭。教师在简要介绍完大兴安岭火灾后，便要指出其起火原因是有人在清林中使用割灌机违反操作规程和野外吸烟，从而重点强调作为现代社会的公民，时时要有尊法守法的意识，决不能抱有侥幸心理，大兴安岭火灾的惨痛教训，值得大家警醒。

第十一章　被子植物

11.1 专业教学目标

本章介绍植物系统内最为高等的类群——被子植物。被子植物也是我们日常生活中关注最多、最熟悉的类群。本章的学习目标有：

◎ 掌握被子植物的主要特征：孢子体高度发达，配子体极度简化并寄生于孢子体；具有真正的花；胚珠包藏在子房内，发育为种子和果实；有双受精现象，胚乳染色体为 3n。

◎ 掌握被子植物的形态术语，并在实践中掌握检索表的使用。

◎ 掌握教学的重点科及其相关科的特征。

◎ 熟悉被子植物的系统演化及各类群之间的演化关系。

11.2 重要思政元素分析与相关知识板块

本章以被子植物系统中的几个重点的科为代表介绍被子植物的典型特征。由于被子植物的种类极其丰富，与当前人类生产生活关系极其密切，也拥有着极其丰富的思政元素。列举几处分析如下：

1) 科学奉献精神

被子植物种类众多，分类不易。因此，本章会介绍我国植物分类学的权威著作《中国植物志》。这是一部凝聚大量植物学学者心血的鸿篇巨著。书籍背后是各年代植物学家历尽艰辛、为科学奉献的感人情怀，值得好好发掘。

2) 中国传统文化

本章介绍的植物科中包括蔷薇科、菊科、兰科和禾本科等，这里面会涉及中国传统文化中的花中四君子：梅、兰、竹、菊。这些都已经成为中国传统文化的经典意象，合适的教学方式对于培养同学们的人格品质、道德追求和家国情怀具有非常明显的熏陶效果。

3) 法治意识

本章植物中有大量种类是珍稀濒危植物，比如所有的野生兰科植物都是禁止交易的。然而，在当前仍然存在大量非法买卖交易的现象，这与法治观念尚没有得到充分普及有关。因此，本章可以提供种种正反案例，提高同学们的法治意识。

4) 生态安全

被子植物与人类的关系已经密不可分，人类活动甚至也成为一些被子植物的传播途径。当前，随着交通工具的发达，人类活动范围前所未有地增大，不少植物通过人类有意无意在各大洲之间传播开，造成了严重的生态安全问题。有些植物在异地已经成为了难以清除的入侵种，如水葫芦、薇甘菊、加拿大一枝黄花等，严重影响了所入侵地的本土生态环境和人类经济活动。这些问题，也是学生们思考当代人类生活与生态文明之间关系的很好切入点。

11.3 课程思政的教学策略实例

1) 课程思政教学实例一：团结协作与科学奉献

本章介绍被子植物系统中的几个代表科属，会向同学们介绍《中国植物志》这套学习中国植物必备的参考书。它是目前世界上最大型、种类最丰富的一部巨著，全书 80 卷 126 册，5 000 多万字，记载了我国 301 科 3408 属 31 142 种植物的科学名称、形态特征、生态环境、地理分布、经济用途和物候期等。这一套巨著是全国 80 余家科研教学单位的 312 位作者和 164 位绘图人员历经 80 年的积累、45 年艰辛编撰而成的。这本巨著的编撰历史本身就是一部科学奉献的历史，是一部植物工作者爱党爱国的历史。基于此，2009 年《中国植物志》的编研获得国家自然科学一等奖。在介绍木兰科时，会提到中国科学院华南植物园的木兰科专家曾庆文研究员，他为了研究木兰科珍稀濒危植物华盖木的结实率，从云南西畴小桥沟的树上摔下，不幸辞世，为了科学研究献出了自己年轻的生命。讲到菊科、兰科的时候会介绍到胡秀英先生，她是首位获得哈佛大学植物学博士学位的中国女学生，将自己毕生的精力奉献给了植物学研究，是冬青科、兰科、菊科的世界权威，采集植物标本超过 3 万份，获得了“铜紫荆星章”。这些植物学家的案例正是科研奉献精神的典型代表。

2) 课程思政教学实例二：传统文化的魅力

本章介绍蔷薇科、菊科、兰科和禾本科，会涉及中国传统文化中的花中四君子：梅、兰、竹、菊。四君子成为中国人感物喻志的象征，历史上称颂四君子的诗词也数不胜数。四君子各有其特有的品质：傲、幽、坚、淡。梅花以坚强、高洁、谦虚的品格为世人所敬重，“墙角数枝梅，凌寒独自开。遥知不是雪，为有暗香来”。这首诗诠释了梅花自强不息的傲雪的精神。兰花气质文雅，芳香秀丽，成为我国传统文化的一个重要部分，以“不以无人而不芳，不因清寒而猥琐”代表了中华民族的气节，这种“人不知而不愠”的君子风格，象征着一种不求仕途通达、不沽名钓誉、只追求胸中志向的品质。竹子枝杆坚韧挺拔，四季青翠，深受中国人民喜爱，它表现着中华民族自强不息、顶天立地的精神。菊花所体现出的高尚坚强、超凡脱俗、乐观向上等品质也是我们所崇尚的。所以在讲述本章代表植物本身知识的同时，也是让同学们学习我国的传统文化和感受民族自豪感的好时机。

3）课程思政教学实例三：合理合法的植物利用观

在介绍的诸多代表植物中有不少是我国保护植物，就会涉及珍稀濒危植物的保护。例如在介绍兰科植物时，可以向同学们科普一下整个兰科植物都是《世界野生动植物贸易公约》的保护物种，都是不允许进行买卖的。与此同时，给大家展示几张在各地花卉市场和集贸市场调查时拍摄的照片，显示整袋整箱的野生石斛在市场上被肆意地交易着；也可以看到电商平台上还有很多“野生兰花”在网上公然叫卖。通过前后现象的对比，告诉同学们在我国植物的相关法律意识还是非常匮乏的，仍然有很长的路需要走，很多地方需要完善。

4）课程思政教学实例四：植物引种与生态危机

随着交通工具的发展，在有意无意间，洲际间的人类活动将植物种子传播到他处。由于生态意识不够强、对物种引进不够科学谨慎，人们对植物的异地引入造成了人为的生物入侵，带来了不少惨痛的教训。例如：水葫芦最初是作为花卉引入中国，之后作为畜禽饲料引入内地各省，并作为观赏和净化水质的植物推广种植，但是后来逃逸为野生，其无性繁殖非常迅猛，造成了生物入侵。加拿大一枝黄花在1935年作为观赏植物引入我国，引种后逸生成杂草，在河滩、荒地、农田边各处自由生产，其根状茎发达，繁殖力极强，传播速度很快，生态适应性广阔，对本土植物造成了严重的影响，可谓“黄花长处它草匿”，生态危害相当严重。这两个例子足以让同学们了解植物入侵的生态危害，从而建立科学谨慎的生态评估意识。

第十二章　植物的系统发育

12.1　专业教学目标

本章介绍植物的系统发育，从宏观的角度介绍整个植物界系统的演化历程和规律，主要学习目标有：

◎ 了解植物进化中各个“代”和“纪”的顺序及其相关植物类群；

◎ 掌握植物界从水生到陆生、从简单到复杂、从低级到高级的大的进化规律；

◎ 了解植物有性生殖方式的进化方向；

◎ 了解系统发育与个体发育的相互关系。

12.2　重要思政元素分析与相关知识板块

植物的系统发育与个体发育是相对的两个概念，是不可分割的过程。系统发育建立在个体发育的基础上，而个体发育又是系统发育的环节。世界上没有两个完全一样的植物个体，只要生命存在，差异就必然存在。这一章的思政要素包括：

1）理性思维

植物在进化中的差异性演化和多样性是本章的重点教学内容。“世界上没有两片完全一样的叶子”，这句话就是说任何生命都有自己的特异性。只要生命存在，那么差异就必然存在。这就提示学生，在认识事物的时候就需要接受并认同这种多样性，更不能用同一个标准去评价生命的优劣。这是一种宽容的生命观，同样也是理解世界多样性的重要理性思维。

2）全球视野

植物的系统演化是个全球性的问题，必须放眼全球、通观古今。教师在讲解植物演化的宏伟篇章时，若能对全球各个历史年代的植物进化代表种的特征与进化意义做到信手拈来，化世界为我所用，必能给同学们以震撼，将全球视野的思维方式牢牢植根于同学们心中。

12.3　课程思政的教学策略实例

1）课程思政教学实例一：生命所在，各具其美

在介绍植物系统发育和个体发育关系的时候，让同学们认识到个体发育和系统发育是不可分割的，系统发育是以个体发育为基础的。植物系统的发育是由无数的植物个体发育实现的。而每个个体之间是存在不同的，只要生命存在，个体差异就必然存在。那么我们学习了生命科学就需要在看待生命的时候用客观的眼光，接受的态度去看待差异，不能僵化、固化地去认识生命体。任何生命体都有它独特的方面，就像万紫千红的颜色都有各自的美一样，只是我们需要用客观理性的思维去认识和看待。

2）课程思政教学实例二：全球视野，人类共识

植物的进化遵循着简单到复杂、水生到陆生、低等到高等的顺序。就植物分类系统来说，世界范围内使用过的植物分类系统主要有哈钦松系统、恩格勒系统、克朗奎斯特系统等，世界范围内不少植物标本馆和教科书的植物分类系统选用了其中的一种。随着分子生物学的发展以及在植物分类领域的应用，被子植物种系发生组（APG）从 1998 年开始利用分支分类学和分子系统学的研究方法对传统的分类系统进行重建，到 2016 年已经有第四版更新，而 APG 系统是目前世界范围内被大家更为认可的系统。这样浩大的工程是全球范围内植物工作者共同的贡献。在植物保护领域，全球形成了国际植物园联盟，共同探讨植物园在全球植物研究和利用的方针政策。2019 年 10 月在我国都江堰举办的全球植物保护战略大会，来自世界各地的植物专家汇聚一堂共商植物保护大计。这些事实都向同学们展示了植物研究、应用、保护都是需要全球共同参与的，我们需要有全球视野的广度才能有更好的发展。

第十三章　植物对环境的适应

13.1　专业教学目标

通过上述章节的介绍，同学们已经对整个植物的形态解剖部分和系统分类部分有了比较深刻的了解。这一章讲述植物对环境的适应，重点讲授生活在不同环境中的植物为适应这些环境，自身在长期的进化过程中进化出的与之相适应的结构。本章的主要学习目标

包括：

◎ 了解不同环境下植物的多种适应性；

◎ 了解植物在适应环境过程中有改变环境的反作用；

◎ 了解植物与周围生物(尤其是昆虫)的密切关系；

◎ 了解不同生物相互作用的各种形式,特别是它的最高形式。

13.2 重要思政元素分析与相关知识板块

本章讲植物对环境的适应,内容涉及前面所学的诸多章节,专业知识的综合性非常高。这种知识的综合性也带来了思政元素的交汇,主要可以有：

1) 政治认同

在介绍不同植物的环境适应时,会举例我国近年来通过对植物环境适应能力的研究,通过科学选种和科学种植,让一片片荒山荒野绿树成荫,大大改善了当地的生态环境和水土流失状况,也提高了当地的经济收入。由此,选用合适的课堂案例,将非常自然地让同学们接受党和国家"造福子孙、功在千秋"的生态文明发展观,获得真切的政治认同感。

2) 积极的人生观

在植物适应各种环境的过程中,植物进化出种种神奇的构造与生活方式,甚至包括与其他物种(比如昆虫)的协同进化模式。这些教学内容中,蕴含着大量的积极人生观,包括适者生存、合作共赢等。这些积极的人生观,由教师以专业的语言将大自然的实际案例与青年学生应当习得的人生态度、集体意识、与他人的交往方式等"做人道理"相结合,将对同学们反省自身、树立积极人生观起到很大的推动作用。

13.3 课程思政的教学策略实例

1) 课程思政教学实例一：科学指导实践

本章会介绍不同生态环境下的植物特征。例如讲旱生植物,举例我国西北地区的沙拐枣,该种植物具有根系发达、耐寒、耐旱、生长快的特点,具有非常好的防风固沙能力。所以在新疆大面积种植沙拐枣,已经形成了较大规模的沙拐枣林地,为我国新疆乃至西北地区的防风固沙发挥了很大的作用。同时我们需要因地制宜的种植适合当地种植又能为农民带来经济收益的植物。我国云南很多山区经济非常落后,森林保存良好,为了发展当地经济,地方政府扶持农民种植林下经济植物草果。这时教师会向同学们展示几张自己在野外拍摄的林下草果地的照片,种植草果相对而言对森林破坏比较小,同时可以兼顾增加当地居民收入的作用。这些案例都体现出我国目前非常重视生态环境的保护,在植物学家的科学指导下,党和政府心系人民,正在为保护这一片绿水青山做出极大的努力。

2) 课程思政教学实例二：生态安全警钟长鸣

作为植物适应环境的特殊案例,那就是外来入侵植物。这些植物在非原产地因为非常适应而过度生长,以至于危害了当地的乡土植物。拿我国的入侵植物薇甘菊、紫茎泽兰举例,这两种植物目前在我国南方几乎是无处不在,很多山林已经被它们占据,乡土植物的多样性造成了严重的危害。还有一个案例,凤眼莲,也就是水葫芦,教师可以拿滇池作为典型案例,当时为了治理滇池的氮磷肥过度和蓝藻污染引入水葫芦,但是后期出现了水葫芦生长失控,整个滇池的水面完全被水葫芦覆盖,造成了二次污染。这个案例阐明了生态安全的重要性,在引种物种的时候一定要科学谨慎,要做好严格的科学论证才能实施,否则"轻松"引入一个物种，可能造成巨大的灾难。这里所强调的，是在生态文明建设过程中必须加强科学性，没有科学指导和科学精神，往往好心办坏事，事与愿违。

三、“植物学”实验与野外实习课程思政教学指南

第一章 “植物学”实验课程

1.1 专业教学目标

植物学实验课程与植物学理论课程相配套，其知识性内容与理论课进度一致。但是，植物学作为实验科学，同学们除了掌握植物学理论知识之外，还必须在实验中掌握具体的植物学实验技术，相关教学目标包括：

◎ 培养学生的观察、动手能力和分析问题、解决问题的能力；

◎ 掌握植物学徒手切片和临时封片的制作技能；

◎ 掌握植物解剖及生物学绘图技能；

◎ 掌握显微镜的使用技能；

◎ 掌握植物分类检索表的使用方法，并会编制简单的分类检索表；

◎ 使学生在科学态度、独立工作能力等方面获得初步的训练；

◎ 启发学生的学习兴趣。

1.2 重要思政元素分析与相关知识板块

植物学的实验教学，以学生作为主导者，老师更多的是对学生进行实验的指导。实验教学中学生除了个人的学习之外，还会以团队的形式进行学习活动，所以就会涉及与队友的合作。学生在实验过程中会遇到形形色色的各种问题，总结而言，实验教学中可以进行的思政教育方面主要有：

1）科学精神：善于观察和思考

植物学实验中涉及的不论是植物形态解剖还是植物系统学部分，大多数都是同学们生活中就会吃到或见到的植物，然而如果不是因为学习植物学，可能很多同学对这些植物是视而不见的。就像太阳每天都从东边升起一样，大部分人会觉得非常自然，但不会去想其中的道理和现象背后的本质。然而，科学的探索，必然要求善于观察和善于思考，把“熟视无睹”转变为“熟视有睹”。那么，植物学的实验课正是让同学们重新认识平时熟悉事物的科学之美，从而开启科学观察、科学思考的大门。

2）科学精神：团结协作

实验课中设置了不少需要经过同学们相互讨论、协作的实验内容。事实上，团结协作，共同完成实验内容，本就是实验课训练的一个重要教学目标。因此，实验课也是同学们相互学习、取长补短的理想场所，这也是科学研究所需要的优秀个人品质。

3）科学精神：严谨细致、踏实认真

实验课中从进入实验室准备实验材料，开展实验操作，到实验结束清理实验台面离开，学生对待每一个过程、每一个细节的严谨细致程度，都决定着实验是否成功、实验过程是否

完整。事实上，实验课所培养的学生素质中，便含有对学生严谨细致、踏实认真这样一种科学精神的要求，这也是教师在实验课中需要时时把握并对学生加以要求的。

1.3 课程思政的教学策略实例

1) 课程思政教学实例一：善于观察和思考

生命科学的学习中有一项非常重要的能力，即观察能力。看到同一朵花开，同一片叶落，在不同的人眼睛视网膜系统里呈现出的客观景象一样，但是神经系统过滤后的景象就不同了。有些人能够看到一朵花开，那就是一朵花而已，而有人看到了花蕊的颜色，看到了传粉的昆虫，看到了花朵的变化；同一片叶落，有人只看到叶子掉下，而有人看到了叶落时的颜色变化，有人看到了叶落后树干上留下了痕迹。如果看到现象后还能去思考，提出假设，甚至设计实验去证实或证伪自己的假设，那么就有可能会有新的科学发现。这就是观察能力的重要性。此时教师可以举例槽舌兰的传粉，就是被一位大二本科生敏锐地观察到，从而发表在《自然》杂志上。这就是一个非常好的大学生勤观察、勤思考的案例。这样的同龄人成功案例，对于本科生同学而言，会起到很好的教学效果，激发他们努力观察，勤于思考。

2) 课程思政教学实例二：劳动的重要性

劳动远远不只是体力的输出，更是一种锻炼综合能力的训练。然而，随着我国人民生活水平和农业工业化程度的提高，以及社会分工的细化，现在的同学很少有机会参加复杂的农业劳动，甚至家务劳动。在植物学实验中，认真观察同学们的实验操作习惯和动作不难发现，平时缺少劳动的同学在实验操作中的动手能力便有所欠缺。此时，正是教师引导同学重视日常劳动的绝佳时刻。教师应当及时指出同学们的操作问题，并貌似随意地询问同学平时的劳动习惯，之后将日常劳动与专业能力的培养紧密地联结在一起，并由此导出“劳动是个人专业事业发展的基本要求”这一思政要点，从而让同学由自身的专业学习弱点出发反省自身日常生活习惯，达到润物细无声的思政教育效果。

3) 课程思政教学实例三：相互学习的重要性

植物学实验课中经常是2人一组，实验操作过程中遇到各种问题最先讨论的一定是自己的搭档，还有自己邻近小组的成员。在实践教学中，老师会发现，有些同学遇到问题会比较愿意主动请教其他同学，而有些同学则是整堂实验课都是自己一个人观察，跟同学之间没有沟通和交流。事实上，那些“各自为战”的同学在实验操作、实验结果的分析中往往并不是那么“完美”。相反，愿意沟通交流的同学，他们的徒手切片会更精益求精，对组织结构的掌握会更全面。这些都是在交流过程中产生的积极促进作用，所谓三人行必有我师，大家从同伴身上补全自己的不足，会得到更大的进步。教师应当在课程结束或作业总结中明确地指出这一点，用实验成绩与团队合作的正相关性为例，引导同学们真正理解团队合作对于自身发展的重要性。

4) 课程思政教学实例四：养成严谨细致、踏实认真的工作作风

严谨细致、踏实认真是进行科学研究和大部分工作的基本素养，植物学实验课正是锻炼这种素质的重要途径。在实践教学中，教师可以从实验课中观察到同学们的课前准备、材料解剖、封片制备、实验图绘制等各个环节中展现出的不同行为习惯。以实验课中制作封片滴加染液这一操作为例，可以观察到，有同学从托盘中取出染液，滴加完成后顺手就放在了右手边，而有些同学则是完成后放回了托盘中。事实上，将染液随意放在手边的同学就增加了

在无意间将染液碰倒或掉落的风险。因此，实验课中的课程思政教学，便需要教师时时抓住实验课的特殊性，以同学们的实验操作细节处理为正反案例，进行及时纠正、表扬与批评，并在严格的过程管理中引导同学们形成严谨细致、踏实认真的工作作风。

第二章 "植物学"野外实习课程

2.1 专业教学目标

"植物学"课程中非常重要的一个环节便是野外实习，各高校生物学相关专业的院系会选择适合于本地野外实习的地点，进行实习训练，以求使得同学们在真实的自然环境里复习书本知识，将理论与自然实践紧密相连，从而在脑海中形成真实而立体的植物学知识体系。"植物学"的野外实习包括以下专业教学目标：

◎ 了解植物学野外实习的相关流程和学习方法；

◎ 了解植物学野外考察的基本知识，获得基本考察经验；

◎ 了解植物在自然状态下的实际形态与生活状态，加深相关的书本理论知识；

◎ 培养学生的实地观察能力和理论联系实际的思考能力；

◎ 培养学生对待植物学的科学研究兴趣；

◎ 培养学生的野外生存和团队合作能力。

2.2 重要思政元素分析与相关知识板块

野外实习课程比课堂教学和实验课教学的形式更为多样化，开放性更强。同学们与大自然有着更亲密的接触，与老师有着更近更密切的交流，同时同学之间也会有更深入的沟通和合作。其中的思政要素主要有：

1) 团队合作精神

处于广袤而复杂的真实大自然中，个体的人是渺小的。因此，要安全而完整地完成野外实习教学目标，必然要求开展团队合作与分工，包括装备携带分工、观察记录分工、野外行进位置分工等等。这种与任务紧密结合的团队合作与分工协作，是野外实习给学生留下的深刻印象之一，也同样是野外实习过程中天然自带的思政要素。

2) 实事求是的工作作风

实践是检验真理的唯一标准。对于自然科学而言，纸上得来终觉浅，绝知此事要躬行，野外实习正是给学生提供检验书本知识的实践训练。同学们需要在自然环境里观察真实的植物形态和生活环境，并在教师的指导下与书本理论知识进行比较和思考，从而建立以实践校验理论的科学思维，树立实事求是的工作作风与思维方式。

3) 吃苦耐劳的个人品质

野外实习的地点多数在山区，相对于城市里的生活条件会比较艰苦。同时，在山林中进行考察，遇见山蚂蝗、蛇等野生动物，或者突然遭遇降雨等都是野外考察所要面对的考验，对于大部分高校学生而言，无疑是对其久居城市所形成的生活习惯的挑战。但在同学们克服这些考验的过程中，也在磨练着同学们的意志，树立吃苦耐劳的个人品质。这也是野外实习教学中所天然蕴含的思政教育内容。

2.3 课程思政的教学策略实例

1) 课程思政教学实例一：团结协作的现代意识

目前的野外实习课程已经不仅仅是老师带着同学们去山里认识植物，老师给大家讲解植物的相关科、属、种信息和识别要点以及药用功效等。教师可以对学生提出更高的要求，比如分组进行课题研究。同学们在野外实习之前进行分组，3—4 人一组，指定一名小组长，在野外实习的几天时间内由同学们自主商议设定课题内容并齐心协力完成小课题。这个过程需要非常好的团队合作精神，组员之间的沟通和交流的能力、小组长的组织和协调能力都在完成小课题的过程中得到了充分的锻炼。此外，作为植物学野外实习的规范操作，一般是15—20 名同学一个大组，每个大组都需要负责压制一套植物标本。在每天标本的采集、挂标签、压制、换纸中，同样都需要大家分工合作。因此，这些野外实习的具体组织方式，均可以在潜移默化中培养同学们的团队协作意识，并成为他们今后的基本工作方式之一。

2) 课程思政教学实例二：实践出真知

作为生物学学生来说，最好的课堂莫过于大自然。大自然里有太多在课堂上无法教授给学生的信息。同学们在野外会发现很多校园和城市里没有的现象，此时教师便需要有意识地引导他们去观察、去思考、去尝试，探究现象背后所蕴含的本质。例如，有一种植物叫青荚叶，它的花朵在叶片的主脉上开放，同学们看到这种植物的时候都会非常的好奇，觉得很神奇，甚至对书本知识产生怀疑。此时，在野外讲解的时候老师就可以利用植物学中茎、叶的相关知识向同学们提问："同学们可以想一想青荚叶的花是如何从叶片上长出的？花柄跟叶片的维管组织有什么样的联系呢？"这样，通过实践观察与书本知识相互联系的思考，就能使得同学们对理论知识有更为深刻的理解，并由真实的实践体验衍生出新的知识。这样的野外实习，无疑会在同学们心中牢固地树立"纸上得来终觉浅，绝知此事须躬行"的实践观念，形成实事求是的工作作风。

3) 课程思政教学实例三：吃苦耐劳的工作作风

吃苦耐劳是非常优秀的个人品质，但随着生活水平的提高，现在的学生从小可以说大多数都没有吃过什么苦。当野外实习时，爬山登顶的时候有些同学会"叫苦"，中途想放弃。这时教师可以分享老一辈植物研究者野外工作的故事，可以分享自己野外采样的真实故事给学生，鼓励他们战胜困难，坚持到最后。听了这些故事之后，同学们会自然意识到现在的条件已经非常优越了。等到了终点，一览众山小的时候，再问问他们爬山那一点苦比起到达终点的喜悦哪个更美好？同学们就会自然意识到坚持就是胜利，那一点苦完全不是问题，这就能达到很好的思政教育效果。

四、"植物学"课程思政元素总览表

课程章节	重要的课程思政元素	相关联的专业知识或教学案例	所属思政维度
一、《植物学》各章节课程思政教学指南			
第一章 绪论	生态意识	植物的作用：防止水土流失、改善生态环境	政治认同 生态文明
	对生命的尊重和热爱	最低等的藻类到被子植物的生活史	公民品格

（续表）

课程章节	重要的课程思政元素	相关联的专业知识或教学案例	所属思政维度
	科学精神、公民意识与生态思想在植物学研究中的体现	不同植物对全球生态系统的贡献	科学精神 公民品格 生态文明
	社会责任感	紫杉醇的发现和利用	法治意识 公民品格
	国家发展推动科学发展	全球植物学大会在中国举行	政治认同 文化自信
第二章　植物细胞和组织	科学发展观	细胞学说的发展历程	科学精神
	社会责任与社会分工	细胞结构和细胞器分工	家国情怀 公民品格
	社会实践的重要性	番茄果实颜色与质体的变化	公民品格
第三章　种子植物的营养器官	国家稳定与社会发展	根深叶茂与本固枝荣的生物学机制	政治认同
	个体利益与整体利益	顶端优势与腋芽的去留	公民品格 家国情怀
	尊法守法	南方红豆杉树皮的非法利用	生态文明 法治意识
	生态意识与可持续发展	杜仲树皮的利用	生态文明 科学精神
	竹的品格与中华文化传承	竹和竹制品(竹席)的文化意象	公民品格 文化自信
第四章　种子植物的繁殖器官	科学奋斗精神	植物精细解剖图的拍摄	科学精神
	生命的责任	植物种子库建设和钟扬教授的事迹	公民品格 科学精神
第五章　藻类植物	环保意识	蓝藻、水华的出现与防治	政治认同 生态文明
	社会责任与公民品格	青岛军民齐心清理海域浒苔	家国情怀 公民品格
	对植物的可持续利用	海带的人工养殖模式	生态文明 科学精神
第六章　菌类	辩证思维	细菌的“好”与“坏”	科学精神
	诚信教育	虫草、灵芝的真伪和优劣	公民品格
第七章　地衣	科学精神和集体协作	地衣的发现历史	科学精神 公民品格
	环境保护	地衣作为不同空气质量的指示生物	生态文明
第八章　苔藓植物	生态保护与植物的合理利用	泥炭藓的生态作用和人为采挖破坏	生态文明
	奋斗精神	苔花如米小，也学牡丹开	公民品格

（续表）

<table>
<tr><th>课程章节</th><th>重要的课程思政元素</th><th>相关联的专业知识或教学案例</th><th>所属思政维度</th></tr>
<tr><td rowspan="2">第九章　蕨类植物</td><td>法治意识</td><td>桫椤、金毛狗的非法采挖及其后果</td><td>法治意识</td></tr>
<tr><td>家国情怀和科学精神</td><td>蕨类之父的故事</td><td>家国情怀
公民品格</td></tr>
<tr><td rowspan="2">第十章　裸子植物</td><td>民族文化</td><td>银杏、松柏的文化内涵</td><td>公民品格
文化自信</td></tr>
<tr><td>国情教育与家国情怀</td><td>大兴安岭森林大火</td><td>法治意识</td></tr>
<tr><td rowspan="4">第十一章　被子植物</td><td>科学奉献精神</td><td>一部《中国植物志》巨著，几代人的努力</td><td>科学精神</td></tr>
<tr><td>中国传统文化</td><td>梅、兰、竹、菊的文化意象</td><td>文化自信
公民品格</td></tr>
<tr><td>法治意识</td><td>国家保护植物的售卖——兰花的买卖</td><td>法治意识</td></tr>
<tr><td>生态安全</td><td>植物引种（以加拿大一枝黄花为例）的经验教训</td><td>科学精神
生态文明</td></tr>
<tr><td rowspan="2">第十二章　植物的系统发育</td><td>理性思维</td><td>植物个体差异背后的生物学机制</td><td>科学精神</td></tr>
<tr><td>全球视野</td><td>世界各国共同探索植物进化和保护的趋势</td><td>全球视野
生态文明</td></tr>
<tr><td rowspan="2">第十三章　植物对环境的适应</td><td>优秀政治体制保障下的生态经济</td><td>沙拐枣和草果的种植，促生态，促经济</td><td>政治认同
生态文明</td></tr>
<tr><td>科学论证与生态安全</td><td>薇甘菊、紫茎泽兰的入侵，滇池的二次污染</td><td>生态文明</td></tr>
<tr><td colspan="4">二、“植物学”实验与野外实习课程思政教学指南</td></tr>
<tr><td rowspan="3">第一章　“植物学”实验课程</td><td>科学思维</td><td>观察植物现象后的思考</td><td>科学精神</td></tr>
<tr><td>团结协作精神</td><td>小组讨论和分工与相互学习</td><td>公民品格</td></tr>
<tr><td>工匠精神</td><td>实验操作中的“小细心”</td><td>公民品格
科学精神</td></tr>
<tr><td rowspan="3">第二章　“植物学”野外实习课程</td><td>团队合作精神</td><td>小组分工和合作</td><td>科学精神
公民品格</td></tr>
<tr><td>实事求是的工作作风</td><td>青荚叶的叶生花现象背后的观察和实验</td><td>科学精神</td></tr>
<tr><td>吃苦耐劳的个人品质</td><td>克服野外调查困难、磨练个人意志品质</td><td>公民品格</td></tr>
</table>

（田怀珍）

第三章

“微生物学”课程思政教学指南

一、“微生物学”的专业教学体系与课程思政教学目标

1. “微生物学”课程简介

微生物学是生命科学中最为重要，研究最为活跃的学科之一。微生物形态微小，结构简单，但是它们与人类关系非常密切。“微生物学”主要介绍微生物的研究历史、微生物的形态结构、微生物的营养代谢、微生物的生长调控、微生物的遗传变异、微生物生态学等基础的微生物学知识。“微生物学”作为一门专业必修课，一般在大学二年级开设，在生命科学人才培养中起着重要的奠基作用，是后续分子生物学、遗传学以及生物工程相关课程学习的基础。

1.1 “微生物学”的专业教学体系结构

一般而言，“微生物学”课程由理论课和实验课组成，从而形成理论和实验相结合的自然科学课程教学体系。

1.2 “微生物学”的专业教学目标

◎ 系统掌握微生物的结构与功能、生长、代谢、基因表达与调控、生态、进化与分类等基本知识和理论；

◎ 通过学习微生物学的基本原理及应用过程，具备基本的微生物学实验设计能力和实验结果的分析能力；

◎ 通过学习微生物学的重大研究进展及其对人类的贡献，培养学生自主学习的能力，了解本学科前沿进展。

1.3 “微生物学”常用专业教材与特色

沈萍、陈向东主编．微生物学(第八版)[M]．北京：高等教育出版社，2016.

本教材的第一版由武汉大学、北京大学、复旦大学、南开大学和山东大学于1961年编写。多年来，在诸多微生物学家的不断更新修订下，目前本教材已经成为国内综合性院校最为常用的《微生物学》教材，也是农、林、医学等有关专业的重要参考教材。本教材在内容上，强调基础性、系统性、科学性、先进性和启发性；在编写形式上，强调以学生为中心。在历年修订过程中，不断增加学习素材与资料，以多种形式激发学生的学习兴趣和主动性。在课本中还

撰写了与本章内容相关的“现实案例”，便于学生在学习中了解当今社会发展中与微生物相关的重大事件和学科前沿。

实验课教材为张美玲和贾彩凤老师主编的《微生物学实验简明教程》，第一版由华东师范大学出版社于 2015 年出版。该实验手册有如下特点：1）每一个实验都以问题为导向，引导学生解决科学问题；2）在每一次实验内容之后附有参考文献，将基础实验和科学研究紧密连接；3）在实验报告中设置了自评表，便于学生预习或检验自己的实验操作是否规范。

2. “微生物学”的课程思政教学目标

2.1　“微生物学”的课程思政特征分析

“微生物学”课程是生物学相关专业的基础核心课程，更是培养高校低年级学生树立最基本生命观念的主要课程。由于微生物与人类生活关系密切，在“微生物学”的基础知识中，蕴含着丰富的课程思政元素。“微生物学”的授课对象一般是大二年级的高校学生，他们正处在世界观、价值观和人生观的建立期，也正处于政治意识和公民意识的萌芽期。若能在专业知识的传授过程中，以“润物细无声”的方式将课程思政元素浸润于专业知识中，可以使学生在学习微生物学专业知识的同时，也潜移默化地塑造三观，自觉成为符合社会主义中国发展要求、能够推动中华民族伟大复兴的新时代青年。

就“微生物学”课程而言，根据其专业特征、知识特征和教学特征，所蕴含的思政元素主要可归于政治认同、科学精神、公民品格、全球视野、生态文明、法治意识、家国情怀和文化自信等多个维度。

政治认同：微生物是对人类和自然界影响巨大的生物类群，微生物中的多种致病种类对人类造成了巨大的灾难。在新中国成立后，党和国家全心全力建立覆盖全国的健康卫生体系，并以不畏牺牲、不计代价的精神打赢了对“非典”（SARS）等急性强传染性疾病的战役。当西非国家埃博拉疫情来袭时，中国慷慨解囊提供援助，面对死亡威胁，援助抗埃的人员不减反增，在帮助非洲发展问题上，中国再次为世界做出了榜样。在非洲猪瘟来袭时，政府积极组织科学家开展猪瘟病毒疫苗的研制，同时，为了控制猪肉价格的涨幅，政府打开了国库储备，将储备的冻猪肉供给市场，遏制肉价。这些动人的事迹和画面，无疑都是党和政府“一切为了人民”的体现，也是让青年学子建立对我国政治体制认同感的优秀案例。

科学精神：“微生物学”课程是以理论讲授和实验教学相结合，从进化的角度探讨微生物与高等生物的差异，从发展的角度阐述微生物的研究历程，从客观的角度引导学生开展实验研究。课程知识点为学生理解生命的进化观，理解生物活动的物质基础，理解科学研究的基础提供了良好的载体。事实上，这正是马克思主义唯物史观的源头。因此，从思政角度而言，整个“微生物学”的课程教学是马克思主义唯物史观在微生物学方向上的全面论证与思想教育。在此基础上，辩证唯物主义及其所延伸的求真求实、客观理性、矛盾统一等科学精神，便成为浸润于“微生物学”理论课和实验课的基因内核。

公民品格：“微生物学”课程着重讲述微生物与人类在漫长历史年代中的相互关系和相互影响。微生物学领域的最新研究进展、我国科学家在本领域的贡献等既是课程的主要教学内容，也是训练学生具备国际视野、中国情怀和现代特质的良好载体。同时，与学生日常生活密切相关的很多知识点，包括微生物源的食品安全问题、由于不遵守规范引发的公共安全事件，都可以让学生感受到遵守规范和担负责任的重要性。尊重自然、尊重生命的价值观，是当代文明社会公民所应当具备的基本人格之一。而这种生命观，也应当全面而系统地渗透于"微生物学"的各个教学环节中。

全球视野：随着科学技术的发展，国与国之间的联系越来越频繁，人类生活在"地球村"上，看待微生物学的发展也要有全局的观念，以世界为视域，在世界格局中思考中国问题。教师要鼓励学生开展丰富的科技活动，积极参与学术交流，不断开阔自己的眼界。在教学中，学科前沿进展的交流与分享也将为学生树立全球视野提供丰富的案例。

生态文明："微生物学"课程将微生物与生态环境中的动物、植物、人类作为一个整体进行讲授教学。无论是漫长历史年代下的微生物演化与适应，还是在现代社会，微生物与生态环境、与人类健康之间的关系，都渗透着生态学的理念，也体现了生物与自然的不可分割性。生态观念应当成为青年学子世界观和价值观中不可缺少的一部分。而这种生物—自然和谐统一的生态意识，正是当代中国在建设生态家园、达成人与自然和谐相处、推动社会可持续发展过程中最根本的思想基础。

法治意识："微生物学"课程的理论讲授中，会涉及一些由于从业人员的不规范操作甚至违法行为导致了某些微生物对人类健康造成巨大的影响，这些案例既体现着中国日益进步和完善的法治观念和法治制度建设，也反映出我国在某些领域还存在监管不到位的情况。作为现代文明社会，法制是社会稳定和发展的重要基石，而公民的法治意识也决定了社会的文明程度和发展潜能。从这个意义上，"微生物学"课程的教学过程，也应当成为一个普法的过程，使得青年学子将法治意识纳入自身的三观塑造中。

家国情怀：新中国微生物学的建立和繁荣，离不开很多爱国科学家矢志报国，舍小家顾大家的奉献过程，这些微生物学家的人生经历和研究历程，便是家国情怀的最好载体。此外，"微生物学"课程的理论课和实验课，都会要求学生通过团队合作完成若干实验和基本的研究，培养集体主义精神。事实上，微生物个体微小，单体功能并不强大，但微生物数量众多，积沙成塔，从而对人类和自然界造成无比巨大的影响。这一点本身就是微生物学天然所蕴含的集体主义精神，以及将"小我"融入"大我"的映射。

文化自信：中国在认识和利用微生物上有悠久的历史，在《吕氏春秋》和《尚书》中就有关于酿酒和发酵食品的记载。而在《本草纲目》中也提到病人的衣物要蒸洗，《神农本草》中提到了黄连可以止泻。2015 年屠呦呦先生由于青蒿素治疗疟疾的研究工作获得了诺贝尔奖。这些工作都在人类发展的历史上留下了浓重的笔墨。因此，这些案例的讲授，可以让学生产生民族自豪感与自信心。

2.2 "微生物学"的课程思政教学目标

由上分析，"微生物学"课程具备丰富的课程思政元素和内涵。在"微生物学"课程的教学过程中，应当采用合适的教学方式，体现和强化这些思政元素，实现以下的课程思政教学目标：

◎ 在深刻理解微生物演化和适应规律的基础上，接受马克思主义唯物史观，使用辩证唯物主义思维和科学严谨的态度分析和解决问题。

◎ 在了解生命进化、结构、功能的复杂性和统一性基础上，认识生命之美，树立对生命的敬畏、尊重和关怀。

◎ 在掌握基本的中国微生物资源和科学研究进展的基础上，热爱祖国河山，认同中国特色社会主义道路，对科学研究产生兴趣和渴望。

◎ 在系统学习微生物和生态环境相互依赖的基础上，理解生物和自然和谐共处的统一性和必要性，构建生物—自然—社会的和谐统一理念；同时，作为生物学专业学生，认同生态文明建设，并建立愿意为之奋斗的意愿。

◎ 正确而规范地进行微生物实验，树立严谨、客观的科学研究观念，具备团队合作精神。

二、《微生物学》各章节课程思政教学指南

第一章　绪论

1.1　专业教学目标

本章是《微生物学》的开篇，在整门课程的教学中具有提纲挈领的功能。本章着重介绍微生物与人类生活的关系，以及微生物学的学科发展历史和发展趋势。增加同学对微生物学科特点的了解。具体教学目标如下：

◎ 了解微生物与人类生活的关系；

◎ 了解微生物学科的地位和学科特点；

◎ 了解微生物的发现历程和微生物学的发展史；

◎ 了解微生物学的发展特点和趋势。

1.2　重要思政元素分析与相关知识板块

本章作为《微生物学》的开篇，其内容覆盖面广，蕴含了丰富的思政元素。与之后大部分章节相比，本章的思政元素维度广、素材多，是“微生物学”课程开展课程思政的重点章节，其主要的思政元素和相关的重点知识板块包括：

1) 家国情怀

本章在“我国微生物学的发展”小节中，介绍了我国作为文明古国，最早利用微生物方面的贡献，比如发酵食品的生产、豆科植物与其他植物的轮作、病人衣物要进行蒸洗才能避免传染等。这一部分的教学案例的展示可以很好地激发同学们的民族自豪感，引导同学产生“这是一个值得热爱的伟大国家”的内在情怀。此外，本章在“我国微生物学的发展”中提到微生物作为一门学科，在我国的研究起步较晚。在20世纪初，一批有志向的科学家从国外学成回国，胸怀对国家民族的忠诚和热爱，在国内几乎完全空白的基础上建设微生物研究的大厦，为我国当前繁荣昌盛的微生物研究奠定了扎实的基础。这些教学案例中，饱含着爱国学者对国家民族的真挚情感，体现出浓浓的家国情怀。

2) 科学精神

本章在“微生物学发展过程中的重大事件”中，列举了微生物学的奠基者巴斯德和科赫对人类社会作出的重要贡献，“糖丸爷爷”顾方舟老先生为了我国脊髓灰质炎疫苗的制备贡献了毕生的精力，屠呦呦先生从传统中药材中提炼青蒿素对于疟疾的治疗贡献了中国智慧。这些案例既展现了科学家们将观察到的现象进行分析、归纳，做出科学的解释，把最本质的问题揭示出来的客观精神，也反映了科学家无私忘我、追求真理的精神。历史上微生物学家

开展科学研究的案例蕴含着深刻的科学理性思维，反映着人类如何科学理性对待自然规律、对待生命的态度。通过讲解科学家们如何客观理性地设计实验，并通过实验来得出结论，可以很好地体现微生物学研究中的科学精神。

3）社会责任

本章在“21世纪微生物学发展的特点和趋势”小节中，列举了不少微生物的研究趋势和目前面临的挑战。比如合成生物学的发展，比如抗生素滥用导致的耐药菌问题，还有新型病毒的爆发。因此，作为生物学专业的学生，学好微生物学知识，是今后造福人类、造福社会的必要条件。这部分教学内容中所蕴含的专业知识和社会责任，值得作为思政元素加以发掘和利用。

4）生态文明

在本章中有不少知识板块均阐述了微生物—自然—人之间的相互关系。人类活动对环境的影响以及对微生物的影响，例如抗生素滥用导致的细菌耐药性问题，有机物污染或重金属污染使得微生物修复技术的研究受到前所未有的关注，这些微生物与人类、环境之间的关系深刻揭示出人类发展和自然环境之间的相互依赖性。对这些内容的了解和理解，是形成新型生态文明观和可持续发展观的重要知识基础。

1.3 课程思政的教学策略实例

本章思政元素丰富，为做到课程思政教学“润物细无声”的教学要求，需要采用多种教学手段和策略，在教学内容中融入相关思政元素。以下列举三例：

1）课程思政教学实例一：政治认同感

教师可通过古中国、旧中国和新中国三个阶段的微生物学研究成果和重要成就的比较（强—弱—重新变强），展现出在党的坚强领导下，当前我国正处于“中华民族重新崛起”的历史阶段，从而引导同学形成对我国政治制度的认同。比如我国古代文明中出现了大量的应用微生物造福人类的实例，如用微生物酿酒、豆科植物与其他植物轮作等。但是由于封建社会下的科举选拔制度，我国自然科学的发展较为滞后，新中国成立之后，人才培养和教育制度逐渐完善。在新中国成立初期，很多科研成果不断涌现，比如“糖丸爷爷”顾方舟带领科研团队，克服艰苦的实验条件，在1960年成功研制出首批“脊灰”（Sabin型）活疫苗，1962年又牵头研制成功糖丸减毒活疫苗。自此，我国“脊灰”年平均发病率大幅度下降，使数十万名儿童免于致残。2000年10月，世界卫生组织证实，中国本土“脊灰”野病毒的传播已被阻断，成为无“脊灰”国家。再比如，屠呦呦先生由于对青蒿素的研究2015年荣获诺贝尔奖。这些案例的讲解和讨论都有助于激发学生的爱国热情，增强政治认同。

2）课程思政教学实例二：科学精神

人们认识事物的过程是曲折的，但是具备科学理性思维在追求真理的道路上是非常重要的。比如教师在讲授巴斯德的曲颈瓶实验时，可以指出由于当时人们的认识水平有限，对于很多事物的判断还不准确，很多人认为生物是从非生物中来的，比如有人认为青蛙是从泥中产生出来的，这就是自然发生学说。当时法国科学家巴斯德希望通过曲颈瓶实验否定当时统治人们认识的自然发生学说。巴斯德在实验过程中也有很多挫折，一开始他将肉汤放在密闭的容器中，放置了很长时间，肉汤并没有腐败，说明没有生物生长，但是当时的反对者提出自然发生需要氧气。为了驳斥自然发生学说，巴斯德设计了著名的曲颈瓶实验。再比如科赫法则的建立也是由几个实验组合在一起的。教师在教学的过程中，可以层层展开，引导学生进行提问。"科赫法则"的主要内容包括：病原微生物总是存在于患传染病的动物体内；这一病原微生物能从寄主分离到并被培养为纯培养物；这种纯培养物接种到敏感动物体内应出现特有的疾病症状；从人工接种的致病动物体内能分离到与原来患病动物相同的病原微生物。针对"科赫法则"的第一条"病原微生物总是存在于患传染病的动物体内"，教师可以提出如下问题：如果科赫观察到患病动物体内都含有某种病原微生物，能不能确定这个微生物是致病的原因？学生们通过思考和讨论，会发现仅仅观察到患病动物体内有疑似病原微生物并不能确定该病原微生物是疾病的原因还是结果，如果想确定病因，需要进行感染实验。教师可以提出第二个问题：如果直接用患病动物的血液进行疾病的传播，是否可以确定血液中的微生物是疾病的致病因素，学生们经过思考后会发现血液传播并不直接，因为血液中也许存在病毒或其他微生物，因此教师可以引入"科赫法则"的第二条，也就是要从患病动物体内分离到病原微生物，然后利用分离到的疑似病原微生物感染健康动物体，最终观察动物体的患病情况。通过每一个环节中问题的提出和学生的思考，不但让学生更好地了解"科赫法则"的精髓，更重要的是让学生学会根据科学证据，理性思考、辩证分析复杂的现实问题。

3) 课程思政教学实例三：生态文明

科学发展也是目前我国面临的主要问题。在教学过程中或者在课后讨论中，教师可以引导学生思考抗生素耐药的根源是什么？人类没有发现抗生素之前是如何抵抗微生物的感染的？现在抗生素滥用的情况以及对环境的污染现状是什么？在教师的合理引导下，培养同学们深刻理解，必须"像保护眼睛一样保护生态环境，像对待生命一样对待生态环境"，当经济发展和环境保护产生冲突时，绝不能以牺牲生态环境为代价换取经济的一时发展的深刻含义。2020 年，我国养殖业饲料端全面禁抗，教师可以引导学生开展如下讨论：养殖中为什么要用抗生素？养殖中使用抗生素产生了哪些问题？世界各国养殖业抗生素使用的现状如何？我国为什么提出养殖业饲料端全面禁抗？全面禁抗以后，我们会面临哪些挑战和问题？这些问题的层层深入讨论，可以厘清学生在养殖产品是否安全这一问题中存在的很多困惑，而且还可以深深地感受到我国政府在建设绿水青山环境中的不懈努力，也有助于让学生形成高度的政治认同。因此这种类型案例的使用，可以作为多个课程思政要素的载体。

第二章　微生物的纯培养和显微技术

2.1　专业教学目标

本章是《微生物学》的第二章，是微生物理论课与实验课连接的重要环节。本章着重介绍微生物的分离和纯培养技术，显微镜和显微技术以及显微镜下的微生物，同学们将开始了解千姿百态的微生物细胞以及它们的观察方法。具体教学目标如下：

◎ 掌握无菌操作、显微镜操作以及微生物分离培养的相关操作方法及其原理；

◎ 了解微生物的多样性，激发学生探索微生物世界的好奇心。

2.2　重要思政元素分析与相关知识板块

本章节专业性较强，以实验操作相关知识作为主要内容。然而，其中很多知识点仍然蕴含着重要的思政内容，值得在专业知识的讲授中得到体现。几个主要的思政元素和相关知识板块如下：

1）科学精神

大多数微生物肉眼不可见，但是通过不同的研究方法，同学们可以观察到形态多样的微生物细胞。然而早在17世纪之前，由于技术手段的局限，人们看不到微生物。荷兰显微镜学家安东尼·列文虎克是第一个用放大透镜看到细菌和原生动物的人，尽管他缺少正规的科学训练，但他对肉眼看不到的微小世界的细致观察、精确描述和众多的惊人发现，对18世纪和19世纪初期细菌学和原生动物学研究的发展，起到了奠基作用。列文虎克的钻研精神正是青年学者需要学习的一种科学精神。

2）社会责任与法治意识

微生物的分离培养是微生物研究的重要途径之一，因此，在科学研究和工业生产中，微生物的纯化操作便是一个必需的技术环节。但是，由于某些微生物对于人类健康和自然环境有着巨大的影响，微生物的操作一定要严谨认真、依法依规。否则，有毒有害微生物的传播将造成巨大的灾害性事件。因此，微生物的实验操作必须具备高度的社会责任感和法治意识。

2.3 课程思政的教学策略实例

1）课程思政教学实例一：科学精神

本章主要介绍微生物培养相关的技术，教师可以通过提问学生："空气或者手指或者水体（任一环境样品）中有没有微生物的存在，如果有，如何证明？"同学们在学习的过程中会知道通过培养技术可以让肉眼不可见的微生物"现身"。古人看不到微生物，很多现象不能解释。比如，古人没有认识到细菌，他们认为小孩生病主要是由毒虫叮咬引起的，民间有"虎镇五毒"之说，因此，在清朝有"兔爷"的形象，用于祈祷儿孙健康。还有在中学时期，同学们学习过鲁迅先生的《药》，这篇文章中提到茶馆主人华老栓夫妇为儿子小栓买人血馒头治疗肺痨的故事，也提示了科学知识匮乏会造成民众的麻木和愚昧。因此，教师可以由此强调，在当前的科技时代，我们已经拥有较为先进的微生物观察、培养和控制技术，科学的普及也成就了社会的进步和民众的开化，这正是科学精神重要性的体现。

2）课程思政教学实例二：责任意识与法治意识

在日常生活中，会有一些由于微生物操作不当导致的食品安全事件，因此，教师可以借用这些案例，引导学生开展讨论，从而明确责任意识是安全的重要保障。比如，2017年上海某网红餐厅因为食品全程冷链故障，使得甜品中的病原微生物超标，导致一些食客用餐之后出现呕吐、腹泻等症状。分析该案例的原因就是在运输过程中，冷链车的制冷出现问题，温度太高导致微生物生长的代时缩短，在运输途中造成大量微生物的滋生。食品安全无小事，即使是运输环节出现问题，依然有严重的风险。这种日常生活中的案例可以给学生很大的触动，通过具体实例的讨论，提高学生对于责任意识的深刻认识。再比如长生生物在疫苗生产过程中存在记录造假行为，严重违反药品生产质量管理规范和国家药品标准。同学们在实验过程中会进行实验记录，教师便可借机强调客观记录实验结果、不随意修改数据是科学研究的底线，不能触碰。通过教师的讲解与强调，这些身边的案例可以有效地激发学生的责任意识与法治意识。

第三章　微生物细胞的结构和功能

3.1　专业教学目标

本章是《微生物学》的第三章，开始进入“微生物学”课程主体部分的学习。本章主要介绍微生物细胞的基本结构及其功能，通过本章的学习可以让学生了解细菌的细胞壁、细胞膜、细胞拟核以及内含物，细菌的特殊结构。同时，本章还将介绍真核微生物细胞的结构。本章具体的教学目标是：

◎ 原核微生物的基本结构及其功能；

◎ 原核微生物的特殊结构及其功能；

◎ 真核微生物的基本结构。

3.2　重要思政元素分析与相关知识板块

本章节所涉及内容虽然是微生物基本的结构和功能，但是微生物与人类关系密切，在微生物研究过程中也涌现出大量体现党和政府本着对人民负责的态度开展疾病防治的案例，科学家为科学舍小家顾大家的案例，我国科学家在简陋的研究条件下依然在重要疾病防治方面作出世界级贡献的案例，这些案例都是本章节开展课程思政的绝佳素材。几类思政元素分述如下：

1) 科学精神

很多细菌细胞的结构具有对逆境环境的高度适应性，比如细菌的芽孢便在逆境下有强大的生存力。因此，要想按照人类的意志进行抑菌操作，必须先了解细菌的生物学特性，才能对症下药。这里就涉及人类要了解自然规律，只有科学地了解事物发生的本质，做事才能达到预期效果。不断追寻事物的真相与本质，正是科学精神的体现。

2) 家国情怀

本章节很多细菌的结构化合物如聚-B羟丁酸、伴孢晶体、糖被等，都有广泛的工业和农业应用前景，而这些细菌代谢产物或细胞壁组分的研究与应用推广，都离不开我国科学家矢志报国、打破国际垄断的无私奉献。教师通过对这些动人案例的介绍，便是对我国科学家家国情怀的颂扬，可以有效激励青年学子的理想情怀。

3.3　课程思政的教学策略实例

1) 课程思政教学实例一：科学精神

在网上有一则新闻提到，“据英国《每日邮报》报道，俄罗斯一位富有争议的科学家对自己身体注射了350万年前“永生”细菌，现在他变得更强壮，且注射之后两年从未生病。莫斯科国立大学冻土地貌学系主任阿纳托纳·布朗科夫称，他两年前注射了来自西伯利亚永久冻土地带的远古细菌之后，从未生过病。这种细菌叫做芽孢杆菌F，过去几百万年里在西伯利亚永久冻土地带处于休眠状态。他还指出，芽孢杆菌F能够微量存在于水流之中，伴随着永久冻土地带逐渐融化，他猜测这些细菌将进入该环境之中，进入水流，因此生活在当地的雅库特人长期以来身体受益于这种水，数据显示他们的寿命比其他民族更长。这种远古细菌可能对生育能力具有特殊功效，当对年龄较大雌鼠注射之后，原本停止生育的雌鼠又恢复了生育能力。雅库茨克市流行病学家维克多·车恩雅维斯基博士称，这种细菌能够持续释放生物活性成分，从而激活实验动物的免疫状态，因此我们在实验中看到“老鼠奶奶”不仅开始跳舞，还能够繁殖后代。如果这种远古细菌应用于人体，将显著提高人体健康，或许未来能够研制一种“长生不老药”。这种类型的“新闻”经常会在网上看到，但是这里面有很多明显的错误，借用这些案例，教师可以通过“让学生来找茬”的环节，让学生分析里面的错误。比如细菌芽孢可以长久存活是否等于人吃了就可以长寿？生物学实验设计的原则包括随机、对照和重复，这则“新闻”里面提到的实验是否满足这些科学实验的条件？通过引导学生开展这些问题的探讨，提高学生科学思辨的能力以及意识。让学生认识到不能对网上的消息人云亦云，要学会科学分析问题。

2) 课程思政教学实例二：民族自信

教师可以在日常备课过程中发掘国内科学家在微生物研究方面取得的重大进展，通过讲解这些案例，突出我国科学家为国家和社会的发展作出的伟大贡献，从而增强学生们的民族自豪感和自信心。比如，当前不可降解的农用塑料地膜产生的污染已经成为国际难题，清华大学的陈国强教授团队利用微生物和合成生物学技术生产出一种天然聚合物(学名为聚羟基脂肪酸酯)，可以在田里作为可降解地膜，实现保湿和生物降解的双重作用。此外，聚羟基脂肪酸酯本身无毒无害，还可以作为鱼类饲料成分，促进养殖鱼类的生长。由于聚羟基脂肪酸酯自身具有可生物降解性，即使没有鱼类吞食也会被环境中的微生物慢慢分解，从而避免环境污染。教师通过对中国科学家解决国际难题的案例讲解，既实现了微生物的教学目标，也有利于增强学生的民族自信，提升民族自豪感。

第四章　微生物的营养

4.1　专业教学目标

本章是《微生物学》的第四章，主要讲解微生物的营养，包括微生物的营养要求、培养基的组成和配制策略、营养物质进入细胞的方式。这一章的教学内容也与微生物的实验课程有密切的关系。具体教学目标如下：

◎ 微生物细胞的化学组成；

◎ 培养基的配制原理及方法；

◎ 营养物质进入细胞的途径。

4.2　重要思政元素分析与相关知识板块

在培养基一节中，教师需要强调实事求是和辩证思维。营养全面的培养基固然可以满足微生物生长，但在实际生产中，还要考虑培养基组成的生产成本，需要达成营养与成本的平衡统一。因此，在解决实际问题时，必须从整体多方面进行辩证分析，实现理论与效益的统一。此外，书本知识必须与实践相结合，在实际生产中应用科学知识，实现科学知识向真正造福人类的实践转化。在此过程中，必须坚持实事求是和辩证思维。

4.3　课程思政的教学策略实例：辩证思维

教师在讲授培养基的配制时，会讲授细菌的生长需要全面的营养物质，在很多实验，尤其是工业生产中，一些培养基的实际配方与理论配方往往差别很大，教师便可以向同学们提问：为什么在实际生产中，培养基配方会跟理论配方不一致呢？之后，教师可以根据同学们的回答情况，介绍在工业生产中，理论知识必须和成本效应相匹配，达成最佳的生产效益。因此，在实际工作中必须以辩证思维来看待整体事物中的复杂变量，过于理想化或不按照自然规律办事，都会带来负面效应。由此，教师既将课堂知识与生产实际相结合，又强化了辩证思维在实际生产生活中的重要性。

第五章 微生物的代谢

5.1 专业教学目标

本章节主要讲授微生物的代谢。代谢是生命存在的基本特征，包括合成代谢和分解代谢，在代谢过程中，有很多酶参与其中，而酶促反应的精确调控也是生命活动可以正常进行的保证。本章的教学目标包括：

◎ 掌握微生物产能代谢的主要类型、途径及应用；

◎ 掌握微生物的耗能代谢过程；

◎ 微生物代谢的调节。

5.2 重要思政元素分析与相关知识板块

本章内容相对较难，与生物化学过程联系较多，但是由于不同微生物的代谢产物已经被广泛应用于工业、农业、医药等产业，所以本章蕴含着多处可以发掘的课程思政元素。具体分析如下：

1) 进化论思想

微生物产能代谢的方式很多，包括利用有机物氧化还原获取能量，利用无机物产生能量，以及通过光合作用产生能量，这些不同的代谢方式与微生物的生活环境和进化地位密切相关，所以对不同进化地位微生物的代谢方式的教学，本质便是进化论思想的熏陶。

2) 可持续发展与生态文明

通过大量科学研究，微生物在越来越多的工业领域发挥重要作用。人们通过对微生物的改造和生长调控，有效利用很多工农业副产品为原料，清洁高效地生产人类所需要的生物物质，这便蕴含着“可持续发展经济”和“循环经济”的思路和实践，是生态文明的重要体现，值得教师发掘。

5.3 课程思政的教学策略实例

1) 课程思政教学实例一：进化论世界观的建立

教师可以以产能代谢为例，自然界很多微生物可以通过对有机物进行氧化来获得能量，而也有一些生物通过光合作用来产能。比如蓝藻被认为是地球上最早出现的先锋物种，它的能量产生方式是进行非环式光合磷酸化，与植物类似，它们的光合作用都可以产生氧气，这也为地球上氧气的产生奠定了基础，便于其他物种的进化。但是，也有很大一类微生物进行不产生氧气的光合作用（环式光合磷酸化）。这些案例既说明了微生物产能途径多样，也从微生物的角度为生物进化论提供了重要的支持证据，将生物进化的科学唯物主义思想植根于同学心中。

2) 课程思政教学实例二：生态文明与可持续发展

对各种工农业副产品的再利用是非常典型的再生经济，在此过程中，微生物发挥着巨大的作用。教师需要牢牢抓住微生物在再生经济、循环经济中的核心地位，设计教学策略，进行生态文明和可持续发展的思政教育。比如，糖类可以被某些微生物发酵产生乙醇，生物乙醇可以为人类的生活带来更加清洁的能源。利用葡萄糖做乙醇发酵，成本太高，因此也有研究尝试利用淀粉生产生物乙醇。但是，在世界粮食仍然趋紧的情况下，用淀粉生产生物乙醇，并不是最好的选择。那么是否可以利用秸秆、蔗渣等农业废物作为生物乙醇的原料呢？微生物是否可以有效降解秸秆和蔗渣呢？如果不可以，科学家们又能采取什么策略（筛选优质的菌种或者利用合成生物学构建有效的代谢模块）？教师可以层层设问，不断地将这一问题推向科学前沿，也不断强化着生态文明时代的可持续发展工业的理念和思想。

第六章　微生物的生长繁殖及其控制

6.1　专业教学目标

本章节讲授微生物的生长繁殖以及控制方式。在本章的教学中，学生需要了解微生物的生长规律及其应用，微生物生长情况的测定，以及环境中物理或化学因素对微生物生长的影响。本章的教学目标包括：

◎ 掌握微生物个体生长的机制；

◎ 微生物生长的测定方法；

◎ 掌握微生物群体生长的规律，包括微生物的生长曲线和连续培养；

◎ 真菌生长方式的特点；

◎ 环境对微生物生长的影响；

◎ 微生物生长繁殖的控制。

6.2　重要思政元素分析与相关知识板块

本章内容虽然较多，但是由于对微生物的控制策略在日常生活生产中随处可见，与人类日常生活联系密切，所以本章的很多内容都是可以发掘的良好课程思政载体。具体分析如下：

1) 公民品格与责任意识

微生物的生长及控制与人类日常生活密切相关，以食品安全为例，如果食品从业人员缺乏社会责任感和法治意识，不严格遵守食品卫生操作要求，就会因微生物污染或超标造成严重的食品安全事件。2019 年江西某食品有限公司生产的爆浆松松和流心泡芙出现了食品安全问题，最后查明主要原因系这两款产品的馅料生产过程中，工作人员未按规程操作，导致生料混入熟料，造成馅料被肠炎沙门氏菌污染。因此，微生物生长与控制的教学内容与公民品格、责任意识密切相关。

2) 生态意识与环境保护

在本章中还有关于微生物生长抑制的知识点，其中，抗生素的作用机制及如何科学使用抗生素是教学的重点。抗生素既是保护人类健康的重要工具药物，但由于长期的滥用，目前抗生素耐药基因的传播也成为威胁全球人类健康的主要问题。因此，无论是个人还是工厂单位，对于抗生素的使用必须具备生态意识，不乱用滥用，不随意丢弃排放。此外，其他抗菌化学物质的过度使用也开始对人类正常的生理活动带来了一定的风险。比如，三氯生(Triclosan)和三氯卡班(Triclocarban)，这两种成分作为抗菌添加剂，被广泛用于各类肥皂、化妆品和清洁产品。近期的研究结果显示，含三氯生的抗菌肥皂非但起不到有效抗菌的作用，还可能有潜在的副作用。长期使用抗菌皂将增加细菌的抗药性，并可能影响人体正常的激素调节。因此，2013 年，美国食品药品监督局(FDA)宣布全面禁售抗菌皂。这些研究案例的讲解，对于学生建立生态意识和环境保护观念非常重要。

6.3 课程思政的教学策略实例

1) 课程思政教学实例一：政治认同

随着我国与世界各国贸易合作的深入，进口食品的种类和数量明显上升，但是进口食品的安全性依然需要关注。《中国食品安全发展报告(2014 年)》调查发现，“进口食品不合格的批次和数量整体呈现上升趋势”。2009 年，进口食品的不合格批次为 1 543 批次，而到 2012 年，不合格批次达到近年来的峰值，为 2 499 批次。2013 年共有 2 164 批次的进口不合格食品因各种原因被拒绝入境，但进口食品的问题依然严峻。其中，微生物污染是威胁我国进口食品质量安全的主要因素。在 2013 年我国检出的进口不合格食品中，因微生物污染的共 446 批次，占比 20.61%，菌落总数超标、大肠菌群超标、霉菌超标的情况较为严重。教师在讲解微生物的生长与控制中，可以提到我国边境口岸检验检疫部门的工作人员用责任心和辛勤劳动严密监管控制着境外有毒有害微生物的入境，日日守护着国民的健康。这些数据对于同学们而言，是平时很少接触到的，但经教师强调引导，便能使得同学们对我国政治体制下“一切为了人民”有更具体的认识，有助于形成高度的政治认同。

2) 课程思政教学实例二：生态文明与辩证思维

病原微生物的抑制对于人类健康非常重要，在没有抗生素的年代，病原微生物的感染会导致非常严重的后果，比如肆虐欧洲的黑死病，夺去了数千万人的生命，使欧洲人口减少了 1/3—1/2，是人类历史上最严重的瘟疫，是一场深重的灾难。但是在当时的科学技术水平下，人们并没有很好的治疗手段。随着抗生素的发现和生产，人们在病原微生物的抑制上迈出很大一步，但是需要注意的是，抗生素的滥用也造成了全球环境中的抗生素残留问题，并可能通过加重细菌耐药性而威胁人类的健康。因此，教师需要在课堂中有意识地提出抗生素的积极意义与抗生素的环境残留问题。同时讲解事物两面性的教学策略，正是培养学生辩证思维的重要方式。教师也可通过党和政府所制定的 2020 年全面“禁抗”政策，提示从国家层面对建设绿水青山的推动与努力。由此，摈弃旧生产方式，推动生态文明建设的国家发展道路便能自然而然地进入同学们的心中。

第七章　病毒

7.1 专业教学目标

本章节讲授病毒的结构、分类及基本特征，要求掌握病毒的基本特点；了解人类如何预防以及科学治疗病毒引发的疾病。本章的教学目标包括：

◎ 了解病毒学研究的基本方法；

◎ 病毒的性质和复制特点；

◎ 亚病毒颗粒。

7.2 重要思政元素分析与相关知识板块

本章主要讲述病毒。病毒自古至今都是人类健康的巨大威胁，但某些病毒（噬菌体）又可能用于耐药菌的抑制，从而发挥其积极作用。此外，病毒的结构与生活史也蕴含着生物进化的重要线索。这些知识点，都可以用于课程思政元素的挖掘与使用。具体分析如下：

1）进化论思想

病毒结构简单，难以自我复制，需要通过寄生于宿主才可以生活，但是同样是由于结构简单，病毒没有良好的自我复制纠错机制，而这正好也是病毒容易产生突变的主要原因，所以在进化上，适应环境的物种一定有其物质基础。因此，本章对于这些知识点的强调，事实上也在讲授进化论观点。

2）科学精神与社会责任

在各种媒体上甚至民众之间的交流中，存在大量对病毒的认知误区甚至谣言，比如可以用抗生素治疗感冒病毒、吃某些水果可以传染禽流感等。因此，以专业知识鉴别真伪信息，并向社会进行专业科普，这既是对专业学生科学精神的要求，也是培养其社会责任的途径。

7.3 课程思政的教学策略实例

1）课程思政教学实例一：科学精神

社会上流传着很多关于病毒的谣言，比如人吃了香蕉等水果会感染植物病毒、坐共享单车感染艾滋病毒等，而这些谣言正好是开展科学精神教育的良好案例。教师可以通过“病毒谣言征集”等手段，有意识地让同学收集相关谣言，然后组织学生一起讨论病毒的寄主专一性、传播途径等专业问题，并鼓励同学们以各种方式进行科普。这样，以科学知识破解社会流言的教学策略，可以使得同学主动进行科学理性思考，培养科学精神。

2）课程思政教学实例二：政治认同

非洲猪瘟从2018年开始在我国肆虐，我国生猪养殖遭受重创，在这种情况下，国家积极组织力量开展非洲猪瘟疫苗的研制，同时尽可能保证市场的供应。为什么非洲猪瘟如此猖狂？教师可以从以下几个方面开展分析：非洲猪瘟从哪里来？国际上是否有非洲猪瘟的疫苗？非洲猪瘟疫苗研制的难关在哪里？除了非洲猪瘟，我国是否有其他措施预防动物病毒的传播？首先，非洲猪瘟起源于非洲，该病毒非常凶猛，对于猪的致死率很高。2007年传入俄罗斯，2018年传入我国辽宁。目前，国际上尚无针对非洲猪瘟病毒的有效疫苗。我国处于积极研发阶段，对于非洲猪瘟而言，体液免疫只是产生部分保护，还需要起很大作用的细胞免疫。这就使得疫苗研发难度更大，只能使用活疫苗来诱导机体的细胞免疫。国家已经从财力、物力及审批流程方面对于非洲猪瘟疫苗的研发都给予倾斜，希望可以早日攻克这一难关。以非洲猪瘟为载体，对于我国政府开展的积极工作进行讲解，可以让学生很好地了解这一事件背后的前因后果，增强对于政府的信任感，激发政治认同。

第八章　微生物遗传

8.1　专业教学目标

本章节所讲授的微生物的遗传变异规律，是微生物学和遗传学的一个重要分支，这一章内容较多，本章的教学目标包括：

◎ 掌握微生物遗传的物质基础；

◎ 掌握微生物的质粒和转座因子；

◎ 掌握微生物基因突变和修复的机制；

◎ 掌握细菌基因转移和重组的机制及简单应用；

◎ 真核微生物的遗传学特征；

◎ 微生物育种相关技术和原理。

8.2　重要思政元素分析与相关知识板块

本章内容较多，与遗传学联系密切，但是也有很多技术具有广泛的应用前景，直接涉及工农业生产，所以本章也蕴含着多处可以发掘的课程思政元素。具体分析如下：

1) 辩证思维

微生物可以通过突变来适应其生长环境，比如某些细菌在接触抗生素之后产生抗生素抗性，危害人类健康。然而，人类也在利用各种技术加速某些微生物的突变，从而筛选更多对人类更加有利的菌种。所以，如何看待和利用微生物善于突变的生物学特性，便是本章可以用来培养学生辩证思维的内容。

2) 科学精神

在细菌基因传递的过程中，有很多科学家经过艰苦的努力，揭示其中的规律，让很多细菌可以为人类所用，比如转化的发现过程。1928年，英国细菌学家F・格里菲思以R型和S型菌株作为实验材料进行遗传物质的实验，他将活的、无毒的RⅡ型(无荚膜，菌落粗糙型)肺炎双球菌或加热杀死的有毒的SⅢ型肺炎双球菌注入小白鼠体内，结果小白鼠安然无恙；将活的、有毒的SⅢ型(有荚膜，菌落光滑型)肺炎双球菌或将大量经加热杀死的有毒的SⅢ型肺炎双球菌和少量无毒、活的RⅡ型肺炎双球菌混合后分别注射到小白鼠体内，结果小白鼠患病死亡，并从小白鼠体内分离出活的SⅢ型菌。格里菲思称这一现象为转化作用，实验表明，SⅢ型死菌体内有一种物质能引起RⅡ型活菌转化产生SⅢ型菌，但是这种转化的物质(转化因子)是什么并不清楚。1944年美国细菌学家艾弗里和他的同事在格里菲思工作的基础上，对转化的本质进行了深入的研究(体外转化实验)。最终证明DNA是细胞内遗传物质的携带者，从而证实了遗传物质是DNA而不是蛋白质。教师在讲解专业知识的同时，可以引导学生体会科学家前赴后继，历经十六年艰辛的实验过程。科学家们严谨的科学精神、前赴后继的探索精神，都值得青年学生在学习和工作中学习。

8.3　课程思政的教学策略实例

1) 课程思政教学实例一：辩证思维

如何看待微生物的突变，是本章进行辩证思维训练的很好切入点。教师可以以对比的方式，讲解细菌通过快速突变产生对各类逆境（包括抗生素）的抵抗力，从而增加人类消灭致病菌的难度；但同时，人类又利用其善于突变的特性，利用各种条件筛选对人类有用的菌株。这样的讲解，可以明确地展现出对待微生物突变时所应该具备的辩证思维。教师也可以通过布置课后作业，让同学们列表对比各种他们能寻找到的微生物突变所带来的负面或积极效应，并从中训练从多方面看待一个事物的辩证思维。

2）课程思政教学实例二：科学精神

教师在教学过程中，可以先对历史进行一个简单的回顾。1911 年摩尔根通过果蝇杂交实验提出“染色体遗传理论”，此后，人们想进一步确定遗传信息的载体究竟是核酸还是蛋白质。核酸由 4 种碱基组成，蛋白质由 20 余种氨基酸组成，当人们看到生物如此丰富的多样性时，大家认为蛋白质是遗传物质的基础，但是并没有实验数据的支持。1928 年格里菲思和 1944 年艾弗里两个团队开展的肺炎双球菌的转化实验，1952 年赫尔希和蔡斯开展的噬菌体侵染细菌实验和 1956 年弗伦克尔-康拉特开展的病毒重建实验最终在细菌和病毒中确认了核酸是遗传物质的基础。在这些案例的讲述中，教师还可以根据这三个经典实验的开展过程，设计问题，引导学生开展思考。三个实验的介绍，既可以让学生体会科学家求真求实的科学精神，也可以训练自己思考问题的能力。此外，教师还可以以朊病毒的出现为案例，说明自然界有些生物没有核酸也可以将遗传信息传递下去，从而挑战生物学的中心法则。这一案例也说明人类在认识未知事物的道路上需要不断探索，这个探索的过程，需要我们具有实事求是、严谨认真的科学精神。

第九章　微生物基因表达的调控

9.1　专业教学目标

本章节所讲授的微生物基因表达的调控，其中包括了酶活性的调节和基因表达的调控，即调控现存酶的活性和调控酶量。其中酶活的调控主要发生在蛋白质合成之后，而酶量的调控主要在转录水平或翻译水平。本章的教学目标包括：

◎ 掌握微生物基因表达的调控方式；

◎ 比较原核与真核微生物在基因体调控方式上的差异。

9.2　重要思政元素分析与相关知识板块

本章内容相对较难，与分子生物学过程联系较多，但是由于不同微生物的代谢产物已经被广泛应用于工业、农业、医药等产业，所以本章蕴含着多处可以发掘的课程思政元素。具体分析如下：

1）政治认同与家国情怀

关于微生物的应用，在中国已经有上千年的历史，但是历史上人类对微生物的利用主要依赖于自然界中微生物本身的特性。近些年来生命科学研究的发展，使得我们对于微生物的研究进一步深化，各种基因调控技术的发展，合成生物学技术的发展，已经把微生物资源的开发推向了全新的高潮。国内微生物调控领域的研究进展，比如单条染色体酵母的合成，以微生物生产各种工业产品的技术等已经走在世界前列。学科的发展离不开国家安定和强大的经济后盾，教师若能在教学讲授中将专业科研进展与国家支持这个大背景有机结合起来，就能让学生在学习微生物调控的相关知识和进展中激发民族自豪感，产生对我国政治体制的强烈认同感。而在这些研究成果的背后，科学家们为了我国的工业技术不受他国制约，在攻克一个又一个的"卡脖子"难关中所体现出来的爱国情怀，也可以作为学生家国情怀教育的良好载体。

2) 团结协作精神

在一个细菌群体或者生活在一个小生境中的细菌不是彼此独立的，而是存在着密切的通讯关系，通过感受彼此之间的信号分子，可以调节细菌中某些代谢产物的产量，从而便于一个微生物群体更好地生长。比如致病菌进入机体的某个部位之后，需要经过生长繁殖使菌体数量增加到一定的密度，才可以使机体致病，但是过度的繁殖也会影响群体中各个个体的生长。这时，细菌通过感应信号分子的总体浓度测定自身的密度。铜绿假单胞菌毒性因子的合成与释放，金色假单胞菌抗生素的产生，都遵循细菌群体感应模式。通过这些知识点的学习，可以引导学生思考，即使是如此原始的生物都有内部的"团结"，我们同学之间更应该团结友爱，互相帮助和学习。这样，一个班级，一个学校，一个民族才能在困难面前战无不胜。

9.3 课程思政的教学策略实例

1) 课程思政教学实例一：家国情怀

教师在知识讲解中，可以融入学科研究进展，比如酵母菌是一种单细胞真核微生物，在自然界，酵母菌分布广泛，人们日常生活中的很多过程都会涉及酵母菌的发酵过程，比如酿酒、制作发酵食品、制药等。但是随着分子生物学技术的发展，酵母菌也成为蛋白表达的工程菌，我国科学家利用酵母菌发酵生产多种产品。教师可以让学生自己查阅收集近五年来以酵母菌为载体的基因工程研究，并分析其中中国学者在相关领域取得的成绩。这种教学策略，不但有助于学生了解学科前沿，还可以直观地让学生感受到我国在微生物调控研究领域的进展，有助于学生树立民族自豪感。

2) 课程思政教学实例二：团结协作

细菌集聚形成生物膜是其抵御外界逆境的重要形式。在微生物膜形成之前，细菌可能对于抗生素或者杀菌药物还较为敏感，但是一旦生物膜形成，杀菌剂对细菌的抑制作用就会大打折扣。在细菌生物膜的形成过程中，需要细菌之间的群体感应调节信号。这就是一个微生物个体通过相互沟通形成强大集体，发挥"团结就是力量"的生动体现。由此，教师在讲授相关知识点的同时，可以引导学生思考，为什么微生物之间要存在群体感应，这种感应对于微生物群体的生长有何作用？这样的生物学过程在人类社会中，类似于什么样的人类行为？这样的教学引导，就能把一个专业知识点拓宽至更广阔的层面，将专业知识上出思政味。

第十章 微生物与基因工程

10.1 专业教学目标

本章节讲授微生物在基因工程相关研究中的应用。基因工程是在现代生物学、化学工程学及其他有关数理科学的基础上产生和发展起来的。微生物在基因工程的发生和发展过程中起着不可替代的作用。本章的教学目标包括：

◎ 掌握目的基因的合成与诱变技术；
◎ 掌握微生物作为克隆载体的应用机制；
◎ 掌握克隆操作的基本步骤；
◎ 掌握外源基因导入及目的基因筛选鉴定表达的步骤。

10.2 重要思政元素分析与相关知识板块

本章内容与基因工程相关的原理、步骤联系紧密。由于基因工程涉及生命伦理、政策法规和众多科技前沿进展，其使用面也极其广泛，所以本章蕴含着多处可以发掘的课程思政元素。具体分析如下：

1) 生命伦理和法治意识

生命伦理学原则是指生命科学研究提供的一个伦理框架，评价某一研究或行动的合理性，同时规定了研究人员和被研究对象的权利。生命伦理包括有利原则、尊重原则、公正原则和互助原则。基因工程从某种程度上是在对生命的改造，因此，基因工程也受到生命伦理与法律法规的监管。本章节在学习相关专业基础知识的基础上，需要引导学生尊重生命，遵循伦理，不能将研究建立在伤害他人或破坏环境的基础上。

2) 科学精神

基因工程已经广泛地应用于很多领域，比如利用微生物进行异源基因表达的生产。但是在基因的异源表达中，还存在很多技术困难，比如如何有效地将外源基因转入表达细胞中？如何保证外源基因准确表达？如何进一步提高产量？这些问题的回答往往需要多个研究团队多年的攻坚克难才有可能实现。而在这些过程中，科学技术人员反复优化、勇于尝试的精神，可以作为学生科学精神培养的良好载体。

10.3 课程思政的教学策略实例

1) 课程思政教学实例一：法治意识与科学伦理

近年来，在细菌中发现了一系列的 DNA 靶向内切酶和内切酶系统（ZFN、TALEN、CRISPR/Cas system），它们主要由一些蛋白质构成，可以识别特定 DNA 序列，并发生切割。此后，以这些酶为基础的基因编辑技术不断地进入人们的视野。利用基因编辑技术，科学家们在动物体上开展了一些符合伦理学的研究，并取得了令人瞩目的成绩。但是也有一些研究者不顾生命伦理，开展婴儿的基因编辑。2018 年 11 月，中国科学家贺建奎团队宣布，“一对名为露露和娜娜的基因编辑婴儿已于 11 月在中国健康诞生，她们的基因经过人为修饰，能‘天然抵抗艾滋病’”。由于技术不完善，基因编辑可能会脱靶，该技术还有致病风险。此外，CCR5 基因对人体的免疫系统、神经系统都有作用，一旦被敲除，会影响人体免疫功能的发育，影响神经细胞、造血细胞的功能等，而这些还仅仅是可见的风险隐患。2019 年 12 月，法院认为，贺建奎等人未取得医生执业资格，追名逐利，故意违反国家有关科研和医疗管理规定，逾越科研和医学伦理道德底线，贸然将基因编辑技术应用于人类辅助生殖医疗，扰乱医疗管理秩序，情节严重，其行为已构成非法行医罪。根据贺建奎的犯罪事实、性质、情节和对社会的危害程度，依法判处被告人贺建奎有期徒刑三年，并处罚金人民币三百万元。教师在这个案例的讲解中，可以通过线上或线下的教学模式开展讨论，了解学生对于这一案例的看法，针对一些学生理解出现偏差的地方，及时纠正。这些案例的学习，可以让学生了解到专业知识的学习很重要，但是道德底线更加重要，这种案例的讨论有助于学生树立正确的价值观、伦理观和生命观。

2) 课程思政教学实例二：科学精神

科学技术的发展总是不断地给人类生活带来变化，比如基因工程技术带来了更为低廉的药物、环境友好型的产品等。2018 年中国科学家覃重军研究团队在《自然》杂志上发表论文，宣告该团队把酵母的 16 条染色体合而为一，制造出一个只有一条染色体的酵母。这一技术性的革命可谓有里程碑式的意义。而有趣的是，在同一期的《自然》杂志上，还发表了来自合成生物学权威学者杰夫-卡布团队的研究，他们将酿酒酵母的 16 条染色体合并成了 2 条染色体。在教学中，教师可以引导学生通过比较这两项研究，了解我国科研工作者在相关领域的巨大贡献。同时，教师还可以鼓励学生在课后阅读覃重军老师的专访，并让学生思考如下问题：覃重军老师什么时候开始酵母的研究？他为什么放弃自己熟悉的领域来挑战酵母这块“硬骨头”？覃重军老师的论文在发表过程中，受到了哪些质疑，他是如何回复的？带着这些问题，学生可以了解到一位优秀科学家的担当、奉献和严谨，正如覃老师所说“照亮我前进道路并不断给我勇气去正视失败的，是对科学的热爱，对揭示生命世界奥秘的向往以及科学发现给我带来的纯真快乐……”案例及案例背后的故事，可以更加有效地让学生感受科研的魅力、感悟科学的美妙。

第十一章　微生物的生态

11.1　专业教学目标

本章节讲授微生物在生态系统中所参与的重要过程，包括生态环境中的微生物，微生物在生态系统中的地位和作用，微生物在人体及环境保护中的作用。本章的教学目标包括：

◎ 掌握微生物在不同生态环境中的分布特点和功能；

◎ 掌握微生物在关键元素代谢中的作用；

◎ 微生物分子生态学的基本定义；

◎ 微生物与环境保护。

11.2　重要思政元素分析与相关知识板块

微生物在生态系统中，与人体、其他动物、植物及其他微生物都有密切的关系，比如共生、互生、竞争关系等，这些生态关系有助于学生较好地理解生态发展观。本章内容与日常生活联系较多，所以蕴含着多处可以发掘的课程思政元素。具体分析如下：

1) 环境保护与科学发展

微生物在物质循环和环境保护中发挥着重要的作用。比如在碳元素循环中，绿色植物和某些微生物可以进光合作用将无机碳转化为有机碳。部分有机化合物经过呼吸作用转化为 CO_2，而还有一部分有机碳则通过食物链以及动物植物有机质的分解，最终转化为 CO_2。在这个过程中，由于人类活动的影响，比如人口增加、工业发展、滥砍滥伐、过度放牧等原因造成 CO_2 大量排放，导致了温室效应，病虫害增加等不利影响。因此，如何通过绿色植物与微生物的作用减少温室气体的排放，树立科学发展的理念是本部分课程思政的一个切入点。

2) 生态文明与可持续发展

微生物与某些动物、植物或其他微生物之间存在着密切的关系，而这一层关系恰好也是维持生态系统平衡的重要保障。比如根瘤菌与豆科植物之间的共生，根瘤菌的固氮活动为豆科植物丰富的蛋白质含量奠定了物质基础，而根瘤也为根瘤菌的生活提供了良好的环境，互为有利。我国古代劳动人民就利用豆科植物与其他作物轮作的方式增加农作物的产量。随着化肥的使用，原始的种植方式逐渐退出历史舞台，但是化肥的大量施用以及不合理的耕作方式又导致土壤质量下降，已经严重制约了现代农业的发展。如何将耕作方式与化肥减量相结合已经成为很多科研人员关注的问题，随着国民对土壤健康和食品安全的重视程度不断提升，"十三五"期间化学肥料的减量化已上升到国家战略。因此，从微生物固氮到国家战略，看起来相距甚远的两件事情，其实有着密切的联系。从这个例子，我们就可以得出合理地开发与使用微生物资源，可以为农业或工业生产带来益处，但是如果人类滥开发滥用，就会受到自然的惩罚。这些案例中就蕴含着环境保护的重要性。

11.3 课程思政的教学策略实例

1) 课程思政教学实例一：和美与共的生态思想

在生态环境保护中，微生物发挥着非常重要的作用，比如微生物对有机物的降解、对重金属污染物的转化、对废水的处理以及对污染土壤或水体的修复等等。在这些过程中，微生物发挥的作用不尽相同，因此，在这部分的教学过程中，教师可以发挥学生的主观能动性，设置问题，让学生分小组围绕一个主题，探讨微生物在环境保护中的作用以及环境保护的重要性。以废水处理为例，废水生物处理分为好氧法和厌氧法，其中好氧法是指在有游离氧存在的情况下，利用好氧微生物降解有机物，好氧法生物处理的反应速度快，处理效率高，对于中低浓度的有机废水基本采取好氧处理。而厌氧处理，主要是利用兼性厌氧菌或厌氧菌降解有机污染物，优点是不需要额外充氧，缺点是速度慢。目前工业上会用好氧-厌氧偶联的方式进行废水处理。教师设置的问题可以包括：微生物在这些生化过程中发挥了什么作用？微生物废水处理与物理或化学法相比的优缺点？微生物污水处理还有哪些技术瓶颈？通过带着问题去讨论，可以有效地提高学生的学习获得感，同时在学习过程中，各种资料数据的展示会让学生更加深刻地认识到环境保护的重要性。

2) 课程思政教学实例二：环境保护和法治意识

冬虫夏草在保健品市场上受到很多消费者的追捧。教师可以引导学生去查阅资料了解以下问题：冬虫夏草究竟是什么？有何种营养成分？冬虫夏草的挖掘对环境产生何种影响？通过资料的学习，学生可以了解到冬虫夏草其实是蝙蝠蛾幼虫与真菌之间寄生的结果。青藏高原是冬虫夏草生长的主要产区。每年 5 月到 7 月，青藏高原冬虫夏草主产区会迎来"挖草大军"。挖冬虫夏草，一般工具是专用的镢头和小铲，发现冬虫夏草后，为不破坏虫体，人们就将周围的草皮连土一起挖出。以前人们挖冬虫夏草还要留下一些做种，不一次挖尽；但现在人们恨不得一下子挖出所有冬虫夏草，极少有人会将草皮和土壤回填。这样一来，每挖一根草，就得掘地 8 至 12 厘米深，最少要破坏 30 平方厘米左右的草皮，留下坑洞。无数坑洞周围寸草不生，水土流失严重，草皮不断退化、沙化，范围不断扩大，甚至延伸到整片高原草甸，大大加快了雨季水土流失的速度。这个案例的讲解和讨论就承载了生态保护意识和法治意识的培养。

第十二章　微生物的进化、系统发育和分类鉴定

12.1　专业教学目标

本章节主要介绍微生物的分类学、系统进化分析的相关内容。本章的教学目标包括：

◎ 微生物进化计时器的选择和应用；

◎ 原核微生物的分类系统；

◎ 真核微生物的分类系统；

◎ 微生物系统学的研究内容与方法；

◎ 微生物的快速鉴定与分析技术。

12.2　重要思政元素分析与相关知识板块

进化是马克思唯物主义的基石，本章对于进化问题的讲授，本身就是对于唯物主义的专业阐述。具体分析如下：

1) 进化论和唯物主义

根据现代生物进化论的观点，地球上的生命起源于地球历史早期特殊环境条件下“前生命的化学进化”过程。但是无论地球上生物来源于何处，生物在漫长历程中的进化是自然存在和发生的。教师可以以原核微生物与真核微生物细胞组成上的差异，核糖体小亚基基因序列的差异等知识作为载体，引导学生用进化的观点思考微生物的分类规律与物种演化过程。

2) 科学精神

人们在漫长的历史过程中，从不了解有微生物的存在，到开始观察到微生物，学会培养微生物，再通过用不同的生物化学和分子生物学的技术对菌体进行进化分类分析，对环境微生物开展基因组学、代谢组学、培养组学的研究。在这个过程中，每一次技术的突破和理论的更新，都蕴含着科学技术的发展对于一个学科领域不断的探索。这些技术的发展所蕴含的教学知识点，就是科学精神魅力的体现。

12.3　课程思政的教学策略实例

1) 课程思政教学实例一：进化研究中的辩证思维

虽然蛋白质、DNA 和 RNA 等生物大分子都可以提供生物进化的信息，但并不是所有的这些大分子都适合生物系统发育的研究。20 世纪 70 年代，研究者提出核糖体小亚基 RNA 基因可以用于生物进化、物种分类的研究，但是随着研究的深入，人们已经发现很多核糖体小亚基 RNA 基因也并不是一把“金标尺”，教师可以与学生分享在分类学研究中出现的一些“特殊”群体。放线菌门分类地位在历史上经过了多次演变，从 1997 年放线菌纲被置于厚壁菌门内，到 2001 年确定了放线菌门。除了 16S rRNA 基因的系统分析到 23S rRNA 基因、细胞色素 c 氧化酶 I，CPT 合成酶和谷氨酰 tRNA 合成酶基因中的插入缺失片段，都表明放线菌属于细菌域中一个独立的门。教师在讲解放线菌门确定的过程中，引导学生思考生物学研究中会有很多的“例外”，我们在分析一个微生物的分类地位时，要具备辩证思维能力，也就是承认矛盾、分析矛盾和解决矛盾。

2）课程思政教学实例二：科学精神

在微生物的研究中，人们从最早看不到细菌，然后开始分离培养，再到对细菌的生理生化和遗传特性进行研究，用分子生物学技术对细菌的进化关系进行研究，这个过程也是一个科学发展的过程。以环境微生物学为例，早些年人们对于环境微生物的认识主要通过分离培养，但是自然界很多微生物在当时是难以培养的。随着分子生物学技术的发展，很多研究热衷于通过指纹图技术或测序技术来对环境中的微生物组成进行展示。这些研究技术可以告诉我们环境中有哪些可能的微生物，但是对于微生物功能的解析存在很大的难度。随着技术的发展，人们开始进行培养组学，序列引导下的目标微生物分离，研究的重心再一次回到培养相关的研究。但是不同于20世纪六七十年代的培养技术，现在的培养技术更加精细、更加全面。人类对微生物的培养与利用过程是呈现螺旋式上升趋势的。教师在这部分内容的教授中，可以让学生整理微生物研究发展的不同阶段中，某一阶段的研究与前一阶段相比的优势，以及与后一阶段相比的不足。这种比较，不但有助于学生了解技术发展的背景，更有助于学生体会科学技术发展为微生物学科的发展带来的巨大变化。同时，教师还要引导学生认识到目前的技术和手段对于全面、准确、细致地了解所有的细菌，还有很长的路要走，但这本身也是一个客观的认识事物的过程，也有助于学生理性对待探索过程中出现的假象或问题。

第十三章　微生物物种的多样性

13.1　专业教学目标

本章节讲授自然环境中多样的微生物组成。本章的教学目标包括：

◎ 了解细菌的多样性；

◎ 了解古菌的多样性；

◎ 了解真核微生物的多样性；

◎ 了解微生物资源的开发与保护。

13.2　重要思政元素分析与相关知识板块

本章内容相对分散，但其核心是让学生了解微生物组成的多样性及微生物资源的保护。因此，本章节的核心课程思政元素可以设定为生态意识的建立。大自然的生态平衡，不仅仅是可见的生物物种多样性和自然环境的平衡。事实上，即使是在微生物世界里，生物多样性及其所维持的生态平衡依然存在。所以，本章节很好地体现了生态平衡的普遍性，是进行生态意识教育的好机会。

13.3　课程思政的教学策略实例：生态意识

1992年，联合国环境发展大会通过了《生物多样性公约》，这是人类对保护生物多样性及其资源永续利用的共同纲领。在教材中提到“公约特别强调‘最好在遗传资源原产国建立和维持移地保护及研究植物、动物和微生物设施’”。由此，教师便可以指明微生物是自然资源中重要的组成部分，微生物的多样性也是生态多样性的重要组成部分，而不同微生物的组成结构及其与所在环境的相互关系，同样也是生态平衡的重要内容。以人体为例，口腔、皮肤、肠道等部位都生活着大量的多种多样的微生物，这些微生物的相互制约与协作，与这些人体部位的健康密切相关。教师可以通过让学生利用培养皿检测自己皮肤上的细菌，把看不见的微生物转化为各种不同形态和色泽的菌落。这种实验过程，可以直接地让学生意识到微生物生态群落的存在。由此，教师便可以强调：生态关系无处不在，生态平衡是地球生命世界运行的普遍规律，这将大大增强同学们的生态意识。

第十四章　感染与免疫

14.1　专业教学目标

本章节讲授感染与免疫相关的内容，很多病原微生物会引发动物体或者宿主的感染，而动物体会通过免疫反应来抵抗微生物的感染。本章的教学目标包括：

◎ 了解感染的一般概念；

◎ 掌握宿主的非特异性免疫；

◎ 掌握宿主的特异性免疫；

◎ 掌握抗感染免疫；

◎ 掌握免疫病理；

◎ 免疫学的实际应用。

14.2　重要思政元素分析与相关知识板块

本章内容与免疫学联系较多，相关的知识点广泛用于医药领域，因此本章蕴含着多处可以发掘的课程思政元素。具体分析如下：

1) 家国情怀

在本章中，会有很多感染与免疫相关的知识点，而其中中国科学家在这些领域所开展的工作，以及对国家和社会的贡献可以作为家国情怀的良好载体。比如，顾方舟先生克服重重困难，带领研究团队研制出中国第一支脊髓灰质炎疫苗。再比如，面对严重的新型冠状病毒疫情，钟南山院士等中国科学家和医务人员冒着自身被感染的巨大风险，舍小家为大家，身先士卒，战斗在抗击疫情一线；与此同时，全国各地人民捐款捐物，举国同心，支援疫区，涌现出无数的感人事迹。这些与专业知识点相关联的重大事件，正是进行家国同构的家国情怀教育的理想载体。

2) 法治意识和公民品格

在本章的学习中，会有很多关于病原微生物感染与防治相关的知识点，比如艾滋病病毒可以通过母婴传播、血液传播和性传播。目前在高校中，有些青年学生由于自身知识的匮乏以及不自律，导致了艾滋病病毒的感染。更有一些被感染者，甚至产生了报复社会的想法，通过不安全性行为有意将病毒传播给他人，涉嫌故意伤害他人。以这些知识点为载体，教育学生要自省、自律，不能触碰法制底线。

14.3　课程思政的教学策略实例

1) 课程思政教学实例一：家国情怀

在人类历史中，经历了很多细菌或病毒引发的灾难，比如黑死病、埃博拉病毒、流感病毒等等。为了提高人体对病毒的抑制效果，很多科学家开展了大量的研究，从进化的角度考虑，很多疫苗的生产就是在向病毒学习，通过减毒疫苗或灭活疫苗的生产，最终开发了相关的疫苗。以脊髓灰质炎为例，脊髓灰质炎是一种人们耳熟能详的可怕疾病，又称小儿麻痹症。1957 年，31 岁的病毒学家顾方舟临危受命，开始进行脊髓灰质炎研究工作。顾方舟研究小组克服重重困难，终于在 1960 年 12 月，首批 500 万人份疫苗生产成功，在全国十一个城市推广。1965 年，全国农村逐步推广疫苗，从此脊髓灰质炎发病率明显下降。1978 年我国开始实行计划免疫，病例数继续呈波浪形下降。2000 年，"中国消灭脊髓灰质炎证实报告签字仪式"在卫生部举行，已经 74 岁的顾方舟作为代表，签下了自己的名字。这位为脊髓灰质炎的防治工作奉献了一生的老人，得到了全国人民的尊重和赞美。教师通过线上或者线下教学的模式，让学生了解中国脊髓灰质炎疫苗的制备过程，学生会被老一辈杰出科学家在艰难环境下所取得的贡献而震撼，在榜样的力量下，也产生出为中华民族伟大复兴而努力学习的想法。

2）课程思政教学实例二：法治意识

2018 年 7 月 15 日，国家药监局发布通告称，在对长春长生生物科技有限责任公司开展的飞行检查中，发现该企业冻干人用狂犬病疫苗生产存在记录造假等严重违反《药品生产质量管理规范》行为，对此责令吉林食药监局收回该企业《药品 GMP 证书》，并责令狂犬疫苗停产。此次事件不仅仅反映的是企业对疫苗生产质量把控的缺失，更是一个上市企业对社会大众的责任缺失和法治意识缺失。在教学过程中，教师可以引导学生思考，长春生物的疫苗案件有哪些恶劣的社会影响？出现问题的根源是什么？通过分析与讨论，引导学生思考社会责任意识和法治意识的重要性。

第十五章　微生物生物技术

15.1　专业教学目标

本章节讲授与微生物相关的生物技术，包括菌种的选育、发酵特征的筛选、发酵参数的优化、微生物生物技术的安全性评价等方面的内容。本章的教学目标包括：

◎ 了解微生物的产业菌种和发酵特征；

◎ 了解微生物产业的发酵方式；

◎ 了解微生物产业的主要产品及应用情况；

◎ 了解微生物生物技术的安全性风险评价和管理。

15.2　重要思政元素分析与相关知识板块

微生物生物技术与生产实践关系密切，尤其体现出科学家在技术发展中探索创新、不畏失败的科学精神。在本章的首页，教材就提供了"微生物能源的过去、现在和将来"的阅读材料，从这一材料中，可以了解到生物能源作为新兴能源是当今研究的热点。微生物能源作为环境友好型的再生能源，如何进一步提高效率？如何进一步扩大应用范围？在这些过程中，科研工作者敢于尝试、勇于挑战的精神都可以作为优秀的课程思政案例。

15.3　课程思政的教学策略实例：科学精神

随着科学技术的发展，微生物学也迎来了全新的发展阶段，从微生物组到合成生物学，新的研究成果不断涌现。以合成生物学为例，它以微生物代谢通路模块化为核心特征，每个代谢模块的工作由一个菌株完成，从而实现多个菌株的分工与合作。与单菌株相比，合成微生物组具有降低菌株代谢负担与遗传改造难度、提供多样的元件表达平台、实现“即插即用”的模块替换等优势。在合成生物学与微生物组学快速发展、交汇融合的影响下，很多植物天然产物的开发或者复杂大分子的生产都变得更加便利和高效。这些研究成果均可以作为科学发展观的重要支撑。同时，教师也可以向学生讲解，很多科学研究也不是一帆风顺的，比如 2019 年 1 月 16 日，《科学转化医学》杂志以封面文章的形式，报道了 Synlogic 公司所开发的工程益生菌药物 SYNB1020 的动物研究，以及初步的人体安全性研究，但是好景不长，在这篇文章发表 7 个月后，直接宣布 SYNB1020 死刑的噩耗传来——2019 年 8 月 20 日，Synlogic 在 1b/2a 期临床研究中确定 SYNB1020 不能降低血氨水平后，宣布停止这株菌的后续开发。这些案例让学生进一步认识到暂时的失败在科学研究中经常出现，但是科学家们的勇于探索和敢于尝试正是人类前进的重要动力。

三、“微生物学”实验的课程思政教学指南

1.1 微生物学实验课程说明及教学目标

微生物学实验是微生物学理论课的重要补充，也是学生开展实践操作，内化相关知识点的重要环节。该课程旨在让学生掌握微生物学基本的实验操作技能、运用微生物学的基本知识、学会设计并开展实验，从而训练学生的思考能力，同时教会学生综合运用统计学、生物信息学等学科知识，培养学生观察、思考、分析和解决问题的能力以及实事求是、严肃认真的科学态度，为学生今后从事生命科学的教学、研究工作奠定基础。主要的课程教学目标包括：

◎ 掌握微生物学最基本的实验操作技能，加深理解微生物学理论课讲授的知识点；

◎ 引导学生开展自主实验，学会论文查阅、实验设计、结果分析等基本的研究流程；

◎ 通过实验培养学生观察、思考、分析问题和解决问题的能力以及实事求是、严肃认真的科学态度。

1.2 重要思政元素分析与相关知识板块

微生物学实验的教学内容虽然在各个高校会有不同，但基本的无菌操作、微生物形态的观察和生理生化测定都是必不可少的。因此，教师在实验课的教学中可以从客观规范、勇于探索、求实创新等角度，将课程思政与实验课教学有机融合。

1) 规范意识

在微生物学的实验中，会涉及很多基础的实验操作，比如无菌操作。而这一操作也是微生物相关实验的重要基础。无菌操作是指在无菌室或超净台中进行以防止微生物进入人体或污染供试菌的操作技术。所以它包括两方面的含义：一是不要让实验微生物感染人体，二是不要让环境中的杂菌污染实验微生物。除了无菌操作，微生物实验中还涉及多种仪器的使用，教师通过指导学生学习实验室规则，并可以通过举例的教学方法，让学生深刻了解安全无小事，进入实验室必须遵守实验规范。

2）科学精神

在实验过程中，学生可能会遇到各种困难，比如细菌结构的染色观察没有成功，所以就根据别人的结果填写实验报告；霉菌观察的时候觉得画图太麻烦，所以仿照教科书上的图片，把实验结果画在实验报告上；实验设计的时候忘记设置多个平行，所以就编撰数据等等。对于基础实验的教学，教师需要引导学生不刻意追求实验结果，重点培养学生以求真求实的科学精神做好实验记录，并如实分析实验失败原因的习惯。

3）团队合作

在实验中，往往以小组为单位开展，学生需要在一个综合实验中进行分工或者互相协调灭菌时间等操作，在这些看似繁琐的实验操作中，恰恰训练了学生的团队合作意识。因此，在实验中教师可以引导学生培养团队合作精神，群策群力，共同完成任务。

1.3 课程思政的教学策略实例

1）课程思政教学实例一：规范意识

微生物实验的规范操作和规范意识可以通过多个维度来进行培养。首先，教师可以让学生预习相关实验操作的视频，并把实验操作中的易错点和难点整理出来，供学生学习。其次，在课堂上，教师不必强调实验结果的完美，而是应该通过教师抽查或学生自查的方式，纠正学生操作中的问题。最后，在课程结束之后通过实验技能的测试，督促学生重视实验规范的学习和掌握。

2）课程思政教学实例二：求真求实

在理论课的学习中，学生已经了解了很多实验设计和操作的原则，但是在真正的实验开展过程中，有些同学由于暂时的困难，会存在侥幸心理，所以教师的评价和引导就非常重要。教师的评判应该更加看重学生学习的过程、反思的过程和进步的过程，而不必太要求学生画出“完美”的图片，展现“完美”的结果。

3）课程思政教学实例三：团队合作

在基础实验部分，教师把学生分组，鼓励学生组内协调实验的开展和值日工作。在一些综合性实验或者自主实验中，教师可以鼓励学生自行分组（教师不参与学生分组的安排），开展课题。同学们会在实验过程中一起克服困难，学会互相包容，学会承担责任。教师可以鼓励学生在实验结束的课程论文或课程报告中进行致谢，让每一位同学都有机会获得他人的感谢，感受到同学之间温暖的友谊。

四、“微生物学”课程思政元素总览表

课程章节	重要的课程思政元素	相关联的专业知识或教学案例	所属思政维度
一、《微生物学》各章节课程思政教学指南			
第一章　绪论	爱国主义	我国作为文明古国在微生物利用方面所作的贡献	文化自信 政治认同 全球视野
	国家发展与科学发展的关系	我国微生物领域研究的最新进展	政治认同 家国情怀 科学精神

（续表）

课程章节	重要的课程思政元素	相关联的专业知识或教学案例	所属思政维度
	科学发展与人类发展的关系	巴斯德和科赫对人类社会作出的重要贡献	科学精神
	科学理性思维对于科学发展的重要性	微生物学发展过程中的重大事件	科学精神 法治意识
	科研工作者的社会责任感	微生物的研究趋势和目前面临的挑战	科学精神 公民品格 法治意识
	可持续发展观	微生物—自然—人之间的相互关系	生态文明 公民品格
第二章　微生物的纯培养和显微技术	唯物主义思想	很多微生物难以用肉眼直接看到，但是通过科学研究可以展现微生物在很多生命过程中的作用	科学精神 政治认同
	公民的责任意识	某食品企业因为员工责任意识薄弱，引发严重的食品安全问题	法治意识 公民品格
第三章　微生物细胞的结构和功能	科学思辨与理性精神	针对网络中关于芽孢描述的讨论	科学精神
	中国科学家的贡献	我国科学家在聚羟乙酸等研究上的重大进展	科学精神 家国情怀
第四章　微生物的营养	马克思主义唯物史观	真核生物线粒体和叶绿体的起源学说	政治认同 科学精神
	辩证思维	培养基配制原则的辩证思维	科学精神
第五章　微生物的代谢	进化论和辩证唯物主义法	光能营养型微生物的产能方式	科学精神 政治认同
	科技发展的生态意义	生物乙醇的研究历程	生态文明 科学精神
第六章　微生物的生长繁殖及其控制	公民责任意识	日常生活中食品安全相关的案例	生态文明 公民品格 法治意识
	短期利益与长远利益的关系	抗生素滥用与耐药菌	生态文明 公民品格 法治意识
第七章　病毒	进化中的辩证思维	病毒的生活史	科学精神
	科学理性思维与独立思考	关于病毒的谣言	科学精神 法治意识 公民品格
	中国的独特政治体制优势	SARS 爆发时，举国上下协力对抗病毒； 国家对进口产品的严格管控，以及在非洲猪瘟发病时所采取的应对措施	家国情怀 政治认同

（续表）

课程章节	重要的课程思政元素	相关联的专业知识或教学案例	所属思政维度
第八章　微生物遗传	进化中的辩证思维	环境中残留的抗生素会诱导细菌产生抗生素的耐药性，这本身是细菌的一个适应性进化，但是也对人类的抑菌工作带来很大的困扰	科学精神 生态文明
	坚持不懈的钻研探索精神	科学家前赴后继，确定核酸是遗传物质的基础	科学精神
第九章　微生物基因表达的调控	进化与适应的世界观	细菌基因调控方式与真核生物的区别	科学精神
	集体主义精神	细菌之间的群体感应调节信号与生物膜的形成	公民品格
第十章　微生物与基因工程	对生命的尊重	基因编辑婴儿的事件	法治意识 科学精神 公民品格
	科学发展观	合成生物学的发展	科学精神 政治认同
第十一章　微生物的生态	地球物质循环与生态思维	微生物与元素循环	生态文明
	突破常规的创新精神	肠道微生物研究	科学精神
第十二章　微生物的进化、系统发育和分类鉴定	进化世界观的培养	核糖体小亚基 RNA 基因与生物进化分析	科学精神
	马克思主义认识论	微生物分类研究中的技术发展与理论更新	科学精神 全球视野
第十三章　微生物物种的多样性	生物多样性与生态意识培养	微生物多样性与微生态平衡	生态文明
第十四章　感染与免疫	中国科学家的社会贡献	“糖丸爷爷”顾方舟开发脊髓灰质炎疫苗的事迹	科学精神 家国情怀
	社会责任意识	长春长生生物疫苗事件	法治意识 公民品格
第十五章　微生物生物技术	科学发展观	合成生物学的发展及进展	科学精神 政治认同
二、“微生物学”实验课程思政教学指南			
“微生物学”实验课程	规则意识	实验室规则，实验室安全的学习	科学精神
	求真求实	培养学生客观做好实验记录	科学精神
	团队合作	以小组为单位开展实验活动，培养团队合作精神，群策群力，共同完成任务	科学精神
	勇于创新	鼓励学生开展自主实验，引导学生在认真查阅文献的基础上，积极思考，勇于创新	科学精神 家国情怀

（张美玲）

第四章

“水生生物学”课程思政教学指南

一、“水生生物学”的专业教学体系与课程思政教学目标

1. “水生生物学”课程简介

水生生物学(hydrobiology)是研究水环境中生命现象和生物学过程规律的一门基础学科。尽管从词义而言,水生生物学涵盖淡水生物学和海水生物学,但国内外学界基本将水生生物学涉及的水域范围限定于淡水环境中的生物。因此,目前国内的水生生物学教材基本以淡水生物学作为主要教学内容。此外,从学科发展的脉络来看,在学科发展早期,水生生物学以淡水生物的分类检索和形态特征为主要内容。但自从 20 世纪 40 年代水生生物营养动力学理论发表以来,水生生物学已逐渐跳出水生生物分类学的研究范畴,转而以生态系统概念和理论为指导原则来研究各类水生生物在水域生态系统的结构和功能中所起的作用。此外,在生物学一级学科视角下,传统水生生物学中的水生生物分类学内容也与动物学、植物学和微生物学中的部分内容相重合。因此,本教学指南所指的“水生生物学”课程与现今的学科发展相一致,是一门以生态系统概念和理论为指导,阐述不同类别水生生物的基本特征及其在水生生态系统中的功能的基础生物学课程。本课程是高等院校生物科学类、水产类和水环境类等本科专业的专业基础或专业选修课。

1.1 “水生生物学”的专业教学体系结构

在大部分高等院校中,“水生生物学”课程由理论课、实验课和野外实践组成,从而形成理论、操作和实践三位一体的课程教学体系。

1.2 “水生生物学”的专业教学目标

◎ 从生态的角度掌握水生生物主要类群的形态分类基本知识和主要生物学特征;

◎ 掌握水生生态系统的基本结构和功能,理解不同水生生物与水环境的相互关系及其在水生生态系统中的功能和地位;

◎ 掌握基本的水生生物研究方法,能运用所学的知识理解内陆水体的水质管理、生物资源养护、水产养殖的基本原理;

◎ 通过分析水生生物与水生态系统的相互关系,树立科学的生态观念与可持续发展

理念。

1.3 “水生生物学”常用专业教材与特色

刘健康主编.高级水生生物学[M].北京：科学出版社，1999.

本教材由中国科学院水生生物研究所牵头编写，由多年从事水生生物学研究的专家学者们执笔撰写各个章节。教材内容既反映了国际水生生物学的研究动态和理论进展，也突出展现了我国科研人员在本学科领域的知识积累与成就。本教材在编写之初以研究生作为教学对象，但在出版后的实际应用中，由于本教材具有符合学科发展趋势、学科特色鲜明、理论与应用并重、切合中国实际、教学内容与生物学一级学科下其他学科重合度较少等优点和特色，已被多所高等院校的生物学、水产学、环境科学等专业选为本科生教材使用。

2. “水生生物学”的课程思政教学目标

2.1 “水生生物学”的课程思政特征分析

“水生生物学”课程是生物学、水产学、环境科学等相关专业的基础课程或专业选修课程。由于本课程的学科教学内容中天然具有的生态理念，“水生生物学”对于培养学生们的生态意识和可持续发展理念具有得天独厚的优势。同时，“水生生物学”课程内容中也蕴含着大量与世界观塑造、价值观引领和人生观构建有关的思政元素，若教师能以合适的教学方法加以妥善使用，将使得学生在学习“水生生物学”专业知识的同时，也受到潜移默化的思政教育，形成正确三观和健全人格，成为中国复兴道路上的合格建设者和推动者。尽管本课程主要讲授水生生物，但是，若割裂世界系统性，为水生生物而讲水生生物，也违背了本课程注重生态思维训练的初心。因此，本课程需要以水生生物专业理论知识为依托，开展维度广阔、视角多样的课程思政教学。

根据“水生生物学”的课程教学内容和专业特征，其所蕴含的课程思政元素可归于八大维度：政治认同、家国情怀、科学精神、公民品格、生态文明、法治意识、文化自信与全球视野。

政治认同：水生生物学的学科本质偏重于生态学，基于我国严重的生态危机现状，党和国家提出生态发展观、绿色 GDP，推动产业的生态转型，建设生态文明。党和国家的政策方针呼应了人民群众的当前需求，有利于中华民族的未来发展。因此，党和国家是当前生态治理、生态研究的坚定支持者和推动者，得到了人民群众的高度认同。

家国情怀：在水生生物学和水生态研究中，很多科研工作者常年深入基层，艰苦奋斗，为解决民众和社会对绿水青山的渴求呕心沥血，以国家需求为己任。这种以百姓之心为心、以天下为己任的家国情怀，值得教师发掘使用。

科学精神：分析生态危机的成因，有大量案例是因为没有尊重科学规律、蛮干硬干而造成的。而在当前的生态治理过程中，也出现了不尊重科学、随意行动的失败案例。因此，培养尊重科学、尊重自然的科学精神，是本课程的重要思政任务。此外，本教材使用了大量我国科学家获得的数据、调查结论和案例，这些数据来源广泛，内容详实，有些数据来自于科研工作者数十年如一日的坚持与坚守，这都体现出我国科学家排除外界干扰，深入基层获得一手数据，并在此基础上做出真实的调查结论和参考意见的严谨负责、实事求是的科学精神，值得在课程中弘扬。

公民品格：生态治理和生态转型，并不仅仅是国家政府的事务，也是每个公民都应该担负的职责。培养学生的环保规范意识和环境美德，维护生态，保护环境，自觉抵制破坏生态环境的行为，应当成为一种"从我做起，从身边做起"的公民责任和现代道德要求。本课程有责任和义务对年轻的大学生进行教化，使其成为符合现代发展要求的社会主义事业接班人。

生态文明：本课程重点讲授水生态系统及其应用，因此，生态文明毫无疑问是本课程最大的思政内容。随着课程教学的推进，生态系统的方方面面逐渐展开，同学们对生态学专业理论知识的掌握越来越全面和深刻。然而，教师不能仅仅满足于专业知识的传授，更需要将专业生态知识转化为生态理念和生态世界观。因此，教师应当采用各种教学手段，精心选择教学案例和教学技巧，将生态意识融于情、化以理，从而实现生态理念的入脑入心。

法治意识：生态治理和生态维护往往与短期经济效益相冲突，单纯的道德说教有时并不能遏制人心的贪欲。因此，生态法规的制定和监督执行就显得尤为重要。同时，每个公民也应当具备尊法守法的法治意识，并积极推动社会主义法治建设。唯有如此，我国的生态建设、生态转型才能得到真正落实。因此，课程也应该承担起宣法弘法的思政任务，促进生态文明建设。

文化自信：我国的传统智慧和传统文化中有大量对于生态平衡的理念、论述和实际操作。在建设生态中国的当前，从灿烂的中国传统文化中吸取养分，构建中国特色的生态理念与生态产业，是符合中国实际要求的正确道路。因此，通过回顾我国先人的智慧和具有高度预见性的哲学理论，能树立年轻人的文化自信，继而引发对中国特色社会主义建设的道路自信。

全球视野：生态系统是不分国界民族的全球系统。因此，生态理念天然就带有从全球整体和系统考虑问题的特质。无论是研究全球的物质能量循环，还是开展生态治理的全球合作，都必须具备全球视野和国际意识。教师应当敏锐地觉察到本学科的这一内涵，并在课程讲授中加以强调，从而让生态系统中的全球视野和专业知识一起成为年轻大学生知识构成和世界观中的一部分。

2.2 "水生生物学"的课程思政教学目标

"水生生物学"课程具备较为全面的思政元素和内涵，教师在教学准备和实际教学过程中，应当强化和体现这些依附于专业知识的思政元素，实现以下主要的课程思政教学目标：

◎ 在系统学习水生态系统与水生生物相互关系的基础上，深刻理解生物-环境-社会和谐共处对于人类发展的意义，从而接受生态文明意识，践行环境友好、可持续发展的理念；

◎ 通过对生态系统的结构和功能的辩证分析，接受马克思主义唯物史观，习惯使用辩证唯物主义思维和科学严谨的态度分析和解决问题；

◎ 通过对水生生物学专业知识的学习，培养客观理性的思维特质、严谨求实的工作作风和探索创新的价值取向；

◎ 通过专业学习水生态环境和水生生物的现状和发展趋势，从而了解基本国情，理解基本政策，认同中国政治体制，认同中国特色社会主义发展道路；

◎ 通过学习各国的学科发展动态和全球水生态环境的变迁，建立全球视野，并善于从全球变化的角度思考和看待中国问题；

◎ 在正确而合规地进行水生动物实验和野外实习过程中，学习并理解我国的动植物和环境保护法规，认同社会主义法治理念，支持并践行社会主义法制社会建设。

二、《水生生物学》各章节课程思政教学指南

第一章　水环境

1.1　专业教学目标

水环境是《水生生物学》的开篇章节，也是本课程后续全部理论和知识得以成立的前提和基础。本章内容广博，所涉及的专业知识包括物理学、化学、环境科学、生物学等多个大类学科，对学生的知识储备要求较高。本章着重介绍了水的物理和化学性质、天然水体特征、水环境的物质循环三大部分内容，使得同学们能深刻认识水环境的特性，为后续学习基于水环境的教学内容打下坚实的基础。其具体教学目标包括：

◎ 掌握水的结构与物理、化学特征，以及水的性质与结构的相关性；

◎ 掌握水环境中光和热的基本变化规律，以及与水环境性质特征的关联性；

◎ 了解自然水体的种类及其特征；

◎ 了解水环境中氧、碳、氮和磷的物理、化学性质，及其在水环境中变化与循环的规律与机制。

1.2　重要思政元素分析与相关知识板块

本章作为《水生生物学》的开篇，浓缩了大量各学科的专业知识，专业学习压力较大。但在这丰富的专业知识中，仍然蕴含着较多的思政元素。教师若能认真发掘、细心体会，便可在课堂上自然而有效地开展课程思政教学。此处列举本章的一些主要的思政元素与相关的知识点(但不限于)：

1) 辩证唯物主义方法论

本章开篇的第一段第一句便是“环境是以人类为主体的客观物质体系”，这一句便已点明了本课程全部教学内容的唯物主义特性。此外，本段落其他对于环境特征的描述，包括环境在相对稳定性和不断进行的动态变化间实现的矛盾性与统一性的辩证关系，也体现出本课程的核心方法论具有鲜明的自然辩证法色彩。作为本课程的第一章第一段，其所奠定的本课程世界观和方法论，值得教师重视并突出强调。

2) 积极探索终身学习的学习型人格

水是“生命之源”，其对于生命的重要性毋容置疑。水可以说是人们最为熟悉的物质，然而，如此熟悉而重要的物质，水的诸多基本物理、化学特性至今仍未得到全面的阐释。本章讲授了多种水特性的诠释理论和假说，这种人们生活经验与科学认知间的巨大反差，体现出自然知识的浩瀚，也彰显出人类学习与探索的重要性。因此，本章节蕴含着一种激发人类不断学习、不断探索的启迪性，这种激发学生积极探索、终身学习的课程内涵，需要得到发掘与强调。

3) 新时代的奉献与牺牲精神

水环境与人类适宜生存的空气环境迥然不同，水环境也是一个人类所陌生的生存环境。尽管人类已经对水环境的诸多特殊的物理、化学特性有了较多的了解，但水环境这些变化多

端的物理、化学特性，仍具有相当的不可预测性，从而给在水环境中工作的人们带来了很多障碍甚至生命危险。即便如此，从石油勘探、海军远航到深海探测，仍有大量的国家建设者与保卫者在与水环境打交道，并在与恶劣水环境变化的斗争中涌现出许多感人的英勇事迹，体现出新时代的奉献与牺牲精神。这部分内容完全可以与水环境特性相关的知识点结合，既成为知识点的具体案例，也成为思政元素的载体。

4) 生态意识与可持续发展

水环境中的物质循环体现出明显的物质间相互转换转化的规律，也体现出世间万物的相互联系与依存，这是生态思想的重要特征。因此，通过系统学习水环境中诸多重要元素的循环过程与转化规律，将使得同学们在潜移默化中接受物质间相互转化循环、相互依存的世界观，从而树立生态思想，认可循环经济与可持续发展。

1.3 课程思政的教学策略实例

1) 课程思政教学实例一：马克思主义哲学世界观与方法论

教师可以紧紧抓住教材第一章的第一段话作文章，深挖其中的思政内涵，同时也是从世界观和方法论的角度为本课程定下基调。教师可以将第一句话“环境是以人类为主体的客观物质体系”展现于课件上，引导同学们对这句话进行详尽的文本分析，尤其突出对“人类为主体”和“客观”、“物质”、“体系”等短语、词语的讨论和分析，从而引出“以人为本”、“唯物主义”、“系统论”等马克思主义哲学、中国共产党科学发展观等世界观、人生观和方法论。这种聚焦一句话的深入文本分析，将极大地吸引同学们的注意力，激活其思维活跃度，并在教师引导下触发对更深层次问题的思考，也为本课程的继续学习定下世界观和方法论的基调。

2) 课程思政教学实例二：水环境特征与新时代的奉献与牺牲精神

在讲解水环境的特征时，本课程相关案例较少。教师应该精心增加相关案例以促进同学们对这些水环境特征的了解，同时开展课程思政的教学。比如，在讲授水温与深度关系时，变温层或温跃层是一个重要的专业概念。事实上，在各国海军的潜艇作战中，往往利用海水变温层与其他水层温度、密度差异较大的特性，将潜艇藏身于温跃层中以躲避敌方声呐探测。但洋流变化导致的变温层变化同样也给潜艇带来巨大风险，在一些下层水密度低而上层水密度高的异常海区，潜艇往往会因为水温、水密度的突变，遭遇“断崖”式下坠而艇毁人亡。我国海军 372 号潜艇在 2014 年便遭遇变温层的突变进入“断崖”式下坠，在全体指战员的顽强意志与精湛技术的配合下，成功自救，创造了世界海军史上的奇迹。这一案例，既是专业知识点的支撑，有助于同学们理解水环境温度和密度变化产生的实际效应，也将使得同学们从中感受到人民军队不畏艰险、保卫海疆的奉献与牺牲精神。教师如能将其恰当使用，必能获得巩固专业知识和思想感化的双重效应。

第二章 种群生态

2.1 专业教学目标

种群生态的概念与发展是本章的主要教学内容，也是理解水环境生态系统的重要基础知识。本章由种群基本特征、种群结构、种群统计、种群的增长与调节各小节组成，使得同学能对种群生态的基本概念、学理发展有准确的认识，并通过具体的生态案例认识并理解自然生境和人工生境中的种群生态变动规律。具体的主要教学目标包括：

◎ 掌握并理解种群定义与种群的主要特征；

◎ 掌握并理解种群结构中的种群密度、分布型，以及种群年龄分布和性比对种群结构的影响；

◎ 掌握种群统计的基本方法，能够使用恰当的数学工具和模型测定种群密度、出生率、死亡率、内禀增长率和种群的动态变化规律；

◎ 深刻理解 r 选择和 K 选择两种种群动态变化规律，并熟悉其在典型生态案例中的表现形式；

◎ 掌握种群调节的概念，熟悉并掌握影响种群结构的主要因素；

◎ 了解不同种群调节理论学派的主要观点，辨析不同种群调节理论的合理性与差异性。

2.2 重要思政元素分析与相关知识板块

本章教学内容专业性较强，也有大量数学模型与专业术语。但是种群生态的理论与实践中有大量与国家政策、社会管理、产业发展的关联之处，值得仔细体会和发掘，让同学们在专业学习的同时也能了解国情国策。此外，种群生态理论学说众多，也是熏陶学术民主和科学精神的好机会。几个相关的课程思政要点如下：

1）种群生态与国家政策

本章所讲授的种群生态，尤其涉及种群密度、种群增长与各类制约因素之间的相互关系，同样适合用以分析人类这一种群。事实上，种群生态理论也是各国在制定人口和社会管理政策中所必须要考虑的内容。如果国家政策违背了种群生态的自然规律，往往会造成巨大的灾难。我国作为世界人口第一但自然资源分布极不均匀的大国，对人口总体数量、性比、年龄比、区域密度分布等必须开展相应的管理与调控。我国在人口管理上出台过或严格或宽松、或限制或鼓励的种种政策，其目标都是为了维持我国相对合理的人口数量和密度，达到与自然资源配置的相对平衡，这其实便是一个种群生态的维护问题。尽管我国的人口政策遭受过来自外界的攻击和源自内部的质疑，但若以种群生态的专业视角分析，我国在人口管理上的基本国策是符合自然规律，也能造福绝大多数国民的。因此，如果教师善于利用种群生态概念解释我国的基本国策，就能使得同学们更好地了解国情，认同国家的管理方针与政策。

2）学术争鸣与科学精神

本章在讲述种群调节内容时，重点阐述了生物学派、气候学派、调和学派和自我调节学派之间的学术争论。科学的发展史上，合理的学术争论往往能推动相关研究领域的发展和突破。合理的学术争论不是意气之争，也不是人身攻击，而是凭借各学派科学家所掌握的证据提出各种科学假说，并依托学术期刊、学术会议进行公开交流与互相检验，最终以日益积累的事实证据和实践成果对各派学说进行评判，或确认、或扬弃、或整合，并在学界形成基本共识，形成人类对自然现象的一致认识。这一过程，体现出鲜明的科学理性精神，也正是我国当前在民族复兴过程中特别需要的公民素养。教师应当在讲授这部分专业知识中，突出强调其中的科学精神。

3）人类命运共同体与终极关怀

人类作为一个自然物种，其发展同样受到自然环境的制约。在当前以及今后很长的一段时期内，种群调节理论同样适用于指导人类的生产生活。人类作为生态类型中的“K 对策者”，种群一旦受到过度死亡或激烈动乱，其返回平衡状态是非常困难的。在历史长河中，战乱和病害往往造成人口的剧烈减少，甚至灭国灭族。若中华民族甚至人类想要延续并发展，中华民族的子民乃至全人类都需要有对未来的终极关怀之心。宋代理学家张载有言“为天地立心，为生民立命，为往圣继绝学，为万世开太平”，习近平总书记也提出“人类命运共同体”的论述，这种尊重爱护自然、体恤每个人类个体的生命、继承前人知识成就、为人类命运着想而努力实现长久的和平繁荣的终极关怀，应当成为年轻人心中的基本价值观。

2.3 课程思政的教学策略实例

1) 课程思政教学实例一：种群理论与基本国策

教师在讲授种群结构与种群调节的理论知识时，除了使用水生生物作为案例进行理论教学之外，也可将人口研究的相关数据与水生生物的种群变化数据匹配使用，指出中国对水生生物的调控与对人口的调控其实遵循着同样的自然规律和科学理论，由此为中国的基本国策奠定专业理论基础。在讲授完相关理论后，教师可以使用 1—2 张课件 PPT，展示世界各国的人口管理政策，也展现外界以“人权”为名对中国人口政策或出自无知或出自有意的攻击和诋毁，然后可以旗帜鲜明地指出，人口问题是一个“不可承受之重”的根本问题，对本国人口进行合理的管理、为国民谋得生存权和发展权，是任何一个负责政府的应尽职责。这将使得同学们在学习种群理论的同时，将专业知识与基本国情相联系，达到知国情、明国策的思政教学目的。

2) 课程思政教学实例二：学术争论与科学精神

教师应当利用种群生态领域中不同学派的学术争论，作为阐明并弘扬科学精神的绝佳案例进行思政教学。教师在讲授这一部分内容时，应当突出学术争论中的科学性，强调不同假说的证据支持，以及不同学派在互相借鉴中不断丰富科学理论的学术进步，以及“君子和而不同”的民主理性色彩。教师可以通过自我归纳不同学派的论战要点、证据与论战中科学理论的发展历程，在课堂上讲授；也可以通过布置课后作业，请同学们对上述内容进行总结归纳。这种呈现方式，将潜移默化地影响同学们的思维方式，将科学理性、平和求实的精神贯彻于今后的生活与工作中。

3) 课程思政教学实例三：人类发展与终极关怀

当今世界仍然战火纷飞，存在着大量阻碍人类和平发展的政治军事和自然环境因素。教师在讲述种群的生态策略中的“K 对策者”及其相对脆弱的生态适应性时，应该明确说明人类就是典型的 K 对策者，一国一族乃至人类的数量一旦遭受重大损失，将很难恢复。由此，教师可以简要说明人类当前正面临着对种群的严重威胁，从而引出南宋张载提出的“为天地立心，为生民立命，为往圣继绝学，为万世开太平”，以及习总书记的“人类命运共同体”论述，从而将古今贤人对人类命运的关怀融为一体，且与专业理论知识和当代国际形势相联系，并最终指向当代年轻人所应具有的价值观。

第三章　群落生态

3.1 专业教学目标

群落生态是上一章种群生态基础上更高一阶的生态层次。其主要讲授群落的基本概念、群落中的种间关系与物种组合，群落的时空分布与典型的水生生物群落类型。其目的在于让同学们将视角从同一种群提升至多个物种的相互关系，并了解体现这种相互关系的一些代表性类型和相关的典型群落种类。本章同样是生态学学习中最基础的知识内容。具体的专业教学目标包括：

◎ 掌握生物群落的概念、命名规律与研究意义；

◎ 理解并掌握生物群落中的典型种间关系，并据此分析实际群落中的种间关系；

◎ 掌握生态位与生态位分化的概念与典型案例；

◎ 理解并掌握群落物种多样性及其表述方法，以及影响物种多样性的基本因素；

◎ 理解并掌握群落内生物组合的结构类型及其区分依据；

◎ 理解并掌握群落的常见空间布局类型和随时间动态变化的基本格局；

◎ 熟悉并掌握淡水生物群落的主要类型及其主要的群落内生物种类。

3.2 重要思政元素分析与相关知识板块

本章内容主要讲述群落生态的基本理论，语言精炼，知识点丰富。因此，在实际教学中需要对精炼的知识点进行拓展讲解与实际案例分析，这就为思政元素的植入提供了空间。本章内容涉及自然辩证原理、中国历史与现状、科学家的担当与责任，等等，均值得教师加以发掘使用。一些可供参考的课程思政元素分析列举如下：

1）辉煌的中国古代成就

生物群落的相对稳定是一个可持续系统的典型表现，而在实际生产生活中，对群落原理的认识和合理操纵也往往代表着可持续发展的生产生活方式。我国祖先所发展出来的“四大家鱼混养模式”，完美地实现了对池塘生物群落的操纵，由此获得长期稳定的渔业产出，受到了世界的广泛赞誉。这体现出我国古代人民的高超智慧和实践经验，值得教师作为案例进行具体理论的讲述和分析，并由此激发同学们对中国文明的赞叹和认同。

2）对立与统一的马克思主义哲学原理

在群落中，存在着多种种间关系，有的互惠互利，有的你死我活。然而，以生态系统的视角看待这些貌似对立的关系，会发现其实都统一在生态系统的平衡上。各种种间关系的实质，都是在维持或促进群落内各物种的生存与发展。这种对立与统一，也正是马克思主义哲学中关于矛盾的对立统一规律的具体体现。教师若能使用马克思主义哲学为指导原则讲述群落的种间关系，将有利于同学们接受马克思主义世界观和方法论。

3）中国科学家的社会责任

本章节中列举了大量实验数据以支撑相关理论和知识点。值得注意的是，大部分数据均出自中国科学家对于中国河流湖泊的研究。本章节开篇讲述群落生态的研究简史时也提到，相较于国外的同类研究，中国开展淡水群落研究较晚。但在国家发展需求面前，我国科学家勇于担当，对中国的主要河流湖泊开展了大量研究，获得了大量科学数据，为我国的环境治理、生态修复和相应的基础建设提供了宝贵的客观数据。教师应当意识到，这些教科书上的实验数据，所代表的是中国科学家的社会责任和专业担当，值得在教学过程中加以挖掘并强化，以使得同学们能通过数据感受到我国科学家的精神与担当。

4）人类活动与群落演替

群落演替是群落生态中的重要知识内容。在自然界中，群落演替的发生往往较为缓慢。但是，人类的生产生活往往在短时期内对群落演替造成很大的干扰。在教材中，并未提到人类对自然群落演替的影响，但从知识点的巩固和应用而言，教师可以通过人类填湖造田、面源排放、外源物种引入等案例，展现人类影响下群落演替的快速性乃至不可恢复性。这些案例既可以配合教材知识，促使同学们理解自然状态下的群落稳定性，又能加深同学们对人类和自然关系的理解，从而加强自身的社会责任感和生态文明意识。

3.3 课程思政的教学策略实例

1) 课程思政教学实例一：中国古代文明

在讲述群落的相关概念时，教师完全可以把中国古代建立的四大家鱼混养体系作为整个章节相关概念的支持案例，即将这一混养体系作为一个立体复合案例，将各个概念配置于这一复合体系的不同角度或层面。这种教学设计，将随着教师对各个概念的讲述，逐步展现古人所建立的这个养殖体系的种种考量和实际优点，既清晰了概念，也让同学们理解甚至惊叹中国古人在这一案例中所体现出来的高超智慧。这种教学，将使得同学们充分认识到我国古代的伟大文明，从而对国家产生高度的认同感。

2) 课程思政教学实例二：对立与统一的马克思主义哲学原理

在讲述群落中的种间关系时，教师不能只单纯讲述几个重要类型，而应该把几个重要类型放在一个更宏大的生态视野下进行讲述。尤其重在用对立统一的哲学观，引导同学们思考这些种间关系。教师可以将马列主义和毛泽东思想关于矛盾的对立统一论述以要点形式展现出来，然后将不同的种间关系整合于这些要点之中，以此让同学们理解马克思主义哲学原理的普适性和对世间万物的指导性，从而有助于让同学们接受马克思主义哲学，并将其作为理解和认识世界的基本世界观和方法论。

3) 课程思政教学实例三：中国科学家的社会责任

教师在讲述本章的相关理论和概念时，要注意到教材所引用的大量数据。教师应当针对这些数据做进一步的教学准备，寻找相关的文献出处、作者和作者单位，以及相关文献的研究背景。在教学过程中，这些文献的研究背景与相关的国家需求，也应当成为教师在讲述或引用教材数据时的重要教学内容。教师对于中国科学家这些调查研究工作的内容与意义的讲述，将有利于同学们产生对中国科学家的崇敬之情，从而培养同学们的专业担当精神。教师也可以以课后作业的形式，要求同学们在课后自行查阅资料文献，追寻教材中相关数据的来历与相关的科学故事，也可以达到类似的效果。

第四章　生态系统

4.1 专业教学目标

本课程在讲授完种群生态、群落生态后，本章便上升至生态系统这个最高级的生态概念。作为完整的生态系统章节，本章从生态系统的概念演化、结构功能、物质与能量流动，以及生态系统的动态平衡各方面详细介绍了生态系统，使得同学们对生态系统有完整而系统的认识与理解。本章的主要专业教学目标包括：

◎ 熟练掌握生态系统的概念、结构与功能；

◎ 了解水生态系统与陆地生态系统的基本特征与异同；

◎ 熟悉生态系统中有机物质生产和分解的基本过程与特征，并掌握几类重要营养物的循环过程与关键环节；

◎ 理解并掌握生态系统中的能量流动规律、食物链(网)、营养结构、生态金字塔等关键概念与相关的典型案例;

◎ 理解并掌握生态系统的发育、演化和生态平衡的概念与关键过程;

◎ 能够应用生态系统的相关概念和理论分析实际生态问题。

4.2 重要思政元素分析与相关知识板块

毫无疑问,作为讲授生态系统的专门章节,生态意识和生态文明是本章最为重要的思政要素。由于本章的教学内容偏重于专业性,因此,教师若要开展课程思政教学,就应当在本章的讲授中,注意将理论知识与实际生产发展和社会生活的方方面面相结合,这样才能将理论知识渗透于同学们熟悉的现实世界,从而让生态意识入脑入心,转化为年轻人的价值观。具体而言,本章可以设定以下一些重要的课程思政要点:

1) 生态危机与政治认同

人类社会在工业革命后的飞速发展造成了巨大的生态压力甚至生态危机。教材中有多处用不多的笔墨提到了诸多严重的生态危机,比如全球变暖、海平面上升、水土流失、沙漠化加剧、物种灭绝,等等。教师应当结合对应的知识点对这些内容做适当拓展和扩充,以让同学们对当前人类活动造成的生态危机有感性的认识,从而建立对当前世界所面临问题的客观认知。在此基础上,教师可引导同学们思考党中央、习近平总书记提出的生态发展观、绿色 GDP 等发展战略的合理性与正确性,从而建立政治认同。

2) 生态经营与科学理性

教材在章节末尾指出:“生态系统发育的战略是力图维持复杂的生物量结构,而人类经营生态系统的目标则是力图获得最高的产量,这两者是经常发生冲突的。因此,在开发利用土地和生物资源时,必须注重生态演替的规律,采取综合的可持续发展的对策,处理好人与自然之间的相互关系。”此处所指出的便是人类利用自然资源寻求自身发展与自然演化规律本身之间的矛盾,而要处理好这个矛盾,就必然首先需要科学认识生态系统,深刻理解生态演替的规律,以科学理性的态度审视人类生产生活的合理性,并作出相应取舍。教师在此应当选取科学规律与人类生产之间的正面与负面案例,以呼应教材的相关内容,并引导同学们理性思考长期生态效益与短期效益的区别。

3) 生态文明与全球视野

生态文明的生态特性,决定了其本质上必然是一种全球性的人类共识,这是由生态系统的物质能量流动特性决定的。任何一个生态系统,都不可以独立于全球环境的物质能量流动循环而存在。也正因为如此,本章节教学内容中的案例和证据往往来自世界各地,显示出全球一体的能量物质循环和流动。教师需要意识并体会到这点,在课程讲授过程中,引导同学们从理解生态系统概念和内核到了解全球生态危机,继而接受生态文明发展之路,并在思考生态文明中具备全球视野和世界一体化的大局观。

4.3 课程思政的教学策略实例

1) 课程思政教学实例一:生态危机与政治认同

此处,教师可以采用“以抑促扬”的教学方法,通过在课堂上跟随知识点展现大量生态危机的触目惊心的照片和有冲击力的新闻,影响同学们的心理情绪。在这种抵触生态危机的课堂情绪下,教师可以顺势推导出建立生态文明意识、保护生态平衡的重要性,并明确指出我国政府当前已经意识到维护生态、开展生态建设的重要性，并出台了一系列严格的生态保护和修复的法规。然而，在很多不富强的国家，国家和政府无力控制生态的恶化，从而损害了这些国家和民族的长远发展。这种从讲道理开始，辅以不同代表性国家的对比，能自然而然地引导同学了解国情，产生对国家和党的方针政策的高度认同感。

2) 课程思政教学实例二：生态经营与科学理性

这里，教师可以在多媒体 PPT 上展示"生态系统发育的战略是力图维持复杂的生物量结构，而人类经营生态系统的目标则是力图获得最高的产量，这两者是经常发生冲突的"，并请同学针对教材的这一句话做详细分析，以理解人类愿望与自然法则之间的矛盾。然后，教师可以配上符合科学规律改造生态系统的积极案例（比如华东师大的丽娃河生态修复改造），以及违背自然规律强干蛮干的具体案例（多个天然水产物种因为滥捕滥杀而灭绝等），从而强调科学认知、理性思维在人们处理生态相关事务中的重要性。

3) 课程思政教学实例三：生态文明与全球视野

生态文明天然自带全球性。因此，教师在授课过程中，要突出生态系统能量与物质流动循环的全球性。为此，教师应当事先做好教学准备，利用全球大气变化图、全球洋流变化图等全球性的自然规律的示意教具，结合生态系统的物质能量循环知识点，告诉同学们维护生态系统的平衡是全人类的事务，没有一个国家和地区可以独善其身。因此，如果教师能将本章节都配置在一个全球循环、全球流动的大氛围下开展教学，将潜移默化地使得同学们习惯从全球视角分析本国和本地区发生的变化，从而形成开阔思维与全球视野。

第五章 水体生物生产力

5.1 专业教学目标

水体生物生产力这一学科分支直接面向人类经济主战场，是本课程前述生态理论知识的更具体应用。本章主要阐述水体生物生产力的研究目的和意义，相关概念理论与应用方法，从而让同学们理解并掌握经济水生生物生产中的生态学理论和基本应用方法。本章的主要专业教学目标可分解为：

◎ 了解水体生物生产力的研究目的和意义及学科发展简史；

◎ 理解并掌握水体生物生产力的基本概念和构成；

◎ 理解并掌握初级和次级生产力的概念、动态变化规律与测定方法；

◎ 在掌握以上概念理论基础上，能够合理估算水体渔产潜力和相关水体类型。

5.2 重要思政元素分析与相关知识板块

与前述几个章节侧重于纯生态理论内容不同，水体生物生产力这一章节是从人类的视角阐述人类利用水生态系统获取资源的生态理论基础。因此，这一章节的内涵与人类生产生活息息相关，这一点也决定了本章的课程思政主基调必然是以服务民生、以人为本为主。此外，本章也出现了一些能够体现国家发展趋势和民族自豪感的案例，如南极科考等，值得教师发掘使用。一些主要的思政要素列举如下：

1）科学研究与以人为本

水体生物生产力这一学科分支直接为人类生产生活服务，天然含有“以人为本”这一重要的思政要素。造福人类、服务社会是科学工作者的职责和使命，因此，科学研究也应当从基层中来、到基层中去。在2016年全国科技创新大会上，习近平总书记强调广大科技工作者“要把论文写在祖国的大地上，把科技成果应用在实现现代化的伟大事业中”，这是人民的需要和呼唤，是科技进步和创新的时代声音。教师应当敏锐地抓住本章节“以人为本”这一主导思想，通过强化讲授本章节理论知识和案例中“以人为本”的部分，并设置典型楷模为案例等手段，将科学研究中的“以人为本”渗透于整个课堂之中。

2）学科发展与专业担当

我国人口众多但可耕作放牧的优质陆地资源相对较少，因此，向水体要资源，提高水体中可食用蛋白质供应量对我国具有重大意义。由此，水体生物生产力作为服务经济水生生物扩大再生产的基础学科，对我国人民具有重要意义。然而，教材也提到，我国在这一领域起步较晚，尽管已有相当一部分专家学者在这一领域取得了长足的进步，但由于我国幅员辽阔、水体复杂，相关理论与资料积累尚不能完全满足中国社会经济发展的需求。教师应当将这种社会需求的重要性与学科发展的相对滞后性的矛盾予以强调，从而加强生物相关专业同学肩上的专业担当，加强同学们的学习积极性，为他们今后投身相关学科、推动学科发展埋下种子。

3）生物生产与可持续发展

提高水体经济水生生物的生物量，增加人类的食物和其他经济资源供应量，是社会发展的需求。然而，无数的历史和现实教训告诉我们，忽视自然规律，向大自然过度索取，最终将造成惨痛的后果。因此，对自然资源的利用，必须要存有“可持续发展”的理念和相应的操作流程。本章节从水生态系统的角度，系统论述了一个健康的、可持续发展的水体生产系统所应该具备的各要素，这是水体经济生物生产的理论支撑。教师应当充分挖掘本章节对“可持续发展”这一当代国家发展方向的理论支撑意义，并将此意义在课堂上加以强化。

4）科学发展与中国崛起

通过生态调查了解全国乃至全球的生态系统，是生态研究的基础。本章节有我国科学家于20世纪后期在南北极等全球代表性地区进行科学考察，获得宝贵调查数据的内容。教师应当提醒同学，没有一个强盛的国家，是无法支撑这类全球性的科学考察的。我国从艰苦条件下建立第一个南极考察站长城站，到后续的中山站、昆仑站、泰山站，本身就是一个国力逐渐增强，从而推动科学发展、加强国际话语权的过程。教师可以通过在相应知识点纳入此类典型案例，加强同学们对当代中国发展道路的认可。

5.3　课程思政的教学策略实例

1）课程思政教学实例一：科学研究与以人为本

本章中的“以人为本”，可以以“点面结合”的方式进行教学。从面上教学而言，教师应当紧紧抓住本章节“以人为本”这一主导思想，在全章节讲授中都时时点题，让“以人为本”渗透于每一个小节每一个知识点。同时，教师还应当选择熟悉的典型人物，比如所在高校的教师楷模、科研骨干，以他们在水体生产力评估、渔业资源调查等实践工作中的事迹作为教学案例，深挖其内在精神与情怀，以感染同学。最后，教师可以将习总书记在2016年全国科技创新大会上的重要讲话“把论文写在祖国的大地上”作为总结，达到思政教学目的。

2) 课程思政教学实例二：学科发展与专业担当

这一部分，教师务必要通过教学设计突出人类对水体可利用生物的需求迫切性，才能突出专业学科的重要性；然后再通过突出学科专业发展与实际生产的差距，突出专业发展与建设的急迫性。在实际教学中，教师可以以“餐桌上可以合法食用的野生动物还有多少”为题，引导同学们理解陆生食用动物已经几乎全部来自养殖，而随着渔业捕捞资源的日益匮乏，人类对水产品的需求也必然会大部分转移至水产养殖，这就引出水体生物生产力的专业重要性。然后，教师可以在其他知识点的教学中，用当前实际水产养殖面临的瓶颈问题（比如水质恶化与环境污染问题）阐明科技水平尚跟不上实际的需求，从而点出“推动学科发展，解决人民实际问题需要依靠谁”，强化专业科技人员和未来科技工作者的专业担当和社会责任感。

3) 课程思政教学实例三：生物生产与可持续发展

这一部分，教师的主要任务在于引导同学们理解并认识本章的理论知识，即“可持续发展”是水体生物生产中的理论基础。教师可以通过设置若干实际渔业生产和水产养殖中的失败案例，请同学根据本章理论知识进行失败原因分析。这一教学设计，可以通过课堂提问、课堂讨论进行，也可通过课后作业甚至课程考核环节进行。这样的教学过程，既有利于理解专业理论知识，获知其应用过程，更有助于同学们建立基于科学理论的可持续发展理念。

4) 课程思政教学实例四：科学发展与中国崛起

在本章中，教师可以发掘出很多我国科学家在全球各地开展科学考察获得宝贵数据的案例。比较典型的是本章用南极科考的成果，介绍了藻类在严酷生态环境下的适应力和生产量。这是一个非常好的彰显国家复兴、树立民族自豪感的思政教学契机。我国从建设第一个南极科考站长城站开始，陆续建设中山站、昆仑站和泰山站，从南极边缘一步一步接近南极核心区。这一过程的背后，是我国科技和物质保障能力的极大提升，是我国国际话语权的极大提升，这便是我国国力持续增强、国际地位明显提高的最好体现。教师可以用一系列图片和视频，通过不同时期、不同国家的科考站建站方位、外观内饰、科考装备的纵横比较，体现国家发展的过程，从而树立同学们的民族自豪感和对国家发展道路的自信。

第六章　水细菌生态

6.1　专业教学目标

从本章开始，本课程进入到各个水生生物类群的具体板块。本章讲授的是水体中的细菌类群及其生态学意义与功能，以让同学们充分了解这一曾经被人忽视的水体生物类群，从而对水生态系统有完整的认识与理解。相关的专业教学目标包括：

◎ 了解并掌握重要水体细菌的形态特征和分类地位；

◎ 了解细菌在水体中的分布规律与动态变化；

◎ 理解并掌握水体细菌在碎屑食物链中的作用与具体分解、生产过程；

◎ 理解并掌握水体细菌的新陈代谢特征及其在物质和能量循环中的作用；

◎ 理解并掌握水体细菌与其他水生生物之间的关系，以及这种关系对水生态系统的意义。

6.2 重要思政元素分析与相关知识板块

水体的细菌生态是水生态系统的重要组成部分，它既是水体污染/富营养化的标志，也是水体治理、生态经营的重要技术途径。因此，本章节蕴含着环境保护、生态文明、可持续发展等思政元素。同时，这也是一个充满大量知识空白的领域，教师若能加以适当利用，可以让同学们意识到自身的专业担当，激发同学们的专业兴趣。一些有代表性的思政元素举例如下：

1) 生态危机与发展道路

水细菌是衡量水体生态系统是否健康、是否富营养化的重要指标。然而，如教材所提到的，我国近年来面临着严峻的水体富营养化危机。教材中提到在1980—1981年，武汉东湖细菌的数量和生物量已超出国际富营养水平的5—6倍。在《2004年中国环境状况公告》中，在评价的27个重点湖泊中，Ⅳ类、Ⅴ类或劣Ⅴ类水质湖库20个，占74%。中国水体污染已到了非治理不可的地步。这是我国近年来大力提倡生态理念、推行可持续发展和绿色GDP、掀起阵阵环保问责的国情基础。因此，教师应该由此凸显我国目前生态发展道路的急迫性和正确性，消除同学们由社会上“要环保还是要发展”争议而产生的困惑。

2) 学科空白与专业担当

细菌在水生态系统中具有不可替代的巨大作用，它们几乎和水生态系统中的各个组分和构成都有着密不可分的关系。然而，可以从教材中看到，“至今还不甚了解”、“有待今后研究”等用语比比皆是。这一方面体现出科学研究的严谨性，但也反映出这一领域存在的大量知识空白。由此，教师应当提醒同学们：人们对如此重要的水生态系统的结构成分的了解仍非常有限，因此需要更多的年轻科研工作者投身其中，以专业所学担当起相应的社会责任。

3) 科学规律与生态经营

近年来，我国科学家在治理水体富营养化和开展绿色水产养殖中研发出不少利用细菌净化水质、改变物质能量流动的实用技术。比如在污染水体中投放光合细菌等复合菌群以改善水质，在水产养殖中采用“生物絮团”技术将水中的氨氮转变为菌体蛋白等。这些措施都是在了解相关细菌的习性特征与其在水生态系统中的地位功能后，利用生态理论和自然规律，对生态系统进行有效治理和“可持续经营”的案例。这些案例既可以用以对具体知识点进行补充说明，又可以作为课程思政的素材，强调只有尊重科学、尊重自然规律才能实现真正的可持续发展生产生活方式。

6.3 课程思政的教学策略实例

1) 课程思政教学实例一：生态危机与发展道路

教师在讲述细菌在水生态系统中的意义时，可以通过查阅近年来的文献，用图表的形式，总结比较出国内外几大水体的细胞数和生物量，并配以具有冲击力的图片，让同学们深刻理解我国的生态危机现状。然后，教师应当利用同学们的沉重情绪，指出我国近年来的生态优先发展战略，以及对水体环保的严厉监管，从而引导同学们认同我国当前的发展道路，并理解在发展道路转型过程中所需要付出的暂时代价。

2) 课程思政教学实例二：学科空白与专业担当

在上完本课后，教师可以布置课后作业，让同学们总结本章节教材中提出了多少未解决的科学问题，以及解决这些科学问题对于实际生产的重要性。通过这样的作业，同学们能得以了解本学科的发展现状和空白所在，从而增强自身的专业担当与社会责任。

3) 课程思政教学实例三：科学规律与生态经营

作为本章节较为精炼的专业知识的补充，教师应当在教学中将我国水生态学者利用细菌改善水质、提高生产效率的措施作为具体案例。以生物絮团为例，这是当前水产养殖业中的新颖技术：通过向养殖水体大量投饵补充有机碳物质，保持一定的碳氮比，以定向调控养殖系统的微生物群落，并且利用微生物转换水中氨氮成为菌体蛋白，从而显著提高饲料利用。教师可以通过课堂讨论、课后作业乃至课程考试，请同学讨论分析生物絮团技术的生态学原理与优缺点。而在针对这类案例的讨论或者作业评讲中，教师除了进行专业分析外，也要明确提出：只有尊重科学和自然规律，人类才能正确治理水体并开展可持续发展的经济生态生产。

第七章　浮游植物

7.1　专业教学目标

本章教授的是浮游植物生态学，其目的是使同学们了解水生态系统中浮游植物的地位与功能。作为水生态系统中重要的初级生产力组成，本章将使同学们对水生态系统中的浮游植物具有较为全面的认识。主要的专业教学目标包括：

◎ 掌握并熟悉浮游植物的基本形态、结构与生殖方式；

◎ 掌握主要的水体浮游植物类群名称与基本的生物学特征；

◎ 理解并掌握浮游植物对悬浮生活的适应机制；

◎ 理解并掌握浮游植物的时空分布与季节演替规律及其影响因子；

◎ 理解浮游植物群落的生长与生存策略；

◎ 利用浮游植物相关知识，分析不同类型湖泊水华的形成机制与主要藻类组成。

7.2　重要思政元素分析与相关知识板块

浮游植物是水生态系统中的重要组成部分。在本章节的教学内容中，体现出浮游植物作为非主动运动的生物对复杂多变水环境的强大适应性，也体现出其既是生态系统的维护因素、也是生态失衡时造成巨大经济损失的肇事者的双重特性。这些教学内容中，蕴含着适应与生存的思考，也凸显着生态意识与理念，值得教师进行发掘与运用。

1) 适者生存的时代思考

如本章所介绍的那样，浮游植物(藻类)为了能在不断变化的水体的真光层悬浮生活，在长期的进化适应中，发展出了各种有利于漂浮和阻碍沉降的机体结构和代谢习性，体现出对动态变化的水环境的强大适应性。这种适者生存的自然法则，也适用于国家、民族、社群乃至个人的发展。当前的国际局势、时代发展，其波动和变化之大，对全世界各国各民族及个人都提出了严峻的“生存挑战”，教师在进行专业教学的同时，也应当借自然现象提醒同学们做好准备，适应这个变化的时代。

2) 韧久坚守的科学精神

本章的一大特点在于采用了大量我国学者经过长期观测所获得的科研数据和科学结

论，比较典型的是中科院水生生物研究所东湖实验站对武汉东湖浮游植物群落的季节变化进行了数十年的观测记录。这一典型案例背后体现的是我国水生生物学者数十年如一日的坚守，传递出一种坚韧持久的科学精神。教师应当在专业教学中强化这些相关案例背后的科学精神，让同学们对我国的科研工作者肃然起敬，从而在他们心中树立起严谨、务实的科学观。

3) 湖泊治理与生态意识

近年来，我国诸多湖泊水体频繁出现严重的"赤潮"、"绿潮"等水华现象，造成巨大的经济损失和社会负面影响。本章所介绍的浮游植物便正是水华现象的主要"肇事者"。由于水华现象的产生与湖泊富营养化直接相关，因此，在讲述浮游植物的生态现象时，教师也应当将造成湖泊富营养化的环境污染因素纳入教学内容，并由此表明：若人类破坏了生态平衡，小小的浮游植物也能给人类造成巨大的损失。因此，要治理湖泊，必然要以生态意识为主导，按照科学规律，细致考虑人类活动对水生态系统各结构组分的影响。

7.3 课程思政的教学策略实例

1) 课程思政教学实例一：适者生存与时代特征

教师在讲述浮游植物各种适应复杂水环境的机体结构和化学组成时，应当以简要而明确的教学语言提醒同学们，当前的时代也有着和变化多端的水环境一样的变化特征，同学们应该努力在这个时代向上走，奔向光明的"真光层"，而不要在时代的变化中"沉沦"。因此，同学们就需要不断学习，适应时代。这种简短的比喻手法，能让同学们从藻类中看到一种努力向上的品格，从而在专业学习中树立积极的人生观。

2) 课程思政教学实例二：韧久坚守的科学精神

教师在使用本章节大量的本国数据时，应当强调这些数据的来之不易。数十年的长期监测，是科研工作者的坚守，而这份坚守的背后，是奉献、是科学精神、是职业道德、是社会责任。教师可以用"人生能有几个三十年"的感慨，表达对科研人员的敬意，而教师发自内心的敬意，一样能感染到学生，从而在他们心里树立对科学家的敬重。

3) 课程思政教学实例三：湖泊治理与生态意识

近年来我国多地大量出现湖泊藻类水华的暴发事件，造成严重的经济和社会负面影响。这些新闻、图片和视频正是本章节学习的绝佳素材。教师应当在教学过程中使用这些真实的新闻图片与报道，也可以请有切身体会的同学谈谈对水华暴发的亲身感受。这些具有真实感的现场，能大大促进同学们对于藻类生物学的学习兴趣。同时，借助这种学习兴趣，教师便能自然而然地引导同学们思考湖泊富营养化的成因与解决策略，并在思考讨论中强调生态系统各结构的平衡性，从而开展具有整体思维特点的生态意识培养。

第八章　浮游动物

8.1 专业教学目标

本章选择了浮游动物中最具有经济意义的四个种类进行分别讲授，让同学们在了解前一章节浮游植物后，继续学习浮游动物，从而对水生态系统中的"微小生物"（细菌、浮游植物、浮游动物）建立全面的认识。具体的专业教学目标包括：

◎ 掌浮游动物的概念与主要组成类群；

◎ 掌握原生动物、轮虫、枝角类、桡足类四大类群的形态特征与分类地位；

◎ 掌握上述四大浮游动物类群的食性、生长发育与水体/水域分布特征，并熟悉各自在生态系统中的主要作用与异同。

8.2 重要思政元素分析与相关知识板块

本章主要讲授浮游动物，由于浮游动物对周围环境非常敏感，但同时又已经成为水产养殖的主要饵料生物之一。因此，浮游动物这一章节里，蕴含着浮游动物对人类环境干扰的敏感性和对水产养殖的重要性这两个可供利用的思政元素，可以开展生态意识和可持续发展道路自信方面的课程思政教学。举例如下：

1) 浮游动物与生态养殖

在水产养殖中，"肥水"作为基本的水质管理方法已被沿用多年。肥水的实质便是通过提高水体内的藻类数量以提高浮游动物数量，从而为水产动物幼体提供天然而营养全面的饵料。这种民间的传统智慧体现出我国民众自古以来的传统生态意识。事实上，作为饵料的商品化浮游动物成体或卵（比如卤虫卵）也已在水生动物养殖和繁育中广泛使用。因此，浮游动物在生态养殖中起到至关重要的作用。教师应当紧紧抓住浮游动物在自然生态系统和人工养殖系统中的重要性，并分析其本质在于：一个完整的生态系统结构无论在自然界还是在人工水体环境下都非常重要，并由此将浮游动物利用背后的生态意识植入同学们的心中。

2) 现代生活影响浮游动物

当前，人类的活动已经对浮游动物造成了很大的干扰。比如，大量人类生产生活排放的污染物已经对浮游动物的性比、生殖过程与发育产生了明显的干扰。强烈的人造光也在近期被证明会影响水体中浮游动物的昼夜垂直移动，从而干扰它们的正常生理周期。这些案例都可引导出人类对自我的反思，以及改变生产生存方式，走生态文明之路的意义探讨。教师应该善于利用这些案例，开展课程思政教学。比如，利用这些案例警醒同学们，整个生态系统结构都在遭受着人类的影响，从而引导同学们形成生态意识。

8.3 课程思政的教学策略实例

1) 课程思政教学实例一：浮游动物与生态养殖

教师可以在事先不告知同学们的情况下，在课堂上择机抛出一个问题："在水产养殖中，尤其在放幼苗之前或同时，养殖户往往会往水体内投放鸡粪、猪粪等，请问其目的是什么？"并在同学们的分析回答中引出"肥水"的实际操作过程，及其培育浮游动物（饵料生物）的生物学意义。教师也可以带一罐商品化的卤虫进课堂，并通过分发和观察，引出卤虫在水产养殖中的重要性。这些内容都能极大地激起同学们对浮游动物的功能和应用的学习兴趣，体会到生态理念是中国民众自古以来便坚守的朴素世界观。在当代，这种生态理念更应代代相传。

2) 课程思政教学实例二：现代生活影响浮游动物

教师应当做好充分的教学准备，收集整理人类现代生活影响浮游动物的各种案例与内在机制。比如抗生素、环境激素等对浮游动物产生的生理干扰，重金属和有机污染物在浮游动物中的积累等。近期又有研究报道，人造光影响了北极地区的浮游动物的昼夜垂直迁徙。

浮游动物的昼夜垂直迁徙行为是地球上分布程度最广、步骤最协调的生物量大迁徙，也是显著影响海洋食物网络的相互作用、生态系统结构的重要过程。教师可以在课堂上展现这些重要的研究文献和相应的新闻报道，也可以通过文献作业的方式把相关论文发给学生阅读，其目的都是为了警示同学们反思人类的现代生产生活方式，从而主动认同生态文明和可持续发展的发展道路。

第九章　大型水生植物

9.1　专业教学目标

大型水生植物是完整水生态系统中不可或缺的部分，是联系水底层、水层到气层的重要连接结构。因此，了解大型水生植物的生态学功能，有助于同学们理解一个立体的水生态系统。专业教学目标包括：

◎ 掌握水生植物的分类以及不同类别水生植物的概念；

◎ 掌握大型水生植物的空间分布结构和地理分布；

◎ 了解大型水生植物生活周期、生长繁殖等基本生物学特征；

◎ 理解大型水生植物在生态系统物质能量循环流动中的地位；

◎ 理解并掌握水生植被的演替规律与生态学机制；

◎ 沉水植物在水生态系统中的地位、功能与调节规律。

9.2　重要思政元素分析与相关知识板块

本章所介绍的大型水生植物是水生态系统中的重要组成部分，是水生态系统的主要初级生产力，又是环境退化的重要标志生物。同时，水生植物是人类重要的食物来源，也是重要的景观生物，但也会带来生态危机。因此，本章含有国情教育、生态发展道路的必要性、矛盾转化规律等思政要素。

1) 中国湖泊生境退化与生态发展

本章中，教材用一定篇幅论述了我国长江中下游地区的湖泊在近几十年中随着人口和社会经济的高速增长而快速减少的严峻现实，也介绍了在现存的湖泊中因为富营养化或过度渔业经营所导致的水生植物类型的转变——由草型湖泊退化为藻型湖泊的现状。这些都揭示出当前的社会发展方式所带来的弊端与不可持续性，也成为当前产业转型，走生态发展、可持续发展之路的根本原因。这些案例的合理使用，既能提高同学们的生态意识，也能增强同学们对我国转型发展的支持与认同。

2) 矛盾转化的马克思主义哲学规律

本章多次提及大型水生植物与草食性鱼类之间的生态关系。事实上，大型水生植物与草食性鱼类的关系也与人类的生产生活密切相关。在人类的生产生活中，草鱼和水草之间的生态互作关系，也成为论述矛盾转化的上佳案例。草鱼是我国养殖量最大的经济鱼类，与其能天然以水域植物为食有密切关系。自古以来，我国民众养殖草鱼采用草多了放鱼、鱼多了收鱼的方法，合理控制着水草和草鱼的平衡，并获得丰富的鱼类资源。20 世纪 70 年代，欧美国家为清理河道水草和藻类，引入了草鱼等多种草食性鱼类，但又不控制鱼群的规模，造成草鱼等鱼种泛滥成灾，反而导致对原水生生态的破坏。从草多到鱼多，这是自然辩证法关于矛盾转变论述的实际案例,水草和草鱼的关系体现出矛盾的同一性和斗争性,如果能控制好这对矛盾,可以造福人类;但若不妥善处理,人为强化某一面,便会造成矛盾的激化,产生负面影响。

9.3 课程思政的教学策略实例

1) 课程思政教学实例一:中国湖泊生境退化与生态发展

在讲述中国湖泊减少和退化时,教师应善于利用卫星遥感图片进行历史对比,同时辅以当前湖泊变沙地的报道。比如"曾经的八百里洞庭已然成为历史名词"等,让同学真切感受到我国淡水湖泊的严峻现状。然后再配以近年来在国家生态转型大背景下开展的退耕还湖等一系列生态治理措施,从而让同学们理解与支持国家当前的发展道路,并建立生态意识。

2) 课程思政教学实例二:矛盾分析法

草鱼和水草是本章时常提及的生态案例。事实上,教师完全可以用矛盾分析的自然辩证法对此进行更深刻的分析。教师可以先论述关于矛盾的自然辩证法,包括同一性与斗争性、矛盾的转化规律等,然后请同学们对比这些哲学规律,论述草鱼和水草这对关系中各个矛盾因素所在,并根据矛盾的变化规律,分析草鱼和水草生态失衡的原因与解决策略。由此,将有助于同学们从单纯的现象分析上升为更深刻的抽象理性思考,从而在专业学习中掌握自然辩证法。

第十章 底栖动物

10.1 专业教学目标

本章所讲授的底栖动物是水生态系统中水体底部的重要生物类群,在水系统的物质能量循环中起到重要作用,也具有一定的经济价值与环境指示意义。本章的专业教学目标主要有:

◎ 掌握底栖动物的基本概念和基本类群的机体特征与分类地位;

◎ 了解并掌握底栖动物的生活类型、功能摄食类型及在不同水域中的分布特征;

◎ 了解并掌握主要代表性底栖动物的生活史和化性特征;

◎ 理解并掌握底栖动物与环境的相互关系与主要调节因子。

10.2 重要思政元素分析与相关知识板块

底栖动物这一章的教学内容较为凝练而专业,但淡水底栖动物作为人们所熟知的动物,也和人类有着密切的关系。人类对淡水湖泊江河的开发,往往对底栖动物造成影响。而由于底栖动物与人类的关系密切,其种群减少又容易被人所关注到,从而能引起较快的重视。因此,本章以底栖动物为桥梁,可以体现出生产建设中生态法规建设与执行的重要性,也能体现出国家进行生态治理的具体措施的合理性,由此获得同学们对国家政策导向的支持。这些都是重要的思政元素,值得发掘。

1) 生产建设与生态法规

我国的淡水湖泊江河的底栖动物受到人类活动的明显干扰,生存状况并不乐观。比如,我国半个世纪以来的大规模基础设施建设和房产建设促进了采砂业的发展,但混乱无序的采砂作业严重地破坏了淡水水体的底层环境，导致大量底栖动物种群数量的急剧下降。因此，为保护底栖动物、保护水生态环境，建立生态法规，严格控制非法采砂操作刻不容缓。生产建设与生态保护之间需要存在一定的制约与平衡，而生态法规的建设与执行就显得尤为重要。

2) 生态治理与底栖动物增殖放流

在当前水生态系统遭受严重威胁的状态下，政府已经着手开展各种生态治理工程与措施。基于底栖动物在水生态系统中的重要作用及当前底栖动物数量急剧下降的现状，多地开展了底栖动物增殖放流活动，以增加水环境中的底栖动物数量，从而改善水体生态平衡。这里体现出国家政府当前对生态环境的重视，教师既需要就此引导同学们认同国家的宏观生态政策，也要提醒同学们意识到在增殖放流中应当尊重自然规律，根据生态理论进行合理的增殖放流。

10.3 课程思政的教学策略实例

1) 课程思政教学实例一：生态法规建设

混乱无序的采砂作业是对底栖动物和水底生态最直接的破坏，已有多个央视节目曝光了相关违法案件。教师可以使用这些视频和图像资料，让同学们了解只追逐经济效应忽视生态环境所造成的后果，从而引导同学们思考与讨论经济建设与生态平衡之间的关系及监管策略，并最终落脚到法治中国的建设上来。让同学们意识到在经济利益面前，单纯通过生态道德来制约是不够的，必须加强生态法规建设，让生态意识渗入立法过程，并在执行中得到坚决的贯彻。这样的教学设计，能促进同学们树立牢固而统一的法治意识与生态意识。

2) 课程思政教学实例二：生态治理、科学放流

在介绍完当前的底栖动物不容乐观的现状后，教师便可顺带介绍当前多地开展底栖动物的增殖放流活动，包括向水体投放大量螺蛳、河蚌、蚬子等，希望增加底栖动物的种群密度，并改善水体环境。这部分内容和前一部分建立生态法规的内容相结合，体现出我国政府在进行生态治理、改善环境方面的努力，可以获得同学们对当前国家政策导向和具体措施的支持。但同时，教师也应当明确提醒，这些增殖放流，也应当尊重自然规律，按科学办事，避免好事变坏事，造成其他的生态风险。这也是科学精神的具体体现。

第十一章　周从生物

11.1 专业教学目标

由于周从生物在生态系统物质能量循环、环境污染、工业和国防建设中的不可忽视的作用，周从生物在近年来已经成为水生生物学研究中受到特别重视的一个生态系统组成部分。本章重在全面讲授这一曾被人忽视的生态学概念，以使得同学们对水生态系统各组分有更全面而深入的了解。本章的专业教学目标包括：

◎ 理解并掌握周从生物的概念和群落划分；

◎ 了解周从生物的研究历史及意义；

◎ 理解并掌握周从藻类的生态学功能及变动规律；

◎ 理解并掌握周从原生动物和其他无脊椎动物的生态学功能与变动规律；

◎ 理解并掌握周从生物群落与微型生物群落的结构与生态学功能。

11.2 重要思政元素分析与相关知识板块

周从生物并不是一个定义非常明确的分类学概念，而是一个生态学概念。它涵盖物种众多，分类地位不一，其功能在不同环境中也有所差异。但是这些多样性和差异性中也含有一些可供教师采用的思政元素，包括周从生物在不同环境中与人类的益害关系、对环境污染的指示意义，以及中国科学家利用周从生物服务国家经济发展和环境治理的社会责任等。一些可参考的思政元素分析如下：

1) 周从生物的辩证思考

周从生物的一个基本生物学特性就是营着生生活，它们在水生态系统中起到重要的作用，但也会在水管和船舶底部生长积累，影响人类的生产生活。因此，周从生物能体现出同一事物在不同环境中所带来不同效应。这对应于自然辩证法中内外因的辩证关系：事物的变化发展是内外因共同作用的结果；内因是事物变化发展的根据，事物的内部矛盾是事物发展的源泉，决定了事物的性质和发展方向；外因是事物变化发展的条件，对事物发展起着加速或者延缓的作用；外因通过内因起作用。这里，周从生物的自身特征决定其可以生存的环境，但生存环境的差异又改变其生存对于人类的意义。这一点值得教师发掘使用，使得同学们在专业学习中训练辩证思维。

2) 中国科学家的社会责任

周从生物是灵敏的环境指示生物，教材中提到，聚氨酯泡沫塑料块(PFU)法可以用以环境效应和水质评估。我国科学家在近年来对 PFU 法进行了细致的修正、改进、验证和推广，并面向全国举办微型生物群落监测学习班，培养了大批业务骨干。目前 PFU 法已经成为中国第一个自行制定的生物监测标准，并在我国各地的环境生态调查和评估中发挥重要的作用。这一实例体现出中国科学家的职业担当和社会责任，是科技服务社会、“把论文写在祖国的大地上”的典型案例。教师应当利用这一案例，培养同学们的专业担当与社会责任感。

11.3 课程思政的教学策略实例

1) 课程思政教学实例一：自然辩证思维训练

教师在讲授周从生物的生态功能时，也要提及周从生物对经济和军事建设的影响。教师可选择自然生态环境中构图清晰美观的周从生物照片，以及远航军舰的船底数量巨大的着生生物的图片，并将其进行比较，由此阐明同一事物在不同环境下，其价值与意义也会不同。教师可以简要提问同学：这种现象体现出什么样的哲学原理？然后可以简要引申到“橘生淮南则为橘，生于淮北则为枳”，并引导同学们以内外因的自然辩证关系来思考这一生态学现象。这种拓展思考，有助于同学们透过自然现象思考事物发生的规律，从而获得自然辩证思维的训练。

2) 课程思政教学实例二：中国科学家的社会责任

教材中已经列举了中国科学家在 PFU 法推广和成为国家标准中的核心作用。教师应当在教材所介绍的素材上进行更深入的挖掘，呈现 PFU 法所带来的巨大经济和社会收益，如：PFU 法监测水质状况，保护民众饮水安全；PFU 法评估各地重大基建工程（三峡、南水北调工程），助力国家工程实施等。并由此上升到科学研究的价值，以及科学家所担负的社会责任，从而让同学们对科研工作的意义和科学家的“大爱”精神有更直观的认识与了解，有助于同学们建立正确而积极的价值观与人生观。

第十二章　鱼类

12.1　专业教学目标

鱼类是水生态系统中非常重要的一环，也是水生生物学范畴中与人类经济产业最为密切的一个部分。正因为如此，鱼类对于生态系统的意义及其生态学功能对于同学们理性认识生态系统和经济产业的平衡极其重要。本章的关键专业教学目标包括：

◎ 了解鱼类的主要类群和我国鱼类的基本情况；

◎ 掌握鱼类的摄食类型与基本规律；

◎ 理解并掌握鱼类能量收支规律与估算方法；

◎ 鱼类生长、繁殖和洄游的基本特性与调节因素；

◎ 鱼类在水生态系统中的功能及调节机制。

12.2　重要思政元素分析与相关知识板块

鱼类是人类最为熟悉的水生动物，它既是人类寄托情感的象征，也是重要的食物来源。自古至今，人类和鱼类的关系经历着不同的变化，从而衍生出大量与经济民生、人生思考相关的内容。在经过适当的教学改造后，这些内容均能化为思政元素，影响同学们的三观塑造与政治认同。本章可供使用的一些典型的思政元素如下：

1) 中华文明与伟大成就

鱼类是中华文明中一个特殊的文化符号，自古以来“鱼米之乡”便用来形容地区的富饶，“鱼翔浅底”用以形容清澈的水环境和自由的心境。近期研究表明，五千年前中国先民便已经开始人工养殖鱼类，春秋战国时期的《养鱼经》是世界上最早的鱼类人工养殖著作，“四大家鱼混养系统”也是广受世界赞誉的古代伟大发明。到今天，中国已经成为世界上第一水产养殖大国，水产养殖量占世界总量的70%以上，在鱼类遗传育种、病害免疫、营养饲料等领域的科研和产业研发能力均居于国际先进水平。因此，作为介绍鱼类生理和生态学的章节，处处都体现出中华文明的灿烂和中国科学界、产业界的伟大成就，这将增进同学们对中华文明的了解，增进对国家的热爱，有助于树立民族自信。

2) 尊重科学与生态意识

作为水生经济动物，鱼类是水生生物学的重点研究对象之一。在鱼类的自然生态与人工养殖中，出现了大量的水生生态学问题。负面案例包括随意引种破坏本土生态系统、大型水利工程阻断鱼类洄游通道、过量捕捞导致鱼种灭绝等；而正面案例包括生态养殖体系建设、设立禁渔期以使鱼类休养生息等。这些大量的负面和正面案例中，蕴含着尊重自然规律、培养生态意识的重要思政元素。教师应当在本章各相关知识点的讲授中，注意体现这些思政元素。

3) 鱼类生理生态特性与政治认同

在鱼类的生理生态习性中，有大量内容可供教师挖掘发挥，以加强同学们的政治认同感。比如鱼类与水环境的相互依存关系，可对应中国共产党与人民群众的“鱼水之情”；一些鱼类严格的洄游习性，可对应“不忘初心”。教师应当具备较强的政治敏感性，觉察到可供引申发挥的专业知识点，并通过巧妙的教学设计，在无形中加强同学们对我国政治体制和社会主义道路的认同。

4) 经济利益与法制建设

鱼类是人们主要的食用动物，因此具有较高的经济价值。因此，鱼类养殖、鱼类捕捞所产生的经济利益与合理捕捞、有序养殖的生态保护要求之间就存在着矛盾冲突。这种情况下，只有通过生态法治建设，才能将鱼类养殖和捕捞纳入规范的管理之中，使得这些生产过程和政府监管有法可依。因此，教师应当客观地呈现这种矛盾性，从而突出法治建设的重要性，促进同学们法治意识的建立。

12.3 课程思政的教学策略实例

1) 课程思政教学实例一：中华文明与伟大成就

借助于我国丰富的鱼文化，教师在本章的授课中，可以精心编排多媒体课件，采用传统鱼纹、鱼诗鱼词等文化元素对课件加以美化，从而让专业知识始终浸润在我国灿烂的文化元素之中。同时，在讲授鱼类的生长、营养和生殖发育等生理生态习性时，应多加引用我国古人的传统智慧和当代我国鱼类学家的成就。这样的课程设计，将使得整堂课都体现出浓厚深刻的中国文化与中国成就，让同学们产生强烈的国家认同与民族自豪感。

2) 课程思政教学实例二：尊重科学与生态意识

鱼类对于生态系统有着极其重要的作用，因此，鱼类种群的变化会直接影响水生态系统。教师可以使用多个人类只顾短期利益而忽视生态效应所导致的负面案例，如新疆大头鱼被外来物种河鲈灭绝事件、罗非鱼和清道夫严重影响我国自然水域生态系统、长江刀鱼被滥捕至濒危等，说明不尊重科学规律的严重后果。同时，也应当展示当前国家政府加强生态治理、推动生态优先战略等积极的一面，包括三峡工程预留鱼类洄游通道、设立禁渔期等措施。这些消极和积极案例的综合运用，形成强烈的对比，有助于增强同学们的生态环保意识，促使其尊重科学和自然规律及建立理性的自然资源利用观。

3) 课程思政教学实例三：鱼类生理生态特性与党群关系

教师在本章讲授鱼类适应水生环境的结构特征和生理特点，以及鱼类与水生态环境的相互依存性后，可不带痕迹地提出“鱼水之情”、“鱼水之欢”等成语，表明鱼水之间的和谐关系，便可顺势带出“鱼水情”往往被用来形容党和人民群众的关系，而这种形容，从水生生物学的专业角度看也是非常贴切的。这样的思政表述方式，自然流畅，将党群“鱼水情”与专业知识相关联，将大大加深同学们对于党群关系的“生态学”理解。

第十三章　水污染生物学问题

13.1 专业教学目标

从本章开始，教学进入到应用生态学部分。水污染生物学问题便是聚焦水污染问题，从水生生态系统的角度论述水污染的产生、类型、特征及治理理论与技术。这样的论述将极有利于同学们将之前学习的水生生物学理论应用于实际问题。本章的专业教学目标主要包括：

◎ 了解并掌握水资源和水污染的现状；

◎ 理解并掌握水污染的定义、水污染类型和途径；

◎ 了解并掌握水污染对水生生物的影响，以及生物净化概念与基本过程；

◎ 了解并掌握污染物在水体中的生物降解、生物积累及废水的生物处理过程与影响因素；

◎ 了解并掌握对水污染进行生物学监测的意义、主要方法及其原理；

◎ 了解并掌握水体富营养化的原因、监测方法及生态危害；

◎ 能够运用生态学原理对常见的水污染原因和危害做定性分析。

13.2 重要思政元素分析与相关知识板块

毫无疑问，本章既然重点讲述水污染生物学问题，那么水体污染的现状、来源和治理难度自然是重要的教学内容，而这些内容又与人类活动密切相关。因此，本章最大的课程思政要点就是对人类生产生活方式的反省与国家发展道路的生态转型。除此之外，本章所展现出的详实调查数据也是弘扬科学精神的良好契机。一些典型的思政元素分析如下：

1) 水污染与环保意识

本章无处不在讲污染，因此同学们在本章的学习中可以感受到当前中国及全球的严峻环境压力。然而，光意识到污染的严重是不够的，更重要的是理解污染产生的深层次原因，反思当前的产业经济发展道路并思考未来发展之道。教师应当帮助同学开展这样的深层次思考，并由此点明我国正在进行经济发展方式的转型，生态文明和环保意识正在成为我国政府和社会民众的共识。

2) 科学家的社会责任

在人类面临严峻考验时，科学家往往站在解决问题的最前沿。在严峻的环境污染和生态危机面前，科学家们深入调查、专业分析、寻找答案、多方验证、开发技术、推广落实，为国家政府提供专业的咨询、实用有效的技术方法和真实的参考数据。这便是科学家的社会责任，也是“把论文写在祖国的大地上”的真实体现。在污染治理中，科学家提供了大量专业的理论和实验分析，开发出多种高效的污染物分解/降解技术，提出多种合理实用的污染综合治理措施，为我国的水污染治理作出了巨大的贡献。教师应当在讲授科学家的贡献时，突出强调科学家的社会责任，为同学们树立榜样。

3) 实事求是的科学精神

为说明污染的严重性或污染治理的实际效果，教材列举了大量含有具体地名、企业名的实际案例，以及相应的具体数据。这些案例来源广泛、数据详实，无不体现出科技工作者为获得第一手数据而走遍天南海北、深入基层的敬业精神。所有的调查结论或技术方法，都必须建立在实事求是的真实数据和实验研究的基础上。我国科学家这种排除外界干扰，深入基层获得一手数据，并在此基础上做出真实的调查结论和参考意见的实事求是精神，是科学精神的典型体现。

13.3 课程思政的教学策略实例

1) 课程思政教学实例一：水污染与环保意识

由于水污染本身就是本章的主要教学内容，教师通过正常的教学便可以让同学们深刻了解当前水污染的严重程度并引起对未来人类发展的忧虑。教师需要做的是将教材里未曾涉及的当前党和国家全力推进的生态发展道路和“绿水青山就是金山银山”的生态理念带入课堂，与严峻的水污染现状共同讲述，给予同学们以希望。而这种希望，正因为源自于党和国家的决定和方针政策，便能自然而然地带来同学们对我国政治体制和社会主义发展道路的高度认同。

2) 课程思政教学实例二：科学家的社会责任与科学精神

教师应当提醒同学们注意到本章中存在大量案例、大量具体的污染治理操作技术和详实的研究调查数据。这背后是科学工作者长年累月坚持基层调研、坚持污染治理一线、坚持获得第一手数据材料的奉献与敬业，体现出科学家强烈的社会责任感和科学精神。在此基础上，教师可以将本章的编著者沈韫芬院士在全国奔走推动我国污染检测技术发展的事迹作为典型，结合本章大量由沈院士团队获得的数据，将科学家的社会责任与科学精神真实地呈现在同学们面前，在他们心中树立楷模，引导他们建立高尚的人生观与价值观。

第十四章　渔业生物学问题

14.1　专业教学目标

自古以来，渔业作为利用水生态系统进行经济产出的重要生产方式，一直是各沿水沿海国家和普通民众的重要经济和食物来源。本章重点讲授渔业生产中的生态学问题，这将有助于同学们将抽象的生态学原理落实在具体的实际问题中，也有助于同学们从生态理论角度审视当前渔业发展中所遇到的种种问题。本章的专业教学目标包括：

◎ 了解并掌握主要渔业资源生物的食性和饵料来源；

◎ 了解并掌握主要渔业资源生物的生殖方式、繁殖特性与成熟规律；

◎ 了解并掌握渔业资源生物生物量的消长规律与影响因素；

◎ 了解并掌握主要渔业资源生物的种群遗传概念与测量方法；

◎ 了解渔业管理的基本思路、方法及内含的生态学原理；

◎ 能够通过水生生物学和生态学原理合理评估渔业生产方式的合理性与潜在生态风险。

14.2　重要思政元素分析与相关知识板块

渔业生物学是与水生态系统高度关联的一门学科。当前，在经济利益的驱动下，传统的渔业发展方式与生态保护产生了巨大的矛盾，目前正处于转型发展的调整期。在这样的大前提下，混乱无序的渔业发展的经验教训，与我国政府和科学家为建设生态渔业的巨大努力和成效，构成了本章中丰富的思政教育元素。可供使用的一些思政要点列举如下：

1) 尊重自然规律、尊法守法

渔业捕捞和养殖是我国人民自古以来的生产作业，在 20 世纪新中国成立以来和平发展的大气候下，我国人口增加迅速，经济发展迅猛，对水产品的需求猛增，政府和个人层面的渔业生产也得到了极大发展。然而，在经济利益的驱动下，涸泽而渔的悲剧一再上演，“绝户网”、“电鱼法”、“迷魂阵”等大量无差别的捕鱼方法处处可见。近年来，我国近海和淡水湖河几近无鱼可捕，而大黄鱼、长江刀鱼等传统渔业品种已濒临灭种，我国的渔业资源遭受毁灭性的打击。目前，我国已出台了多个渔业保护的法规，制定了禁渔期、禁渔区等一系列规定，但各地仍有大量民众采用违法网具或手段，无差别地获取渔业资源。在本章节中，教师应当强调渔业生产必须尊重自然规律、尊法守法，才可能有可持续的渔业发展。

2) 科学家的社会责任与贡献

我国已成为世界第一的水产大国，在遗传育种、营养饲料、病害防治等方面的科技水平均已达到国际先进水平。这里,有大量中国科学家的贡献。比如,内陆池塘养殖是我国人民自古以来的生产方式,在传统的池塘养殖中,我国人民自古主要养殖以草食性和杂食性为主的鲤科鱼类,以天然饵料、草料为主要饵料。然而,随着人民生活水平的提高,鲈鱼、鲇鱼、黑鱼等肉食性鱼类也成为养殖对象。为向这些肉食性鱼类提供食物,形成了海洋捕捞杂鱼小鱼然后投喂池塘养殖鱼类的产业链。即便在配合饲料开始使用后,这些肉食性鱼类的饲料也大量使用由海洋捕捞鱼类所制造的鱼粉鱼油作为饲料原料。这些养殖方式大大增加了对海洋渔业资源的获取。近年来,我国鱼类营养学家开展了大量植物性饲料原料替代鱼粉鱼油的替代研究,极大地降低了鱼粉鱼油的用量,为维护环境生态作出了巨大贡献,体现出科学家的社会责任。

3) 尊重科学与合理放流

在渔业资源受到极大破坏、生态环境岌岌可危的压力下,增殖放流已经成为沿水沿海各地普遍开展的生态治理、生态恢复活动之一。然而,就如教材中所指出的,在大量的增殖放流过程中,往往忽视放流对象与栖息地的生态关系,除了放流地的原生物种外,一些人工杂交品种甚至外来物种也都被放流进入自然水域,由此可能会带来新的生态问题。目前,我国原有的鱼类地理区系已产生了很大的混乱,各水域的鱼类多样性也明显下降。因此,即便是抱有生态恢复的良好初衷,也要按科学规律和自然法则办事,否则便会好心办坏事,反而对生态环境造成进一步的伤害。

14.3 课程思政的教学策略实例

1) 课程思政教学实例一:尊重自然,尊法守法

近年来,各媒体曝光了各种违法捕鱼的案件,报道和图片中所展示的细密网具对渔业资源的破坏性令人不寒而栗。即便在当前的日常生活中,在沿水沿海的城郊和乡村水系区域,电鱼等违法捕鱼方法和违法网具仍屡见不鲜。这反映出我国法制建设仍然任重道远。教师应当使用这些对比鲜明、具有冲击力的影像资料与现实状况,警醒同学们思考人与自然的关系,并要求摈弃传统陋习,收敛人心贪欲,尊重自然,尊法守法。

2) 课程思政教学实例二:科学家的社会责任与贡献

近年来,在渔业科学家的努力下,水产养殖业对海洋渔业资源的需求量逐年减少。我国水产养殖业对鱼粉鱼油资源的利用效率远远高于欧美发达国家,意味着我国用更少的自然动物资源,养殖出更多的食用鱼类。教师可以使用近年来逐步减小的“fish-in-fish-out”(FIFO)指数,直观地体现中国水产科学家在保护海洋、保护环境方面所作出的巨大努力。由此,教师应当强调科学家的职业担当和社会责任,从而在同学们心中形成尊重科学、尊重科学家的情怀与人生观。

第十五章　水生生物资源与保护

15.1 专业教学目标

水生生物学的一大应用方向就是提高人类对水生生物资源的利用。这种利用,既体现在通过操纵水生态系统获取经济产出,又体现在维持生态平衡,实现长期而可持续的生态产出与经营。因此,合理利用和保护水生生物资源就是水生生物学的重要研究内容。本章的

专业教学目标包括：

◎ 理解并掌握渔业资源的定义、特点、类型与管理模型；

◎ 理解并掌握水生态系统多样性的定义、层次，以及当前现状与发展趋势；

◎ 理解并掌握保护生物学的基本概念与原理；

◎ 理解并掌握水生生物资源保护的目标、基本方法、存在的问题与发展趋势；

◎ 能够利用掌握的生态学原理评估和测算特定环境下水生生物资源的利用和保护现状。

15.2 重要思政元素分析与相关知识板块

本章重点讲授水生生物资源与保护，其实质仍然在于用生态理念管理渔业资源、保护生物多样性。在当前水生态系统脆弱、物种多样性急剧下降的背景下，对人类自身进行深刻的反省反思，从历史中吸取智慧、经验和教训，从而选择正确的未来发展方向，可以成为本章思政教育的重要内容。由此，可使用的思政元素包括：

1) 生态平衡与中国文明

尽管生态学作为一门现代学科起源于西方，但是，在中国源远流长、博大精深的传统文化里，却有着比西方更加丰富多彩、深刻独到的生态思想和生态观念。我国先人对人与自然的关系也早已有了比较完整而系统的论述。比如，中国道家思想天然具有明确的生态观，强调人要与自然万物同生共运，强调天、地、人之间的自然生态平衡关系，概括起来就是“人法地，地法天，天法道，道法自然”。《太平经》说，人在自然面前，“顺之则吉昌，逆之则危亡”。也就是说，人与自然万物是有因果关系的，自然不只是被动的受体，不是任人恣意掠夺的，它也可能报复人类。因此，人不能以征服者自居，不能自以为最尊贵，尊重自然其实也就是尊重人类自身。人的生命存在与自然环境分不开，如果生态系统失去平衡，人就不能竟其天年，所以人必须敬畏自然，保护环境。在当前中国提出生态文明观和生产方式的生态转型过程中，中国传统文化中的生态学思想完全可以为这样的转向提供理论支撑，把绿色生态作为物质文明和精神文明建设的最高追求，以及经济社会可持续发展的不竭源泉和永久动力，从而最终达到人与自然和谐、人与人和谐。

2) 生态理念与自然辩证法

恩格斯在《自然辩证法》中就告诫我们：“我们不要过分陶醉于我们对自然界的胜利。对于每一次这样的胜利，自然界都报复了我们。每一次胜利，在第一步都确实取得了我们预期的结果，但在第二步和第三步却有了完全不同的、出乎意料的影响，常常把第一个结果又取消了。”纵观工业革命以来人类活动对于自然生态的影响，无疑完全证实了恩格斯的论述。教师应当善于利用这一素材，突出自然辩证法中所蕴含的世界观与方法论在指导人们理解自然和人类社会活动中的正确性，从而让同学们树立善用自然辩证法分析解决问题的世界观和方法论。

15.3 课程思政的教学策略实例

1) 课程思政教学实例一：生态理念与中国文化

倡导人与自然和谐相处，天人合一，是中国传统文化的核心理念之一。中国古代有丰富的相关理论思想，不少典籍都阐述了或抽象或具体的生态理念和生态维护方法。教师在本章的讲授中，除了引述如上述分析的一些抽象的中国哲学观念之外，还可以引用一些古代先人对维护生态平衡的具体政策与方法，并将其与现代生态学理论和方法相比较，从而突出中国文化对世界万物关系理解的透彻性，凸显中华文明的伟大。比如，《逸周书·文传解》记载，周文王临终前告诫太子姬发："山林非时，不升斤斧，以成草木之长；川泽非时，不入网罟，以成鱼鳖之长；不鹿弭不卵，以成鸟兽之长。畋渔以时，童不夭胎，马不驰骛……"意思是说："山林不到季节，不举斧子，以成就草木的生长；河流湖泊不到季节，不下渔网，以成就鱼鳖的生长；不吃幼兽不吃鸟卵，以成就鸟兽生长；打鱼有季节，不杀小羊，不杀怀孕的羊，牛犊不拉车，马驹不驱赶奔跑……"并且规定"鱼鳖归其泉，鸟归其林"（鱼类都养在水中，鸟兽归入山林），"无杀夭胎，无伐不成材，无堕四时"（不杀怀胎的母兽，不砍未长成的林木，不错过农事季节）。这些先人的典籍记载，完全符合现代生态学中的专业理论与实际操作。这样的引述与比较，无疑能让同学们在现代科学的课堂上领略中国文化、中华文明的强大生命力，建立文化自信，并反思人类现代生产生活方式的缺陷，认同中国当前的生态转型发展道路。

2) 课程思政教学实例二：生态理念与自然辩证法

教师同样可以在课堂上使用百年前恩格斯在《自然辩证法》中的经典论述："我们不要过分陶醉于我们对自然界的胜利。对于每一次这样的胜利，自然界都报复了我们。每一次胜利，在第一步都确实取得了我们预期的结果，但在第二步和第三步却有了完全不同的、出乎意料的影响，常常把第一个结果又取消了。"并通过课堂讨论或课后作业，向同学们提问：为什么伟人早就作出的预言式警示，仍然被后人一次一次地重复，让人类反复吞下苦果？这样的提问，有助于让同学思考世界和人性的复杂性，增进思维深度，也突出了《自然辩证法》作为一种科学世界观和方法论的重要意义。

第十六章　数学在水生生物学中的应用

16.1　专业教学目标

早有学者提出"生态学本质上是一门数学"，这种论述有其合理之处。当今，在理解复杂多变的生态系统时，传统的描述性和实验性研究远不足以理解生态系统各子系统间的复杂关系。因此，系统科学和数学手段已经成为生态学研究的重要方法。本章介绍了一些在水生生态学中常用的数学模型及其应用范围，为同学们从数学角度理解生态学问题奠定基础。本章的专业教学目标包括：

◎ 理解数学在水生生物学研究中的意义与重要性；

◎ 理解并初步掌握相关分析、回归分析、聚类分析、判断分析、主成分分析、典型相关分析等基本数学模型；

◎ 理解基本数学模型在典型水生生态子系统中的运用原则与过程；

◎ 初步了解非线性科学的基本概念、类型及其在水生生态系统研究中的应用。

16.2　重要思政元素分析与相关知识板块

数学与哲学密不可分。本章所讲授的数学模型和数学工具，剥开数学符号的外壳，便可发现其内核都是理性世界观和方法论，这便是本章最主要的课程思政主线。教师应当用马克思主义哲学原理，深入分析各数学模型的哲学内核，并将其提炼成为课程思政的教学要素，使得数学模型闪烁出马克思主义哲学的光芒。一些课程思政元素举例如下：

1) 模糊数学的辩证原理

生态系统和生命系统是极其复杂多变的，基于经典集合和普通集合中的“非此即彼”的数学模型在描述经常“亦此亦彼”的生态系统时往往显现出极大的局限性，因此，“模糊数学”在生态系统中得到了普遍的应用。而恩格斯在《自然辩证法》中已经对这种“非此即彼”和“亦此亦彼”的关系作过相应的论述：“一切差异都在中间阶段融合，一切对立都经过中间环节而相互过渡……辩证法不知道什么绝对分明的固定不变的界限，不知道什么无条件的普遍有效的‘非此即彼’！它使固定的形而上学的差异互相过渡，除了‘非此即彼’，又在适当的地方承认‘亦此亦彼’，并且使对立互为中介；辩证法是唯一的、最高度适合于自然观的这一发展阶段的思维方法。”从中可见，自然辩证法在讨论生态学问题和选择相应的数学模型时，都具有很强的指导性。

2) 主成分分析与矛盾论

主成分分析模型是当前在分析多因素复杂系统时常用的数学模型，用于确定复杂系统中的主要成分与次要成分。这一数学模型的哲学本质在于分析复杂事物的主要矛盾与次要矛盾，从而为解决问题提供正确的处理方向。毛泽东主席的《矛盾论》，便是深刻揭示矛盾辩证统一关系的伟大著作。教师在讲授主成分分析模型时，便可以顺势点出主成分分析的《矛盾论》哲学本质。

16.3 课程思政的教学策略实例

数学即哲学。本章的思政教学主线是数学模型中的哲学本质，而各数学模型的教学具有一致性。教师应当首先认真理解数学模型应用于生态学研究的任务、目的，然后用马克思主义哲学分析这些数学模型中的哲学原理。之后，在课程教学中，要注意采用“画龙点睛”的手法体现数学模型中的哲学内涵。比如，在讲授生态系统的复杂性所需要的模糊数学方法时，便可使用“非此即彼”和“亦此亦彼”这两个关键词形容传统客观世界与生命世界的差异，使得同学们开始思考生态思维的特征。然后，教师可以用一张 PPT 将恩格斯对于“非此即彼”和“亦此亦彼”的论述完整地呈现出来，从而将生态系统、模糊数学与自然辩证法统一起来，由此自然导出生态思维与自然辩证法的内在统一。如此，教学过程虽非常简洁，但却完成了从专业教学到思政教学的自然过渡与转化。

三、“水生生物学”实验与实地调查课程思政教学指南

1.1 专业教学目标

“水生生物学”是一门综合性很强的课程，其理论教学必须结合实验教学，才能真正达到“水生生物学”的教学目标。“水生生物学”实验课主要分为三部分：①实验准备部分，主要介绍水生生物学实验的注意事项及必备的基础知识、基本仪器和电脑软件的使用；②水生生物的形态观察和分类部分，主要介绍水生生物各常见类群的形态特征及常见种属；③水生生物实地调查方法部分，主要介绍各类群水生生物采集、固定及标本的制作方法，叶绿素 a、初级生产力和次级生产力的测定方法等。其主要的专业教学目标包括：

◎ 能借助显微镜详尽地描述浮游植物各大类群常见种类的特征，了解并熟悉常见的浮游植物种类；

◎ 能借助显微镜详尽准确地描述浮游动物的特征，了解并熟悉常见的浮游动物种类；

◎ 能借助仪器详尽准确地描述浮游动物与底栖动物的特征，了解并熟悉常见的浮游动物与底栖动物种类；

◎ 熟悉典型水体特征，并熟练掌握实地的生物样本采样、固定与标本制作技术；

◎ 掌握实际水体初级生产力和次级生产力的测定与数据分析。

1.2 重要思政元素分析与相关知识板块

“水生生物学”实验和野外调查重在实验操作和野外实际工作能力的训练，既有室内的观察和描述训练，也要走入自然、走入基层，将理论应用于实际。因此，这些训练内容中包括了诸多课程思政要素，尤其适合倡导严谨细致、理论联系实际的科学精神与工作作风。一些可供参考的思政元素分析如下：

1) 严谨求实的科学精神

动物形态观察，尤其是对微型和小型水生动物的观察和解剖，需要操作者全神贯注、细致严谨，否则往往造成实验失败，无法成功观察到或分离出目标组织器官的结构。在实验记录报告的撰写中，也要做到绘图准确、字迹清晰、实事求是。这些，都是严谨求实的科学精神的实际体现，因此，教师应当对同学们的实验操作和报告提交有严格的要求，这正是对同学们科学精神的培养和训练。

2) 实践出真知

实践是检验真理的唯一标准。所有的理论知识都需要接受实践的检验。“水生生物学”课程的实地调查部分，就是让同学们走入实际检验课堂所学的环节。教师应当在这个环节注意时时引导同学将理论知识与实际所见相关联，尤其注意提醒同学们要灵活运用理论知识解释实际问题。这个环节的合理安排，可以让同学们切身体会到：纸上得来终觉浅，绝知此事须躬行。

3) 吃苦耐劳的工作作风

生态调查必须具备吃苦耐劳的工作作风。在实地调查环节和实际的野外调查现场往往存在各种困难。教师要鼓励同学们直面障碍，克服“骄”、“娇”二气，并以真正科研工作中更为艰苦的调查环境激励学生，特别强调艰苦奋斗对于个人生存和事业发展的必需性和重要性。由此，可以让同学们对科考工作的实际情况有正确的认识，也通过实地体验，让同学们把吃苦耐劳、艰苦奋斗纳入他们的人生观和专业精神。

1.3 课程思政的教学策略实例

1) 课程思政教学实例一：严谨细致认真的科学精神

在实验阶段，教师必须对同学们的每一个操作环节和实验报告都严格要求。这种对实际操作过程的严格要求，本身就是思政教学策略的一部分。教师同时可以通过展现一些德高望重的前辈的实验记录本或其所绘制的精美生物示意图，告诫同学们做实验获取数据一定要严谨细致认真，实事求是，这是科研工作的必需要求。教师自身这种对实验的重视和敬畏，也会感染学生，从而使其树立对待科研实验所应具备的科学精神。

2) 课程思政教学实例二：实践是检验真理的唯一标准

实验和实地调查，事实上便是通过实验和实践检验理论知识的过程，就是实践检验真理的过程。教师在实验课和带队进行实地调查的过程中，必须时时从实验和实地情况提出具体问题，并请同学们根据理论知识进行回答或解决。如果理论与实际不相吻合，其原因何在？因此，整个实验和实践过程，始终应该关注“理论检验”这一主线。由此，可以将实验和实践与教材理论体系紧密连接，使得学生在实验实践中真正理解水生生物学、生态学的概念、定义和相关理论，并培养同学们形成坚定的实践观念和求真求实的精神特质。

四、“水生生物学”课程思政元素总览表

课程章节	重要的课程思政元素	相关联的专业知识或教学案例	所属思政维度
一、《水生生物学》各章节课程思政教学指南			
第一章　水环境	马克思唯物主义世界观和自然辩证法	教材开篇“环境是以人类为主体的客观物质体系”	政治认同 科学精神
	积极探索终身学习的人生观	水的神奇物理、化学特性	科学精神
	新时代的奉献与牺牲精神	水工作环境的不可预测性导致的工作风险	家国情怀 公民品格
	生态意识与可持续发展	水环境中的物质循环与转化	生态文明
第二章　种群生态	种群生态与国家政策	种群生态与人口政策	政治认同 生态文明
	学术争鸣与科学精神	生物学派、气候学派、调和学派和自我调节学派之间的学术争论	科学精神
	人类命运共同体与终极关怀	人类作为生态类型中的“K对策者”的种群调节特征	生态文明 政治认同
第三章　群落生态	辉煌的中国古代成就	“四大家鱼混养模式”	文化自信 家国情怀
	对立与统一的马克思主义哲学原理	群落内各物种的生存与发展规律	科学精神 生态文明
	中国科学家的社会责任	中国科学家对于中国河流湖泊的研究	科学精神 家国情怀
	人类活动与群落演替	人类影响下群落演替的快速性乃至不可恢复性	生态文明 公民品格
第四章　生态系统	生态危机与政治认同	生态发展观与绿色GDP	生态文明 政治认同
	生态经营与科学理性	人类利用自然资源寻求自身发展与自然演化规律本身之间的矛盾	科学精神 生态文明
	生态文明与全球视野	生态系统的全球物质能量流动	全球视野 生态文明
第五章　水体生物生产力	科学研究与以人为本	水体生物生产力学科的任务本质	政治认同 家国情怀
	学科发展与专业担当	社会需求的重要性与学科发展相对滞后性的矛盾	家国情怀 科学精神

（续表）

课程章节	重要的课程思政元素	相关联的专业知识或教学案例	所属思政维度
	生物生产与可持续发展	健康的、可持续发展的水体生产系统所应该具备的各要素	生态文明 政治认同
	科学发展与中国崛起	我国科学家的全球科考	政治认同 科学精神
第六章　水细菌生态	生态危机与发展道路	我国严峻的水体富营养化危机	生态文明 政治认同
	学科空白与专业担当	本领域存在的大量知识空白	科学精神 家国情怀
	科学规律与生态经营	治理水体富营养化和开展绿色水产养殖中的新技术	科学精神 生态文明
第七章　浮游植物	适者生存的时代思考	浮游植物对动态变化的水环境的强大适应性	全球视野 科学精神
	韧久坚守的科学精神	生物学家数十年如一日的观测记录	科学精神 家国情怀
	湖泊治理与生态意识	我国诸多湖泊水体频繁出现严重的“赤潮”、“绿潮”等水华现象	生态文明
第八章　浮游动物	浮游动物与生态养殖	在水产养殖中以“肥水”作为基本的水质管理方法	生态文明 文化自信
	人类的自我反思	人类的活动对浮游动物造成了很大的干扰	生态文明 公民品格
第九章　大型水生植物	中国湖泊生境退化与生态发展	中国湖泊退化、消失、减少现状	生态文明 政治认同
	矛盾转化的马克思主义哲学规律	草鱼在不同环境下的不同作用	生态文明 科学精神
第十章　底栖动物	生产建设与生态法规	无序的挖沙业的生态危害	法治意识 生态文明
	生态治理与底栖动物增殖放流	底栖动物增殖放流	政治认同 科学精神
第十一章　周从生物	周从生物的辩证思考	周从生物的“益害”并存	生态文明 科学精神
	中国科学家的社会责任	我国科学家对 PFU 法的修正、改进、验证和推广	科学精神 家国情怀
第十二章　鱼类	中华文明与伟大成就	鱼类是中华文明中一个特殊的文化符号与中国渔业的国际地位	文化自信 科学精神
	尊重科学与生态意识	鱼类的自然生态与人工养殖中出现了大量的水生生态学问题	生态文明 科学精神

（续表）

课程章节	重要的课程思政元素	相关联的专业知识或教学案例	所属思政维度
	政治认同的意象体现	利用鱼类的生理生态习性解释“鱼水情”	政治认同
	经济利益与法制建设	经济利益与生态保护要求之间存在矛盾冲突	法治意识 生态文明
第十三章　水污染生物学问题	水污染与环保意识	中国的严峻环境压力	生态文明 政治认同
	科学家的社会责任	科学家“把论文写在祖国的大地上”	家国情怀 科学精神
	实事求是的科学精神	中国科学家深入一线调查研究	科学精神
第十四章　渔业生物学问题	尊重自然规律、尊法守法	违法捕鱼、资源枯竭	法治意识 公民品格
	科学家的社会责任与贡献	水产科学家的成就	家国情怀 科学精神
	尊重科学与合理放流	放流中存在的问题	科学精神 生态文明
第十五章　水生生物资源与保护	生态平衡与中国文明	我国先人对人与自然的关系有比较完整而系统的论述	文化自信 生态文明
	生态理念与自然辩证法	恩格斯在《自然辩证法》中的相关论述	科学精神 政治认同
第十六章　数学在水生生物学中的应用	模糊数学的辩证原理	“模糊数学”在生态系统中得到了普遍的应用	科学精神 政治认同
	主成分分析与矛盾论	主成分分析的目标与任务	科学精神 政治认同
二、“水生生物学”实验与实地调查课程思政教学指南			
“水生生物学”实验与实地调查课程	严谨求实的科学精神	实验操作和数据真实性的要求	科学精神
	实践出真知	实验实践课的意义与教学目的	科学精神
	吃苦耐劳的工作作风	对各种艰苦条件和困难的主动适应	科学精神

（杜震宇）

第五章

“生物化学”课程思政教学指南

一、“生物化学”的专业教学体系与课程思政教学目标

1. “生物化学”课程简介

生物化学是一门交叉学科，它引入数学、物理、化学学科的理论和方法研究生命现象，使生命科学得以从化学分子水平认识生命活动的本质。生物化学是生命科学以及与之相关的医学、药学、农学、食品、发酵等各专业的必修基础课，也是数学、化学各专业对生命科学有兴趣，愿意结合本专业从事生命现象研究的学生的辅修基础课。生物化学是用化学的理论和方法研究生物体的化学组成以及在生命活动中所发生的化学变化及其调控规律，从而阐明生命现象本质的一门学科。通过本课程的学习，学生不仅掌握蛋白质、核酸、酶、碳水化合物和脂肪等生物大分子的结构和功能等知识，还学习糖、脂肪、氨基酸和核苷酸新陈代谢和能量代谢的过程和调节，以及遗传信息的传递和表达。本课程一般在大学一、二年级开设，是生物学专业学生的必修课，是后续细胞生物学、分子生物学、微生物学、遗传学、基因工程以及生物医学等课程的基础。作为专业核心基础课程，这样的课程旨在强化专业知识技能的同时，也注重价值引导，培育学生具有良好的科学素养、社会责任感和使命感。

1.1 “生物化学”的专业教学体系结构

“生物化学”由理论课和实验课共同组成。“生物化学”本身是一门实验科学，教材对基本的和最新的实验技术给予适当介绍，并着重说明各类技术的原理；实验课的开设则是理论与实践的有机结合，即通过理论指导实践的同时，进一步在实践中深化理论，从而形成理论、操作和实践三位一体的课程教学体系。

1.2 “生物化学”的专业教学目标

◎ 知识要求：系统掌握蛋白质、核酸、酶、碳水化合物和脂肪等生物大分子的结构和功能以及生物氧化、糖代谢、脂肪代谢、氨基酸代谢等代谢的过程和调节，了解维生素、辅酶、激素等小分子的功能和相关的生物化学与分子生物学技术。

◎ 能力要求：通过相关知识点的前沿扩展，了解该领域的最新进展，针对特定的生物化学问题设计合理可行的研究方案，评价生物化学研究领域各项研究成果的科学意义，培养学

生从科学事实推理得出正确结论的能力。

◎ 素养要求：通过学习生物化学的重大研究进展及其对人类的贡献，并结合介绍科学家的研究历程，开展科学精神教育，引导学生热爱科学，培育学生具有职业素养、敬业精神、社会责任感和使命感。

1.3 “生物化学”常用专业教材与特色

朱圣庚、徐长发主编.生物化学（第四版）[M].北京：高等教育出版社，2017.

本书前三版是国内经典的生物化学教材，先后由北京大学沈同教授、王镜岩教授担任第一主编。第四版是在第三版的基础上精简、补充、修订而成，在注重基础性、系统性和完整性的同时，特别注意内容的精炼和更新，使教材及时反映学科发展的新思想、新成果。

全书共36章分为上下两册，上册包括1—14章，主要讲述生命的分子基础，分别介绍蛋白质、酶、微生物、糖类、脂质、核酸、激素等各类生物分子的结构与功能。下册为第15—36章，介绍各类生物分子在体内的分解和合成代谢，遗传信息的复制、重组、转录、翻译和表达调控，以及基因工程、蛋白质工程、基因组学和蛋白质组学的新进展。该教材涵盖生物化学学科最基本的理论知识，力求反映生物化学的全貌，在压缩经典内容的同时，增添学科的最新进展，保持内容的先进性和科学性；穿插基本和最新的实验技术及原理，突出实验科学的特点；该教材是目前国内综合性和师范院校最为常用的《生物化学》教材，也是农、林、医学等有关专业的重要参考教材。全书篇幅较长，各院校也可根据安排的课程学时自行取舍内容和选用相应教材。

2. “生物化学”的课程思政教学目标

2.1 “生物化学”的课程思政特征分析

“生物化学”课程是生物学相关专业的基础核心课程，更是培养高校低年级学生树立最基本生命观念的主要课程。在教材纷繁复杂的生物化学基本知识中，也蕴含着丰富的课程思政元素。“生物化学”的授课对象一般是大一、大二的高校学生，他们往往处在世界观、价值观和人生观的建立期，也正处于政治意识和公民意识的萌芽期。若能在生物化学专业知识的传授过程中，以“润物细无声”的方式将课程思政元素浸润于专业知识中，这将使得学生在学习生物化学专业知识的同时，潜移默化地塑造三观，自觉成为符合社会主义中国发展要求、推动中华民族伟大复兴的新时代青年。

根据“生物化学”课程的专业特征、知识特征和教学特征，其蕴含的思政元素主要可归于八大维度：政治认同、家国情怀、科学精神、公民品格、生态文明、法治意识、文化自信与全球视野。

政治认同：“生物化学”是研究生命属性的化学本质的科学，是一门实验科学，有系统的知识理论体系和技术手段，具操作性和实践性。课程设置目标不仅是教会学生解决某个具体的技术问题，更是旨在引导学生利用专业知识服务国家整体发展战略。课程中有多处专业内容是对马克思唯物主义哲学和自然辩证法原理的自然证明，非常有助于同学们在专业学习中理解与认同马克思主义世界观与方法论。此外，“生物化学”的教学内容中也有大量体现我国政治体制独特优越性的案例与进展，有助于让同学们形成对我国政治体制的政治认同感。

家国情怀：中国在近代史上由于众所周知的原因，政治、经济、教育、科学、技术诸多方面都落后于欧美各国。20世纪初，一些有识之士出国留学，志在报效祖国。“生物化学”的教学内容中也彰显了多位学界前辈为国为民、以天下为己任的事迹，体现出前辈们的浓厚家国情怀。通过这些专业知识、原理技术结合国内生物化学发展史的学习，将课程中的知识分享上升为价值观念的分享，使学生可以逐渐建立对中华大地的情感，从而发自内心地热爱这个国家。

科学精神：“生物化学”课程以理论讲授和实验为主。主要讲授活细胞和有机体中各种生物大分子在生命过程中的化学反应与相互作用，呈现出微观层面的事物相互联系、拮抗、协作等关系，这些也正是马克思主义哲学辩证唯物主义各原理在生物化学领域的体现。因此，从思政角度，整个“生物化学”的课程教学事实上便是马克思主义哲学原理在生物化学方向上的全面论证与思想教育。在此基础上，辩证唯物主义及其所延伸的求真求实、客观理性、矛盾统一等科学精神，便成为浸润于“生物化学”理论课和实验课中的基因内核。此外，“生物化学”作为自然科学属性的课程，其发展史以及取得的每一个重大进展均离不开学界前辈的科学精神。客观理性的思维特质、严谨求实的工作作风以及探索创新的价值取向成就了他们的专业素养和品格，在特定社会政治情境下，就体现为社会性和价值性。因此，科学精神是“生物化学”课程的核心与灵魂，是育人的一个重要维度。

公民品格：“生物化学”着重讲授生物大分子之间的相互作用及其对生命活动的影响。这些复杂的相互作用，完全可以用来比拟社会生活中个人与个人、个人与集体、集体与集体等相互关系。由此，生物化学教学，从某种意义上，也是社会公民的行为准则教育。比如，“我为人人，人人为我”、团结协作等公民品格，均能在生物化学过程中得到体现。此外，“大爱无疆”，很多科学家以及企业将其研究成果无偿捐献给社会，造福人类，这种社会责任感和使命感也值得在教学中加以强调。

生态文明：生态文明的本质就是合理利用自然资源，实现和谐共生，可持续发展。“生物化学”正体现了整体生命活动中各种生物化学反应的和谐统一，而改变这种生化反应的和谐统一便会造成机体的损伤和病害。所以，“生物化学”与生态文明的本质完全契合。此外，“生物化学”中也有大量通过生物化学技术手段促进工农业副产品再利用，推动循环经济、促进可持续发展的内容，同样是生态文明思想的体现。进一步，在讲述氧化磷酸化和光合作用时，教师在强调氧气的重要性时，要将“爱护资源、保护环境、实现可持续发展人人有责”深入内化到每一个学生心中。

法治意识：“生物化学”课程的理论讲授和实验学习中，都有大量利用生物化学技术来诊断和治疗疾病、制造各种工业产品、改良环境和农作物等“技术改变生活”的实例，但也有一些违反生物伦理的反面例子。技术的两面性和人性的贪婪使得少数研究者不顾生物伦理和普通民众安危，例如用生化技术制造生物武器等反人类行为，养殖业中滥用激素等现象，是我们坚决要制止的。因此在讲授生物化学的原理和技术时，也要强调公民的法治意识，作为现代文明社会，法治是社会稳定和发展的重要基石，依法治国已成为我国的基本国策，而公民的法治意识也决定了社会的文明程度和发展潜能。大学生肩负时代使命，从这个意义上，“生物化学”课程的教学过程，也应当成为一个普法的过程，使得青年学子在学会用所学知识和技术造福人类的同时，也将法治意识纳入自身的三观塑造中。

文化自信：“生物化学”的课程内容中，有多处涉及我国的传统文化和传统典籍。事实上，我国劳动人民在源远流长的中医药实践中早已经摸索出很多生化原理与技术，并用于医疗和生活的方方面面，这本身就是灿烂辉煌的中华文明的象征。例如中国灿烂的丝绸文化，是中国宝贵的物质和精神财富，其中的缫丝工艺中蒸煮蚕茧，就是最有效的分离纯化蚕丝蛋白的方法；而中国古代先进的制糖工艺、酿酒技术，用现代的眼光看，也都是利用酶以及生化技术提取和制备而来的。这些都值得作为本课程中的重要思政元素加以呈现，使得同学们得以在生物化学的专业知识中感受我国的灿烂文化和伟大成就，从而树立文化自信。

全球视野：生物经济已成为国际竞争和科技竞争的重点，我国也已将生物技术确定为我国高技术发展战略的优先领域之一。在这些生物技术的国际竞争当中，生物化学技术的基础和应用研究历来都是发达国家的研究热点，因此基于国际局势理解我国生物化学的现状和发展方向，是当代大学生的必要素质。在生物化学的学习和研究中，我们要站得高，望得远，勇于拼搏和创新，并与国际间的学术和思想进行交流合作与比较，这都有利于培养同学们的全球视野，扩大他们思考问题的格局。

2.2 “生物化学”的课程思政教学目标

由上分析，“生物化学”课程具备丰富的课程思政元素和内涵。在“生物化学”课程的教学过程中，应当采用合适的教学方式，体现和强化这些思政元素，实现以下的主要课程思政教学目标：

◎ 围绕生命属性的化学本质，在深刻理解生物分子的结构与功能、生物分子的分解和合成代谢以及遗传信息的流动和传递的基础上，结合辩证唯物主义原理，培养学生对马克思主义哲学原理的深刻领悟，树立高度的政治认同感，形成积极的价值观和人生观。

◎ 通过对生物化学专业知识、技术结合生物化学发展史的系统学习，培养学生客观理性的思维特质、严谨求实的工作作风和探索创新的价值取向；在自然科学的课堂里感受我国的灿烂文化和伟大传统，从而树立文化自信；了解当前时代的国际合作与竞争，形成全球视野。

◎ 通过系统学习生物化学及相关技术，对技术的两面性有正确认识。教会学生对于技术风险评估的“可测、可控、可逆”三原则，了解生物化学技术与产品开发应用的法律法规，尊重生命，保护环境，遵纪守法。

二、《生物化学》各章节课程思政教学指南

第一篇 生物分子：结构和功能

第一篇共十四章内容，叙述生命的分子基础，分别介绍各类生物分子的结构与功能，包括蛋白质、酶、维生素、糖类、脂质、核酸、激素等。按本《指南》教材，生物膜（结构与功能）与脂质合为一章，信号转导与激素合为一章。

第一章 生命的分子基础

1.1 专业教学目标

本章是“生物化学”课程的开篇，在整门课程的教学中具有“开宗明义”的功能。本章着

重介绍生命的分子基础，包括生命属性、生命物质的化学组成和结构、生命基本单位细胞的介绍以及生物分子的起源与进化，还有生化的定义、研究目的和意义以及学科发展历史，为之后讲解各个章节奠定基本的理论基础和宏观视野。具体教学目标如下：

◎ 掌握生命物质的化学组成，理解生物分子的三维结构与生物系统中的非共价相互作用；

◎ 掌握水的结构和性质，理解水是生命的介质；

◎ 掌握生命的基本单位——细胞的分类及其特征；

◎ 了解生物分子的起源与进化；

◎ 了解生物化学的研究内容、发展史、现状及发展方向，尤其是生物化学在西方和我国的发展简史，认识生物化学在现代生物学、医学中的重要作用。

1.2 重要思政元素分析与相关知识板块

本章作为《生物化学》的开篇，介绍了现代生物化学的发展和分子生物学的兴起，现代生物化学发展中的一些重要学术中心和学者，并专门介绍了我国生物化学的发展，故蕴含了丰富的思政元素，是“生物化学”课程开展课程思政的重点章节。其主要的思政元素和相关的重点知识板块包括：

1) 政治认同

中国近代史上由于众所周知的原因，政治、经济、技术等各方面都落后于欧美各国，生物化学研究进展缓慢，落后于世界水平。只有当新中国成立后，我国的生物化学研究才重新走上正轨，并在党和国家的高度重视下得到蓬勃发展，目前已经重新成为国际生物化学研究的重要力量，并在部分领域居于国际领先水平。这部分内容清晰讲述了政治与学科发展的关系，表明一个稳定而强大的国家对于科学研究发展的重要性，是对我国现行政治制度进行政治认同感教育的良好素材。

2) 文化自信

本章在“发展中的我国生物化学”的文字介绍中，梳理了我国古代在生物化学研究中的成就和重要典籍。例如，古人在实践中认识发酵，并利用它进行酿酒、做醋、制酱等。这些先人的科技实践，代表着中华文明的辉煌历史，将引起同学们的文化自信与民族自豪感。

3) 家国情怀

本章在“发展中的我国生物化学”的文字介绍中，讲述 20 世纪初，一些有识之士出国留学，志在报效祖国。到了 20 世纪 20 年代，他们放弃国外高薪，毅然学成归国，包括吴宪、张昌颖、郑集、汪猷、沈同、王应睐、邹承鲁等一大批留学回国科学家，他们为我国生物化学、营养学、医学等领域的发展作出了突出贡献，并且培养了一大批人才。这些科学家前辈将个人理想融于国家和民族的发展中，正是家国情怀的最佳体现。

4) 科学精神

本章在“发展中的我国生物化学”的文字介绍中，提到科学家王应睐带领上海生物化学研究所的同事们，跟国内其他单位通力协作，于 1965 年成功地人工合成了结晶牛胰岛素。这是人类第一次人工合成具有生物活性的蛋白质，是我国科学家在人类认识生命、揭开生命奥秘伟大历程中的重要贡献。新中国成立后，我国生物科学家能在当时相对落后艰苦的条件下完成结晶牛胰岛素的人工合成，没有报效祖国和造福人类的信念，没有艰苦奋斗的精神和忘我的工作热情，是无法获得这一伟大的世界级成就的。因此，这一蕴含着爱国主义和科学精神的专业案例，可以在本章相关知识点的讲授中加以强调和升华。

1.3 课程思政的教学策略实例

本章思政元素丰富。为做到课程思政教学“润物细无声”的教学要求，需要采用多种教学手段和策略，在教学内容中融入相关思政元素。以下列举三例：

1) 课程思政教学实例一：政治认同

中国近代史上由于众所周知的原因，政治、经济、技术等各方面都落后于欧美各国，生物化学研究进展缓慢，落后于世界水平。新中国成立后，党和政府高度重视自然科学研究，而新中国科学家也抱着对新中国的高度认同和饱满热情努力工作，从而在较短的时间里诞生了多项领先世界的生物化学成果，包括1965年的结晶牛胰岛素人工合成，以及1983年酵母丙氨酸转移核糖核酸（$tRNA^{Ala}$）的人工全合成等。教师需要清晰地呈现出上述这些内容，并在专业知识讲授结束后，强调国家政治与学科发展的关系，表明一个稳定而强大的国家对于科学研究发展的重要性，从而让同学们产生认同感并由衷地热爱自己的国家。

2) 课程思政教学实例二：文化自信

在绪论课上讲述到我国生化的发展及贡献时，可以先在多媒体课件中显示《尚书》中的诗句“若作酒醴，尔惟曲蘖”，并提问同学们知道该诗句的意思么？或者提问知道该诗句与生物化学中的什么知识相关联呢？然后教师再解释：造酒必须用曲，按现代生物化学观点来看，曲就是促进谷物淀粉糖化和酒化的媒介物（粗酶）。继而再提及公元7世纪唐朝孙思邈著有《千金要方》和《千金翼方》两部医书，书中记载了牛肝能治雀目。雀目就是夜盲症，因缺乏维生素A引起，而动物肝脏中正含有丰富的维生素A。同学们由此知道，在我国，很早古人就在实践中获得了生物化学知识并用于指导人们生活。这一部分内容的介绍可以很好地激起同学们的民族自豪感，引导同学产生对中华民族优秀传统文化的自豪和自信。

3) 课程思政教学实例三：爱国主义和科学精神

我国科学家在结晶牛胰岛素人工合成和酵母丙氨酸转移核糖核酸（$tRNA^{Ala}$）的人工全合成的两项伟大成就是本章节开展科学精神和爱国主义教育的绝好素材。例如，教师可以结合当时的时代背景，讲述牛胰岛素分子合成的艰难及伟大意义。1955年，英国化学家桑格完成了胰岛素的全部测序工作，并因此获得1958年的诺贝尔化学奖。但当时的国际权威杂志《自然》发表评论文章断言：“合成胰岛素将是遥远的事情。”然而，中国科学家取长补短，密切合作，充分发挥团队精神，确定了全合成胰岛素的研究策略，即采用分别合成A、B两个肽链，然后进行组合合成的路线。最终不仅成功合成结晶牛胰岛素，而且参与合成的科研人员最终也成为了我国生物化学界的中坚力量。教师可以通过多媒体展示牛胰岛素复杂的分子结构，突出对比我国科学家在合成大分子时的困难背景和伟大成就，从而强调我国科学家的爱国信念、团结协作的精神和科学精神。

第二章 氨基酸、肽和蛋白质

2.1 专业教学目标

本章着重介绍氨基酸、肽和蛋白质的化学结构、分类、理化性质和分析方法，从而为之后理解蛋白质的功能奠定基础。具体教学目标如下：

◎ 掌握氨基酸的化学结构、分类、符号、理化性质及分析方法；
◎ 掌握肽、肽键的概念和特点；
◎ 掌握蛋白质的一级结构，了解蛋白质的组成、分类、分子大小和结构层次；
◎ 了解蛋白质测序以及肽和蛋白质的化学合成的常用技术和方法。

2.2 重要思政元素分析与相关知识板块

“生物化学”是实验性科学，很多原理和知识点都是通过实验和技术加以阐明，因而科学精神始终是最重要的思政元素，本章亦然。“生物化学”是研究生命属性的化学本质的科学，而生命体处于动态平衡状态，生命受到外界环境和内在因素的不断影响，因此在整个教学中要始终坚持用辩证思维的观点看待生物化学中的各类问题。简而言之，本章几个主要的思政元素和相关知识板块如下：

1）科学精神

本章节在蛋白质的一级结构这部分内容列举了胰岛素多肽链氨基酸残基序列的测定以及牛胰核糖核酸酶 A 的全序列分析两个案例。以胰岛素 51 个氨基酸测序为例，桑格(Sanger)在实验中找到标记氨基酸的 N 端试剂使得蛋白质测序成为可能，这是一种创新精神。同时，为了得出胰岛素氨基酸的排列顺序，他和同事持之以恒地工作了 8 年，这又是一种坚持不懈的精神。这种勇于创新、持之以恒的科学精神是值得强调的重要思政元素。教材还列举了以王应睐为首的中国科学家在世界上首次人工化学合成了结晶牛胰岛素，这一伟大的科学成就在绪论中已经提及，本章中可视教学学时适当删减或略过。

2）辩证思维

蛋白质的一级结构，即氨基酸序列决定蛋白质的功能。一方面，在数以千计的人类遗传性疾病中都观察到有缺陷的蛋白质产生，例如，镰状细胞贫血病（详见第四章）是由于蛋白质的一个氨基酸改变导致；又如，大多数的杜兴氏肌营养不良症是由于编码肌营养不良蛋白的多肽链中有部分肽段发生缺失。这些都提示我们，蛋白质的氨基酸序列决定其结构，而结构是其功能的基础。但是，一种特定蛋白质的氨基酸序列是否绝对固定或不变呢？否，它们有一定的可变性或柔性。例如，在人的群体中有 20%—30%的蛋白质是有多态性的，存在氨基酸序列的变体，但对蛋白质的功能影响不大或很小。按照辩证唯物法的原则：“在联系和发展中把握认识对象，在对立统一中认识事物。”因此，辩证思维既不同于那种将对象看做静止的、孤立的形而上学思维，也不同于那种把思维形式看作是既成的、确定的形式逻辑思维。有了这种观点，再去理解氨基酸序列与蛋白质功能之间的关系就不会那么僵化了。由此，如何看待蛋白质氨基酸序列、结构与功能的关系，便是一个典型的辩证思维训练过程。

2.3 课程思政的教学策略实例

1）课程思政教学实例一：勇于创新和持之以恒的科学精神

蛋白质的氨基酸序列对于了解蛋白质的功能至关重要。1953 年，桑格用化学方法测定了胰岛素多肽链的氨基酸序列，这使许多研究者惊奇不已，因为在此以前人们认为这是一个不可能完成的困难任务。教师在讲述到这里的时候，先给同学们展示一下几种蛋白质的结构，显示蛋白质结构的复杂性和多样性，让同学们理解为什么蛋白质测序在那个时代是一个难以完成的任务。然后再讲述桑格通过无数次试验找到一种试剂“2，4-二硝基氟苯”标记氨基酸的 N 端，加上使用酶随机降解胰岛素分子得到不同大小的片段，通过类似拼图的方法来破译胰岛素氨基酸的排列顺序。即使找到了标记方法，但桑格和他的同事仍然花费了8年时间才“拼出”了胰岛素的51个氨基酸的排列顺序。通过这个案例向同学们描述所谓的科学精神，不仅要勇于创新，而且需要长期的坚持，使同学们受到启发，掌握科学的研究方法，学习科学家的品质。

2) 课程思政教学实例二：辩证思维看待氨基酸序列与蛋白质结构和功能的关系

教材中，本章节讲述到蛋白质的一级结构这部分内容时提及蛋白质的氨基酸序列决定蛋白质的功能。一方面，可能一个氨基酸的改变就导致蛋白质结构的改变从而引起疾病；另一方面，蛋白质又存在多态性，部分氨基酸序列的改变并不影响蛋白质的功能。看似矛盾的现象正好是一个典型的辩证思维训练案例。教师可以进行这样的教学设计，首先，以血红蛋白结构为例，先分别展示其氨基酸序列、三维结构以及组成的正常的圆饼状红细胞图；继而，将其中的一个氨基酸改变后，显示血红蛋白的三维结构显著改变，形成镰刀状红细胞，引起疾病。然后根据教学学时，可以适当地再增加1—2个类似的例子，强调氨基酸序列决定蛋白质结构和功能。接下来，可以提问同学，如是，氨基酸的序列这么重要，是否对于一个特定的蛋白质来说，其序列是绝对固定或不变的？经过简短的课堂讨论后，教师便可以进行小结并进行下面的教学内容，即蛋白质的多态性的讲授。由此，教师通过上述举例告诉同学们，蛋白质结构决定功能，有些关键氨基酸的变化可能对一个蛋白质的功能影响显著，而对于另一些氨基酸的变化，由于对蛋白质的结构影响不明显，因此其并不影响蛋白质的功能。这样的教学方式，可以使得同学们将氨基酸序列和蛋白质功能的专业知识理解与辩证思维关联在一起，从而逐渐内化进同学们的自身思维方式中去。

第三章　蛋白质的三维结构

3.1　专业教学目标

蛋白质的一级结构决定高级结构，而高级结构是其功能基础。上一章我们学习了蛋白质是由氨基酸聚合而成的大分子多肽链，知道了蛋白质的一级结构，本章则讨论蛋白质三维结构的二、三、四级层次，三级折叠的亚层次（超二级结构和结构域），此外，还介绍稳定蛋白质构象的作用力、研究蛋白质构象的方法以及讨论蛋白质的变性、折叠和结构预测。具体教学目标如下：

◎ 掌握蛋白质二级至四级结构以及超二级结构和结构域的概念、特点；

◎ 掌握三类不同功能的蛋白质的结构特征：纤维状蛋白质、球状蛋白质和膜蛋白质；

◎ 掌握稳定蛋白质构象的作用力，了解测定蛋白质三维结构的方法；

◎ 掌握蛋白质变性和折叠，了解蛋白质折叠的意义和蛋白质结构预测。

3.2　重要思政元素分析与相关知识板块

这一章节介绍了较多蛋白质三维结构测定方法，专业性较强，然而，其中仍然蕴含着重要的思政内容，值得在专业知识的讲授中得到体现。几个主要的思政元素和相关知识板块如下：

1) 中国科学家的科学贡献

蛋白质结构的解析工作直到今天依然是个难题，也一直是蛋白质领域的研究热点。在我国涌现出一批以施一公为代表的结构生物学家，他们的科研成果受到世界瞩目。以施一公为例，他运用结构生物学和生物化学的手段在细胞凋亡、大分子机器、膜蛋白诸多研究领域中均处于国际领先，并培养了颜宁、柴继杰等杰出的青年结构生物学家，为世界和中国科学都作出了巨大贡献。此外，本章节有关蛋白质变性和复性的学说介绍中，提到了我国现代生物化学奠基人吴宪的工作，吴宪早在 20 世纪 30 年代就已提出蛋白质变性和其结构之间的关系，为后人理解蛋白质结构和功能的关系奠定了基础，也使得我国生化方面的蛋白质领域研究处于国际领先水平。由此可见，中国科学家在蛋白质的结构测定和蛋白质变性理论这些研究领域，正走在世界前列。教师可以利用这部分内容，凸显我国科学家在蛋白质研究领域中的地位和贡献，从而增强当代学生的民族自信心。

2）文化自信

大家都知道豆腐是中国人所创造，是举世闻名的中国传统食物，虽然关于豆腐的发明年代、过程，至今仍有不同看法，有起源于孔子时代、汉代、唐代、五代等不同说法。比较流行的说法是西汉淮南王刘安发明了豆腐。不管是谁发明的，公认的是，我国很早就创造了将大豆蛋白质的浓溶液加热并点入少量盐卤（$MgCl_2$）的制豆腐方法，说明我国古代人民很早就能利用蛋白质加热变性的方法制作出豆腐并流传至今。通过该案例的讲述，不仅能让同学们很快记住蛋白质加热会变性沉淀这个知识点，同时，又对我国古代文明产生自豪感，从而激发爱国情怀。

3.3 课程思政的教学策略实例

1）课程思政教学实例一：中国科学家的科学贡献

教师在介绍到研究蛋白质三维结构的各种技术时，应适时提及施一公利用冷冻电镜等技术研究蛋白质的结构，在国际权威学术杂志《细胞》、《自然》、《科学》等发表学术论文多篇，这些工作系统地揭示了哺乳动物、果蝇和线虫中细胞凋亡通路的分子机理，有些成果已用于治疗肿瘤的药物研发。教师可通过在课堂上展示施一公及其学生在这一领域发表的大量顶级论文，以及同行对他们研究成果的评论，告知同学们我国科学家在这一领域里的国际权威地位，从而让同学们了解我国当代科学家在国际科学界的地位和声誉，引导同学们产生对祖国的民族自豪感。

另外，教师可根据学时数，如有时间，还可提及吴宪的科学贡献。在讲述蛋白质变性与复性时，先给出“变性、沉淀、聚集、絮凝”等关键词，让同学们辨析它们的异同点。然后再讲述在吴宪那个时代，蛋白质中的肽键结构尚未被普遍接受，最早的蛋白质结晶才不过刚刚完成，研究者往往将蛋白质的变性、沉淀、聚集、絮凝等现象混为一谈。而吴宪先生在总结蛋白质变性实验研究的基础上区分了这些现象，充分讨论了变性作用的特点并指出蛋白质变性的本质。半个多世纪过去了，吴宪的变性理论仍然是当前国际上蛋白质变性和蛋白质折叠研究的基础，是国际上公认的蛋白质变性理论的奠基人。通过这个案例的教学，告诉学生我国的生化研究在不少方面居于国际前列，这也将极大地增强学生们的民族自豪感和自信心。

2）课程思政教学实例二：文化自信

在讲述完蛋白质变性与复性的专业知识后，可以适时呈现各种豆腐美食的图片，然后问一下同学们知道豆腐是谁发明制作的吗？豆腐的制作过程又是怎样的呢？豆腐的凝结和本节哪些知识点相联系？通过这些启发式教育和问答，同学们不仅易于消化本知识点，同时，又不禁对古人的智慧产生强烈的民族自豪感。

第四章　蛋白质的生物学功能

4.1　专业教学目标

前面两章已讲述了蛋白质的氨基酸序列和三维结构，而蛋白质的三维结构是其功能基础。要注意，蛋白质是生物大分子，它不是静止不变的，而是一个动态分子，它的功能几乎总是依赖于与其他分子的相互作用。因此，本章主要介绍蛋白质如何与其他分子相互作用，以及这些相互作用如何与动态蛋白质的结构关联。其教学目标如下：

◎ 了解蛋白质功能的多样性；

◎ 以肌红蛋白和血红蛋白为例，掌握蛋白质结构与功能关系；

◎ 了解免疫球蛋白结构与功能的关系；

◎ 了解肌动蛋白、肌球蛋白和分子马达结构与功能的关系。

4.2　重要思政元素分析与相关知识板块

本章节主要介绍蛋白质的结构和生物学功能之间的关系。蛋白质的一级结构决定高级结构，高级结构决定生物学功能，任何一个环节出现差错，就会导致疾病。一级结构发生突变，则高级构象发生变化，导致蛋白质生物学功能改变；同样，即使一级结构不变，而蛋白质折叠错误，也会导致其生物学功能改变，发生疾病。故本章思政元素主要集中在科学精神的培育方面，具体集中在辩证思维、团队协作等思政元素上。

1) 辩证思维

学会用唯物辩证法中的矛盾对立统一规律看待蛋白质结构和功能、健康与疾病的关系。本章花大量篇幅介绍了血红蛋白的结构和携带氧功能之间的关系，并以两种可遗传的血红蛋白分子病为例，说明蛋白质结构决定功能。若蛋白质结构异常，则功能异常，导致机体患病。但我们必须用辩证的眼光看待生命体。对镰状细胞贫血的深入研究发现，杂合子患者能抵抗一种流行于非洲的致死性疟疾。因此，一个等位基因的突变并非完全没有益处。机体为适应环境，产生有效的组织修复，就必须承受可能发生疾病的风险。这些案例提示同学们应该辩证地看待蛋白质结构与功能的关系，辩证地看待疾病和认识生命体，尤其是人类生命体。

2) 团队协作精神

本章在介绍蛋白质的生物学功能时反复提及蛋白质行使功能经常需要与其他分子相互作用。蛋白质在它的结合部位上与称为配体的其他分子结合。当与配体结合时，蛋白质可能发生构象变化，这是一个诱导契合的过程。在多亚基蛋白质中配体与一个亚基的结合可能影响其他亚基与配体的结合。经典案例就是在马达蛋白质中蛋白质—配体相互作用在时间、空间的组织方面达到几乎完善的程度。可以肌肉收缩为例，强调生物大分子只有通过精准、高效的协作，才能完成相应的生物学功能。这些内容，经过专业知识的讲述，可以促进学生理解团结协作的意义，“人人为我，我为人人”，从而培养他们的团队协作意识。

4.3　课程思政的教学策略实例

1) 课程思政教学实例一：辩证思维

在细胞中，蛋白质是生命功能的执行者。蛋白质结构决定功能，若蛋白质结构异常，则功能异常，机体会患疾病。细胞内错误折叠的蛋白质来不及处理也可能导致机体的病变。在教学设计上，可以先以血红蛋白分子病为例，说明蛋白质结构与功能和疾病的关系。进而可以提问："血红蛋白分子病是一种遗传病，那么，在自然选择的过程中，为何会留下这些患血红蛋白分子病的患者呢？这些突变的血红蛋白结合氧的能力有缺陷，但是在其他方面是否有优势呢？"通过这些提问，留 3—5 分钟时间让他们自行查阅书中这部分内容并进行简短讨论，最后教师可做一个小结：机体为适应环境，产生有效的组织修复，就必须承受可能发生疾病的风险。然后提示同学们应该辩证地看待蛋白质结构与功能的关系，辩证地看待疾病和认识生命体，尤其是人类生命体。健康的人类生命体并不是完全消除疾病的机体，而是经受住各种疾病的残酷挑战与筛选，能抵御各种疾病、适应环境的机体。

2）课程思政教学实例二：团队协作

蛋白质行使功能经常需要与其他分子相互作用，经典案例就是肌肉收缩的分子机制。可用提问或讨论的方式向同学发问："肌肉主要由什么蛋白质组成？肌肉如何完成收缩？涉及多少种蛋白质及其他分子的参与？如果在这个过程中有大分子失活会产生怎样的后果？"接着，教师便可在与学生们的讨论中将这一专业问题理解得更为透彻：肌肉的收缩是由肌球蛋白组成的粗丝和肌动蛋白组成的细丝发生相对运动的结果，这个过程受 Ca^{2+} 的调节，并需要水解 ATP 来提供能量。Ca^{2+} 与肌球蛋白结合导致肌钙蛋白—原肌球蛋白复合体的构象变化，结果引发肌动蛋白-肌球蛋白相互作用的循环。肌肉之所以能行使收缩功能，是因为各种蛋白质进行团队协作，精准、高效地完成相应的生物学功能。经过专业知识的讲述，可帮助学生学会团结协作，培养团队精神和社会使命感。

第五章　蛋白质的性质、分离纯化和鉴定

5.1　专业教学目标

蛋白质来源于动植物组织或微生物细胞，近年来还有基因工程的表达产物。研究某种蛋白质的分子结构、氨基酸组成、化学和物理性质，需要纯的、均一的甚至是结晶的蛋白质样品。而实际工作中，如制药工业中，也需要获得纯的、稳定性高的蛋白质样品。本章主要介绍蛋白质分离、纯化的一般程序和方法，分离纯化的各种方法主要是利用蛋白质之间各种性质的差异，因此本章也适当地介绍蛋白质在水溶液中的行为包括酸碱性质、胶体性质和沉淀，蛋白质的相对分子质量测定以及蛋白质的含量测定和纯度鉴定等。本章的教学目标如下：

◎ 掌握蛋白质是两性电解质，了解蛋白质在水溶液中的行为；
◎ 了解蛋白质分离纯化的一般程序；
◎ 掌握蛋白质分离纯化的一般原则，了解常用蛋白质分离纯化方法；
◎ 掌握蛋白质常用相对分子质量的测定方法；
◎ 掌握最常用蛋白质检测和定量方法。

5.2　重要思政元素分析与相关知识板块

本章内容技术性强，介绍蛋白质的性质、分离纯化和鉴定。这些技术可用于获得各种药用蛋白，以满足医药需要；也可以用于分离检测血液中的各种蛋白比例，用于疾病诊疗，和我

们的生活密切相关。相关思政元素分析如下：

1) 科学精神和社会责任

本章内容花大篇幅介绍了蛋白质分离纯化的各种常用方法。众所周知，工业蛋白尤其是药用蛋白的应用，要求纯度高、稳定性高。可以举班廷发现提纯胰岛素的例子，着重强调他在自己身上注射牛胰岛素提取物来测试其安全性的为科学献身的精神，虽然这种做法现在不值得提倡，但其科学精神令人尊重。当他确证胰岛素可用于治疗糖尿病时，又毅然将价值连城的胰岛素的专利以一元钱的价格象征性地转让给了母校多伦多大学，他也再次因为崇高的品格赢得了世人永久的敬意和赞美。通过这个经典的科学事迹，潜移默化地引导学生感受科学家无私奉献的科学精神和不计名利、一心为民的社会责任感。

2) 灿烂的中国文明

中国的丝绸文化源远流长，宋代史籍中记载有“嫘祖始教民育蚕，治丝茧以供衣胜”，王祯《农书》中有“黄帝元妃西陵氏，始劝蚕事”，民间通常视嫘祖为先蚕祭祀，此外与蚕神有关的传说，还有马头娘和蚕花娘娘等。虽然传说起源不一而论，但有定论的是，远在新石器时代，中国已发明丝织技术。

现在知道，蚕丝是一种天然的动物纤维，其主要成分是动物蛋白质。从蚕茧中抽取蚕丝的过程称为缫丝。古人缫丝通常采用高温蒸煮的方式，一方面因为蚕丝是动物纤维，通过加热，去除其中的可溶性蛋白，从而起到分离纤维抽出蚕丝的目的；另一方面利用高温蒸煮杀死茧中的蚕蛹。缫丝工艺的优劣直接影响蚕丝的品质。中国古人经过长期实践，总结出一套行之有效的缫丝经验，中国的丝绸文化也因此举世闻名。用现代观点来看，高温蒸煮实际上就是分离纯化蚕丝蛋白的有效方法。中国的丝绸文化无疑代表了中国悠久灿烂的文化以及古人智慧的结晶，也是本章极好的思政元素。

5.3 课程思政的教学策略实例

1) 课程思政教学实例一：无私奉献的科学精神和社会责任

教师在上课的时候可以先简单介绍一下工业蛋白的重要性，然后可以药用蛋白为例，说明蛋白纯化的必要性和重要性：即使确切知道一个蛋白质的药效，但其纯度如果没有达到要求，其安全性就会遭到质疑。然后提及班廷和麦克劳德发现胰岛素和提纯胰岛素，最终将其作为药物治疗糖尿病的经典科学故事，潜移默化地引导学生感受科学家的奉献精神和不计名利、敢于担当的社会责任感。然后再强调，即使到目前为止，胰岛素仍然是糖尿病人的一线用药。班廷和麦克劳德他们勇于探索、艰苦奋斗、无私奉献、造福人类的科学精神和对社会的责任，无疑是最好的思政案例。

2) 课程思政教学实例二：灿烂的中国文明

教师可事先收集一些在全球各地博物馆收藏的中国丝织品图片，在本章概述讲授时，适时展示给同学们看，可引起同学们对中国丝绸文化的强烈自豪感。教师接着可引用中国典籍讲述中国古代人民经过长期实践，总结出一套行之有效的育蚕缫丝经验，其先进的生产技术和精湛的织造工艺曾经垄断世界长达三个世纪，举世闻名的丝绸之路不仅促进了东西方贸易交流，让中国丝绸文化走出世界，也为世界物质文明和精神文明作出了巨大贡献，这也可从各国博物馆争相收藏中国丝织品窥见一斑。讲到这，灿烂的中国文明自然而然引起同学们的共鸣，产生强烈的民族自豪感和爱国情怀。当然，教师也需注意在讲述这段史实的时候，强调蚕茧的制作工艺，其高温蒸煮的方法就是纯化蚕丝纤维最行之有效的技术手段，也可说是有记载的最早的蛋白纯化方法！

第六、七、八章　酶

本《指南》所用教材第六章介绍酶的催化作用，第七章介绍酶动力学，第八章讲述酶作用机制和酶活性调节。在其他许多版本的《生物化学》教材中，大部分都是将三章浓缩为一章：酶，来讲述。因此，本《指南》为方便教学，将这三章的专业教学目标、思政元素分析和思政案例合并，共同讲述。

6.1　专业教学目标

生物的生长发育、繁殖、遗传、运动、神经传导等生命活动都与酶的催化过程紧密相关。而酶学的研究与应用，都需要掌握酶促反应的规律，酶动力学的研究既有理论意义又具有实践意义。此外，酶的特殊催化能力与酶的活性部位或活性中心密切相关，因此，理解酶蛋白的结合部位和催化部位的分子结构及工作机制，可以使得同学们更加深入地理解酶的工作机制。本章的教学目标如下：

◎ 掌握酶的化学本质及其组成、酶催化作用的特点；

◎ 掌握酶的命名和分类；

◎ 了解酶的专一性、酶的活力测定和分离纯化；

◎ 了解核酶的特点、分类及意义；

◎ 了解化学动力学基础，掌握底物浓度对酶促反应速率的影响；

◎ 掌握酶的抑制作用、特点及其意义，并了解温度、pH、激活剂对酶促反应的影响。

◎ 掌握酶活性部位的特点，了解酶促反应机制；

◎ 了解以溶菌酶、碳酸酐酶、丝氨酸蛋白酶和天冬氨酸蛋白酶为例的酶催化反应机制；

◎ 掌握酶的别构效应，了解别构酶和同工酶的调节功能和实例；

◎ 掌握酶活性的可逆共价修饰和不可逆共价调节。

6.2　重要思政元素分析与相关知识板块

六、七、八章均介绍酶的知识，酶是生物体内高效的生物催化剂。生物体内每时每刻都在进行着各种不同的化学反应，这些化学反应几乎都由酶催化，如果没有酶，生命也就不复存在。许多先天性遗传疾病是由于体内某种酶的缺陷或酶活性改变造成的，许多药物也是通过影响酶的活性及含量发挥其治疗作用的。本章包含有不少思政元素，具体分析如下：

1）辩证思维

由于酶的数量及催化活性在体内是一个动态过程，因而教学内容存在不少唯物辩证法的思政元素。例如，“普遍联系的观点是客观事物及其相互关系的客观反映”，可以酶与蛋白质的共性与个性展开，即酶的本质也是蛋白质，但它具有催化活性，与普通蛋白质不同，这就是它的个性；“事物的发展变化是量变和质变的辩证发展过程”，可以温度对酶促反应速度的影响来加以理解，即在一定温度下酶促反应随温度升高而加快，但随着温度升高到一定程度，酶由于热变性失活，这就看到了温度对酶的双重影响；“矛盾的共性和个性”，可以同工酶的作用来加以说明，同工酶是催化相同反应而分子结构不同的酶，其生理功能因而也不同。

例如，同样是碱性磷酸酯酶，动物肝脏的碱性磷酸酯酶和肝脏的排泄功能有关，而肠黏膜的碱性磷酸酯酶却参与脂肪和钙、磷的吸收。由此，如何正确理解酶的性质和功能，便是一个典型的辩证思维训练过程。

2) 文化自信与科学理性

人们对酶的认识起源于生产与生活实践。我国古代人民早在八千年前就开始利用酶，大约公元前 21 世纪夏禹时代人们就会酿酒，公元前 12 世纪周代已能制作饴糖和酱，2 000 多年前春秋战国时期已知用曲治疗消化不良的疾病。凡此种种都说明，虽然我们的祖先并不知道酶是何物，但根据生产和生活实践积累，已把酶利用到相当广泛的程度。中华文明源远流长再次得到验证，这些知识的介绍可引起学生的共鸣，对古人的智慧产生自豪感，从而激发爱国情怀。

当前流行吃“酵素”，很多民众趋之若鹜，将此舶来品奉为神药。其实酵素就是酶的日文，并不神秘。所以，本章内容对于提高同学们的科学理性思维，辨析社会流言也有很大作用。

3) 大胆质疑、开拓进取的科学精神

如前所述，酶是生物体内高效的生物催化剂。生物体内每时每刻都有酶在催化着各种不同的化学反应，如果没有酶，生命也就不复存在。而整个研究酶的历史中，无数科学家经过探索、创新、奋斗，通过不断的实验观察和总结，从而对酶的属性、功能、结构、分子机制以及应用有了极大的推动。目前已发现生物体内存在八千多种酶，有几千种酶被纯化，数百种酶已经结晶，而且每年都有新酶被发现。

虽然酶的研究历史悠久，但直到 1878 年才有了术语“酶”，然后到 20 世纪 30 年代，酶是具有催化活性的蛋白质才普遍被人们所接受。但 20 世纪 80 年代初，切赫(T. R. Cech)和奥尔特曼(S. Altman)不受传统观念的束缚，通过实验观察，反复验证，分别在四膜虫的 rRNA 剪接和酵母的 tRNA 剪接中发现了具有催化功能的 RNA，并命名为核酶。这一发现打破了酶是蛋白质的传统观念，开辟了酶学研究的新领域。随后又发现蛋白质肽键的催化由核糖体承担，核糖体就是核酶。这些发现暗示着生命的起源可能最早来源于 RNA。而两位科学家的这种敢于质疑权威、开拓进取的科学精神就是一个好的思政元素。

4) 社会责任和造福人类

由于酶学研究取得很大进展，酶工程已成为当代生物工程的重要支柱。酶的研究成果已普遍使用于食品、发酵、制革、纺织、日用化学及医药保健等，在药物设计，疾病诊断、预防和治疗，农作物品种选育及病虫害防治等领域也被越来越广泛地应用。可以其中的 1—2 例来说明科学家的社会责任感及其研究成果用于改变生活，造福人类。

酶工程技术的发展改变了我们的生活，甚至是一个酶造就了一个产业。以聚合酶链反应(PCR)中应用的热稳定的 TaqDNA 聚合酶为例，TaqDNA 聚合酶是第一个被发现的热稳定 DNA 聚合酶，最初由 Saiki 等从黄石公园的温泉中分离的一株水生噬热杆菌中提取获得。由于该酶的发现，使得体外酶促 DNA 复制反应成为可能，以其作为体外复制酶进行的 PCR 反应，除应用于基础研究，还被广泛应用于遗传病和某些疑难病的诊断，以及孕妇的产前检查、病原体检测、法医和刑侦鉴定、癌基因筛查等，是最经典的一个酶支撑一个产业的代表。该酶也成为造福人类社会的一个经典工具酶，而制造出这些先进技术的科学家们无疑肩上都背负了社会责任，他们的事迹值得我们学习和尊重。

6.3 课程思政的教学策略实例

1) 课程思政教学实例一：用辩证思维理解酶的性质和功能

前面已经分析，如何正确理解酶的性质和功能，对学生来说就是一个典型的辩证思维训练过程。教师在讲述酶的化学本质是蛋白质时，可以设计一个比较蛋白质和酶的性质的表格，在教学过程中将二者的共性与个性逐一填入表中，学生就能一目了然地抓住“酶与所有的蛋白质具有共性特征，然而，酶的个性特征在于，它是具有催化作用的特殊蛋白质”，理解了二者之间的关系是个性与共性的关系，就抓住了认识酶本质的关键。

而在酶动力学的教学中，由于关于酶的研究文章均会表征温度、pH、金属离子等对酶性质的影响，可以温度对酶影响为例，教师先搜集一些文献，然后在课堂上展示文献中不同酶在不同温度下其活性和稳定性的变化曲线，让同学们直观感受到温度对酶的双重影响，以及每个酶都有特定的最适反应温度。通过这样的教学方式，不仅更加深刻地让学生理解了温度对酶活的双重影响，而且理解了物质由量变到质变的发展过程及其变化规律。若时间充裕，还可提及一些关于生活中的酶常识，例如，洗衣粉里通常加的是什么酶？若使用加酶洗衣粉，用多少温度的水效果最佳？为什么？通过这些提问，让学生能够将所学知识与实际生活联系起来。

在同工酶的教学中，主要强调“矛盾的共性和个性”。教师可先举 1—2 例，解释同工酶“同工不同功”，即同一个工种，催化相同的化学反应，但其生理学功能不一样，酶的结构、催化效率以及其他性质也不尽相同。由于同工酶广泛存在于动植物中，故可布置课外作业，让同学们自行查阅资料文献列举 1 个同工酶及其应用实例，最后教师可汇总点评。这样，通过“矛盾的共性和个性”，帮助同学们更好地理解了同工酶的概念及生理学意义。同样，在之后的动态生化学习中，若能深刻理解辩证唯物法中矛盾的共性和个性，学生学习起来也会容易许多。

2) 课程思政教学实例二：文化自信与科学理性

教师在教学中可以先显示“酿酒、饴糖、酱、曲”四个关键词，然后提问同学们它们与酶有何关系？给学生一点时间用手机查资料后再让他们回答。之后，教师可以显示一些古人酿酒、制作饴糖和酱、用曲治病的图片并配上年代以及出处，激发同学们的好奇心和自豪感：原来我们的祖先这么智慧，我们的文明如此灿烂！再适时小结与提问，古人应用酶的生活实践酿酒、造酱、制糖，同学们可有自己在家实践的吗？无论是否实践过，相信这样的教学当可引起学生的共鸣，对古人的智慧以及中华文明产生自豪感，从而激发学生的爱国情怀。

3) 课程思政教学实例三：科学精神

在酶的研究过程中，精彩纷呈，几乎每一个进展都是诺奖级别。因此，教师在介绍酶研究简史时，可先展示关于“酶学研究中的诺贝尔奖”图或表，用诺奖成果引起同学们对酶的高度关注。由于每个诺奖级别的成果研究历程都是科学精神的极佳案例，而科学精神含有丰富的内涵和多方面特征，教师可根据学时数选取一两个案例加以阐述。本《指南》则以切赫和奥尔特曼研究发现核酶为例，讲述其中蕴含的科学家不受传统观念束缚的怀疑和创新的科学精神。

根据教学学时数多少，也可布置课外作业，让同学们从课堂中显示的图表中选取 1—2 例进行深度分析，做成 5 分钟 PPT，下次课的时候上台演讲，讲述该成果的科学意义及其中富含的科学精神元素。

4) 课程思政教学实例四：社会责任和造福人类

课堂上教师除了强调酶基础研究的进展，还要理论联系实际，告诉学生，为什么要花大力气研究酶，为什么说酶与人类生活密切相关。在教学设计上，教师可简单介绍一下工业酶的研究现状，在食品、发酵、制革、纺织、日用化学及医药保健等各关键词或图片下对应一个工业酶，让同学们直接感受到人类生活方方面面均与酶密不可分。然后，教师可根据学时数选取一两个案例加以阐述，让同学们理解科学家在研发工业酶时所承担的社会使命感以及用科技造福人类的初心。

本《指南》则以热稳定的 TaqDNA 聚合酶为例，这是最经典的“一个酶支撑一个产业”的代表。同时也和时事密切相关，2020 年在全世界肆虐的疫情中，患者的诊断都是通过病毒核酸检测为阳性而确诊，而 TaqDNA 聚合酶就作为该技术的工具酶在抗击疫情中作出了巨大贡献。通过这样的教学，无疑可激发同学们在今后的学习和工作中也肩负社会使命感。

第九章　糖类和糖生物学

9.1　专业教学目标

糖类或称碳水化合物是地球上最丰富的有机化合物。糖类是生物细胞中非常重要的一类生物分子，糖类广泛地存在于生物界，特别是植物界。糖类物质占植物干重的 85%—90%，占细菌细胞干重的 10%—30%，占动物体干重<2%，但动物生命活动所需的能量主要来源于糖类。本章介绍糖类的化学本质，包括糖的分类、结构、性质和结构分析方法，以及糖类的某些生物学作用。本章主要的专业教学目标如下：

◎ 掌握糖类的化学本质、命名和分类，了解糖的生物学作用；

◎ 掌握单糖的结构和性质、单糖的构型和构象、链状结构和环状结构、醛糖和酮糖、α 型与 β 型等重要概念；

◎ 掌握几种主要的二糖的结构和性质；

◎ 掌握重要的多糖结构与功能，了解其他多糖的种类与生理意义；

◎ 了解糖缀合物及其功能，了解糖类可作为信息分子，即糖密码以及糖组学；

◎ 了解聚糖的结构分析方法。

9.2　重要思政元素分析与相关知识板块

糖是自然界中存在数量最多、分布最广且具有重要生物功能的有机化合物。糖作为能源物质和细胞结构物质，以及在参与细胞的某些特殊的生理功能方面，都是不可缺少的生物组成成分。糖的研究史源远流长，糖的功能多种多样，其工业化程度也相当高。其思政元素具体分述如下：

1) 文化自信

麦芽糖是本章介绍的二糖，教材中提到“麦芽糖是俗称饴糖的主要成分，我国早在公元前 12 世纪就能制作”。中国古代制糖术历史悠久，充分展现我国高度发达的传统文化和古人的智慧。与中国唐代初年就能生产纯白的蔗糖相比，西方制糖工艺在时间上晚了一千多年。因此，中国古代的制糖技术，既与本章节专业知识相匹配，也是对我国古代辉煌文明的介绍。

2) 合理利用自然资源与可持续发展

当前,人类已经意识到自身对环境的破坏,因此走可持续发展之路已成为共识。然而,如何才能可持续发展,尚存在大量难题。从本章教学内容可知,糖类或称碳水化合物是地球上最丰富的有机化合物。糖类物质占植物干重的85%—90%,占细菌细胞干重的10%—30%,占动物体干重<2%,因此,自然界中存在大量的可利用的糖类资源。如纤维素,它是生物圈里最丰富的有机质,占植物界碳素的50%以上。壳多糖,也称几丁质或甲壳质,广泛分布于生物界,是自然界中第二丰富的多糖,仅次于纤维素;据估计,每年生物圈产生一百万吨壳多糖。而由于缺乏相应工具,目前这两种多糖的直接利用率还很低。能否充分利用这些丰富的可再生原料,是解决未来能源问题和环境问题的一个关键因素,因此世界各国都十分重视纤维素和壳多糖的研究与开发。本章节糖类和糖生物学的教学,可以通过适当的教学方法,让同学们认同多糖等再生资源在人类社会中的重要价值,并树立可持续发展观,鼓励同学们以后投身到多糖的研究中去。

9.3 课程思政的教学策略实例

1) 课程思政教学实例一:高度发达的中国古代文明

在本章讲糖的概述时,教师可先从古代成语"食之如饴"、"甘之如饴"中的饴指的是饴糖、麦芽糖开始讲述,再在PPT上呈现西周《诗经》"周原膴膴(wǔ),堇荼如饴",屈原《楚辞·招魂》中的"胹鳖炮羔,有柘浆些"等诗句,而向同学们解释这些诗句时,便也同时展示了我国先进的制糖史。

我国的蔗糖生产,源于战国而定型于唐初。据《新唐书》载,唐高宗李治上元元年(674),国内的制糖工匠发明了"滴漏法"为蔗糖脱色,以现代技术观点而言是把黄泥浆作为吸附式脱色剂来制取白糖。可见,到唐代,我们的蔗糖生产已经接近于现代化学脱色的生产方法了。至迟在唐宋之际,我国的蔗糖生产技术开始向海外传播。在讲述完我国的制糖史后,教师再提及西方的制糖史,直到16世纪中叶,德国化学家A·马格拉弗首次从甜菜中分离提取到了蔗糖。而到1822年,法国化学家佩恩始采用脱色吸附剂用于甜菜糖的精制。听到这,学生一比较就会发现,与中国唐代初年就能生产纯白的蔗糖相比,西方在时间上晚了一千多年!这时,学生自然而然就会感慨高度发达的中国古代文明,强烈的民族自豪感也油然而生,从而达到教学目的。

2) 课程思政教学实例二:合理利用资源与可持续发展

教师在讲述多糖的时候,介绍完多糖的分类、结构及基本功能性质后,可重点强调人类目前对纤维素和壳多糖的认识和研究。纤维素和壳多糖是丰富的可再生原料,纤维素主要存在于植物细胞的细胞壁中,特别是在植物的茎、干、秸以及所有的木质部分。壳多糖是自然界中第二丰富的多糖,仅次于纤维素,主要存在于无脊椎动物中,如昆虫、蜘蛛、甲壳类(虾、蟹等)。从它们的化学性质来看,可广泛用于造纸、纺织、服装、医药卫生、建材及涂料等领域。木质纤维转化成能源和材料是未来世界的重要研究课题。作为两种绿色环保的天然高分子资源,目前由于工具的缺乏,对其利用率远远不足。

这一部分可留作业给学生自行查阅资料解读,并可围绕以下几个问题进行讨论:为什么我们要用纤维素和壳多糖?它们能用来干什么?为什么它们现在用不好?什么时候才能用好?最后,还要继续启发同学们:还能有更好的资源替代纤维素和壳多糖么?提示大家还可用微生物生产多糖的方法实现更长久的可持续发展,做到取之不竭用之不尽。通过这些学习和讨论，加深同学们对多糖等再生资源在人类社会中重要价值的理解，并树立可持续发展观和培养理性思维，同时鼓励同学们以后可投身到多糖的研究中去，用自己所学知识报效祖国、服务社会。

第十章　脂质和生物膜

10.1　专业教学目标

脂质也称脂类，作为生物有机分子，其共同特征是低溶或不溶于水而高溶于非极性溶剂。脂质按生物学功能分类可分为三类：贮存脂质、结构脂质和活性脂质。本章将按它们的生物学作用组织讨论各类有代表性的脂质，包括三酰甘油、磷脂、鞘脂、类固醇等，重点介绍它们的化学结构和物理性质。此外本章还介绍血浆脂蛋白、生物膜的结构和功能以及脂质的提取、分离和分析。脂质产能氧化及其生物合成将在第二十四章讨论。本章专业教学目标包括：

◎ 掌握脂肪酸、脂肪的结构与性质；
◎ 掌握磷脂、糖脂和胆固醇的结构特点与生理意义；
◎ 掌握生物膜的组分和生物功能以及物质运输方式；
◎ 了解作为信号、辅因子和色素的活性脂质；
◎ 了解血浆脂蛋白的分类、结构与功能；
◎ 了解脂质的提取、分离和分析方法。

10.2　重要思政元素分析与相关知识板块

脂质具有多种重要的生理功能，也是构成生物膜的主要成分。天然产物中，很多脂类化合物具有生物学活性。同时，生物体内脂质代谢异常又会造成疾病。本章内容专业性强，但仍蕴含思政元素，具体分析如下：

1) 社会责任

本章介绍了“聚酮化合物是具有强有力生物活性的天然产物”。聚酮化合物是一类多种多样的脂质，很多聚酮化合物在医学上用作抗生素如红霉素，抗真菌剂如两性霉素 B，以及胆固醇合成抑制剂如洛伐他丁等。聚酮类化合物在工业上大多由微生物发酵制备，其中的明星分子之一就是阿维菌素。阿维菌素是 1975 年从阿维链霉菌中分离得到的十六元环大环内酯类聚酮化合物，最初作为抗寄生虫药用于畜牧业中。后被默沙东公司研发成为药物上市，主要用于治疗非洲的“河盲症”。河盲症是寄生虫感染病，其在非洲一些地区流行，严重威胁着公众健康，默沙东公司于是在 1986 年向全球所有潜在受到感染威胁的人群无偿提供该药物。据世界卫生组织预测，该药物的无偿捐赠有望使河盲症在 2020 年前后从地球上绝迹，可以说是继牛痘灭绝天花之后，人类医药史上又一伟大的成就。通过这个 2015 年获诺贝尔奖的明星药物的研发和产业化历程，显示科学家和医药企业的社会责任，以及造福人类的精神。

2) 全球视野

生物经济已成为国际竞争和科技竞争的重点，我国也已将生物技术确定为我国高技术发展战略的优先领域之一。仍然可以阿维菌素的产业化为例，强调中国以先进技术推动阿维菌素产业化发展并取得世界领先优势，以此案例启发学生在今后的学习和研究中要站得高，望得远，勇于拼搏和创新，为把我国建设成为科技强国而奋斗。

1981年，聚酮化合物阿维菌素通过阿维链霉菌发酵生产，并作为兽药投入市场；1985年，又开发为农药投入工业生产。之后以阿维菌素为原料的新药相继被开发出来后投入市场，随着阿维菌素在各个领域的广泛应用，显示了其强大的市场前景。研发了阿维菌素的美国默沙东公司垄断市场，获得了巨大经济回报。在分析了全球相关产业的实际情况后，我国于1984年开始阿维菌素的研究，上海市农药研究所从广东揭阳土壤中分离筛选得到7051野生生产菌株。后由沈寅初院士和李季伦院士一方面通过诱变育种、代谢工程等技术进行菌种选育提高阿维菌素产量；另一方面通过改进后提取技术，提高阿维菌素质量。随后，华东理工大学张立新教授团队与国内企业合作，对阿维菌素合成生物学机制进行了深入研究，将其产量实现了连续翻番，市场价格由过去的每公斤2万元降低到500元左右。而阿维菌素过去市场的主宰者美国默沙东公司也终于停止阿维菌素的生产，转而向中国采购。通过不断创新，中国目前已经成为阿维菌素的唯一生产国，处于世界领先地位。

3）科学精神和造福人类

自1784年从胆石中提取出胆固醇以来，关于胆固醇这种生物小分子的研究，已有十几位学者获得诺贝尔奖，足见胆固醇在生物学和医学上的重要性。因此，可以胆固醇研究历程上的科学事迹举例说明科学精神对社会发展的推动，例如，可以体内胆固醇代谢调节机制的阐明过程以及治疗胆固醇代谢疾病的药物研发为例，强调科技成果能改变社会、造福人类。就具体案例而言，可具体讲解1985年的诺贝尔奖成果：体内胆固醇代谢调节机制的阐明。美国科学家布朗和戈德斯坦在研究家族性高胆固醇血症时，起初假设该病是由某种酶出现异常导致的疾病，排除了这个可能后，他们又假设可能与胆固醇从血液转运到体细胞的某种机制有关。他们从实验观察到细胞仅仅从低密度脂蛋白（LDL）中摄取胆固醇，推测细胞表面存在某种特殊运输机构。继而发现了细胞表面的LDL受体，还揭示了LDL是通过内吞作用进入细胞。他们通过实验观察—理论预测—实验检验—理论解释等重复步骤，阐明了胆固醇代谢机制，体现了科学精神中理性思维的特征。

10.3 课程思政的教学策略实例

1）课程思政教学实例一：社会责任和为人民服务

聚酮化合物是一类多种多样的脂质，很多聚酮化合物被开发成药物。本《指南》以阿维菌素的研发为例，显示科学家和医药企业的社会责任以及为人民服务的精神，供同行们参考。具体的教学设计如下：教师首先向同学们展示世界卫生组织楼前的一座非洲人雕像图片，可看出图片中描述的是一位年轻的男童手里拿着一根棍子，棍子另一边是一位成年男性，男童正牵着目盲的中年男人行走。看到这幅图，学生们肯定会心存疑问："为何世界卫生组织楼前会有这样一座雕像？""这幅图意味着什么呢？"引发同学们对河盲症的好奇心和关注之后，这时候教师再讲述阿维菌素的研发历程，讲述默沙东公司无偿捐赠药物给非洲患者治疗，同学们就能深刻理解消除河盲症的社会意义，明白科学家和医药企业的社会责任，以及为人民服务的精神。

2）课程思政教学实例二：全球视野

接着上面的教学实例，教师可继续讲述阿维菌素在工业其他领域的广泛应用和产业价值，强调中国若能自己生产阿维菌素，打破外企的垄断，则对国民经济有益。然后再向同学们讲述中国科学家和企业是如何一步步从菌种筛选开始，克服重重技术难关，最终以先进的合成生物学技术改造现有菌种，将阿维菌素产量实现了连续翻番，降低了生产成本。在中国科学家和企业家的奋起直追之下，中国目前已经成为阿维菌素的唯一生产国，处于世界领先地位。通过阿维菌素在中国的产业化崛起历程的案例，告诉同学们生物经济已成为国际竞争和科技竞争的重点，从而引导同学们培养全球视野，扩大思考问题的格局，能够基于国际局势理解我国生物化学的现状和发展方向，以及深刻理解科技强则国强，从而树立科技报国的使命感。

3) 科学精神和造福人类

教师在讲述胆固醇的时候，可以"胆固醇与诺贝尔奖"展开，先用图表显示一下围绕胆固醇的研究有哪些成果获得了诺贝尔奖，引发同学们对胆固醇研究的高度关注。接下来，教师可以1985年的诺贝尔奖成果——体内胆固醇代谢调节机制的阐明为案例，介绍美国科学家布朗和戈德斯坦在研究家族性高胆固醇血症时发现了什么，然后根据他们的知识进行了什么假设，当对假设验证的时候出现了什么问题，解释不通的时候根据实验结果又提出了什么假设，即科学家们通过实验观察—理论预测—实验检验—理论解释等多次重复步骤，最终阐明了胆固醇代谢机制，并为这类药物的研发提供了基础，从而强调科学精神中理性思维的重要性。

接着，教师可以强调基础研究可以转换为科技生产力。先提及由于现代人饮食生活的改变，很多人患有高血脂相关疾病，那么阐明了胆固醇代谢机制之后，能否提示我们如何治疗高血脂相关疾病呢？接下来讲述他汀类药物是胆固醇合成限速酶的抑制剂，可以减少体内胆固醇的合成，从而反馈性刺激细胞膜表面低密度脂蛋白(LDL)受体数量和活性增加，使血清胆固醇清除增加、水平降低。目前，他汀类药物是治疗高血脂相关疾病的最大品种。然后简要介绍一下他汀类药物的研发历程，药物上市后，严重减轻了高血脂、高血压疾病对人类生命的威胁，让同学们体会到基础研究推动药物研发，科技改变社会、造福人类。

第十一、十二章　核酸

本《指南》采用的教材第十一章介绍核酸的结构和功能，第十二章介绍核酸的性质和研究方法，在其他许多版本的《生物化学》教材中，大部分都是将两章浓缩为一章来讲述。为方便教学，此处也将两章的专业教学目标、思政元素分析和思政案例合并。

11.1　专业教学目标

生物的特征是由生物大分子所决定的，生物大分子有4类：核酸、蛋白质、多糖和脂质复合物。核酸是遗传信息载体，蛋白质的合成取决于核酸，然而生物功能需要通过蛋白质来实现，包括核酸自身合成也有赖于蛋白质的作用。糖和脂质是由酶(蛋白质)催化合成的，它们与蛋白质结合，增加了蛋白质结构与功能的多样性。因此，在基础生化中，最重要的生物大分子是核酸和蛋白质。第十一、十二章主要介绍核酸的结构和功能，以及核酸性质和研究方法。专业教学目标如下：

◎ 掌握嘌呤、嘧啶、核苷、核苷酸在分子结构上的关系，认识核酸在生物科学上的重要性；

◎ 掌握 DNA 一级、高级结构和功能；
◎ 掌握 RNA 一级、高级结构和功能；
◎ 掌握核酸的糖苷键和磷酸二酯键可被酸、碱和酶水解；
◎ 掌握核酸的碱基和磷酸基均能解离、核酸的酸碱性质；
◎ 掌握核酸的紫外吸收性质；
◎ 掌握核酸变性、复性、核酸分子杂交原理及技术；
◎ 掌握核酸的一代测序，了解二代和三代测序；
◎ 了解 DNA 微阵技术原理、制作、检测和应用。

11.2 重要思政元素分析与相关知识板块

第十一和十二章是关于核酸结构、功能、性质及研究方法的介绍，技术性较强，其蕴含的思政元素具体分析如下：

1) 唯物主义世界观

马克思主义哲学认为，世界是物质的世界，物质是世界的重要组成部分。生命的繁育，也是由物质决定的。核酸是遗传物质的基本组成成分，无论低等生物还是高等生物，无论是微生物、病毒还是动植物，它们的遗传物质基础都是核酸。只不过，对于大部分生物来说，脱氧核糖核酸 DNA 是遗传物质，而少部分病毒的遗传物质是核糖核酸 RNA。因此，核酸的存在就反映了生命是物质性的。这样，学生会理解生命也是作为一种物质而存在的，物质是世界的本原。对于这些教学内容的深刻理解，将有助同学们接受核酸是物质的，生命也是物质的观点，形成唯物主义世界观。

2) 质量互变规律

唯物辩证法指出，“事物的属性具有质和量两个属性”，“质变和量变既相互区别，又相互联系，一定条件下可以相互转化”。本章中核酸的变性和复性都体现了这一基本规律。以核酸 DNA 的变性和复性为例，变性的本质在于互补配对的碱基之间的氢键断裂，温度升高引起的变性称之为热变性。DNA 变性后，变成单链，紫外吸收增加，黏度下降，无法再作为遗传物质。DNA 的复性指的是，在适当条件下，氢键配对恢复，重新恢复双螺旋结构，而 DNA 正确复性后，其理化性质也得到恢复。可见，随着温度逐渐升高，DNA 双螺旋的氢键逐渐断裂，到温度升高到一定程度后，DNA 变性，失去了作为遗传物质的属性，这里体现了量变到质变的一个过程。随着 DNA 在适当条件下复性，DNA 又恢复了其功能，这个适当条件就是合适的温度，说明二者在温度的调控下可相互转变。在教学中，用辩证思维开展教学活动，使学生今后遇到问题时能够从唯物辩证的角度认识问题、解决问题，树立唯物辩证的科学世界观。

11.3 课程思政的教学策略实例

1) 课程思政教学实例一：唯物主义世界观

生命是物质的，生命的繁育，也是由物质决定的。在具体教学中，本章节所涉及的核酸发现、化学组成、理化性质、结构及功能，都是描述核酸作为物质及其所具有的物质属性，教师则可强调：“世界是物质的世界，生命也是物质的。”然后再讲述核酸是生命的遗传物质。讲到此处，教师可以向同学们展示各种生命形式的图片，指出无论是病毒、微生物还是高等动植物，它们都是通过核糖核酸 RNA 或脱氧核糖核酸 DNA 来作为遗传物质的。而 DNA

或 RNA 的碱基排列顺序及长度的不同导致了生命形式的复杂性和多样性。由此，将有助同学们接受核酸是物质的，生命也是物质的观点，形成唯物主义世界观。

2) 课程思政教学实例二：质量互变规律

核酸加热变性和降温复性过程都是一个从量变到质变的过程，体现了唯物辩证法中的质量互变规律。量变是事物连续的、逐渐的、不显著的变化，是事物在数量上的变化；质变是事物根本的变化，是一种飞跃，往往表现为突变。教师在讲述这一类案例的时候，可以先给同学们讲一下著名的"温水煮青蛙"实验，当 DNA 随着温度升高到一定程度热变性失活以后，其物化性质也随之改变，不再能作为生命的遗传物质，这就是量变到质变。教师讲完可以提问：那么，量变到质变以后是否是不可逆的呢？例如，温水煮青蛙后，显然青蛙会被煮熟，这个案例是不可逆的。但是具体问题具体分析，它们"一定条件下可以相互转化"，在此，DNA 的变性和复性可以通过适宜温度的调控进行转化。可见，用辩证法中的质量互变规律来学习这一类知识点，能很快抓住事物的本质特征，达到学习目标。

第十三章　维生素和辅酶

13.1　专业教学目标

维生素是参与生物生长发育和代谢所必需的一类微量有机物质。已知绝大多数维生素作为酶的辅酶或辅基的组成成分，在物质代谢中起重要作用。本章主要介绍各种维生素的特点、功能以及与辅酶的关系；另外也介绍作为辅酶或辅基的金属离子，即微量元素与辅酶的关系。本章专业教学目标包括：

◎ 了解维生素的发现，掌握维生素概念和分类；

◎ 掌握脂溶性维生素 A、D、E、K 的特点、功能及与辅酶的关系；

◎ 掌握水溶性维生素的特点、功能及与辅酶的关系；

◎ 了解金属离子微量元素及与辅酶的关系。

13.2　重要思政元素分析与相关知识板块

本章节介绍维生素和辅酶，它们的特点是量微但不可或缺，是维持生物体正常生长发育和代谢所必需的微量有机物质。本章思政元素主要从维生素研究的传统典籍、维生素产业化中挖掘，具体分析如下：

1) 文化自信

公元 7 世纪，唐朝孙思邈著有《千金要方》和《千金翼方》两部医书，在书中记载了牛肝能治雀目。雀目就是夜盲症，因缺乏维生素 A 引起，而动物肝脏中正含有丰富的维生素 A。书中还谈到现在看来是缺乏维生素 B1 而引起的脚气病，对此，孙思邈用含维生素 B1 多的中药(杏仁、防风、吴茱萸、蜀椒等)或谷皮和粥吃来治疗。1886 年，荷兰医生艾克曼(C. Eijkman)在印度尼西亚的爪哇岛研究当时普遍流行的脚气病时，最初还以为是细菌感染所致，而直到 1897 年他才从实验中证实米糠含有一种营养素，可治愈脚气病。日本海军于 1878—1882 年爆发脚气病，后用大麦代替大部分精米后，脚气病得到控制。通过对传统典籍解读，结合维生素研究历程的讲述，让同学们对中华文明产生共鸣，从而激发同学们的民族自豪感和爱国情怀。

2）科技强国

本章主要介绍维生素和辅酶，而我国维生素C合成工艺在国际上一直处于领先地位，可以说“一颗维生素C，见证了中国大国崛起”。这个案例的使用可用于强调中国科学家以科技报效祖国，引发同学们的民族自豪感和爱国情怀。维生素C是人体营养必需的一种维生素，广泛用于医药、食品、饲料及化妆品产业中。传统维生素C的生产方法是1933年德国人发明的“莱氏化学法”，该方法工艺复杂，生产条件苛刻。而中国中科院微生物所的科研人员则另辟蹊径，采用混菌法，以L-山梨糖为原料，将氧化葡萄糖酸杆菌（“小菌”）和假单胞杆菌（“大菌”）组合成混菌发酵生成（—）2-酮基-L-古龙酸，再进行转化精制得到维生素C。新工艺既环保成本又低，故生产出来的维生素C具有极大的市场竞争力，从而打破了瑞士罗氏公司、德国巴斯夫和日本的武田制药的维C垄断联盟。中国凭借先进的“两段发酵法”逐步扩大了维C的生产，由于成本低、价格低，到今天，全球超过90%的维C由中国药厂生产和提供。如今，中国具有维C绝对的产量权和定价权。在小小维生素C上的竞争，中国科技显示了自己的实力，也见证着中国大国崛起的全过程！通过这个案例，相信同学们会产生深深的自豪感，并引导同学们努力学习，树立科技报国、科技爱国、科技强国的情怀。

13.3 课程思政的教学策略实例

1）课程思政教学实例一：文化自信

教师在讲述到维生素缺乏与人类疾病时，可适时提及雀盲症和脚气病的治疗，继而引用《千金要方》和《千金翼方》两部医书中关于牛肝治雀目以及谷皮治疗脚气病的文字，强调早在公元7世纪，我国古人虽然不知道维生素是什么，却已懂得利用食物中的维生素对症治疗相应疾病。而直到1 000多年后，西方科学家才懂得用米糠治疗脚气病。通过对传统典籍解读，结合维生素研究历程的讲述，让同学们对中华灿烂文明和古人智慧产生共鸣，从而激发同学们的民族自豪感和爱国情怀。

2）课程思政教学实例二：科技强国

教师在讲述到维生素虽量微却必不可少之时，适时强调维生素产业也是国民经济的重要组成部分。然后，自然而然地以维生素C在中国的研发及产业化历程为例，说明我国科研人员是如何通过查阅文献，总结前人的经验并不断探索，最终另辟蹊径，用微生物发酵工艺降低了维生素C的生产成本，从而最终实现产业化并打破国际巨头的垄断的案例。强调中国科技显示了自己的实力，谱写着“中国故事”，也见证着中国大国崛起的全过程！

第十四章 激素和信号转导

14.1 专业教学目标

细胞接受来自质膜外的信号并对它们作出反应是生命具有的基本能力。在多细胞生物中，各器官和各系统间相互配合，作为一个整体与外界环境实现物质交换与相对稳定。其中，起到协调和整合作用的有神经系统和内分泌系统及其分泌的激素。本章主要介绍作为化学信号的激素的一般概念、一些重要激素的化学结构和生理功能，以及信号转导的一般特点和信号的转导机制。本章内容中关于信号转导的内容，《细胞生物学》另有详细介绍。专业教学目标如下：

◎ 掌握激素和受体的概念、激素的分类及激素作用的一般特征；

◎ 掌握激素的作用原理和激素的信号转导，包括环腺苷酸、肌醇三磷酸以及二酰甘油为第二信使的信号转导过程；

◎ 了解人和脊椎动物的一些重要激素；

◎ 了解昆虫激素；

◎ 了解植物激素。

14.2 重要思政元素分析与相关知识板块

这一章节主要介绍作为化学信号的激素以及相应的信号转导机制，很多研究内容都是生物化学发展史上的重要事件，肾上腺素、胰岛素等激素的发现、NO 在心血管系统作为信号分子的发现以及 G 蛋白偶联受体的发现等，都是诺贝尔获奖成果。其中的研究历程无不充满着科学家们勇于创新、探索，艰苦奋斗的过程。除这些比较明显的思政元素之外，还可有以下角度的挖掘：

1) 自然辩证法——质量互变规律

激素在体内的含量极少，但生理功能十分重要，很多激素都被开发成为药物治疗疾病。例如，胰岛素用于糖尿病治疗，生长激素用于治疗侏儒病等。此外，糖皮质激素类药物如氢化可的松，主要影响糖和蛋白质等代谢，临床上主要用于抗炎症反应。激素类药物若使用剂量过大，会带来各种不良反应。原则上应尽量小剂量短疗程治疗。如是，使用合理、安全剂量的激素则可以治疗疾病，而激素不足或使用过量反而对生命体造成损伤，这也是自然辩证法质量互变规律的体现。教师如用好此思政元素，会让同学们用辩证的眼光正确对待激素。

2) 法治意识

我国对养殖动物的饲养和投喂有严格的规定。但是，如上所述，由于激素使用量小、见效快、成本低，为追求商业利润，部分养殖业主会在动物饲料中违法添加激素，从而造成食品安全问题。大量研究表明，人体摄入过量激素会干扰机体的激素平衡，而且有致癌危险，对儿童可造成发育异常。当今世界上已有许多国家制定出台了相关法规，对各激素制品采取严格控制乃至杜绝使用措施，我国《2013 年食品安全重点工作安排的通知》中也要求严厉打击在饲料中添加激素类药品或其他禁用药品、在农药兽药中添加违禁物质等违法生产销售行为。因此，这一拓展知识点完全可以作为法治意识的思政要素进行教学。

3) 科学理性

上面提及，过量进食激素明显影响机体的激素平衡，而且有患病风险，故人人谈激素色变。但是，这也造成了很多社会民众对激素的误解，比如：吃催熟的水果会性早熟，不能吃反季节的蔬菜水果等。但事实上，植物激素与动物激素差别极大：它们的组成结构差异大，植物激素通常是有机小分子物质；两者的作用机理完全不同，植物体内只存在植物激素作用的靶细胞，而动物体内只存在动物激素作用的靶细胞。因此，植物激素进入人体后不会以激素的方式影响人类的内分泌系统。植物激素在当今大部分国家可合法广泛使用，并成为现代农业的重要标志之一。作为一个具有专业知识的大学生，更应该科学理性地看待植物激素。由此，本章内容对于提高同学们的科学理性思维，辨析社会流言有很大作用。

14.3 课程思政的教学策略实例

1) 课程思政教学实例一：质量互变规律

教师在用质量互变规律来理解激素对机体的双重影响时，可以先向同学们介绍激素的特点、生理功能及在医药领域的应用，先强调激素“好”的一面；然后再举2003年治疗非典使用过量激素造成患者有副作用，以及过量使用激素抗炎药物导致向心性肥胖等副作用的案例，提及激素“坏”的一面。这样就能让同学们用辩证的眼光看待激素对人体的作用，从而理解若从量变到了质变，则“过犹不及”，凡事都要讲个度，即在事物发生变化的动态平衡中找到最合适的条件，而在这里就是激素的适度剂量。

2) 课程思政教学实例二：法治意识和公民品格

教师在本章介绍激素的专业知识时，要注意让学生将课堂理论联系实际。教师可使用央视曾经曝光过的某养殖场在鸡饲料里添加激素的违法案例，向同学提问为什么世界上很多国家严禁在动物养殖中使用以促生长为目的的激素添加或注射？接着讲述过多的动物激素摄入对人体内分泌系统所造成的负面影响和相关的国家法律法规。由此便可引申到社会公民需要尊法守法并担负起社会责任，从而既让同学了解了社会现实、相关法律法规，也进行了法治意识和公民品格的熏陶。

3) 课程思政教学实例三：科学理性

本章因为选取的三个教学实例都是与激素相关的，所以在教学上具一定的连贯性。本章思政元素丰富，教师们也可根据需要自行挖掘其他思政教学实例。在关于激素教学内容收尾的时候，教师可以布置一些课外作业，例如：吃催熟的水果会性早熟吗？反季节的蔬菜水果能不能吃？植物激素对人体的影响是什么？等等，然后让同学们自行选择1个问题，通过自行查阅资料、文献，结合已经学过的知识，做出自己的判断，从而训练同学的科学理性思维，辨析社会流言。

第二篇　新陈代谢：途径和能学

第二篇从静态生化进入到动态生化。本篇共十四章内容，分别介绍各类生物分子在体内的分解和合成代谢过程，以及相伴随的能量变化。

第十五章　新陈代谢总论

15.1 专业教学目标

新陈代谢是生物体内进行的所有化学变化的总称，是生物体一切生命活动的基础。生命机体和无生命物体的根本区别就在于前者能够通过新陈代谢不断自我更新。本章节主要概括性地介绍新陈代谢的基本概念原理、主要反应机制及研究方法，以使初学者能对新陈代谢有一个总体的认识。主要专业教学目标如下：

◎ 掌握新陈代谢、合成代谢(同化作用)及分解代谢(异化作用)的概念，了解代谢反应受自由能驱动以及代谢受分子、细胞和整体三个水平的调节；

◎ 掌握五类新陈代谢的主要反应机制；

◎ 掌握常用的新陈代谢研究方法。

15.2 重要思政元素分析与相关知识板块

本《指南》所采用教材的第二篇共十四章内容均围绕机体的新陈代谢活动开展，即所谓的动态生化。本章概括性地介绍了细胞代谢调节控制的基本原理和机制。新陈代谢是生物体内进行的所有化学变化的总称，这些相互变化的动态平衡，体现了矛盾的同一性和斗争性。动态生化的教学中，辩证思维的培养既是学生的学习方法，也是重要的思政元素。而机体通过各种生理活动保持内环境的相对稳定，也说明了团结协作和社会分工的重要性，这也是可挖掘的思政元素。具体分析如下：

1) 辩证思维

新陈代谢是生物体内进行的所有化学变化的总称，这些相互变化的动态平衡，体现了矛盾的同一性和斗争性。在生命活动中，一步化学反应，一条代谢途径，乃至细胞运动、器官功能，甚至机体整个生命活动，无不充满着矛盾运动，遵循矛盾对立统一的基本规律。在教学中，用辩证思维开展教学活动，无疑能使学生树立辩证唯物主义思想，而且也是学生学习动态生化的“法宝”。

2) 团结协作与社会分工

生物体内的新陈代谢具有精准、高效的调节机制，从而使得错综复杂的代谢过程得以协调一致，并且随着细胞内外环境的改变及时调整。这套调节机制之所以如此高效精准，缘于分子、细胞及生物体整体三个水平进行协调：分子水平包括底物、酶活性及酶量的调节；细胞水平包括细胞结构对酶和代谢物的分隔，膜运输控制着各类代谢底物和产物的流通等；生物体作为一个整体，则在整体水平上保证各组织器官的细胞代谢协调一致。这些分子与分子的合作、细胞与细胞的合作、组织和器官的合作，使得整个生命体能保持稳态，适应环境，体现出细胞分子间的分工协作。以细胞比拟社会和国家，便显示出个人、组织、政府各司其职，团结协作的思政元素。

3) 科学理性

为了适应不同的环境和生长发育，细胞体内的代谢通路是十分错综复杂的。初学者往往疑惑不解，为何细胞的合成代谢与分解代谢采取不同途径而不是由一个可逆反应来完成？为何合成代谢与分解代谢要由一系列的连续反应来完成而不能一步到位？实际上用透过现象看本质的方法来分析细胞的新陈代谢，就能理解当今生物界的代谢格局。科学研究的精髓在于探索事物表象下的运行规律，因此，对代谢通路的学习，能够训练学生的科学理性思维，让同学们学会从事物的本质出发看问题，不要被表象迷惑。

15.3 课程思政的教学策略实例

1) 课程思政教学实例一：唯物辩证法的矛盾观

从本章开始进入动态生化的学习，一开始教师就要强调所谓“动”就是变化，而新陈代谢是生物体内进行的所有化学变化的总称，这些相互变化是一种动态平衡，并不是一成不变的。唯物辩证法告诉我们，运动和变化是宇宙间的普遍规律，那这些规律体现在细胞的新陈代谢中又是如何呢？由于本章比较抽象，又是总论，教师可以直接开门见山地告诉大家怎样用辩证思维去学习这部分内容。首先，新陈代谢中的物质和能量交换遵循所有已知的物理学和化学规律，这是所有生命体和非生命体的共性，但新陈代谢是在生物体内特殊条件下进行的，受到特定条件制约，这是其个性；其次，生物界各类生物的新陈代谢既普遍存在一些共有途径，也个性纷呈，千差万别，都是矛盾规律下共性与个性的表现，即矛盾的普遍性和特殊性。而在物质代谢过程中，合成与分解矛盾的对立统一，使细胞内中间代谢产物维持在来源和去路的动态平衡中，双方既统一又斗争的矛盾运动促进了物质代谢的正常运行，保证了机体内环境的稳定。通过寻找规律，揭示本质，同学们易于掌握本部分知识，同时分析问题的能力得到提高。

2）课程思政教学实例二：团结协作与社会分工

生物体内的代谢网络错综复杂，但代谢始终有条不紊地进行着，得益于代谢在体内三个水平上的相互调节。教师可以人体血糖调节为例，解释整体水平是以机体的激素调节和神经调节来共同完成；在细胞水平上则是不同细胞各自分工合作：胰岛 β 细胞分泌胰岛素降低血糖，α 细胞分泌胰高血糖素升高血糖来共同调节血糖浓度；在分子水平上，则是在特定酶的催化下，糖原合成或分解。在三个水平的调节下，正常人的血糖浓度维持在一定范围内波动。进而可以进行小结，正是由于分子与分子的合作、细胞与细胞的合作、组织和器官的合作，使得整个生命体能保持稳态，适应环境。若以细胞比拟社会和国家，便显示出个人、组织、政府需各司其职，团结协作，才能保证国家的和谐稳定。

3）课程思政教学实例三：透过事物现象看本质

为了适应不同的环境和生长发育，细胞体内的代谢通路是十分错综复杂又变化多端的。教师可以同时给大家看一张细胞代谢网络图和一张繁忙的大城市交通枢纽图，并问大家两者是否有相似之处。一条条城市道路类似于代谢通路，一辆辆机动车则类似于在代谢通路中发生作用的各类大分子，通过这样类比，很容易把抽象的知识具化而易于理解。这时候教师再去引导学生如何抓住生命体代谢活动的本质就容易许多。

实际上，表面看似繁杂纷乱的代谢途径实际上只包含少数种类的反应、不多的构造元件和个别关键中间代谢物，其遵循的原则是：代谢途径是在漫长的生物进化过程中形成的；代谢尽可能减少物质、能量和负熵的损耗；所有代谢途径要有利于细胞对代谢的调节控制。用透过现象看本质的方法来分析细胞的新陈代谢，就能理解当今生物界的代谢格局，让同学们更能理解每个代谢通路的来龙去脉，以及与其他代谢通路之间的联系和相互转变。

第十六章　生物能学

16.1　专业教学目标

生物能学是定量研究活细胞中发生的能量转换以及作为能量转换基础的化学过程的性质和作用。本章主要介绍生物化学反应中的自由能变化及其与平衡常数的关系，最后讲述磷酰基转移和 ATP 分子。其主要的专业教学目标包括：

◎ 熟悉热力学中的基本概念、基本定律，理解生物能的转化遵守热力学定律；

◎ 掌握化学反应的自由能变化和意义；

◎ 掌握化学载能分子 ATP 的结构和功能，理解细胞中影响 ATP 水解自由能变化的因素及 ATP 系统的动态平衡。

16.2 重要思政元素分析与相关知识板块

新陈代谢就是生物体与外界进行物质和能量交换的过程，因此本章是从活细胞的角度来看能量转换问题，虽然专业性很强，但仍然能挖掘出一些思政元素，分述如下：

1) 辩证思维

生物能的转换遵守其他自然过程的同一物理和化学法则——热力学定律，即生物能和自然界其他自然过程的能量转换既有共性又有自己的个性。唯物辩证法认为，物质是普遍联系的，这种联系也是客观、多样、复杂的。可以训练学生抓住二者的内在联系，揭示知识的本质特征，培养学生的辩证思维。

2) 变与不变的哲学思考

活细胞的生命活动无时无刻不需要能量供应，一方面 ATP 必须不断产生，细胞内的机制保证了 ATP 的生成速率能满足于机体对能量的需要；另一方面，调节 ATP 的利用，使之处于相对稳定的动态平衡，以维持细胞的稳态。在马克思主义哲学体系中，变是绝对的，不变是相对的。无论大到人类社会还是小到细胞分子，都是马克思主义“变”与“不变”辩证统一的现实体现。事实上，也只有积极“求变”，才能适应复杂的环境，实现社会的稳定发展（不变）。教学中，教师可以“以小见大”，以 ATP 的不断合成和消耗（变）与体内 ATP 的恒定（不变）来体现“变与不变”的哲学思考。

16.3 课程思政的教学策略实例

1) 课程思政教学实例一：矛盾的普遍性与特殊性

生物能的转换也遵守能量守恒定律。活细胞为了生存、生长和繁殖必须做功。学生们都有生物背景，教师可先给出几个问题让同学们复习和思考：生命体的能量来自于哪里？如何储存在体内，又往哪里去？大部分生物体为何要进行有氧呼吸？通过这些小问题的回顾后，教师再将生物呼吸的化学式和蜡烛燃烧的化学式显示出来，问同学们二者的共性与个性。事实上，生物能转换基础的化学机制曾困扰生物学家几个世纪，法国化学家拉瓦锡(A. Lavoisier)最先认识到动物以某种方式把化学燃料（食物）转化为热，他得出结论：生物的呼吸作用与点亮的蜡烛中发生的过程完全相同，只不过呼吸是碳和氧的缓慢温和燃烧。事实上，正是通过酶降低了反应的活化能。这体现了唯物辩证法中矛盾的普遍性与特殊性：生物能转换和其他自然过程的能量转换具有的共性是能量守恒；而其个性则是通过酶促反应，生物能转换实现了在细胞中的等温系统中温和、高效地进行。接下来，再来看生物进行的各种能量转换形式，如，把化学能转化成浓度梯度和电梯度，运动和热，少数生物如萤火虫和深海鱼把光能转化为各种其他形式的能量，同时，它们也利用化学能从简单的前体合成复杂、高度有序的大分子。通过这些专业知识的讲述，训练学生抓住二者的内在联系，揭示知识的本质特征，可培养学生的辩证思维。

2) 课程思政教学实例二：变与不变的哲学思考

活细胞的生命活动中无时无刻不需要能量供应。需要多少呢？教师可在 PPT 中显示两个数据，即，一个处于静息状态的人（50 kg/人），据估算需要消耗与他自身重量相等（50 kg/天）的 ATP；而在紧张活动的情况下，ATP 消耗量可达 0.5 kg/min！通过这些令人吃惊的数字可以让同学们高度关注体内的 ATP 的来与去。教师接下来再话锋一转，说道，虽然如此，细胞中的 ATP 却总能保持在相应恒定水平。再提及，如果用放射性同位素 ^{32}P 标记的磷酸作为探针，测定细胞内 ATP 末端 γ 磷酸基周转率，结果发现，细胞内 ATP 的含量保持恒定，但其末端 γ 磷酸基已被 ^{32}P 标记。^{32}P 取代 ATPγ 磷酸基的速度在肝细胞中只需要 1—2 分钟，细菌只需要几秒钟。可见，生命体中 ATP 是不断合成与消耗（变）的，但体内 ATP 又保持恒定（不变），通过二者的相互协调来实现细胞体内维稳，保障细胞的生命活动顺利进行。在马克思主义哲学体系中，变是绝对的，不变是相对的。无论大到人类社会还是小到细胞分子，都是马克思主义“变”与“不变”辩证统一的现实体现。如此，同学们便会自然而然地思考我国的国情，能够理解只有积极“求变”，才能适应复杂的环境，实现社会的稳定发展（不变）。

第十七、十八章　糖酵解与柠檬酸循环

第十七和第十八章分别介绍了糖的无氧分解和有氧氧化，是糖代谢的两条重要途径，因此，为方便教学，本《指南》将两章的专业教学目标、思政元素分析和思政案例合并，共同讲述。

17.1　专业教学目标

糖酵解过程是生物获得能量的一种方式，大多数高等生物虽然进化为利用有氧条件进行生物氧化获取大量自由能，但仍保留了这种原始的方式。这一途径也是人们最早阐明的酶促反应系统，这一过程的反应原则以及调节机制，在所有细胞代谢途径中具有普遍意义。本章主要介绍葡糖糖分子如何参与糖酵解过程，其他糖类是怎样进入酵解途径的也将进行讨论。第十七章的主要专业教学目标包括：

◎ 了解糖酵解作用的研究历史和糖酵解过程概述；

◎ 掌握糖酵解的基本过程及能量变化；

◎ 掌握糖酵解作用的调节，了解糖酵解与疾病的关系；

◎ 了解其他六碳糖如果糖、半乳糖和甘露糖进入糖酵解的途径。

在有氧条件下，由糖酵解产生的丙酮酸会被继续氧化，经历柠檬酸循环和氧化磷酸化两个阶段后形成 CO_2 和 H_2O，所释放出来的能量用于合成更多的 ATP 分子。柠檬酸循环也是脂肪酸和氨基酸等各种燃料分子完全氧化分解必须经历的途径。同时，柠檬酸循环所形成的一些中间代谢物分子也是合成许多其他重要生物分子的前体。因此，柠檬酸循环在生物分子的分解和合成过程中都发挥着重要作用，是代谢反应的一个核心通路。第十八章主要介绍参与柠檬酸循环的酶和生物分子，以及柠檬酸循环的过程、能量变化及调控，另外简要介绍一下乙醛酸途径。第十八章的主要专业教学目标包括：

◎ 掌握丙酮酸转化成乙酰辅酶 A 的过程；

◎ 掌握柠檬酸循环的基本过程及能量变化；

◎ 了解柠檬酸循环的调控及在代谢中的双重角色；

◎ 了解乙醛酸途径的基本过程及能量变化。

17.2　重要思政元素分析与相关知识板块

体内代谢过程实际上是一个矛盾、相互联系、互为因果的整体网络。因而要用唯物辩证法的对立统一规律来学习代谢部分的内容。柠檬酸循环的发现也饱含着科学家不断探索、创新的科学精神。第十七、十八两章的思政元素具体分析如下：

1) 科学理性、严谨求实的科研素养

柠檬酸循环是糖、脂肪酸和氨基酸等各种燃料分子完全氧化分解必须经历的途径，在生物分子的分解和合成过程中都发挥着重要作用，是代谢反应的一个核心通路。柠檬酸循环发现之前，糖代谢研究方面尚未形成系统的理论。柠檬酸循环又称之为三羧酸循环和克鲁布斯(Krebs)循环，这一发现被诺贝尔颁奖委员会公认为代谢研究的里程碑。发现柠檬酸循环的克鲁布斯思维缜密，对待研究结果及结论一丝不苟，作为科学家，他能将原本毫无关联的几种物质用一个线索串联起来，从无数看似凌乱的数据中看出其内在的联系，这是一种抽提和概括的理性科学思维。同时，克鲁布斯在实验中并未放弃每一项实验结果，而是细致地分析其中的内在联系，这种坚韧的品质也是成功的关键。介绍柠檬酸循环的专业知识时，结合克鲁布斯的科学事迹，可以教育学生养成科学理性、严谨求实的科研素养。

2) 辩证思维：矛盾对立统一规律

辩证思维也称矛盾思维，是指按照辩证逻辑的规律，即唯物辩证法的规律进行的思维活动。本章有很多专业知识的理解均需要用到辩证思维，下面是结合专业教学特点的两个思政元素分析。

葡萄糖在有氧条件下彻底分解氧化生成 CO_2 和 H_2O 并生成大量能量 ATP 供机体利用，而在无氧条件下，葡萄糖氧化为乳酸，产生少量 ATP，这两个过程受氧调控，并相互转化。当氧供应不足时，如登高、百米短跑等剧烈运动时，机体处于相对缺氧状态，葡萄糖有氧氧化受到抑制，无氧分解增强，此时机体主要靠无氧分解迅速补充能量，保证了机体在氧供不足时迅速获得能量。唯物辩证法说“事物在一定条件下相互转化”，这个转化条件就是氧是否充足。

葡萄糖激酶与己糖激酶是同工酶，前者存在于肝细胞中，后者存在于肝外组织细胞中，它们都具有促进葡萄糖进入细胞后的第一步磷酸化反应，这是葡萄糖分解的第一个步骤，也是它们的共性。餐后血糖浓度升高时，葡萄糖激酶活性随血糖浓度增高而增高，有利于葡萄糖进入肝细胞内利用并维持血糖浓度，而血糖浓度正常或偏低时，葡萄糖激酶活性也随之降低。反之，此时己糖激酶活性较高，更有利于肝外组织利用葡萄糖供能。它们共性和个性的体现都是在共同维护着机体在整体上对葡萄糖的利用。这一对同工酶的体内生物学功能，即体现了辩证法中的“矛盾的共性和个性”。

17.3 课程思政的教学策略实例

1) 课程思政教学实例一：科学理性、严谨求实

教师上课伊始就可以将柠檬酸循环复杂的代谢图谱以及克鲁布斯的照片呈现给学生，并告诉大家柠檬酸循环也称之为克鲁布斯循环，这也是为纪念德裔英国科学家克鲁布斯在揭示柠檬酸循环方面所作出的卓越贡献，同时也显示了柠檬酸循环在代谢网络调控中的重要性。接着可简单介绍一下克鲁布斯是如何利用鸽子的飞行肌做实验材料，通过各种生化实验逐一找到柠檬酸循环的中间分子，结合前人研究物质代谢的材料，发现食物的分解产物在体内是按照特定的物质顺序依次发生化学变化的。最终，他完成了食物的循环链，并且将其命名为柠檬酸循环。介绍完之后可点评一下为何是克鲁布斯而不是别的科学家能完成这条重要糖代谢的通路。这时候可以强调克鲁布斯是通过推理、分析、综合、归纳等理性思维活动，敏锐地从一大堆数据中看出其内在的联系，并描述出规律，正是这种科学理性、严谨求实的科研素养给他带来了成功。通过克鲁布斯的科学事迹，可以教育学生应培养理性思维的科研素养。

2）课程思政教学实例二：辩证思维

马克思主义哲学体系中，“矛盾对立统一规律”是一个普遍性真理，而用哲学方法来研究自然科学也是现代科学方法论的重要手段。教师在讲述葡萄糖的有氧氧化和无氧分解途径时，告诉同学们“事物在一定条件下可相互转化”，这两条途径并不是孤立无援地存在，而是依据氧是否充足可互相转化。接下来，问一下同学们在进行如登高、百米短跑等剧烈运动时，体内葡萄糖是进行有氧氧化还是无氧酵解呢？同学们经过思考，应当知道此时机体处于相对缺氧状态，葡萄糖有氧氧化受到抑制，无氧分解增强，此时机体主要靠无氧分解迅速补充能量，保证了机体在氧供不足时迅速获得能量。类似地，在讲到同工酶葡萄糖激酶和己糖激酶时，告诉同学们通过“矛盾的共性和个性”来看两个酶在维护血糖利用上的共性与个性。

第十九章　氧化磷酸化作用

19.1　专业教学目标

生物体内的氧化和自然界的燃烧在化学本质上类似，最终产物都是 CO_2 和 H_2O，所释放的能量也完全相等，但生物氧化的特点是依赖于酶的催化，在温和条件下进行，逐步释放能量，且所产生的能量可贮存在 ATP、NAD、FAD 等分子中。本章主要介绍生物氧化的概念及氧化类型、电子传递和氧化呼吸链、氧化磷酸化作用。本章的主要专业教学目标如下：

◎ 了解生物氧化的概念及氧化类型；

◎ 熟悉呼吸链的组成、电子传递过程和顺序；

◎ 掌握氧化磷酸化作用以及 ATP 生成的分子机制，了解氧化磷酸化的调控。

19.2　重要思政元素分析与相关知识板块

本章以生物体内的生物氧化为例，详细讲述生命体是如何进行能量转换的。本章知识虽然专业性较强，仍具备一些思政元素，具体分析如下：

1）独立自主、探索创新

关于生物体内氧化磷酸化的作用机理研究在 20 世纪 40—50 年代主要有三种学说：化学偶联假说、构象偶联假说和化学渗透假说。前两种学说虽然占主流，但 20 年过去，始终无人找到高能共价中间物或高能构象中间物。英国科学家米切尔则另辟蹊径，提出化学渗透学说，刚开始不被学界认可，可随着越来越多的实验证实了他的猜想，他和他的学说也从丑小鸭变成了白天鹅，并于 1978 年成为当年唯一的诺贝尔化学奖获得者。科学精神富有许多内涵，作为理科专业的学生，科学精神教育始终是思政教育的重点。教师在此可强调的是米切尔的独立和创新精神，具体体现为实事求是、不屈服于外界的压力、百折不挠以及勇于创新的精神。

2）生态文明

氧化磷酸化又称为细胞呼吸，我们吸入氧气排出二氧化碳并获得能量，可见生命与氧气息息相关。地球上的氧气主要来自植物、蓝藻细菌以及大气层。但是一方面目前由于环境恶化，森林面积大幅减少导致氧气减少；另一方面，人类经济活动导致二氧化碳排放增多，全球气候变暖，破坏了大气层。长久以往，我们赖以生存的环境必将岌岌可危。故教师在讲述本章知识的时候，要有意识地引导学生关注生态文明，关注可持续发展。

19.3 课程思政的教学策略实例

1) 课程思政教学实例一：独立和创新精神

教师在向学生解释氧化磷酸化机理时肯定会提及三种学说：化学偶联假说、构象偶联假说和化学渗透假说。并强调前两种学说虽然占主流，但 20 年过去，始终无法通过实验证实。这时候再提及英国科学家米切尔的研究工作，就能让学生理解：有时候真理掌握在少数人手里，但因为和主流意见相左，要不屈服于外界的压力坚持自己的想法实际上是很需要勇气的。教师再概括出米切尔的独立和创新精神，是科学家珍贵的品质，并注意引导学生学习和继承这种科学精神。

2) 课程思政教学实例二：生态文明

学完氧化磷酸化同学们都知道其重要性以后，教师可以问一下：现在地球上的氧气从哪里来呢？答案显而易见。接着教师再简单介绍一下目前的环境问题和气候问题，从而引起同学们关注生态文明和可持续发展。进而可以进行一个课堂讨论或课外作业布置，从个人、政府及全球三个角度提出自己的观点，我们如何保护森林、地球和大气层，如何既发展经济又不破坏环境。通过思考和讨论，将生态文明及可持续发展观深深内化于学生心中。

第二十章　戊糖磷酸途径

20.1 专业教学目标

戊糖磷酸途径强调从磷酸化的六碳糖形成磷酸化的五碳糖。戊糖磷酸途径是糖代谢的第二条重要途径，是葡萄糖分解的另外一种机制。这条途径在细胞溶质内进行，广泛存在于动植物细胞内。本章主要介绍戊糖磷酸途径的发现、过程及能量变化。其专业教学目标包括：

◎ 掌握戊糖磷酸途径的主要反应及基本过程；

◎ 掌握戊糖磷酸途径反应速率的调控；

◎ 了解戊糖磷酸途径的生物学意义。

20.2 重要思政元素分析与相关知识板块

戊糖磷酸途径是葡萄糖代谢的一种替代氧化途径，反应起始物为 6-磷酸葡萄糖。其生理意义是提供两种重要的物质：磷酸核糖和 $NADPH + H^+$，前者是体内嘌呤核苷酸、嘧啶核苷酸的合成原料，后者则为细胞带来了还原力。具体思政元素分析如下：

1) 坚持不懈、执着追求的科学精神

戊糖磷酸途径的发现是从研究糖酵解过程的观察中开始的，由于实验技术所限和经历战争，研究历程长达 20 年，涉及多位学者的前后承接。刚开始，研究人员发现在研究糖酵解用的组织匀浆中添加碘乙酸等抑制剂，葡萄糖仍能被利用，表明可能还存在另外未知的糖代谢途径。1931 年又发现了 6-磷酸葡糖脱氢酶和 6-磷酸葡糖酸脱氢酶，这两种酶都促使葡萄糖分子的代谢走向糖酵解以外的未知途径。接下来研究人员推测 6-磷酸葡糖酸脱氢酶催化 6-磷酸葡糖酸氧化脱羧形成的产物可能是戊糖磷酸。此后，一系列观察到的实验现象均支持戊糖磷酸途径的存在，但由于战争和研究难度，直到20世纪50年代，戊糖磷酸途径才完整地被描述出来。研究历程长达20年，涉及至少8位研究人员。这其中的艰辛不难想象，而科学家们执着的追求、理性的分析都是值得我们学习的。

2）全局观念与政治认同

现在已知戊糖磷酸通路是糖代谢的第二条重要途径，它是葡萄糖分解的另外一种机制。这条途径在细胞溶胶内进行，广泛存在于动植物细胞内，其生理意义主要是为细胞提供足够的还原力(NADPH)。但是机体作为一个整体，不同组织或细胞中，由于分工不同，所需要的还原力也不一样。例如，肝脏、脂肪组织这些脂肪酸合成强劲的部位，以及肝、肾上腺等胆固醇和固醇类合成部位都需要NADPH，在这些组织中戊糖磷酸途径是很活跃的(参考脂肪酸和胆固醇的生物合成)。相比之下，在肌肉组织中该条途径相对就没有那么活跃。因此，作为整个机体，存在一套系统调配的整体协调机制。教师可以将其类比于人类社会，一个国家社会也应该存在一套系统调配社会资源，促进整体协调发展的制度。比如遇到重大的自然灾害或公共卫生事件，党中央也是从大局出发，系统调配全国资源，解决重大问题。通过这些专业知识并联系国情，是对现行制度认可的最好方式。

20.3 课程思政的教学策略实例

1）课程思政教学实例一：坚持不懈、执着追求的科学精神

柠檬酸循环、卡尔文循环等完整代谢途都是由一个科学家系统性的工作完成的，而戊糖磷酸途径的发现则充满着波折。因此，教师在讲述该途径的时候，着重强调的是，有时候科学研究由于各种因素的限制(课题难度、技术落后、战争爆发)等原因会停滞不前，但科学家对未知世界探索的好奇心以及坚持不懈、执着追求的特质使得他们最终会走向成功。由此教育同学们向科学前辈学习，并将科学家的品质继承和发扬。

2）课程思政教学实例二：全局观念与政治认同

教师讲述戊糖磷酸通路的专业知识及其生理学意义之后，要提示同学们戊糖磷酸通路虽然是普遍存在于各组织细胞中，但其活跃程度是不一样的。由于功能不同，每个细胞或组织需要的NADPH量是不一样的。从而告知学生看待细胞、机体的生命活动要有一个全局观，这样各组织器官才能通力高效协作。然后再以此类比于人类社会，并以新冠病毒疫情为例，强调党中央统一调度，将全国各地的医护人员紧急派去湖北支援，而其他省市也积极配合，全力以赴抗击疫情。通过这些专业知识并适时联系国情，让同学们不仅对我国现行制度深深地认同，并且对祖国的热爱之情油然而生。

第二十一章　糖异生和糖的其他代谢途径

21.1 专业教学目标

糖异生即葡萄糖的异生作用，是由非糖物质如乳酸、氨基酸、甘油等作为原料合成葡萄糖的作用。机体为维持血糖稳定，除已储存的糖原，仍需不断从非糖物质合成葡萄糖以保证不间断地将葡萄糖提供给那些主要依赖葡萄糖为能源的组织。本章主要介绍糖异生和糖的其他代谢途径，主要专业教学目标包括：

◎ 掌握糖异生作用的途径，理解糖异生作用和糖酵解两个途径之间的相互联系和作用，

了解糖异生的调节；

◎ 理解和掌握丙酮酸是糖异生作用的起点，由丙酮酸形成葡萄糖的能量消耗及意义；

◎ 了解葡萄糖的转运、乙醛酸循环；

◎ 以乳糖为例了解寡糖的生物合成和分解过程；

◎ 了解糖蛋白的生物合成和糖蛋白糖链的分解代谢。

21.2 重要思政元素分析与相关知识板块

糖异生代谢途径和其他代谢途径类似，其思政元素有相似性。以下仅列举若干可供教师参考的思政元素：

1) 变与不变的哲学思考

体内代谢处于一个平衡状态，但细胞为了适应环境，代谢通路中的具体反应过程往往根据细胞生命活动的需要可以灵活地相互联系和转变，因此体内代谢网络中各条代谢途径都会发生联系和变化。在马克思主义哲学体系中，变是绝对的，不变是相对的。无论大到人类社会还是小到细胞分子，都是马克思主义“变”与“不变”辩证统一的现实体现。事实上，也只有积极“求变”，才能适应复杂的环境，实现社会的稳定发展(不变)。教学中，教师可以“以小见大”，以糖异生代谢途径及其调控(变)与体内血糖的恒定(不变)来体现“变与不变”的哲学思考。

2) 未雨绸缪的危机意识

糖异生指的是葡萄糖异生作用，即利用非糖物质作为前体合成葡萄糖的作用。在第二十二章我们还会提到糖原的分解和生物合成，生物体内糖原是葡萄糖的一种高效能的贮存形式，是生物体所需能量的贮存库。有了糖原为何细胞还需要糖异生作用呢？虽然有糖原的储存作为细胞的能源库，但糖异生对于人类以及其他动物是绝对必需的途径。非糖物质包括乳酸、丙酮酸、丙酸、甘油以及氨基酸等。例如，人脑以葡萄糖作为主要能源分子，对葡萄糖有高度依赖性，红细胞也需要葡萄糖供能。成年人大脑每日大约需要 120 g 葡萄糖，占人体对葡萄糖每日总需求(约 160 g)的绝大部分。体液中葡萄糖含量约 20 g，从糖原中可随时提供的葡萄糖约 190 g，因此，正常生理状态下，体内葡萄糖量足够维持一天的需要。但如机体处于饥饿或剧烈运动状态下，则需要非糖物质转化成葡萄糖，以供细胞维持生命活动。机体除中枢神经系统和红细胞需直接提供葡萄糖外，肾髓质、睾丸、眼睛晶状体等组织也主要利用葡萄糖供能，机体必须维持血糖在一定水平，才能使这些器官及时得到葡萄糖的供应。因此，糖异生途径在保持细胞内部稳定、抵御外部风险中显得尤为重要。教师应当善于利用细胞分子和人类社会的内在关联性开展课程思政教育，强调保持内部稳定是抵御外部风险的重要基础。

21.3 课程思政的教学策略实例

1) 课程思政教学实例一：变与不变的哲学思考

生物体内环境的相对稳定是保障生命活动的基础，其中，生物体内血糖浓度始终维持在较为恒定的水平，也是保证人体各器官尤其是脑利用葡萄糖供能发挥生物学功能所必需的。教师可先将专业知识讲述完毕，即介绍糖异生途径是在机体处于饥饿或剧烈运动状态时，以非糖物质转化为葡萄糖来维持血糖恒定，解释糖异生途径过程是一个相对变化的过程，而血糖浓度是一个相对恒定的过程，无论是变还是不变，最终目的是维持体内环境的稳定，保障机体的正常生理活动。然后教师可用马克思主义哲学观点进行小结，变是绝对的(通过糖异生提供葡萄糖)，不变是相对的(血糖浓度的相对恒定是因为得到了新的葡萄糖补充，实际上也在变)。因而，无论大到人类社会还是小到细胞分子，都是马克思主义“变”与“不变”辩证统一的现实体现。由此，不仅可以引导学生把知识理解得更透彻，而且也帮助学生理解国情，通过适应外部环境的变化，实现社会稳定(不变)。

2) 课程思政教学实例二：未雨绸缪的危机意识

为维持机体的正常生理活动，保持血糖浓度恒定十分重要。那么机体是如何保障做到这些的呢？一般，在正常生理状态下，生物体内如需葡萄糖供能，糖原分解可以满足需要，但在饥饿或剧烈运动等情况下，则急需非糖物质转化为葡萄糖。教师将专业知识介绍到这里的时候，适时将细胞拟人化，强调它们也有强烈的能源危机意识，不仅有正常状态的能源储备(糖原)，还有应急状态下的另一能源储备(非糖物质)，其目的就是维稳(恒定的血糖浓度)，从而维持机体的正常生理活动。因此，通过细胞的葡萄糖稳态维持机制和人类社会的类比，“以小见大”，让同学们体会到人类社会/国家保持内部稳定是抵御外部风险的重要基础。

第二十二章　糖原的分解和生物合成

22.1　专业教学目标

糖原是葡萄糖的一种高效能的贮存形式，是生物体所需能量的贮存库。本章主要介绍糖原的分解和生物合成代谢以及糖原的生物学意义。本章的专业教学目标如下：

◎ 了解糖原的生物学意义；

◎ 理解并掌握糖原的降解代谢过程；

◎ 理解并掌握糖原的合成代谢过程；

◎ 了解糖原代谢的调控机制及与疾病的关系。

22.2　重要思政元素分析与相关知识板块

糖原的分解和生物合成是处于动态平衡的，一旦糖原合成与分解的平衡被打破，机体便发生疾病。主要思政元素如下：

1) 唯物辩证法的矛盾观

前面已经提及，学习糖代谢、脂代谢和蛋白质代谢，可运用对立统一的辩证思维法去学习和理解。体内糖原的合成与分解是对立统一的，共同维持着机体能量需求的变化。一旦糖原合成与分解的平衡被打破，便发生疾病。类似的，机体血糖浓度维持在较为恒定的水平，主要是因为血液中葡萄糖的“来”和“去”这对矛盾共同维持着动态平衡。同样的，任一方的破坏都会引起血糖浓度失衡，导致高血糖或低血糖，出现代谢紊乱。

2) 未雨绸缪的危机意识

当前很多00后年轻人成长于和平年代，缺乏危机意识，往往有钱就花，成为“月光族”。但就生物的天然特性而言，危机意识其实渗透于生命体的方方面面：植物的淀粉、动物的糖原，以及它们的分解和补充机制，都是能量储备应对危机的表现。所以，未雨绸缪的危机意识，继上一章讲述以后，可以再次成为本章节的思政元素加以强调。

22.3 课程思政的教学策略实例

1) 课程思政教学实例一：辩证思维

糖原主要存在于肝和肌肉中，而肝糖原主要用来贮存和补充血中葡萄糖以维持血糖浓度的恒定。糖原分解通常是指肝糖原分解成葡萄糖，最终由6-磷酸葡糖酶催化水解6-磷酸葡糖生成葡萄糖释放入血。因此，当体内能量充足时，葡萄糖合成增强，以糖原形式贮存；当能量不足时肝糖原分解增强，分解为葡萄糖入血补充血糖。可见，糖原的合成与分解是对立统一的，共同维持着机体能量需求的变化。教师将专业知识讲述完后，再用马克思主义哲学的观点进行小结：糖原的合成与分解正是唯物辩证法中关于“矛盾的同一性和斗争性”在本章专业知识的体现。此外，教师还需注意引导学生真正把握“矛盾的同一性和斗争性”的内涵，能通过表象抓住问题的本质。例如，若糖原合成与分解的平衡被打破，机体血糖会失衡，若失衡是短暂性的则有可能是生理性的，若血糖失衡是持续性的则有可能是病理性原因导致，机体会发生疾病。这时候教师再举例一些代谢异常病，学生肯定会理解得更为深刻。例如糖原累积症，是一类因遗传性缺陷而引起的代谢性疾病，其特征是体内某些器官组织中沉积有大量的或非正常结构的糖原分子。由于某些催化糖原合成和分解的酶缺陷，这些糖原无法正常分解以维持血糖浓度，继而可引起低血糖、酮症、乳酸血症、高脂血症等。

2) 课程思政教学实例二：危机意识

第二十一章已经提及生物的危机意识，在能源储备上，不仅有正常状态的能源储备(糖原)，还有应急状态下的另一能源储备(非糖物质)。在本章则强调危机意识的培养，无论是在和平环境还是战争环境，永远要做到居安思危，不忘初心，这无论是对个人还是国家来说都非常重要。因此，这里的教学设计是以学生为中心，留课外作业，根据这两章所学知识的启发，从三个角度出发，即作为个体、国家公民、地球公民应具备怎样的危机意识。提示同学们以更高的视野和更远的眼光，思考自身和当代民众的生活方式，建立可持续发展观。

第二十三章　光合作用

23.1 专业教学目标

本章将主要讨论绿色植物是如何进行光合作用的，包括捕光机制、光驱动电子流、ATP形成(光合磷酸化)和CO_2固定等步骤。其中也会介绍某些细菌的光合过程，目的都是为了在分子细节上追踪光能是如何转化为化学能的。本章主要的专业教学目标包括：

◎ 了解光合作用的发现、场所及总过程；
◎ 掌握叶绿素的光反应性；
◎ 掌握光驱动的电子流与ATP合成机制；
◎ 了解暗反应：CO_2的固定，卡尔文循环的基本过程；
◎ 了解光呼吸和C_4途径。

23.2 重要思政元素分析与相关知识板块

本章讨论的是生物能学，主要介绍绿色植物是如何将光能转化为化学能的。相关思政元素与第十六章和第十九章类似，分析如下：

1) 文化自信

公元6世纪，北魏贾思勰所著的《齐民要术》中就有“槐，性扇地，其阴下，五谷不植”的记载，显然当时人们已观察到植物需要光、水和空气，懂得光对植物生长的意义。一般教科书都将英国化学家普里斯特利(J. Priestley)作为最早发现光合作用的人。1771年，他在密闭容器中燃烧蜡烛后导致其中的小鼠窒息；而若此时放入一支薄荷，则能维持小鼠存活，因而得出植物能净化空气的结论。但他的实验时而成功，时而失败，是因为还没有意识到植物净化空气依赖于光。随着植物学、化学和物理学的发展，实验技术改进后，到了1860年左右，对植物的光合作用的化学本质才有较全面的认识。由此可见，我国先民懂得光对植物生长的意义比西方要早1 000多年。通过古籍解读，激发同学们的民族自豪感。

2) 积累和创新

若从1771年普里斯特利作为最早发现植物生长需要二氧化碳释放氧气算起，到德国科学家戴森霍弗、胡贝尔、米歇尔3位科学家测定出了光合作用反应中心的三维空间结构，揭示出电子和能量的传递作用，阐明了光合作用机理获得1988年的诺贝尔奖，前后耗时200余年。其间与光合作用机制相关的研究历经植物色素(叶绿素)的研究、血红素和叶绿素的性质及结构方面的研究、类胡萝卜素的研究、卡尔文循环的发现，以及英国生物化学家米切尔因研究ATP生成提出的“化学渗透学说”，共计获得8次诺贝尔奖。正是这些一步步的成就叠加起来，最后揭示了光合作用的秘密，而光合作用也被称之为“地球上最重要的化学反应”，它是地球上一切生命生存和发展的基础。

教师在此处需重点强调的是科学研究总是“站在巨人的肩膀上”，任何成果都是在前人的基础上不断积累和创新的产物，要善于吸收和总结前人的经验。接着，还要告诉同学们，对光合作用的探索还在继续，关于叶绿体的遗传和发育、光合作用演化等问题的研究还在深入。

3) 可持续发展

植物的光合作用，是地球上最为有效的固定太阳光能的过程，目前人类利用的能源物质之一——煤炭等资源都是远古植物光合作用的产物，随着工业发展，煤炭资源的过度开发，今后的能源在哪里？教师在教学中应当引入可持续发展观，让同学们思考该如何保护我们的环境，实现可持续发展。这也是值得挖掘和强调的思政元素。

23.3 课程思政的教学策略实例

1) 课程思政教学实例一：文化自信

一般教科书都将英国化学家普里斯特利作为最早发现光合作用的人，教师应该适时提及，在我国古代公元6世纪的人们通过观察，已经发现植物生长需要光、水和空气，说明当时的人们已懂得光对植物生长的意义。而西方直到19世纪，对植物的光合作用的化学本质才有较全面的认识。由此可见，我国先民懂得光对植物生长的意义比西方要早1 000多年。课堂上解读中国的灿烂文化和古人智慧，可以激发学生的民族自尊心和自豪感。

2) 课程思政教学实例二：积累和创新

关于光合作用的研究成果很多，教师在介绍的时候既可以强调单个研究成果中所蕴含的科学精神，也可和本《指南》类似，更强调在整个关于光合作用机制的研究中，各科学家利用前人的经验积累，持续探索从而获得重大创新成果。这就需要强调，科学的发展和重大成果的产生，需要积累和长期不懈的坚持探索。由此，教师便可以自然教导同学们，不可好高骛远，只有脚踏实地，一步一个脚印地夯实基础，才可能有飞跃。

3）课程思政教学实例三：可持续发展

教师在授课以后，同学们已经意识到光合作用的重要性，这时候再提及能源都是一次性资源，远古时代的煤炭资源按照目前人类的开采速度，很快就会耗尽，那我们该何去何从？从而引发同学们为了子孙后代，要用可持续发展的眼光来保护地球资源，爱护环境，并挖掘出新的可替代资源。那既然有了思路，该如何具体去做呢？教师可将这一问题留作讨论部分，引导学生自己去思考，自己去查阅资料，从而让同学们在专业知识的支持下对可持续发展有更深的理解。

第二十四章　脂质的代谢

24.1　专业教学目标

长链脂肪酸的氧化是动物、许多原生生物和一些细菌获得能量的主要途径。在本章中，我们以脊椎动物为例，重点讲述脂肪酸氧化和合成反应及脂质代谢调控机制。主要的专业教学目标包括：

◎ 掌握脂肪酸的分解途径和生物合成过程、能量变化以及调节；

◎ 掌握不饱和脂肪酸的氧化过程；

◎ 掌握酮体的生成和利用的过程和意义；

◎ 了解磷脂及胆固醇的代谢、脂代谢异常的疾病以及糖代谢和脂代谢之间的关系。

24.2　重要思政元素分析与相关知识板块

继糖代谢之后，本章介绍脂质代谢。作为代谢的共性，它们都具有一个动态平衡，另外在解析代谢机制时，也有很多科学家的科学事迹作为案例，这些都蕴含了丰富的思政元素，具体分析举例如下：

1）科学精神和理性思维

在本章教学内容中，脂肪酸的β-氧化、胆固醇的生物合成途径的揭示、胆固醇代谢调控机制的阐明等都蕴含有丰富的关于科学精神的思政元素，教师可以根据教学时间灵活加以运用。科学精神含有丰富的特征，为避免重复，教师需注意从各案例中抽取不同的特征加以讲授。

一是20世纪初脂肪酸β-氧化的发现，努普（Knoop）通过巧妙的实验设计发现脂肪酸氧化每次降解下一个二碳单元的片段，氧化从羧基端的β-原子开始。虽然后来由于技术的进步，努普的发现得到修正，但历经百年的研究工作结果都支持了他的基本论点。此处强调努普的思维巧妙，由于技术限制没有同位素示踪，则用苯基标记，这强调的是努普的创新精神。

二是可讲述胆固醇合成机制，从1920年胆固醇结构测定开始，到1952年中间产物（角）鲨烯的确定，最后到1956年类异戊二烯中间产物：甲羟戊酸的确定，历经36年才将胆固醇生物合成机制详细阐明。此处强调的是在自然科学的探索中找到一个规律、阐明一个机制有时候限于技术和理论知识的滞后，需要时间，这时候更需要坚忍不拔、持之以恒的科学精神。

三是美国科学家布朗和戈德斯坦从1972年开始研究家族性高胆固醇血症，最终阐明了体内胆固醇代谢调节机制，获得了1985年的诺贝尔生理或医学奖。此处强调科学家们通过不断地提出假设再加以验证的方式最终阐明一个分子机制，强调的是科学精神中的理性思维(详见第十章)。

2) 透过现象看本质

为了适应不同的环境和生长发育，细胞体内的代谢通路是十分错综复杂的。如同第十五章所述，为何细胞的合成代谢与分解代谢采取不同途径而不是由一个可逆反应来完成？为何合成代谢与分解代谢要由一系列的连续反应来完成而不能一步到位？实际上用透过现象看本质的方法来分析细胞的脂质代谢，就能理解细胞如何在复杂的脂质代谢通路中找到关键的调控点，从而迅速地对环境做出应答。因此，表象与本质的关系，也是本章重点发掘的思政内容。

本章教学中，教师可以家族性高胆固醇血症为例说明如何通过复杂事物看本质。这些患者血液中的胆固醇水平显著上升，导致身体不同部位出现胆固醇沉积，如若胆固醇在血管动脉中沉积，则导致动脉粥样硬化。但为何患者的症状(表象)相似又有轻重不同呢？通过检测胆固醇运载受体：LDL受体基因(本)，则可发现其中规律。目前通过基因检测，已发现4种和LDL受体突变导致的家族性高血脂症：第一类是在内质网中的LDL受体合成突变；第二类突变则是把受体传送到高尔基体的缺陷；第三类是LDL与受体结合的缺陷；第四类则是在被膜凹陷处胆固醇受体不能聚集。也正是现代生化与分子生物学技术的发展，人们得以从分子水平和基因水平去理解疾病的本质。因此，掌握表象与本质的关系，既是极好的思政元素，也是学生学习专业知识的法宝。

3) 健康生活、建设国家

肥胖是脂代谢失衡的表现，已经成为全球的流行病，其背后是城市化进程和农业革命快速发展导致的人类生活方式和营养方式的改变。当前社会罹患脂肪肝、高血脂高血压的人越来越多，且发病有年轻化趋势。很多人由于对其危害性不甚明了，对此类疾病不够重视，教师要从脂代谢紊乱机制说清楚其危害，并提倡健康的生活和饮食方式，少年强则国强，只有同时拥有强健的体魄和智慧的大脑，才能更好地建设我们的祖国。

24.3 课程思政的教学策略实例

1) 思政教学实例一：透过事物现象看本质

教师可以把胆固醇的合成、转运及代谢图作为一个整体呈现给同学们看，然后根据整张图指出，其中哪些步骤出问题，会导致高胆固醇血症，会出现哪些症状，让大家理解胆固醇代谢异常最终虽然都是以患者血液中的胆固醇水平显著上升为表型，但其致病原因不一样，合成、分泌、转运及分解任何一个环节出问题都会导致高胆固醇血症，因此不同患者症状相似但又轻重不同。然后再将一种由于LDL受体基因缺陷导致家族性高胆固醇血症患者的症状(表象)由轻至重列出一栏，将不同功能的LDL受体列为一栏，让同学们根据所学知识进行连线，从而找到真正致病原因，可以“对症下药”。进而教师可以启发学生在今后的工作学习中采用透过现象看本质的哲学思维来解决实际问题。

2) 思政教学实例二：健康生活、建设国家

脂代谢紊乱可以导致许多疾病，教师可先在课堂上讲述完专业知识后，举一些脂代谢紊乱疾病的实例，从脂代谢紊乱机制说清楚罹患高血脂高血压的危害性。再提及一些脂代谢失衡是可以通过生活方式的改变而消除的，例如，许多肥胖患者并不是由于先天遗传而是脂

代谢失衡的表现，大部分可以通过生活方式的改变而改善，也就是俗话说的“闭上嘴，迈开腿”，从而引起同学们对健康生活和饮食方式的重视。接下来，教师可以留一些课外作业让同学们去思考：怎样的生活和饮食方式是健康的？我们自己应该如何做？把专业知识联系实际生活，能让同学们更加关注自身健康，养成个人良好习惯，并更深刻地理解只有同时拥有强健的体魄和智慧的大脑，才能为祖国多作贡献。

第二十五、二十六章　氨基酸的分解代谢和生物合成

第二十五、二十六章主要介绍蛋白质降解和氨基酸分解代谢以及氨基酸的生物合成，此外还简要介绍了生物固氮。由于分解代谢和合成代谢在机体中处于一个动态平衡状态，为方便教学，本《指南》将两章的专业教学目标、思政元素分析和思政案例合并。

25.1　专业教学目标

第二十五、二十六章将介绍细胞内蛋白质降解及其影响机制，以及氨基酸生物合成的共性途径。主要专业教学目标如下：

◎ 熟悉外源和内源蛋白质的降解途径；

◎ 掌握氨基酸的一般代谢途径、氨的代谢去路，以及氨基酸代谢、糖代谢和脂代谢之间的关系；

◎ 了解生糖氨基酸和生酮氨基酸以及其他由氨基酸衍生的生物活性物质；

◎ 了解氨基酸代谢缺陷症；

◎ 理解和掌握 5 种类型的氨基酸合成途径；

◎ 理解和掌握氨基酸生物合成的调节；

◎ 理解氨基酸性质，氨基酸转化为其他氨基酸及其他代谢物；

◎ 了解生物固氮和氨的同化作用。

25.2　重要思政元素分析与相关知识板块

第二十五章和第二十六章分别是氨基酸的分解代谢和合成代谢，二者在机体中处于一个动态平衡状态，是一对矛盾对立体，适合用辩证思维进行课程思政教学。此外，科学精神和可持续发展也是这两章内容所涵盖的思政元素，具体分析举例如下：

1) 可持续发展

人类面临着严重的地球资源匮乏和能源危机，需要大力推行循环经济，以促进可持续发展。事实上，细胞便有一套完善的“循环经济”体系，以最大限度地利用已有的细胞成分。生命体或细胞从外界摄取的蛋白质进入到体内首先进行降解，就是为了变为原料重新利用。同时蛋白质的泛素化降解途径和细胞自噬都是细胞重新回收资源进行再利用的案例。这些生化反应，完全可以用来映射人类社会的现状，从而在同学们心中强化循环经济、废物利用、可持续发展等生态文明意识。

2) 不忘初心、不计名利的科学精神

在当代，与热门领域相关的研究方向往往可以获得大量的支持和较高的社会关注。而与当前经济发展热点关系较远或其科学意义不显著的研究领域则成为“冷门”，其所能获得

的支持和社会关注度均较少，因而研究者不多。在20世纪60—80年代，大多数生命科学家将注意力集中于核苷酸与编码信息翻译等热门领域的研究，蛋白质降解这一领域被忽略。科学家对蛋白质的降解停留在胃肠道消化酶对蛋白质的水解以及溶酶体对蛋白质的水解，这两种水解蛋白质的方式均不需要能量。因此很少有人关注蛋白质的选择性降解，当时也很难理解为何还需要耗费能量去降解蛋白质，并认为细胞的这个生理活动可能无甚意义。

而以色列科学家阿龙·西查诺瓦却选择了相对"冷门的硬骨头"来啃，把蛋白质的降解问题作为自己的研究方向。早在1942年，科学家们其实就已发现有的蛋白质分子在体内需要能量的降解现象，但这个阶段研究者一直把研究方向瞄准三磷酸腺苷(ATP)的作用。直到30多年后，阿龙·西查诺瓦独辟蹊径，提出了"泛素假说"，揭示了依赖泛素化的蛋白质降解途径。目前这条途径已经被证实是介导真核细胞内蛋白质降解的最主要的途径，泛素化修饰在进化中具有重要的生物学功能，细胞内的诸多生命活动过程都离不开泛素化修饰的精细调控，比如细胞周期调控、细胞凋亡、细胞信号转导等。而他也因发现这被称作"死神之吻"的蛋白质死亡机理而获得2004年诺贝尔化学奖。可见，正是由于他对自己研究方向的坚持和甘于坐冷板凳的精神，阐明了其生物学意义，才把"冷门"研究变成了如今的"热门"研究。因此，对于科学家的这种坚持于自己的兴趣，不计名利的科学精神与职业操守，应当成为生物学专业学生们的楷模，得到他们的尊重。

25.3 课程思政的教学策略实例

1) 课程思政教学实例一：可持续发展观

教师在讲授第二十五、二十六两章内容时，以细胞规划自己的原料为例，讲述可持续发展观对细胞生命活动的必要性。尤其可以需要耗费能量才能将蛋白质进行降解的泛素化途径详细讲述，并强调其生物学意义在于将体内不合格的蛋白质次品及废品选择性地降解，即使需要耗费能量也在所不惜。因为这样才能重新回收利用这些原料来合成自身需要的、合格的蛋白质。细胞自噬则又是一例，细胞通过回收自身破损的细胞器等，使体内物质得到周转和重新利用。通过这些案例，既增强了专业知识的讲授，又能触动同学们的心灵，从而让可持续发展成为同学们价值观的一部分。

2) 课程思政教学实例二：不忘初心、不计名利的科学精神

教师可在介绍依赖于泛素的蛋白质降解途径时，先介绍这条途径是如何被发现的，适当强调当时的研究背景：蛋白质降解领域不受关注，研究途中困难重重，论文无法发表在顶级学术期刊上，阶段性研究结果也不受研究者重视。然而对科学的兴趣和好奇心支撑着科学家最终揭示了今天看来极为有意义的蛋白质"死亡之路"。教师应通过课堂教学将这种不忘初心、不计名利的科学精神和职业操守传递至同学们心中，成为他们今后事业的价值取向。

第二十七章　核酸的降解和核苷酸代谢

所有生物的细胞都含有与核酸代谢有关的酶类，能够分解细胞内各种核酸，促使外界入侵核酸或胞内无用核酸的分解。在体内，核酸的水解产物戊糖可参加戊糖代谢，嘌呤碱和嘧啶碱还可以进一步分解，参与到生物体内其他代谢中去。

27.1 主要专业教学目标

本章主要介绍核酸的降解及核苷酸的代谢。主要专业教学目标如下：

◎ 掌握核酸、核苷酸、嘌呤碱和嘧啶碱的分解代谢；

◎ 掌握核苷酸的生物合成过程；

◎ 了解辅酶核苷酸的生物合成。

27.2 重要思政元素分析与相关知识板块

本章主要介绍核酸和核苷酸的分解代谢以及核苷酸的生物合成，二者在机体中处于一个动态平衡状态，是一对矛盾对立体，适合用辩证思维进行课程思政教学。此外，机体的整体观以及利用专业知识辨析社会问题也是本章可挖掘的思政元素，具体分析举例如下：

1) 整体观和大局观

虽然在教学中，为方便教学，我们是分章节来讲述糖、脂、氨基酸以及核酸代谢的，实际上教师要强调整个代谢网络是相互联系并在一定条件下可以相互转化的，甚至和机体的其他系统及生理功能也是发生联系的，因而，要用唯物辩证法中系统和整体的观点看待每一条具体的代谢通路。如果学生的目光只看重具体的代谢通路，则会陷入一叶障目不见泰山的思维困境之中。新陈代谢的教学后期，应当经常从机体的整体生理角度出发理解代谢，也是社会生活中需要大局观的映射。

2) 科学理性思维

针对市场上销售的核酸营养保健品，结合所学的核酸及核苷酸代谢知识，教育同学们用辩证的眼光去看问题，同时以科学家对待这类产品的态度，培养学生具有科学理性和相应的社会责任感。人类正常饮食从食物中摄取的核酸原料已经足够体内自行合成需要的核酸，事实上，医学界至今也没出现过任何核酸缺乏症。联合国世界卫生组织2000年的有关文件确认人体需要的全部营养物中不包括核酸，其营养部的负责人在接受新华社记者采访时也否认人体需要额外补充核酸。我国著名生物化学家邹承鲁院士也曾大声呼吁“核酸作为营养物质，没有任何科学依据”！通过“核酸营养保健品”案例来启发学生具有科学理性思维，学会用专业知识去分析处理问题，能明辨是非，并培养社会责任感。

27.3 课程思政的教学策略实例

1) 课程思政教学实例一：整体观和大局观

教师在讲述本章专业知识时，除了矛盾观，还可强调用整体观看待核酸代谢与其他代谢的联系，以及参与代谢通路的每一个分子在机体整体中的其他生理活动，对于核苷酸及其衍生物的来与去，不能僵化孤立地去看，否则容易产生盲人摸象的错觉。具体可以讲到如果只看嘌呤核苷酸的代谢通路，若次黄嘌呤-鸟嘌呤磷酸核糖转移酶有缺陷，则会大量积累5-磷酸核糖焦磷酸，嘌呤核苷酸合成增加，大量积累尿酸，造成肾结石和痛风。可通过别嘌呤醇对黄嘌呤氧化酶的抑制而缓解症状。但是为何病人罹患的其他神经系统损伤症状，如痉挛或智力发育迟缓却不能得到缓解呢？说明该酶的缺陷还造成了神经系统发育的不可逆损伤。教师再强调若以整体观来看，同学们就能自己分析，解决患者所有症状的根本在于补充适量正常的次黄嘌呤-鸟嘌呤磷酸核糖转移酶或直接从该酶的基因入手。为此，用系统和整体观点来开展教学活动，不仅能使学生较快掌握这些教学知识点，同时有利于学生树立辩证唯物主义的观点和大局观。

2）课程思政教学实例二：科学理性思维

教师在讲述完本章知识后，可以课后作业的形式进行如下讨论"核酸属于营养物么?""为什么药房里可以买到维生素C和四氢叶酸，却没有核酸?""你听说过核酸缺乏症么?"等等，针对市场上销售的核酸保健品以及一些专家也鼓吹核酸可以作为营养物，提出自己的观点。教师在进行小结时需要强调：第一，任何外源核酸进入人体都要被降解；第二，正常饮食从食物中摄取的核酸原料已经足够体内自行合成所需要的核酸，因此，核酸不是营养品；第三，作为专业人员，更应具有社会责任感，不能随便为商业产品做广告，误导不知内情的普通消费者。通过这些讨论来启发学生用所学知识去辩证分析处理社会问题，能明辨是非，并培养社会责任感。

第二十八章　新陈代谢的调节控制

生物界，包括人类、动物、植物和微生物，其结构特征和生活方式多种多样，千变万化。然而，它们的新陈代谢有着共同的基本途径和调控机制。细胞从环境中取得物质和能量，用以构建自身的组成结构，同时分解已有的成分，获得能量和前体，加以再利用，并将不被利用的代谢产物排出细胞。细胞是如何经济有效地转化各类物质的？是如何维持代谢稳态的？本章主要回答这些问题，介绍新陈代谢的调节机制。

28.1　主要专业教学目标

◎ 掌握细胞代谢调节控制的基本原理；

◎ 掌握酶活性和酶量的调节；

◎ 理解细胞对代谢途径的分隔与控制；

◎ 了解机体在整体水平上对细胞代谢的调节控制；

◎ 了解代谢紊乱与疾病的关系。

28.2　重要思政元素分析与相关知识板块

本章作为第二篇动态生化的结束章节，在分别叙述了各类物质的代谢过程之后，总结性地详细介绍细胞代谢调节控制的基本原理和机制，并举例说明代谢紊乱造成的疾病和防治。思政元素除和之前章节所共有的辩证思维培养之外，还可挖掘出以下要素：

1）政治认同

随着经济发展，人民物质生活条件得到极大改善，但随之而来的现代文明病则严重威胁国民健康，已然成为社会问题。我国当前处于代谢病高发期，政府各部委连续出台了包括《中国成人超重和肥胖症预防控制指南》（中华人民共和国卫生部疾病控制司）、《中国居民膳食指南》（国家卫生计生委疾控局）在内的一系列指导性指南，大力推动代谢病的预防治疗，体现出政府对人民健康的高度重视。国爱民则民爱国，国家颁布这些指南不仅有助于指导民众养成健康生活方式，同时也让民众更拥护党的领导，形成政治认同。因而，这部分内容的讲述是对我国现行政治制度进行政治认同感教育的良好素材。

2）中国科学家的国际贡献

如前所述，我国乃至全球糖脂代谢异常病都已成为流行趋势，因此在这一领域如有原创性的基础研发工作，对今后研制药物、攻克疾病都会作出巨大贡献。我国厦门大学林圣彩教授在糖代谢调控领域、清华大学李蓬院士在脂代谢调控领域连续发表CNS级别的多篇高水平文章，一些发现甚至是教科书级别的知识更新，他们的研究成果对全球糖脂代谢研究领域作出了巨大贡献，这也是中国科学的骄傲。正如著名结构生物学家施一公回国后曾说过，科学家的使命就是"用一流的成果"爱国。借此，同学们会感同身受，做一流的科研就是爱国，就是科学家的使命。

28.3 课程思政的教学策略实例

1) 课程思政教学实例一：政治认同

教师可先向同学们简要介绍一下我国代谢紊乱病的严峻形势，例如，肥胖在中国呈流行趋势，肥胖既是一个独立的疾病，又是2型糖尿病、心血管病、高血压、脑卒中(中风)和多种癌症的危险因素，因此预防和控制肥胖症已成为刻不容缓的任务。接下来告诉同学们政府已经高度重视这些社会问题，并出台了一系列指导指南帮助普通民众建立良好的生活饮食习惯来预防疾病。通过对政府这些举措的认同，引导同学形成对我国政治制度的认同和道路自信。

2) 课程思政教学实例二：中国科学家的国际贡献

前述已经提及代谢病的危害及防治形势严峻，因而教师在此需要适时强调关于糖脂代谢的基础研究有望了解疾病的发病机理和分子机制，从而可以"对症下药"。此时，可以将搜集到的中国科学家林圣彩或李蓬在国际知名刊物上发表的文献呈现给同学看，并将同行评价或点评一并显示出来，让同学们理解他们工作的意义所在。例如，林教授一篇在《自然》上发表的论文成果表明糖酵解途径的代谢酶 Aldolase 可通过感应葡萄糖水平而激活 AMPK，而不依赖于 AMP，这颠覆了学术界长久以来的共识"AMPK 的激活仅依赖于细胞内 AMP 的浓度"，被同行誉为"建立了细胞能量代谢的新范式"。这些原创性的工作也为代谢性疾病的诊疗提供了新策略。由此，同学们不仅为中国科学家的成就感到骄傲和自豪，同时也能树立科技爱国、报国的情怀。

第三篇　遗传信息：传递和表达

按本《指南》采用教材，本篇内容共八章，一章介绍基因和染色体；五章围绕中心法则，即遗传信息的传递，分别介绍 DNA 的复制和修复、DNA 重组、RNA 转录和加工、蛋白质的合成、加工和定位以及基因表达调节；还有两章介绍基因工程、蛋白质工程及相关技术，最后一章介绍基因组学及蛋白质组学。

事实上，这一篇的八章内容，在很多院校的专业设置中被单独设置为"分子生物学"或"遗传学"课程。故各院校也可根据安排的课程学时自行取舍内容。而这一部分的思政元素和教学策略可参考"分子生物学"或"遗传学"两门课程的思政指南。

三、"生物化学"实验课程思政教学指南

1. 专业教学目标

"生物化学"本身即为一门实验科学，因此理论教学也必须结合实验教学，才能真正达到

"生物化学"的教学目标。"生物化学"实验课程在一些院校已经独立成为一门专业必修基础课程,其教学内容主要分为基础实验、综合实验部分。基础实验部分涵盖了蛋白质(包括酶)、糖类等生物大分子的含量及活性测定实验,在课程进行过程中,使学生逐步掌握一些基本的实验技术的原理及仪器应用。综合实验部分以基因工程技术为主线,包括分子克隆及蛋白表达纯化检测,涵盖了核酸及蛋白质生物大分子的纯化、检测等实验。该课程是学生接触较早的专业实验课程之一,通过该课程学习,使学生掌握一些基本的实验技术,同时培养学生基本的科研素质,为后期课程学习及开展科学研究工作奠定扎实、良好的基础。主要教学目标如下:

◎ 掌握滴定法测定物质含量的原理及方法(蔬果中维生素 C 含量测定),学会正确使用微量移液器;

◎ 掌握分光光度法测定物质含量的方法(蛋白质溶液浓度测定——福林酚法),了解酶标仪的基本操作及蛋白质含量测定的方法;

◎ 掌握测定酶活力的基本原理(淀粉酶酶活力的测定——酶标仪),学会自己设计分光光度法相关实验测定物质含量或酶活力等;

◎ 掌握层析法基本原理(蛋白质 N-末端氨基酸测定——层析法);

◎ 熟悉基因工程的基本流程和微量操作;掌握质粒 DNA 及基因组 DNA 抽提的基本原理及方法;

◎ 掌握电泳技术的基本原理,掌握琼脂糖凝胶电泳的基本原理及方法,理解紫外分光光度法测定质粒 DNA 纯度及浓度的原理;

◎ 掌握 DNA 的体外扩增(PCR 技术)基本原理、操作及应用;

◎ 理解基因型鉴定的原理,能根据测序结果分析基因型;

◎ 掌握限制性内切酶及 DNA 连接酶的作用原理、操作及应用,掌握化学法感受态细胞制备的原理及操作;

◎ 了解层析法在分离纯化蛋白质中的重要作用,掌握凝胶过滤层析法、亲和层析法分离纯化蛋白质的基本原理及操作;

◎ 掌握 SDS - PAGE 电泳法检测蛋白的原理和操作过程及应用。

2. **重要思政元素分析与相关知识板块**

本实验课程教学内容主要分为基础实验和综合实验,前者主要训练学生掌握实验操作技能,具备团结合作精神,后者则更注重训练学生严谨的科学态度、学生分析问题和解决问题的能力,故实验课是提高学生综合素质和创新能力的有效途径。适合开展工匠精神、法治意识教育,以及实事求是、团队协作的科学精神和理性思维教育。具体分析如下:

1) 工匠精神

生物化学基本都是微量物质的操作,因此在称量、移动等操作中,都需要同学们具备全神贯注、细致认真的实验态度,否则便会带来实验结果的较大偏差甚至错误和失败。这种实验态度,便是当代特别强调的工匠精神。因此,生物化学实验室,正是培养工匠精神的理想场所。

2) 规范意识

生物化学实验中有不少有毒有害试剂,也有一些有一定危险性的实验操作。因此,严格遵守实验规范,保证实验安全是非常重要的。这里就涉及规范和规则意识的教育,引导同学们时刻都要遵守规范规则，并了解规范的建立都是一起起安全事故的血泪教训换来的。

3）实践验证观

自然科学是实践的科学，生物化学实验课作为理论课的补充与拓展，正是树立实践观念的绝好时机。教师需要在实验课中，引导同学通过实验操作和观察，证实《生物化学》教材中的种种理论、定义和概念，这正是"实践检验真理"的思政教育过程。

4）团队协作和社会责任

生物化学实验的特征是步骤多，过程繁琐，且大部分步骤均为少量、微量操作，对仪器的依赖较高。因此，在实验过程中便需要同学们进行合理协作，互相体谅，共同完成实验任务，这就是一个团队协作的过程。在实际教学中，实验通常还需要部分同学额外完成试验对照，供全班同学使用。这时，这些同学便承担着全班同学的期待，也是培养集体责任感的一种途径。

3. 课程思政的教学策略实例

1）课程思政教学实例一：工匠精神

教师在实验课之前，需要讲解生物化学实验操作的诸多要点，尤其需要强调生物化学实验往往属于微量操作，非常考验大家的眼力手力、细心耐心。在实验过程中，教师可以注意观察动作较为粗糙，实验态度不够认真的同学与态度认真的学生，并在实验结束讲评时，将这些同学的结果进行相互比较，从而引导同学们理解做实验的细致认真态度和操作能力的重要性。此时，教师便可用我国各类"大国工匠"的感人事迹作为课程总结，提醒大家"工匠精神"对个人事业发展和国家社会的重要性。

2）课程思政教学实例二：规则意识的培养

首先，教师应当在第一次实验课程的开头强调生物化学实验操作的规范与安全须知。此时，教师可以向同学们展示一些生化试剂的危险级别符号与毒性，严肃告知遵守实验规范的重要性。之后，教师可以展示一些不遵守实验规范所造成的严重后果，警示大家遵守规则。在实验过程中，教师也必须时时严肃指出同学们的种种不规范行为，并加以纠正。这样的课堂氛围，会自然而然地让同学将规则牢记心中，形成规则意识。

3）课程思政教学实例三：实践检验观的树立

生物化学实验课程的基础实验部分大都是验证性实验，事实上便是通过实验检验教材理论概念的过程，就是实践检验真理的过程。教师在实验课的开展过程中，不能仅限于实验技能的教授与训练，而应当时时注意提问学生：通过什么方法"看"到了维生素、蛋白质和酶？怎么知道它们的数量和浓度？怎么测定酶的生物学活性？如何将一类蛋白质从众多蛋白质里纯化出来？在这个过程中，教师也应当不断启发同学们：如果自己便是创立相关理论和概念的学术前辈，是如何通过这些实验步骤得出相关理论或概念的？由此，实践与真理的相关性便成为贯穿整个生物化学实验课程的重要主线，有助于培养同学们树立实践检验观。

4）课程思政教学实例四：团队合作精神和社会责任意识的确立

生物化学实验通常是 2 人一组，有些实验相互独立，有些实验需要配合完成。教师要善于利用这一教学设计，在实验过程中观察不同的实验小组的团队合作程度，之后在实验结果点评中，将这些小组的结果和过程进行比较和复盘，并从中将团队合作程度与实验结果的优良度进行关联。这样的细致点评，会使得同学们在今后的实验过程中高度重视团队协作，并注意改进协作方式，每个人都能主动承担团队中的相应职责和任务，从而形成优良的团队协作工作作风。

四、"生物化学"课程思政元素总览表

课程章节	重要的课程思政元素	相关联的专业知识或教学案例	所属思政维度
一、《生物化学》各章节课程思政教学指南			
第一篇　生物分子：结构和功能			
第一章　生命的分子基础	国家支持与科学发展	新中国生物化学研究的复兴与崛起	政治认同 全球视野
	灿烂的中国文明	中国古代生物化学研究成果	文化自信
	中国科学家的世界贡献	中国科学家人工合成牛胰岛素和酵母丙氨酸转移核糖核酸	科学精神 家国情怀
	爱国主义和科学精神	新中国科学家的爱国情怀和社会责任	家国情怀 公民品格
第二章　氨基酸、肽和蛋白质	勇于创新和持之以恒的科学精神	桑格在牛胰岛素氨基酸测序中勇于创新和持之以恒的科学精神	科学精神
	辩证思维训练	辩证思维看待氨基酸序列与蛋白质结构和功能的关系	科学精神
第三章　蛋白质的三维结构	中国科学家的科学贡献	中国科学家在蛋白质变性理论及结构解析领域的贡献	科学精神 全球视野
	中国古代的灿烂成就	中国古人利用蛋白质变性制作豆腐	文化自信
第四章　蛋白质的生物学功能	辩证思维培养	蛋白质结构和功能与适应环境的关系	科学精神
	团队协作精神	蛋白质-蛋白质(配体)相互识别与作用机制与社会团结协作的相似性比较	公民品格
第五章　蛋白质的性质、分离纯化和鉴定	科学精神和社会责任	班廷发现胰岛素及其无偿转让、造福人类的事迹	科学精神 公民品格
	灿烂的中国文明	缫丝工艺中蚕丝蛋白的纯化	文化自信 家国情怀
第六章　酶的催化作用	辩证思维	酶与蛋白质的共性与个性；同工酶的共性与个性；温度对酶促反应的影响	科学精神
第七章　酶动力学	中国古代科技成就	古人用酶酿酒、制作饴糖和酱以及对酵素的正确认识	文化自信 科学精神
第八章　酶作用机制和酶活性调节	创新思维的培养	核酶的发现；核糖体是核酶等创新理论的发现与提出	科学精神
	社会责任和造福人类	酶工程技术改变人类生活；一个酶(TagDNA 聚合酶)支撑一个产业	政治认同 公民品格

（续表）

课程章节	重要的课程思政元素	相关联的专业知识或教学案例	所属思政维度
第九章　糖类和糖生物学	高度发达的中国古代文明	中国古代先进的制糖工艺	文化自信 家国情怀
	可持续发展理念	自然资源纤维素和壳多糖的合理开发利用	生态文明
第十章　脂质和生物膜	科学家的社会责任	阿维菌素被开发成为药物治疗河盲症	科学精神 公民品格
	独立自主积极参与国际竞争	阿维菌素产业化的崛起是中国科技竞争力的体现	全球视野 家国情怀
	科学精神和社会责任	胆固醇代谢调控机制的阐明以及治疗高血脂药物的问世	科学精神 公民品格
第十一章　核酸的结构和功能	唯物主义世界观	核酸是遗传物质的重要组成成分	科学精神
第十二章　核酸的物理化学性质和研究方法	质量互变规律	核酸加热变性和降温复性过程符合质量互变规律	辩证思维
第十三章　维生素和辅酶	中国古代的科技成就	孙思邈《千金要方》和《千金翼方》两部医书中有关维生素治疗疾病的案例	文化自信
	树立科技强国的理想与抱负	中国维生素C产业化在国际上的强势崛起	全球视野 政治认同 爱国情怀
第十四章　激素和信号转导	质量互变规律	激素的使用剂量与毒副作用符合质量互变规律	辩证思维
	尊法守法、社会责任	抵制激素滥用，维护民众健康	法治意识
	科学理性思维的培养	正确看待植物激素对人体的影响	科学精神
第二篇　新陈代谢：途径和能学			
第十五章　新陈代谢总论	矛盾的辩证统一	新陈代谢过程体现着矛盾的普遍性和特殊性	辩证思维
	团队协作精神	代谢网络调控体现了整体、细胞及分子间的协作	政治认同 公民品格
	复杂事物看本质	生物界新陈代谢复杂表现下的本质规律	科学精神
第十六章　生物能学	矛盾的普遍性与特殊性	生物能的转换也遵守能量守恒定律	科学精神
	变与不变的哲学思考	细胞中的ATP总能保持在相应恒定水平的调控机制	科学精神 政治认同

（续表）

课程章节	重要的课程思政元素	相关联的专业知识或教学案例	所属思政维度
第十七章　六碳糖的分解和糖酵解作用	坚持不懈、大胆创新的科学精神	克鲁布斯揭示柠檬酸循环的研究经历	科学精神
第十八章　柠檬酸循环	辩证思维的培养	氧气调控葡萄糖有氧氧化与无氧分解； 同工酶的共性与个性	科学精神 政治认同
第十九章　氧化磷酸化作用	坚持和创新精神	英国科学家米切尔提出化学渗透学说的经历	科学精神
	环保意识的培养	对氧气来源的思考及提倡爱护森林、保护环境	生态文明
第二十章　戊糖磷酸途径	创新精神的培养	戊糖磷酸途径的发现过程	科学精神
	整体观与全局观的培养	戊糖磷酸代谢途径中在各组织中活跃度不同及其精准调控	政治认同 公民品格
第二十一章　糖异生和糖的其他代谢途径	变与不变的哲学思考	糖异生代谢途径及其调控与体内血糖恒定之间的关系	科学精神 政治认同
	未雨绸缪的危机意识	机体存在能量储备，保持体内血糖水平恒定	政治认同 公民品格 生态文明
第二十二章　糖原的分解和生物合成	矛盾的对立与统一	糖原合成与分解的平衡	科学精神
	危机意识的培养	细胞中的糖原储备及其动用过程	政治认同 公民品格 生态文明
第二十三章　光合作用	传统古籍中的科技成就	《齐民要术》中已记载光对植物生长的意义	文化自信
	长期积累和不断创新	光合作用的机理揭示是多位科学家长期积累和创新的成就	科学精神
	可持续发展	爱护环境、保护资源	生态文明
第二十四章　脂质的代谢	探索创新的科学精神	脂肪酸β-氧化的发现； 胆固醇生物合成机制阐明； 体内胆固醇代谢调节机制	科学精神
	透过现象看本质	家族性高胆固醇血症分型的科学本质	科学精神
	健康生活、建设国家	国家预防肥胖的政策方针与全民健身计划	政治认同 公民品格
第二十五章　蛋白质降解和氨基酸的分解代谢	可持续发展观	细胞自噬以及泛素调节的蛋白质降解及机制是细胞内部的循环经济	生态文明

（续表）

课程章节	重要的课程思政元素	相关联的专业知识或教学案例	所属思政维度
第二十六章　氨基酸的生物合成和生物固氮	立足兴趣、不计名利的科学精神	泛素调节的蛋白质降解及机制的发现过程	科学精神
第二十七章　核酸的降解和核苷酸代谢	全局观与整体观	用整体观看待核酸代谢通路及其联系	辩证思维 公民品格
	知识指导生活	关于“核酸保健品”的思考	科学精神 公民品格
第二十八章　新陈代谢的调节控制	国家对民生的关怀	国家大力预防代谢疾病，保护人民健康	政治认同
	中国科学家的国际贡献	中国科学家在糖脂代谢调控领域的突出贡献	科学精神 家国情怀
二、“生物化学”实验课程思政教学指南			
“生物化学”实验课程	工匠精神	生物化学实验的微量操作要求	科学精神 公民品格
	规则意识的培养	对实验规范的认识与严格遵守	法治意识 公民品格
	实践出真知	实验课的意义与教学目的； 理论知识与实验的相互验证	科学精神
	团队协作和社会责任	分组实验结果与小组成员的团结协作	公民品格

（黄　静）

第六章 “生理学”课程思政教学指南

一、“生理学”的专业教学体系与课程思政教学目标

1. “生理学”课程简介

生理学是生命科学的一个分支，是研究有机体正常生命活动及其规律、机体各组成部分功能的学科。该课程主要阐述人体（或动物）及其各组成部分所表现的各种生命现象、活动规律、产生机制、调节方式及其过程，包括内外环境对于这些功能的影响，使学生学会运用唯物辩证法的思想和方法论，即用局部与整体、动态与平衡、相互联系和对立统一的思想观点去认识和掌握人体正常生命活动及其基本规律。本课程是生命科学专业的重要基础课程，一般是在学生学习了系统解剖学、动物学、生物化学与分子生物学、细胞生物学等课程后开设。

1.1 “生理学”的专业教学体系结构

一般而言，“生理学”课程由理论课和实验课组成，从而形成理论和实际操作相结合的课程教学体系。

1.2 “生理学”的专业教学目标

◎ 使学生了解正常人体（或动物）生命活动的基本规律，掌握生理学的基本理论、基本知识和基本方法。运用唯物辩证法的思想和方法论，即用局部与整体、动态与平衡、相互联系和对立统一的思想观点去认识和掌握人体正常生命活动及其基本规律。

◎ 通过了解生理学科发展中的重要事件、发现及对人类生活及医疗作出的重大贡献，理解生理学科在生命科学中的地位与作用，建立科学的价值观，更好地认识以人为本的学科本质。

◎ 通过辨别和分析各种正常及异常的生理现象及临床表现，提高学生的科学思维素质，培养学生分析问题和解决问题的能力，不但为学习后续课程奠定理论基础，更为生物专业学生毕业后从事专业实践、科研或教学等工作培养良好的生理学基础。

1.3 “生理学”常用专业教材与特色

左明雪主编. 人体及动物生理学(第4版)[M]. 北京：高等教育出版社，2015.

本教材是国内第一本针对师范院校生理学教学编写的教材，自1985年第一版问世以来，被许多师范类院校采用，30多年来几经修订后，该教材成为"十二五"普通高等教育国家级规划教材，也可供综合大学生物科学类专业本科生使用。随着生理科学的迅速发展，之后的版本增加了细胞水平、分子水平等方面的知识，并且根据现代生理学的教材进行了结构调整。动物机体和生理发生的任何变化，都必然包括DNA、蛋白质、细胞以及器官和系统在不同水平的变化。从局部与整体的角度，系统地理解生理学内容，并且注意生理功能进化在不同活动中的共同调节规律和机制，从而培养学生的科学思维，以及发现问题、分析问题和解决问题的能力。

朱大年、王庭槐主编.生理学(第8版)[M].北京：人民卫生出版社，2013.

本书为国家卫生和计划生育委员会"十二五"规划教材，主要针对基础、临床、预防、口腔医学类专业的学生，以人体为对象，介绍生理学知识。第8版教材在总结汲取前7版教材的编写经验和成果的基础上，部分内容有所更新，例如，细胞信号转导、血液免疫学特征、小肠吸收钙和铁的机制等。第8版教材修订之时，正是全球医学教育百年反思之际，更是我国医疗卫生体制改革和医学教育改革全方位深入推进之时，启动了"5+3"为主体的临床医学教育综合改革。因此，本教材呈现出科学整合内容、淡化学科意识、实现整体化、注重系统科学、保证点面结合等新特点。

2. "生理学"的课程思政教学目标

2.1 "生理学"的课程思政特征分析

"生理学"课程是生命科学相关专业的重要基础课程，是在学习了系统解剖学、动物学、生物化学与分子生物学、细胞生物学等基础之上开设的。"生理学"的授课对象一般是大三学生，他们具有一定的专业基础知识，也初步建立了自己的世界观、价值观和人生观，更有了初步的政治意识和公民意识。生理学课程理论性较强，既涉及微观基础知识，又涉及宏观的系统调控，但是其中也蕴含着大量的可以挖掘的思政元素，使学生在学习专业知识的同时也受到思政教育的熏陶。就"生理学"课程而言，根据其专业特征、知识特征和教学特征，其蕴含的思政元素主要可归于八个维度：政治认同、家国情怀、科学精神、文化自信、法治意识、公民品格、生态文明和全球视野。

政治认同：任何一个机体，都需要维持生理功能的相对稳定，这便是现代生理学的"稳态"概念(homeostasis)。而一个国家和社会的发展和崛起，稳定便是最重要的前提之一。因此，如果能理解生理稳态调节的复杂性，也完全可以理解党和政府在复杂多变的内外部环境下发展中国经济、维护社会稳定的不易和艰难。国家稳定、民族团结是人民安全以及经济发展的重要保证。坚决维护国家主权、安全、发展利益，是我党及国家始终坚持的原则。坚持中国共产党的全面领导，是国家稳定发展的根本保障。因此，生理稳态与国家稳定其实是客观规律在不同层面的体现，是进行政治认同教育的学科基础。

家国情怀：生理学课程中有诸多我国历史上老一辈生理学家们为国效力的事迹，如我国现代生理学奠基人林可胜，毅然舍弃在新加坡的优越条件，决然回国与中华同胞共赴国难，在抗战时期的战地救护工作中作出了极大贡献；我国造血干细胞研究的首倡者和创始人朱壬葆院士，为了祖国军事医学科研事业的发展，呕心沥血、披肝沥胆，坚持奋斗到生命最后一息。在抗击"新型冠状病毒肺炎"的战斗中，海内外华人万众一心，各方筹措医疗物资支援抗战疫病一线的医护工作者，同样表现出强烈的家国情怀。学生们通过这些事迹和案例，可以强烈地感受到老一辈生理学家们以及现代中华儿女对祖国和人民所表现出来的深情大爱，从而提升学生们的思想高度。

科学精神：“生理学”课程以理论讲授和实验操作为手段，介绍人体（或动物）的生理结构及功能，从而了解人体（或动物）生命活动的基本规律，并掌握唯物辩证法的思想和方法论。生理学的各项知识是一代又一代生理学家不懈努力的结果。首位生理学诺贝尔奖获得者巴甫洛夫在生命最后时刻，依然婉言拒绝前来探望的人们，不断地向身边的助手口授自身生命衰变的感觉，为一生至爱的科学事业留下更多的感性材料。这些鲜活的科学故事定会感染学生，引导学生深刻体会科学家们的优秀品质和高尚人格，培养学生严谨求实、开拓创新、勇于探索的科学精神，以及为中华民族伟大复兴、为人类和平发展无私奉献的社会责任意识。

文化自信：中国古代医学中就已有不少对于人体生理规律的思考与理论总结，并在古代医疗实践中发挥了重要的作用。我国古医书《黄帝内经》中就记载了经络、脏腑、七情六淫、营卫气血等古代医学理论，其中包含着中华文明博大精深的哲学思想与传承至今的文化精髓。此外，在多个章节关于中国古今生理学理论与进展中，都体现出中华文明兼容并蓄，善于消化吸收各类文明优秀成果的特点，从而引申出兼容并包的文化自信。这些内容，都有助于促进同学们多多了解学习我国优秀的华夏文明史以及传统文化，树立强烈的民族自豪感，认同并热爱中华民族的优秀传统文化，并以中华优秀传统文化为滋养，助推中国特色社会主义文化繁荣发展。

法治意识：本课程中有多处涉及健康相关的法律法规。比如，在第五章“血型和输血原则”一节中，涉及血液质量的控制，以及我国于 1998 年开始实施的《献血法》中要求献血公民依法献血。此外，在生殖生理章节也有大量涉及生命伦理、与百姓生活密切相关的法律法规。这些内容，都是开展法治教育的理想内容和载体，教育同学们要合规合法地运用所学技术，不得做违背人类伦理道德的事情，更不能为了个人名利、一己私欲而触碰国家法律的底线。

公民品格：本课程很多内容涉及当前的医疗体制、公民品质与职业道德，比如倡导公民无偿献血，这不仅是一种奉献，更是一种责任，是中华民族优良品德的具体体现。而在全国人民一致对抗 2003 年的“非典”时，医务人员坚守岗位，为了人民群众的安危甚至奉献出自己的生命，这都是职业道德的典范。

生态文明：生态文明，是人类遵循人、自然、社会和谐发展这一客观规律而取得的物质与精神成果的总和，是指人与自然、人与人、人与社会和谐共生、良性循环、全面发展、持续繁荣为基本宗旨的文化伦理形态。外界环境的变化都会引起人体生理活动的变化，比如温度的高低、空气质量的好坏、水源的优劣等等。生态环境是人类生存和发展的根基，生态环境变化会直接影响文明的兴衰演替。在本课程第十二章生殖生理中，可以讲述环境污染物对人体内分泌系统的威胁，从而影响人类的生殖繁衍，由此引申生态文明建设的重要性，让同学们意识到生态文明建设是关系中华民族永续发展的根本大计。

全球视野：生理学的发展史就是一个世界各国科学家不懈努力、勇于推翻时代枷锁、不断追求真理，而最终建立起现代生理学学科的过程，体现出科学的发展是全人类智慧的结晶。此外，人类的疾病同样是个全球问题，必须进行全球合作，集中全人类的智慧才能攻克人们关心的重大疾病问题以及罕见病。如果闭目塞听，不了解当今的世界科学前沿，就会严重阻碍本学科在国内的发展，从而影响本国人民的健康生活。因此，生理学的学习，必然要求同学们具备全球视野。

2.2 “生理学”的课程思政教学目标

由上分析,“生理学”课程具备丰富的课程思政元素和内涵。在该课程的教学过程中,应当采用合适的教学方式,体现和强化这些思政元素,实现以下的主要课程思政教学目标:

◎ 使学生了解正常人体生命活动的基本规律,掌握生理学的基本理论、基本知识和基本方法。运用唯物辩证法的思想和方法论,即用局部与整体、动态与平衡、相互联系和对立统一的思想观点去认识和掌握人体正常生命活动及其基本规律。

◎ 通过了解生理学科发展中的重要事件、发现及对人类生活及医疗作出的重大贡献,理解生理学科在生命科学中的地位与作用,建立科学的价值观,更好地认识以人为本的学科本质。

◎ 通过辨别和分析各种正常及异常的生理现象及临床表现,提高学生的科学思维素质,培养学生分析问题和解决问题的能力,不但为学习后续课程奠定理论基础,更为生物专业学生毕业后从事专业实践、科研或教学等工作培养良好的生理学基础和能力。

◎ 在了解生命进化、结构、功能的复杂性和统一性基础上,认识生命之美,树立对生命的敬畏、尊重和关怀。

二、《生理学》各章节课程思政教学指南

第一章 绪论

1.1 专业教学目标

本章是《生理学》的开篇,着重介绍生理学的发展史、研究内容、内稳态与细胞的功能,以及机体稳态与生理调节,使得同学们掌握最基本的生理学相关概念、研究目的和意义以及学科发展历史,为之后讲解各个章节奠定基本的理论基础和宏观视野。具体教学目标如下:

◎ 掌握生理学中的一些基本概念,如兴奋性和适应性,阈刺激、阈下刺激、阈上刺激,机体内环境和内环境稳态,内环境理化性质相对恒定的重要意义,反馈(正反馈、负反馈)和前馈及其生理意义;

◎ 熟悉人体生命活动的基本特征,以及人体功能活动的三种调节方式;

◎ 了解人体生理学的研究内容和方法。

1.2 重要思政元素分析与相关知识板块

本章作为“生理学”课程的开篇章节,其内容覆盖面广,蕴含了丰富的思政元素。与之后大部分章节相比,本章的思政元素维度广、素材多,是“生理学”课程开展课程思政的重点章节。其主要的思政元素和相关的重点知识板块包括:

1) 科学精神

生理学发展史上,各种理论的建立先后由科学家们的无数次尝试,甚至献出了宝贵的生命,最终才促成真理的发现。例如,塞尔维特首次发现肺循环,现代解剖学的奠基人维萨里完成了骨骼、肌腱、神经等几大人体系统的客观描述,现代生理学的奠基人威廉·哈维发现

了血液循环等等。这些里程碑式的重大发现无一不是经过实验的验证,通过客观的理性思维、严谨求实的工作作风,反复求证,最终推翻了大众思想中根深蒂固的错误观念,达到正确反映客观现实从而获取真理性认识的目的。

2) 全球视野

生理学发展史上,世界各国的科学家不懈努力、勇于推翻时代枷锁、追求真理,最终建立起生理学的各个分支理论,树立起现代生理学的学术大厦。因此,科学的发展是全人类智慧的结晶。没有全球视野,就无法开展国际合作,也阻碍了科学的发展。

3) 辩证唯物主义思想

生理学是以唯物主义世界观来研究生命活动过程的,包括细胞和分子水平的研究,器官和系统水平的研究,以及整体与环境水平的研究。生理学认为生命体的生理过程是可以被人所认识的。此外,研究者在实际研究工作中是从不同的角度,用不同的方法技术,在不同的水平上对机体的功能进行观察,然而要阐明某一生理机制,需要以辩证思维将这三个水平的研究结果相互关联和结合起来,进行充分融合,才能更加全面、整体的认识各种生理功能。因此,辩证唯物主义是生理学的核心思政元素。

1.3 课程思政的教学策略实例

本章思政元素丰富。为做到课程思政教学"润物细无声"的教学要求,需要采用多种教学手段和策略,在教学内容中融入相关思政元素。以下列举三例:

1) 课程思政教学实例一:唯物主义教育

生命过程是唯物的还是不可认识的,这是人类自古至今的哲学命题。而生理学的发展就是唯物论逐渐得到证明的过程,在讲授生理学的发展史时,可以列举生理学各个阶段中的重要任务及历史事件,例如:塞尔维特首次发现肺循环,现代解剖学的奠基人维萨里完成了骨骼、肌腱、神经等几大人体系统的描述,现代生理学的奠基人威廉·哈维发现了血液循环等。这些内容,教师可以采取播放短片集中展示的形式,通过相关视频资料,让同学们感受到人类不断探索和发现生命活动的物质基础,从而不断加深对生命活动的理解。这一过程,便是非常理想的唯物主义教育。

2) 课程思政教学实例二:全球视野

生理学的各种理论是世界各国的科学家不懈努力、勇于推翻时代枷锁、追求真理,才最终建立起来的。在此处,教师除了列举生理学发展史上各国生理学家所付出的努力以及获得的成果,还可以列举近代国际生理学家、医学家们在攻克重大疾病(如老年痴呆症、自闭症等)或者罕见病时的国际合作的案例。通过国际合作攻关克难,才能最大限度地保证人类的健康。最后,鼓励同学们多出去看一看,善于学习国内外先进技术和知识,放眼眺望,志存高远,拥有全球视野。

3) 课程思政教学实例三:科学理性思维教育

在日常生活中,很多的"病症"其实是机体的某种自我生理调节机制。教师在讲授人体生理活动的调节时,先可以讲授人在生病时通过神经调节、体液调节以及自身调节,这三种调节方式相互配合,从而保持机体的稳态,帮助痊愈。比如,发热发烧其实往往是机体调节体温抵御疾病的一种重要方式,而不是疾病本身。教师在此讲授过程中,可以通过课堂提问、讨论或者课后作业引导同学们列举多种被认为是"生病"的生理适应表型,从而建立生物学专业学生对于生命现象的科学理性思维。

第二章　细胞膜的功能结构和跨膜信号通讯

2.1　专业教学目标

本章是《生理学》的第二章，专业知识点十分密集。本章着重介绍细胞膜的超微结构和跨膜物质转运功能，以及细胞间通信和跨膜信号转导，使同学们对生理学的基础有充分的了解，从而为之后理解神经、器官等复杂多样的结构和生理机能、寻求生物普遍规律奠定知识基础。具体教学目标如下：

◎ 掌握细胞膜跨膜物质转运功能的方式、特点；

◎ 理解易化扩散的概念及特点，主动转运和被动转运的区别；

◎ 理解了解细胞膜的基本结构；

◎ 理解离子通道的概念及研究方法(电压钳和膜片钳技术)；

◎ 理解细胞的跨膜信号转导功能及细胞间信息传递方式及原理；

◎ 理解 G 蛋白偶联受体介导的信号转导；

◎ 理解激酶相关受体介导跨膜信号转导。

2.2　重要思政元素分析与相关知识板块

本章节专业性较强，以相对微观的专业知识为主要内容。然而，其中仍然蕴含着重要的思政内容，值得在专业知识的讲授中得到体现。几个主要的思政元素和相关知识板块如下：

1) 科学精神

细胞是构成人体最基本的结构和功能单位，细胞膜中存在各种酶、受体及抗原等，使细胞能够对周围环境的任何变化(或信号)及时做出反应。葡萄糖通过主动运输进入细胞时，必须依赖转运蛋白。2014 年，我国清华大学医学院颜宁教授的研究组在世界上首次报道了人源葡萄糖转运蛋白 GLUT1 的晶体结构，并初步揭示其工作机制以及相关疾病的致病机理。其间，经历屡次失败，依然坚持不放弃，最终获得成功。这可以让学生们认识到在攀登知识高峰时，科学家们敢于创新、勇于探索、严谨求实的品质。

2) 政治认同

在本章节讲述细胞膜上的糖蛋白质和糖脂时，提到了霍乱毒素受体 G_{M1}。霍乱这一古老的传染病，在历史上曾引起 7 次全球大流行，以发病急、传播快、波及范围广为特征。霍乱是因摄入的食物或水受到霍乱弧菌污染而引起的一种急性腹泻性传染病。从理论层面讲，霍乱的流行环节与传播机制已十分清楚，而且已有确具实效的防控策略和措施，因此是完全能够预防的。纵观我国 2002—2011 年这 10 年间霍乱出现了持续、且相对稳定的低水平发病与流行的趋势，尤其自 2006 年以后至 2011 年连续 6 年中，发病最多的仅为 2008 年的 168 例，最少的为 2011 年的 24 例，而且自 2007 年以后的连续 5 年中再无一例死亡病例出现。从世界范围来看，霍乱目前仍然是许多地区显著的公共卫生问题，特别是非洲和东南亚地区。我国霍乱防控实践所取得的成绩证明，想要长期有效的防控霍乱，需要安定和谐的社会环境，需要发动广大人民群众，坚持预防为主的卫生工作方针，需要健全疾病防控体系，而这一切都是在党和政府的高度重视、正确领导以及全国人民的共同努力下所取得的。这些客观的数据和事实，正是引导同学形成政治认同的理想素材。

2.3 课程思政的教学策略实例

1) 课程思政教学实例一：科学精神

“物质跨膜运输”这一章节，在讲到葡萄糖转运蛋白时，可以先引入人类历史上科学家们揭示人体中葡萄糖转运过程的事例，例如：人们在将近100年前，就观测到红细胞对葡萄糖的饱和性吸收；起初认为葡萄糖是通过自由跨膜扩散进入细胞的，随着实验证据的积累，1948年，勒费夫尔(LeFevre)等首次提出葡萄糖的进入红细胞的跨膜扩散需要细胞膜上的特定组分(蛋白质)参与；1952年，威达斯(Widdas)等通过对人体红细胞转运葡萄糖的动力学研究提出了饱和运载体机制(saturable carrier mechanism)；1977年，笠原(Kasahara)和欣克尔(Hinkle)从人体红细胞提纯分离出了参与葡萄糖转运的膜蛋白，并实现了脂质体重构功能实验，证实了葡萄糖转运蛋白的存在；1985年，哈维·罗迪西(Harvey Lodish)实验室首次鉴定出了人体GLUT1蛋白的基因序列，并根据氨基酸序列预测了其具有12次跨膜区的拓扑结构；1991年，德维沃(De Vivo)等首次报道了与GLUT1突变体相关的疾病症状，并将这一大类与GLUT1突变相关的疾病命名为德维沃综合征，展示了GLUT1与人类健康的紧密关联。近年来，随着结构生物学的突飞猛进，在2014年颜宁研究组率先解析GLUT1的晶体结构，利用其晶体结构可以精确地定位与疾病相关的突变氨基酸，揭示其致病机理。教师对这些过程的串联讲授，便能将一代代科学家坚持不懈、不断深入的探究完整地展现出来，从而能够突出这种求真务实、团结协作、勇于突破的科学精神。

2) 课程思政教学实例二：政治认同

教师在讲到霍乱毒素受体GM1时，可选择播放视频进行思政教育。由于霍乱在古代十分严重，在当前已得到了较好地控制，很多在校的大学生可能并不十分了解那时的情况。教师可以播放我国历史上发生霍乱和消除霍乱的视频资料，并将当代各国的霍乱发病情况进行对比，从而突出我国在党和政府的坚强领导下，及时制定正确的方针政策，将全国人民团结起来，共同消除霍乱的伟大历程。由此，将增强同学们对党和政府以及我国社会主义政治体制的认同感。

第三章　神经系统

3.1 专业教学目标

神经系统是动物机体内重要的稳态调节系统，虽然体内各器官系统的功能及活动各异，但都是在神经系统的直接或间接控制下，统一协调完成整体的功能活动，并迅速做出适应性改变，使生命活动得以正常进行。因此，本章是“生理学”课程中的重点教学章节，知识点较多也较为复杂。本章的教学目标如下：

◎ 掌握神经元的兴奋和传导过程；

◎ 掌握眼的折光成像和感光换能原理，眼的调节，瞳孔近反射和瞳孔对光反射的概念，近点和远点的概念，视力和视野的概念；

◎ 熟悉感受器的一般生理特征和分类，瞳孔对光反射的生理意义和临床意义，近视眼、远视眼、散光眼和老视眼产生原因和矫正，视锥细胞和视杆细胞的功能，视杆细胞的感光色素，夜盲症的产生原因，声音传入内耳的途径，耳的集音、传音作用与感音换能原理，耳蜗微音器电位的概念；

◎ 掌握突触传递的过程及特征，突触后电位产生原理，特异性和非特异性投射系统的生理功能，皮肤痛和内脏痛的区别，牵涉痛的概念，牵张反射的概念，脊休克的概念、产生原因及临床表现，去大脑僵直的概念，脑干网状结构、小脑、基底神经节、锥体系和锥体外系、大脑皮质对躯体运动的调节功能，交感神经和副交感神经的主要生理功能，胆碱能和肾上腺素能纤维，主要外周神经递质及其受体(分类、作用、阻断剂)，下丘脑的内脏功能；

◎ 熟悉神经纤维传导兴奋的特征，突触的概念，兴奋性突触后电位和抑制性突触后电位的概念，中枢抑制的分类，牵涉痛的临床意义，中枢递质和外周递质，引起痛觉的致痛物质，脊髓的功能，牵张反射的分类与反射弧，临床上常用的腱反射，震颤麻痹和舞蹈病的主要病因和病变部位，自主神经结构特征与功能特征，条件反射的形成，两种睡眠时相，第一信号系统和第二信号系统的概念及生理意义；

◎ 了解神经元和神经胶质，神经递质合成、储存与释放，中枢神经递质的分类、作用与受体，脑干网状结构、小脑、基底神经节锥体系和锥体外系、大脑皮质对躯体运动的调节功能，脊髓和低位脑干对内脏活动的调节，记忆，皮层诱发电位，脑电图。

3.2 重要思政元素分析与相关知识板块

神经系统是人体内占主导地位的调节系统，控制着其他系统的功能活动，使机体成为一个有序的整体，以适应内外环境的变化。因此，本章节在全书中占据重要地位，专业知识点密集，专业教学任务量较大。然而，从本章内容中仍可提炼出一些较好的思政素材。具体分析如下：

1) 职业道德

本章在讲到神经系统和肌细胞的兴奋时，可以引入兴奋剂的案例，兴奋剂常常被用来提高运动员成绩，这是违反医学和体育道德的。当前，所有场合禁用的兴奋剂包括：合成类固醇、肽类激素、β2 -激动剂、利尿剂、刺激剂、麻醉止痛剂、大麻(酚)类、糖皮质激素类、血液兴奋剂等。兴奋剂会对人体产生巨大危害，甚至丧命。同时，运动员使用兴奋剂是一种欺骗行为，不仅损害奥林匹克精神，破坏运动竞赛的公平原则，也不符合诚实和公平竞争的体育道德，更加与运动员的职业道德与操守相违背。

2) 马克思辩证唯物主义

学习和记忆是脑的高级功能，是一切认知活动的基础，但也是很多民间迷信传说中的神秘内容。本章在讲到“脑的高级功能”一节时，会着重讲到神经系统的信号传导是学习记忆、感觉、睡眠、运动等各种脑正常功能的物质基础，因此，在民众看来虚无缥缈的“记忆”是具有实实在在的物质基础的。教师对近年来人们探究记忆物质基础的巨大进展的深入讲解，就是对马克思唯物主义观的无形宣讲。

3) 政治认同

在讲到交感神经系统和副交感神经系统共同保护机体的内稳态，以及中枢神经系统保持体温的恒定、调节水平衡等知识点时，可以重点强调维持机体稳定的重要性。同理，可延伸到国家稳定和民族团结。国家稳定、民族团结是人民安全以及经济发展的重要保证，也是我国政治体制优越性的重要体现。所以，生理稳态与社会稳态，都可以通过合理的教学方式，激发同学们的政治认同。

3.3 课程思政的教学策略实例

1) 课程思政教学实例一：公平公正的价值观

教师在讲到神经系统和肌细胞的兴奋时，可以引入兴奋剂的案例，例如在教学 PPT 中加入奥运会明星选手违规使用兴奋剂的各种丑闻。然后，将兴奋剂的兴奋效应与专业知识结合讲授，既能调动学生学习专业知识的兴趣，也在潜移默化中引导同学对公正公平价值观的遵循。

2) 课程思政教学实例二：马克思主义唯物论

教师在讲到"脑的高级功能"一节时，可以通过介绍近年来人们探究记忆的物质基础，说明神经系统的信号传导是学习记忆、感觉、睡眠、运动等各种脑正常功能的物质基础。在具体教学过程中，在讲授完神经生物学家们研究大脑记忆的物质基础，如神经元、突出、电信号以及记忆蛋白等成果之后，教师可以引述民间一些关于记忆的迷信说法，并让同学们根据专业知识进行科学解释与点评。这种教学方法，虽未明确点明马克思唯物主义，但在本质上就是在进行切实的唯物主义世界观的教育。

3) 课程思政教学实例三：社会稳定与爱国主义教育

在介绍神经系统维持机体内稳态的重要作用时，教师可以引申到国家稳定的重要性。例如：近一年来，香港一小撮激进示威者不断升级极端暴力行径，屡屡用极其危险和残忍的方式袭击警察，严重威胁市民生命安全，影响香港繁荣稳定，触碰"一国两制"底线。因此，没有和谐稳定的环境，就没有安居乐业的家园。在具体教学方法上，可以用多媒体展示一张机体生理稳态与失衡的对比图，同时展示一张香港暴乱前后的市景对比图，由此，维护生理稳态和社会稳态的意义便紧密地联系在一起，也在专业教学中渗透了国情教育与爱国主义教育。

第四章　骨骼肌、心肌和平滑肌细胞生理

4.1 专业教学目标

本章节主要介绍肌细胞，即骨骼肌、心肌和平滑肌的结构及收缩机制，内容相对简单。本章的教学目标如下：

◎ 掌握肌丝滑行的基本过程，兴奋—收缩，肌肉的前负荷、后负荷的概念；

◎ 熟悉骨骼肌肉的收缩形式和影响骨骼肌收缩的因素；

◎ 了解骨骼肌、心机和平滑肌的结构与功能的关系。

4.2 重要思政元素分析与相关知识板块

本章内容相对较少，也较为简单，但是，从学习骨骼肌的结构功能特征，也能让学生们意识到进行日常锻炼、磨练意志的重要性。适当的体育锻炼，可以提高全身骨骼肌的韧性和重量，增强体质，磨练意志。当前，我国正在推行"健康中国"战略，加快推进体育强国建设，提高全民身体素质，而且每年的 8 月 8 日已经成为我国的"全民健身日"。人民身体健康是全面建成小康社会的重要内涵，是每一个人成长和实现幸福生活的重要基础。青年拥有健康的体魄，民族就有兴旺的源泉。体育锻炼不仅能提高身体素质，还能培养顽强拼搏、勇于进取

的精神，锤炼团结协作、吃苦耐劳的品质。所以，本章是提醒青年学生增强体魄、磨练意志的好机会。

4.3 课程思政的教学策略实例

本章在讲到骨骼肌的时候，教师首先可以在教学 PPT 中展示“东亚病夫”的惨痛历史教训画面，之后列举当今青少年普遍的生活状态，比如课堂上、地铁上的“手机控”，“宅男”、“宅女”等画面，由这种类比，引发同学们内心的不安感。之后，教师便可强调健身锻炼对个人、对家庭、对社会、对国家民族的重要意义，鼓励广大青年学子在刻苦学习的同时，要重视体育锻炼，放下手机、走出宿舍、走向操场，拥有健康的体魄是当前学业和今后事业的重要基础。同时，教师也可通过“共享单车”、“徒步出行”等例子，将健身锻炼上升到节能减排、绿色生活、生态文明的高度。这些都是为了让同学们深刻认识到，每个人都需要进行锻炼，强身健体、磨练意志，同时也是为了更好地为国效力、保护环境。

第五章　血液

5.1 专业教学目标

本章主要围绕血液理化性质，血浆的渗透压，中性粒细胞、淋巴细胞和血小板的生理功能，以及血型系统等进行介绍，重点需要掌握以下几点：

◎ 掌握血浆渗透压的组成及生理作用，血细胞的正常值及功能，生理性止血、血液凝固和纤维蛋白溶解，促进和延缓凝血的因素，ABO 血型、Rh 血型和输血原则；

◎ 熟悉血浆的理化特性，血细胞的生理特性、功能和生成调节，红细胞生成（部位、原料、促进成熟的因素和调节因素）及破坏；

◎ 了解体液的分布和概况，血液的组成、理化特性和血液功能。

5.2 重要思政元素分析与相关知识板块

本章节的专业知识点主要与血液相关，其蕴含的思政元素可围绕“血型与输血原则”引申到无偿献血的内容，以及在造血干细胞研究中科学家们付出的心血，来进行思政教育的渗透。

1) 公民品格与法治意识

本章“血型和输血原则”这一节与无偿献血关联性较高，可以在此章节的教授过程中，穿插普及献血的相关知识，让同学们理解无偿献血的意义，无偿献血不仅是一种奉献，更是一种责任。无偿献血是中华民族优良品德的具体体现，是救死扶伤的崇高行为。1998 年 10 月 1 日，我国实施《献血法》，确立了我国实行无偿献血制度，标志着我国无偿献血工作进入法制化管理轨道。《献血法》颁布实施后，在采供血服务体系建设以及血液质量和安全管理方面成效显著，但是在医疗卫生事业快速发展的形势下，血液工作依然面临着挑战。这里，就蕴含着“我为人人，人人为我”的社会道德责任感，以及尊重法律法规，合法献血的思政内容。

2) 家国情怀

本章在介绍造血干细胞时，需要介绍几位在此领域作出杰出贡献的科学家作为知识点的加固。比如，我国造血干细胞研究的首倡者和创始人朱壬葆院士的学术贡献与生平事迹。

他甘当无名英雄，隐姓埋名研制我国第一代抗放射药物；他为了人类的和平与幸福，为了祖国军事医学科研事业的发展，呕心沥血、披肝沥胆；他历经劫难，仍矢志不移，奋斗到生命最后一刻。这些都是本章节可以使用的优秀思政素材，可以让同学们感受我国老一辈科学家们内心的爱国热情，以及为了国家科研事业的发展所奉献的一切。

5.3 课程思政的教学策略实例

1）课程思政教学实例一：利己助他的道德品质

教师在讲到“血型和输血原则”这部分知识时，可以在课堂上进行献血同学的现场统计，鼓励与表扬献血的同学。之后，可以询问献血同学是否了解输血原则和自己献的血会被怎样处理及保存，然后可以根据同学们的回答进行相关专业知识点的讲授，并展示一些因他人献血而挽回生命的案例。这样的教学设计，一方面可以让学生始终处于一个实际情景之中，对专业知识的学习更为主动和认真；另一方面也让献血的同学获得肯定感，让未献血的同学得到动员。这样的教学设计和策略，便使得教学课堂成为一个弘扬高尚品质的场所，使得同学们得到熏陶。

2）课程思政教学实例二：家国情怀

教师要善于利用与本章内容相关的科学家事迹。比如，在介绍造血干细胞时，可以介绍我国造血干细胞研究的首倡者和创始人朱壬葆院士的杰出贡献，并将朱院士的学术贡献与教学内容紧密结合起来。教师需要事先阅读《热血流向——著名生理学家朱壬葆院士传》中朱先生科研中的感人事迹，然后将部分感人事迹结合于相关知识点的讲授，并在多媒体幻灯上展示朱先生的工作照片。由此，专业知识便和一位高风亮节的科学家生平事迹紧密地结合起来，感染同学们的内心。

第六章　血液循环

6.1 专业教学目标

本章主要介绍血液循环过程中，心脏活动的基本原理、特点和各类血管的生理作用，动脉血压的形成及其影响因素，以及神经、体液因素对循环系统功能调节的生理作用和意义。专业知识点较多，主要教学目标如下：

◎ 掌握心肌生物电及心肌生理特性，期前收缩和代偿间歇的形成机制，心动周期的概念，心动周期中心室内压力、瓣膜开闭、心室容积和血流方向，心脏泵血功能的指标，每搏输出量、射血分数、心输出量和心指数概念，动脉血压的形成及其影响因素，中心静脉压的概念，组织液生成和回流机制与水肿产生的原因，心脏的神经支配（心迷走神经和心交感神经的作用、递质和受体），减压反射过程及生理意义；

◎ 熟悉心输出量的影响因素，心肌细胞的生物电形成及产生机制，心肌生理特性，心内兴奋的传导途径及特点，心肌兴奋性周期性变化的分期及特点，影响静脉回流的因素，颈动脉体和主动脉体化学感受器反射的过程及生理意义，全身性体液因素对血压的调节作用；

◎ 了解心功能储备的概念，心音的产生，正常典型心电图的波形及意义，微循环的组成及三条通路，心血管中枢，冠脉循环特点、肺循环和脑循环的特点，血-脑屏障和血-脑脊液屏障的概念。

6.2 重要思政元素分析与相关知识板块

本章节专业知识点较多，难度较大，但是其中可以挖掘的思政点也不少，例如全身血管分布与我国交通网类比、心脏手术专家们的科学精神等，具体分析如下：

1) 政治认同

血管遍布全身各处，身体所需氧气、养分、水分等重要物质的输送都要依靠血液循环来实现。血管网络的教学图片与我国发达的交通路线图非常类似，因此，教师在本章血液循环系统的教学中，完全可以引导同学们类比理解国家投入巨资建设四通八达的交通运输网络，推行“村村有公路”政策的意图所在，从而引导同学们产生对国家政策和战略方针的认同。

2) 科学精神与民族自信

心脏是机体血液循环的内在动力，占有十分重要的地位。如今，心脏移植已经被认为是治疗终末期心脏病的有效方法。虽然，在世界范围内我国心脏移植手术起步较晚，但是经过我国心脏移植手术开拓者们以及一代又一代医务工作者的不懈努力，目前已达到国际水平。可以引导同学们感受老一辈科学家不断突破的科学精神，并提升民族自信心。

6.3 课程思政的教学策略实例

1) 课程思政教学实例一：加强政治认同，建设交通强国

在讲到血液循环部分内容时，可以在教学 PPT 中将“人体血液循环示意图”与“中国高速公路网”、“中国铁路干线分布图”等进行对比，从而在学生头脑中将人体的“物质运输交通图”和国家的交通运输图相关联。之后，在讲述血液循环时，便可以随时用我国的交通建设做比喻进行讲解，比如讲毛细血管，便可以用“村村通公路”政策进行比拟；讲主动脉，便可以用国家交通主干道进行比拟。由此，血液循环系统的专业知识便与我国大力推进交通道路建设，增加交通经济的循环活力紧密结合起来，让同学们自然而然地理解党和国家建设交通强国的重要性，从而产生对国家方针政策的高度认同与支持。

2) 课程思政教学实例二：科学精神与民族自信

在讲到心脏是血液循环的内在动力时，教师可以穿插讲述我国心脏移植手术从无到有的发展历程。1967 年 12 月，世界首例人类心脏移植成功。之后，随着世界医学家们的不断探索，心脏移植效果有了显著提高。近年来，全世界每年有数千人接受心脏移植手术。而我国心脏移植手术起步较晚，第 1 例人体心脏移植手术于 1978 年由上海瑞金医院张世泽等医师完成，当时患者存活了 109 天，这在我国心脏移植史上开创了先河。在我国心脏移植史上不得不提夏求明医生，他是我国心脏移植手术开拓者之一，并且在国内首次探索了全心移植法、双腔心脏移植法等，成功完成了心脏移植手术。截至目前，亚洲心脏移植术后存活时间最长纪录也是由夏求明医生创下的。虽然我国心脏移植手术起步较晚，但是相关文献统计，截止 2016 年，我国心脏移植术后的院内存活率已与国际水平基本持平，并且心脏移植受者中长期的存活率高于全球同期 15 个百分点。教师由此便可强调，通过我国一代代医学专家的不懈努力，奋力追赶，我国心脏移植手术水平已经跟上了世界的步伐，并且在某些方面甚至还超过了世界水平，这是值得我们引以为豪的地方。同时，教师也可点出各位医学专家在自身的专业道路上坚持不懈、努力钻研的科学精神，是推动我国心脏移植技术快速提高、造福国人的重要基础，从而引导同学们崇敬科学，建立报效祖国的职业信念。

第七章 呼吸

7.1 专业教学目标

本章节主要讲述肺通气和肺换气的基本原理以及胸内负压在其中的生理作用，氧和二氧化碳在血液中运输的基本方式，以及呼吸节律的产生和血液中某些化学成分改变对呼吸运动的影响等内容，教学目标如下：

◎ 掌握肺通气和肺换气的原理，肺通气的动力（原动力和直接动力），肺泡表面活性物质的来源、主要化学成分及生理作用，肺活量和时间肺活量、每分通气量和每分肺泡通气量、通气/血流的概念，气体交换的动力，影响肺换气的因素，氧和二氧化碳在血液中的运输形式，氧离曲线及其影响因素，血氧分压、二氧化碳分压和氢离子浓度对呼吸运动的影响；

◎ 熟悉呼吸的概念、意义及基本环节，肺容量和肺容积，肺通气阻力，顺应性和弹性阻力的关系，还原（脱氧）血红蛋白与发绀的关系；

◎ 了解血氧容量、血氧含量和血氧饱和度的概念，血红蛋白的分子结构和血红蛋白的氧缓冲功能，呼吸运动的基本中枢，肺牵张反射、呼吸肌本体感受性反射、防御性呼吸反射及其意义，周期性呼吸，运动时呼吸的变化及调节。

7.2 重要思政元素分析与相关知识板块

本章在讲述呼吸的相关知识点时，可以扩展到我国历年来应对急性呼吸道疾病（疫情）的举措，党和政府的正确领导，广大医务人员的无私奉献，以及人民群众的积极配合，是我国屡次战胜疫情的法宝。其中的思政元素分析如下：

1) 政治认同

很多呼吸系统疾病是人类重要的传染病，也是与本章节密切相关的教学内容。解放前，肺结核（肺痨）病流行，危害全国人民。新中国成立后，党和政府全力开展肺结核病的防治，获得极大成效，目前已经建立起完善的肺结核病防控体系，基本控制了肺结核的大面积爆发和流行。近些年来，在“非典”、“新型冠状病毒肺炎”等急性高危呼吸性传染性疾病爆发时，也是党和政府调集全国资源，领导全国人民共同抵御疾病。这些都体现了党和政府守护人民群众健康，全心全意为人民服务的宗旨和体制优势，是进行政治认同教育的良好素材。

2) 职业精神、公民品格与家国情怀

呼吸性疾病往往具有很强的传染性，在“非典”、“新型冠状病毒肺炎”疫情爆发后，全国医疗人员站在抗击病毒的第一线，冒着生命危险，冲锋在前、无私奉献，涌现出一批以钟南山院士、叶欣护士长等为代表的英雄人物。这都是颂扬英雄楷模、倡导职业精神的很好案例。一方有难，八方支援，在海外的华侨同胞心系祖国，积极筹措医疗防务用品运往国内，在民族危难时刻，展现出强烈的爱国情怀。

7.3 课程思政的教学策略实例

1) 课程思政教学实例一：万众一心，共抗疫情

在讲授呼吸道疾病时，可以以“新型冠状病毒肺炎”疫情为例，教师可以播放习近平总书记于 2020 年 1 月 25 日，农历正月初一，主持中共中央政治局常务委员会会议，研究“新型冠

状病毒肺炎"疫情防控工作的视频。总书记特别要求各级党委和政府及有关部门要把人民群众生命安全和身体健康放在第一位,制定周密方案,组织各方力量开展防控,采取切实有效措施,坚决遏制疫情蔓延势头。除此之外,国家动员建设的武汉火神山、雷神山医院紧急施工,3 400 万人在线围观,进行"云监工",各企业慷慨捐赠,10 天建成并投入使用。如此速度,正是全民团结、万众一心、众志成城的最好体现。另外,远在海外的华侨同胞心系祖国,各方筹措医疗物资支援祖国人民抗击肺炎疫情,种种举动,正是爱国情怀的良好体现。这些情景和画面,大部分同学都应亲身经历并被感动过,在课堂快速重现这些情景,将唤起同学们的热血情怀,增强对党和国家的认同感。

2) 课程思政教学实例二:危难时刻,敢于奉献

在讲授本章节之前,教师可以用"非典"和"新型冠状病毒肺炎"疫情作为呼吸道疾病的引子。教师可以用当年惊心动魄的"非典"抗击战的图片与视频,以及最近发生的"新型冠状病毒肺炎"疫情,让学生再次认识到在人类抗击传染性疾病的战场上,广大医务工作者高举白求恩精神旗帜、无私无畏、用生命谱写的救死扶伤的壮丽感人篇章。之后,教师可以对"非典"以及"新型冠状病毒肺炎"的致病机制做简要讲授,强调其中与本章节相关的内容,从而引出本章节的知识点,并注意在讲授中时时将课本知识与"非典"及"新型冠状病毒肺炎"发病机制相关联。在本章节课程的最后,教师应当用抗击非典时广东省中医院护士长叶欣生前留下的一句令人刻骨铭心的话"这里危险,让我来"作为课程的结尾,并表明呼吸性疾病往往是高风险性的传染性疾病,但也正是这些医务工作者,把风险留给自己,把安全留给病人,才挽救了大量民众的生命。而作为专业学生,好好学习专业知识,努力攻克疾病治疗难题,是我们的专业职责。

第八章　消化和吸收

8.1　专业教学目标

本章主要讲述消化道的一般生理特性,胃肠运动及胃液、胰液和胆汁的分泌,小肠内主要营养物质的吸收,以及神经和体液因素对消化液分泌活动的调节等内容,教学目标如下:

◎ 掌握消化和吸收的概念,机械消化、化学消化的基本过程,消化液分泌和排出的调节,各段消化液的主要成分和生理作用,胃、肠运动的形式及其调节,主要营养物质吸收的部位和基本过程;

◎ 熟悉消化道平滑肌的特性、消化腺的内分泌功能、胃肠激素的概念,胃泌素、胆囊收缩素、促胰液素、抑胃肽的主要生理作用;

◎ 了解唾液的成分及生理作用,大肠内的消化。

8.2　重要思政元素分析与相关知识板块

本章节主要讲述在人体的消化和吸收过程中,需要消化道肌肉、神经、器官,以及一系列消化酶的协同作用,才能完成该生理过程,从而保证机体的营养与健康。由此,可以联系马克思主义理论中事物是普遍联系的观点,以及引申中华文明具有善于消化吸收各类文明优秀成果的特点等方面。具体分析如下:

1) 辩证唯物主义思想——事物是普遍联系的

在消化系统的内分泌功能一节,在讲到"消化道从胃到大肠的黏膜层内存在 40 多种内分

泌细胞”、“在消化道和中枢神经系统内双重分布的肽类物质有 20 多种”时，可以看出消化这一过程需要众多细胞、组织、器官协同参与。人体是一个复杂的、统一的整体，互相制约调控实现一个生理功能。这里隐含着事物具有普遍联系的辩证唯物主义思想：“事物之间以及事物内部诸要素之间都存在相互影响、相互制约和相互作用。联系是普遍的。世界上一切事物都与周围其他事物有着这样或那样的联系。世界是一个普遍联系的有机整体，是一幅由种种联系交织起来的丰富多彩的画面，其中没有一个事物是孤立存在的。联系的普遍性原理要求我们要用联系的观点看问题。”

2）文化自信

在讲述机体吸收养分的内容时，可以从消化吸收引申出中华文明具有兼容并蓄、善于消化吸收各类文明优秀成果的特点，比如对宗教、西域文化、英语单词的消化吸收，从而引申出兼容并包的文化自信。

8.3 课程思政的教学策略实例

1）课程思政教学实例一：事物是普遍联系的

在消化系统的内分泌功能一节，在讲到“消化道从胃到大肠的黏膜层内存在 40 多种内分泌细胞”、“在消化道和中枢神经系统内双重分布的肽类物质有 20 多种”时，可以列出一张复杂的神经—消化调控通路图，显示出各类生化物质、细胞、组织、器官物质之间的错综复杂关系。由此，教师便可以明确指出：人体是一个复杂的、统一的整体，各个部分在各个层面进行互相制约调控，实现一个生理功能，事实上，世间万物都是普遍联系的。

2）课程思政教学实例二：文化自信

对食物营养素的消化吸收是机体生存的必需生理机能，机体只有不断消化吸收外界营养，才能健康生存发展。教师在讲授完这一本章核心专业思想时，便可顺势引申：文明也像机体一样，只有不断消化吸收外界营养，才能不断更新发展，我们的中华文明就是一种善于消化吸收其他文明优秀成果的文化，从古代胡服骑射到现今对外来词汇的包容吸收，都是中华文明具有强大生命力的显著特点。由此，优秀的中华文明便与健康的机体相互印证，培养同学们对中华文明的高度自信。

第九章 能量代谢和体温调节

9.1 专业教学目标

该章节主要讲述能量代谢的来源、利用及测定方式，以及体温调节等，专业内容较为简单，主要教学目标如下：

◎ 掌握与能量代谢测定有关的概念（食物的卡价、食物的氧热价、呼吸商和非蛋白呼吸商的概念），能量代谢测定原理，影响能量代谢的因素，基础代谢率的概念及正常值，体温的概念，维持体温相对稳定机制，调节产热的激素；

◎ 熟悉基础代谢率的生理意义，熟悉体温的测定部位及正常值，体温的正常变动，产热的器官和散热的方式（途径），皮肤散热的方式及临床应用，体温调节中枢的部位；

◎ 了解能量代谢的概念，了解机体能量的来源、转化与利用，机体的产热与散热过程，测定原理及影响因素，体温调节的方式，调定点的概念。

9.2 **重要思政元素分析与相关知识板块**

本章在介绍能量代谢以及体温调节时，可以旁引出马克思的新陈代谢观和政治认同的相关思政点，具体解析如下：

1) 政治认同

正如稳定的体温是人体一切生理活动的基础，社会的稳定也是一切生产生活的基础。社会稳定是我国政治体制的优势之一。在讲到体温调节部分时，可以旁引出我党及政府维护社会稳定的态度及决心，这也是中国全民上下的普遍认同。只有社会稳定，经济才能发展，人民才能平安幸福。所以，稳定的生理环境完全可以和稳定的社会环境相比拟，进行思政教育。

2) 马克思的新陈代谢观

新陈代谢的本质不仅仅适用于生物体，19世纪马克思将生物学的新陈代谢概念延伸至社会学、经济学等学科，用以描述人类社会与环境之间的物质交换。因此，新陈代谢不仅仅是一种生物学过程，也是理解世界的世界观与方法论。马克思在《资本论》中明确地将劳动过程定义为：人与自然的新陈代谢性的相互作用。

9.3 **课程思政的教学策略实例**

1) 课程思政教学实例一：稳定与发展

在讲到机体保持温度恒定对于人体的重要性时，可以旁引出我国维护国家安全与稳定的重要性。人体有极其精巧复杂的体系来维护体温的稳定，其目的就是为了使得各生理功能可以在稳定的环境中得以发挥。国家也是如此，只有社会稳定，人民才能安居乐业，国家才可以全心全意谋发展。由此，国家维护社会稳定的举措和决心便可以得到同学们从专业角度的理解，促进同学们对国家方针政策的理解。

2) 课程思政教学实例二：马克思的新陈代谢观

本章在讲到机体的新陈代谢时，教师可以借此说明，新陈代谢的概念已经不再局限于生物学，然后可以在教学PPT中插入一张马克思的《资本论》中有关“新陈代谢观”的原文，并顺势说明专业知识与社会学知识可以触类旁通。这样的教学设计，既学习了马克思经典著作，也有助于开拓同学们的思维，启发他们用专业的视角思考社会问题。

第十章　泌尿

10.1 **专业教学目标**

肾脏是体内最主要的排泄器官，本章主要讲述尿生成的基本过程及其影响因素，以及尿液的排放等，教学目标如下：

◎ 掌握尿生成的过程及其影响因素，渗透性利尿和水利尿的概念，尿液浓缩和稀释的机理，抗利尿激素的产生部位、释放部位、作用和分泌的调节，醛固酮的产生部位、作用和分泌的调节，肾脏在维持酸碱平衡中的作用，血浆清除率的概念；

◎ 熟悉排泄的概念，多尿、少尿、无尿的概念，熟悉肾脏在排泄中的重要作用，肾脏在维持内环境相对恒定中的重要作用，肾小球滤过率和滤过分数的概念，肾糖阈的概念，排尿反射及临床意义；

◎ 了解肾脏的内分泌功能，肾小管各段和集合管重吸收葡萄糖、氨基酸、Na、K、Cl、水的吸收能力。

10.2 重要思政元素分析与相关知识板块

本章主要讲述尿液的生成及其排放过程，虽然专业知识相对集中，但也有若干思政点可以挖掘，具体分析如下：

1) 科学精神

此章节在讲到肾血流量自身调节机制的两种学说时，可以融入对科学精神的强调与说明。科学探索中各类学说的提出与验证更新，都体现出大胆假设、严谨论证、尊重客观证据、勇于纠正错误的科学精神，值得专业学生学习。

2) 科学理性

某些地区一直有饮用"童子尿"或使用特殊人群尿液煮鸡蛋等习俗。这都可以作为本章教学的反例使用，并在这些反例的教学讲解中引导学生掌握专业知识，科学理性地认识客观世界的重要性。

10.3 课程思政的教学策略实例

1) 课程思政教学实例一：实践出真知，培养科学精神

在讲到肾脏的作用时，可以引出中国泌尿外科奠基人吴阶平的事迹。吴阶平勤于思考，在临床工作中，非常注意观察病人的病状表现和病况变化，提出了"肾结核对侧肾积水"这一新概念。在临床工作中把双肾结核与肾结核对侧肾积水区别开来，并制定了切实可行的诊断和治疗方案。此方法在 1954 年初发表后，迅速得到了重视和广泛应用，使全国数以千计的病人得到挽救。随后，吴阶平在长期的临床实践中又注意到肾切除时的年龄与后来留存肾能否充分代偿有明显关系。他带领学生通过反复多次实验，证实了年轻的肾细胞"代偿性生长"更好。教师可将这一案例融入教学中，并着重强调实践在科学发现和医学治疗中的重要性，促进同学们理解并践行"实践出真知"的科学精神。

2) 课程思政教学实例二：科学理性精神

教师在讲到尿液成分的内容时，可将"童子尿"作为案例。在古代，人们将男孩子还没有性发育之前产生的尿液，称为童子尿。当前仍有不少地区信奉童子尿具有神奇的健身养生疗效，一些影视作品中也有童子尿治病的片段，还有新闻报道一些民众去小学抢童子尿煮鸡蛋等等。教师可以通过课后的拓展作业或者线上讨论等方法，请同学们通过专业知识辨析这些做法是否合理，会带来哪些健康风险。这些作业与讨论，将有助于同学们理解掌握科学知识对于客观理性看待外部世界、明辨是非的重要性。

第十一章 内分泌

11.1 专业教学目标

本章主要介绍各种内分泌腺体、组织以及功能器官，所分泌激素的调节作用，知识点较多，教学目标如下：

◎ 掌握激素的概念、分类及作用原理，生长素的作用，甲状腺激素的生理作用及分泌的

调节，糖皮质激素的生理作用及分泌的调节，肾上腺髓质激素的生理作用；

◎ 熟悉下丘脑合成和释放的调节性多肽，下丘脑视上核和室旁核合成并在神经垂体释放的激素，腺垂体分泌的激素，胰岛素、胰高血糖素、甲状旁腺素、维生素 D3 和降钙素的生理作用，

◎ 了解内分泌系统，下丘脑、腺垂体、靶腺的功能联系。

11.2 重要思政元素分析与相关知识板块

内分泌系统是机体的功能调节系统，通过各种激素发布调节信息，全面调节与个体生存密切相关的基础功能活动，这里就涉及事物的普遍联系、理性看待激素等与思政教育相关的元素。本章主要的思政元素和相关的重点知识板块包括：

1) 马克思主义哲学原理——事物是普遍联系的

本章在开篇讲到“内分泌系统和神经系统、免疫系统的调节功能相辅相成，组成神经—内分泌—免疫调节网络，分别从不同方面调节和维持机体的内环境稳态”。由此可联系到马克思主义哲学原理有关事物是普遍联系的观点。内分泌系统和神经系统、免疫系统三者互相影响，互相配合，共同维持机体的内环境稳态。

2) 科学理性

本章主要讲述人体内所分泌的激素的调节作用。而“激素”也是当前民众较为敏感的社会话题之一，尤其在食品安全领域，民众往往混淆植物激素与动物(人体)激素的区别，产生不必要的恐慌。因此，本章内容完全可以通过专业知识对社会误解进行科学解读，从而提升学生们的科学素养。

11.3 课程思政的教学策略实例

1) 课程思政教学实例一：马克思主义哲学原理教育

人体是一个复杂的整体，各种组织、器官、细胞、细胞器、生化活性物质、基因相互作用，受到精巧的调节，内分泌系统正是协调机体各系统协同工作的调控系统。由此，教师可以从民众对西医“头痛医头，脚痛医脚”的误区切入，讲解内分泌对全身各组织器官的整体调控作用。接着，教师便可以点出马克思主义哲学原理有关事物是普遍联系的观点，从专业角度验证马克思主义哲学的合理性，从而让同学们在专业课堂中重温马克思主义哲学原理。

2) 课程思政教学实例二：提高科学素养，培养理性思维

本章主要讲各种激素对人身体生理的影响，在本章结尾处，教师可以适当引申我们日常生活中遇到的有关“激素”的话题，比如：不能食用激素培养的蔬菜水果？男性食用大豆制品会变“娘”？教师可以在本章教学内容结束时，布置作业，请同学们运用专业知识对这些社会流传的说法进行辨析。这既是一个将专业理论应用于理解社会现象的过程，也是一个培养理性思维的过程。

第十二章　生殖生理

12.1 专业教学目标

本章主要介绍男性和女性的生殖功能及调节，以及妊娠分娩和性生理等内容，知识点相对集中，教学目标如下：

◎ 掌握雌激素、雄激素与孕激素的主要生理作用；

◎ 熟悉性腺的主要功能，月经周期的概念及激素对月经周期的调节作用。

12.2 重要思政元素分析与相关知识板块

生殖器是人体重要的器官，生殖生理十分重要且不可回避。本章节虽然内容较少，但其专业知识对于理解生殖繁育基本原理十分重要，实用性及教育性都很强，也与社会主义道德风尚密切相关，可以从中提炼出一些较好的思政素材。具体分析如下：

1）生态文明

在本章的教学中，教师可以做适当拓展，讲述当前在人类生殖领域，不孕不育夫妇日益增多，这和当前日益严重的环境污染有很大关系。由此，教师便可以将人类繁衍这一重大问题与当前的环境污染相关联，从而强调生态文明与环境保护的重要性。

2）法治意识与公民品格

本章节介绍自然生殖分娩，也涉及当前的生殖辅助技术。这里就包含了生命伦理的内容，可以讨论基因编辑婴儿违背生命伦理与医学法规的案例，从而引导同学们树立正确的生命伦理观与法治意识。

12.3 课程思政的教学策略实例

1）课程思政教学实例一：生殖健康与环境保护

在讲到男性生殖功能与调节时，教师可以通过多国男子精子数目下降，雄性动物雌性化等数据和科学案例进行相关的专业教学，并引用最新研究报告，指出环境中各类环境污染物通过对动物内分泌系统的干扰，影响人类以及动物的生殖繁衍。这样的教学案例，将在同学心中牢牢建立保护环境就是保护人类未来的概念，形成对我国生态发展方针政策的高度认同与支持。

2）课程思政教学实例二：法治意识与科学伦理

在讲述环境问题导致不孕不育率增加后，教师可以紧抓专业知识，讲述当前的生殖辅助技术已经十分普遍。然而，生殖辅助技术的使用必须合法合规，遵守伦理道德。教师可以引导同学们重温 2018 年的基因编辑婴儿事件，并告知同学们在 2019 年 12 月 30 日，深圳市南山区人民法院一审已公开宣判此案，贺建奎、张仁礼、覃金洲等 3 名被告人因共同非法实施以生殖为目的的人类胚胎基因编辑和生殖医疗活动，构成非法行医罪，分别被依法追究刑事责任。教师必须明确把贺建奎的罪证清晰地展现在多媒体上：贺建奎等人为追逐个人名利，自筹资金，蓄意逃避监管，私自组织有关人员，实施国家明令禁止的以生殖为目的的人类胚胎基因编辑活动。这样的负面案例教学，既让同学们了解生殖生育的严肃性，更使学生认识到生命伦理观的重要性，启发学生思考生命意义，审视社会责任意识，引导学生遵守科学家共同体的伦理共识，不触犯法律的底线。

第十三章 生长发育

13.1 专业教学目标

本章节主要讲述胚胎期的特点，以及发育阶段的生长特点，内容较简单，知识点也较少，主要教学目标如下：

◎ 了解生长发育的概念及人体生长发育阶段的划分；

◎ 熟悉青春期生长发育的特点。

13.2 重要思政元素分析与相关知识板块

本章节主要讲述人体从胚胎到性成熟阶段的生长特点，可以引申出马克思主义的量变引起质变的规律，以及我国政府为保证青少年营养充足实施的政策，来融入思政元素，具体分析如下：

1）马克思主义唯物辩证理论：质量互变规律

发育是指身体各系统、各器官、各组织的构造和机能从简单到复杂的变化过程。生长发育是有阶段性和有程序的连续过程。在这一过程中有量的变化，也有质的变化，因而形成了不同的发展阶段。这也正体现出马克思主义哲学中的质量互变规律，值得加以点明。

2）政治认同

本章节讲到生长发育时，可以联系当前我国青少年身高逐渐增加的实际情况，这与党和政府积极改善青少年营养状况有很大关系，包括一天一杯奶计划，中小学生"减负"，举办青少年运动会等。全面营养供应，加强体育锻炼，增强人民身体素质，是我党及人民的高度共识，在教学中点明这些内容，将有助于同学们形成对党和国家的政治认同。

13.3 课程思政的教学策略实例

1）课程思政教学实例一：质量互变的马克思主义哲学原理

在讲到身体发育相关内容时，可以引申"量变引起质变"这一概念。人体从胚胎生长到性成熟，其实就是量变到质变的过程。教师可以在 PPT 上展示马克思主义哲学原理中的质量互变规律文本，从事物量变和质变的两种状态，以及由于事物内部矛盾所决定的由量变到质变，再到新的量变的发展过程这些哲学规律出发，将人体生长发育过程与哲学原理进行对应论证。由此，同学们便自然会从马克思主义哲学的角度思考本章的教学内容。

2）课程思政教学实例二：政治认同

本章节讲到身高体重相关内容时，教师可以列举我国青少年在新中国成立起到目前的身高体重数据，有众多研究论文表明，我国儿童青少年生长发育水平仍保持较快的增长趋势。这与我国改革开放以来经济飞速发展，人民生活水平日益提高，民众更加注重营养全面均衡有很大关系。并且，党和政府也积极改善青少年营养状况。这些数据和国家政策的讲解，一方面有助于将课堂专业知识与国情相结合，另一方面也有助于同学们产生对国家政策方针的理解与认同。

三、"生理学"实验课程思政教学指南

1. 专业教学目标

实践是知识的来源。生理学的理论均来源于实际观察与实践，而且必须通过设计完善的实验来检验、修正和发展。生理学是一门实验科学，因此，"生理学"的实验教学也至关重要。生理学实验课程的主要参考教材有：

1）解景田，赵静. 生理学实验（第 2 版）[M]. 北京：高等教育出版社，2002.

2）陆源，夏强. 生理科学实验教程[M]. 杭州：浙江大学出版社，2004.

3）孙久荣，黄玉芝. 生理学实验[M]. 北京：北京大学出版社，2005.

"生理学"实验是为生物学专业本科高年级学生开设的一门必修课，在教学安排上与理论教学相辅相成，共同为学生们以后从事生命科学的教学、科学研究或医学工作等打下坚实的基础，其主要的教学目标包括：

◎ 掌握生理学常用仪器和生理信号计算机处理系统的使用方法；

◎ 逐步掌握生理学实验活体解剖技术和方法；

◎ 了解生理学实验设计的基本原则，了解获得生理学知识的科学方法，验证生理学的某些基本原理；

◎ 逐步提高对实验所出现的各种生理现象和情况的观察能力、分析能力、独立思考能力和独立解决问题的能力；

◎ 激发学生自主学习和探究潜能，培养学生的团队合作意识、自主创新精神和科研实践能力；

◎ 在实验教学过程中，逐步培养学生在科学工作中的严肃的态度、严格的要求、严密的方法和严谨的作风。

2. 重要思政元素分析与相关知识板块

"生理学"实验课程重在实践操作，重点关注学生实验技能、动手操作能力、实验规范和严谨的科学习惯的训练，以及积极思考、善于分析问题和解决问题能力的培养等，也非常适合开展生命观教育、职业认同与团结协作等世界观和职业精神的思政教育。具体分析如下：

1）合理合法的理性生命观

在生理学实验中，会使用多种动物作为观察和解剖的对象，不可避免地造成动物的痛苦，甚至死亡。然而，在人类探索生命世界、为人类谋福祉的进程中，不可避免地会使用大量实验动物作为实验对象，而人类对于生命世界的每一个研究进展，往往也需要以这些动物的牺牲作为代价。不过，这并不等于人类可以随意杀害动物，因此，不滥用实验动物、善待实验动物，在可能的情况下以体外实验代替活体实验等实验动物伦理观念已经成为生命科学研究的重要法则。因此，建立理性的生命观，理解并接受现代实验动物伦理观也是生理学实验课的重要教学内容。

2）科学精神及职业认同感

通过综合运用生理学理论知识和实验方法，开展自主设计探究实验，能够培养学生从科学事实推理得出正确结论的能力。另外，通过学习动物生理学实验的重大研究进展及其对人类的贡献，能够引导学生热爱本科学，建立生理学科的价值认同，以及对医生等职业的职业认同感，唤起心中的道德仁心。

3）团队协作的科学精神

一个生理学实验甚至学生的自主创新实验，往往需要几个同学共同完成。这就需要以小组的形式，分为组长和组员，根据分工，共同完成实验。就如"女排精神"那样，团结战斗、刻苦钻研、勇攀高峰的精神在生理学实验及研究事业中是不可缺少的。

3. 课程思政的教学策略实例

1）课程思政教学实例一：理性生命观的建立

在"生理学"实验开课前，教师应当对学生进行实验动物伦理教育。教师可以以小鼠为例，结合每年生命医学领域发表的论文数量，以及每个实验平均所用到的小鼠数量，大概计算出每年为科研献身的小鼠数量，从而教育同学们善待生命、敬畏生命，并思考：我们应该如何对待实验动物、如何减少不必要的实验动物消耗等重要问题。由此提出当今的实验动物伦理要求：不滥用实验动物，善待实验动物，在可能的情况下以体外实验代替活体实验等。同时，教师也可由此对同学们提出实验操作的要求：尽可能做好课前预习，详记实验操作要领，增加实验成功率，从而减少实验动物的痛苦与使用数量。这样，既能培养同学们建立理性的生命观，同时也提高了实验课的学习质量。

2）课程思政教学实例二：职业精神与仁爱之心

生理学实验是生物学和医学院学生的必修课程。尤其是医学生，将来面对的是鲜活的生命，除具备扎实的专业知识外，更需要医者以仁心对待生命。一名合格的医生应具有高度的责任心、强大的使命感及对生命的敬畏之情。教师需要明确说明当前医患矛盾突出，其中也存在部分医生医德有问题。因此，动物或人体生理的实验课中，教师必须时时教育同学需要具备职业精神和仁爱之心，尊重生命、尊重患者、尊重自己的职业。

3）课程思政教学实例三：团结协作，攻克难关

一个生理学实验，往往需要几个同学共同完成，这就需要团结协作的精神。可以利用生理学实验课的最后2—3节课，让学生们组队设计一个实验课题，在组队的过程中，选出组长和成员，通过小组讨论、分工进行的形式，共同完成一个创新实验课题。在此过程中，不仅培养了学生团结协作、克服困难的精神，还让同学们懂得在实际的工作中，一个优秀项目的完成往往需要多人的共同协作，发挥各自优势，最终达到共同目标。

四、“生理学”课程思政元素总览表

课程章节	重要的课程思政元素	相关联的专业知识或教学案例	所属思政维度
一、《生理学》各章节课程思政教学指南			
第一章　绪论	学科发展中的科学精神	生理学发展史中科学家们的不懈努力和探索创新	科学精神
	科学成果是人类的共同财富	全世界科学家对生理学科发展的贡献	全球视野
	辩证唯物主义教育	机体稳态的反馈调节	科学精神
第二章　细胞膜的功能结构和跨膜信号通讯	勇于探索的科学精神	我国科学家首次解析人源葡萄糖转运蛋白GLUT1的晶体结构	科学精神
	我国政治体制的优势	我国抗击霍乱的成功经验	政治认同
第三章　神经系统	公平公正的价值观	体育赛事抵制兴奋剂	公民品格
	马克思唯物主义观教育	学习、记忆的神经物质基础	科学精神
	社会稳定与爱国主义教育	神经系统的内在稳定性与社会稳定的类比性	政治认同
第四章　骨骼肌、心肌和平滑肌细胞生理	公民的环保意识	身体锻炼与绿色生活方式	生态文明

（续表）

课程章节	重要的课程思政元素	相关联的专业知识或教学案例	所属思政维度
第五章　血液	公民的社会责任	血型和输血原则，义务献血	公民品格 法治意识
	爱国主义精神	我国造血干细胞研究的首倡者和创始人朱壬葆院士的生平事迹	家国情怀
第六章　血液循环	关注民生为特点的中国政治体制	血液血管系统与我国建设交通强国的相通性	政治认同
	我国科学家和医学家的科学探索与社会贡献	国内心脏移植手术发展历程	科学精神 文化自信
第七章　呼吸	我国政治体制的独特优势	全民一心，共抗疫情	政治认同
	公民的职业精神与责任担当	对抗“非典”和“新型冠状病毒肺炎”	公民品格 家国情怀
第八章　消化和吸收	事物是普遍联系的	消化这一过程需要众多细胞、组织、器官协同参与	科学精神
	中华文明的优秀特征	消化吸收机制与中华文明兼容并包特点的联系	文化自信
第九章　能量代谢和体温调节	稳定和发展的关系	代谢稳定与社会稳定的联系	政治认同
	马克思的新陈代谢观	马克思《资本论》中的“新陈代谢观”	政治认同 科学精神
第十章　泌尿	精益求精的职业操守和无私奉献的家国情怀	中国泌尿外科奠基人吴阶平的事迹	科学精神 家国情怀
	科学理性思维	对“童子尿煮鸡蛋”等民间陋习的专业分析	科学精神
第十一章　内分泌	事物都是普遍联系的	神经—内分泌—免疫调节网络的互相作用与调控	科学精神
	科学理性思维	民众对日常生活中“激素”的误解及其释疑	科学精神
第十二章　生殖生理	生殖健康与环保意识	不孕不育与环境内分泌干扰物的相关性	生态文明
	法治意识与科学伦理	首例基因编辑婴儿事件	法治意识 公民品格
第十三章　生长发育	质量互变规律	人体不同生理时期的量变与质变	科学精神
	国民健康与国家发展	增强国民体质的国家政策方针	政治认同
二、“生理学”实验课程思政教学指南			
“生理学”实验课程	敬畏生命，建立理性生命观	实验动物伦理观	生态文明 公民品格
	科学精神及职业认同感	实验课的意义与教学目的	科学精神 公民品格
	团结协作，攻克难关	实验操作要求，自主创新实验课题	科学精神

（乔　芳）

第七章

“神经生物学”课程思政教学指南

一、“神经生物学”的专业教学体系与课程思政教学目标

1. “神经生物学”课程简介

神经生物学是探索神经系统尤其是人脑奥秘的科学，是研究人和动物的神经系统的科学，它从分子、细胞水平到网络水平乃至整体系统水平研究神经系统，特别是脑的结构与功能以及脑的高级认知功能。神经生物学已成为生命科学领域中最为活跃的学科之一，是一门多学科融合交叉又迅猛发展的前沿学科，它的发展可为人类战胜各种神经和精神疾病提供科学原理和可能途径，为开发脑智创造条件。神经生物学涉及神经解剖学、神经生理学、发育神经生物学、神经病学、神经外科学等，目前已是国内众多综合院校以及医学院校的必修课程。本课程力求展现神经生物学的主要方面，使学生掌握这门学科的梗概，以及与其他学科如生物化学、心理学、细胞生物学等的关系，激发学生对神经科学的兴趣，培养学生科学用脑的能力，预防相关脑疾病的发生。本课程一般在大学二、三年级开设，内容丰富全面，同时又是培养学生综合分析能力的重要课程。

1.1 “神经生物学”的专业教学目标

◎ 在微观水平，掌握神经元和突触的结构、神经元膜的电学特性、静息膜电位、动作电位的产生和传导、神经递质和受体的特性等；

◎ 在系统水平，掌握感觉系统（如视、听、躯体感觉等）和运动系统的结构和功能特性；

◎ 在脑的高级功能水平，掌握学习记忆、睡眠觉醒、注意、情绪、语言等的神经机制；

◎ 从发育水平，掌握神经系统的结构和组织的发生、发育过程。

1.2 “神经生物学”常用专业教材与特色

寿天德主编. 神经生物学（第三版）[M]. 北京：高等教育出版社，2013.

本教材编者从事教学工作多年，特别是十几年来在综合性大学教授神经生物学课程，写作经验丰富，课程涵盖了神经系统的细胞生物学基础知识到神经系统的解剖、神经系统的主要生理功能、神经系统的常见重大疾病的研究进展。该教材主要是针对本科生和低年级研究生编写的，尤其适合没有系统学过神经解剖学和神经生理学的本科生和研究生。全书共

六篇，第一篇详细介绍了神经系统的细胞和分子生物学知识，如神经元和神经胶质细胞的基本特点和功能，神经细胞间的信息传递和跨膜信号传导，神经递质、神经肽及其受体的结构特性和功能等。第二篇简要介绍神经系统的发育，包括神经管的形成和分化，中枢神经系统组织构型的建立，突触的形成、生长和再生，神经系统的损伤和再生。第三篇详细介绍不同感觉系统（视觉、听觉、味觉和嗅觉、躯体归纳觉、痛觉和平衡觉）的主要结构和生理功能。第四篇介绍了运动系统的结构和功能，包括运动的中枢控制等，以及运动的中枢调控，和自主神经系统对内脏系统的调制。第五篇主要介绍大脑的高级功能包括弥散性调制系统对行为的影响，情绪的脑机制，睡眠和觉醒、语言、注意以及学习记忆的神经机制。第六篇主要介绍神经系统与内分泌以及免疫系统的关系。

2. “神经生物学”的课程思政教学目标

2.1 “神经生物学”的课程思政特征分析

神经生物学是探索脑的科学，大脑是产生思想和意识的物质基础，对所有人而言，大脑是神秘而复杂的，深入了解大脑的结构和功能，窥知思想产生的过程，几乎是每一个在校大学生的内在需求。目前神经生物学已是国内众多医学院校和综合性高校的必修课程，可以预见今后几年，神经生物学必将成为所有生命科学专业学生的必修课。大学时代是人一生中积累知识的黄金时期，求知欲强，思维活跃、可塑性强，对新鲜事物保持着较高的好奇心，在神经生物学这门课程中合理地融入思政元素对于培养学生正确的价值观、人生观、发展观以及科学用脑等有重要的意义。神经生物学这门课知识点丰富，蕴含着一些重要的思政元素，充分地把这些思政元素浸润于相应的知识点讲解中将使得学生能够在学习神经生物学专业知识的同时，也潜移默化地塑造三观，学生也能自觉成为符合社会主义中国发展要求、能够推动中华民族伟大复兴的新时代青年。

就“神经生物学”课程而言，根据其专业特征、知识特征和教学特征，其蕴含的思政元素主要可归于八大维度：政治认同、科学精神、家国情怀、正确的人生和社会发展观、和谐社会和精神健康、文化传承和民族自信、法治意识和全球视野。

政治认同：国家间的竞争本质上是科技水平的竞争，而一国人民的脑智开发水平很大程度上影响着科技发展的潜能，虽然不同人种之间的大脑本质上是相同的，但是大脑具有极强的可塑性，营养水平、教育、健康水平等可深刻影响脑智开发水平，很多发达国家已采取多种举措开发脑智，并形成完整理论。目前在我们国家，儿童和青少年的脑智提升已成为公共卫生健康和教育发展领域的工作核心，这对于国家可持续发展具有重大战略意义，争取在国际竞争中取得优势地位。这些党和国家对民族未来的前瞻性布局，事实上也是党和政府对人民负责、对国家民族负责的表现。这些内容可以促进同学们对党和政府的高度认同感。此外，大脑是思想和意识的发源地，接受外界感知觉信息，然后对信息进行加工和整合，最后形成感知和决策指令。人的思想很容易受到外界因素的干扰，如受到宗教以及有神论等的影响，宗教极端思想和邪教理论更是能够扭曲大脑的正常感知和思维。同时大脑的损伤，尤其是高级大脑皮层（如前额叶皮层）的损伤，也会对大脑信息编码产生不利影响，引起幻想幻觉。在课程讲解过程中，我们要从大脑信息编码和高级感知产生的角度，讲清楚极端思想、病态思维和封建迷信产生的可能原因，普及和弘扬辩证唯物主义，认同中国特色社会主义发展道路，构筑青年大学生的思想防线。

科学精神："神经生物学"课程是一个以理论讲授为主的课程，从神经细胞和亚细胞的结构以及递质、受体、突触、膜电位、动作电位等神经元特有功能的介绍入手，然后拓展到系统网络水平，详细介绍各感觉系统（如视觉、听觉等）和运动系统的结构和功能，最后再介绍大脑的一些高级功能（如学习记忆、行为控制、感知等）。这些宝贵神经科学知识的得来凝聚着无数神经科学家的汗水和心血，他们求真务实、一丝不苟、追求卓越的精神，值得我们学习，也是我们未来科学技术研究的主力军最需要具备的品质。课程通过散落于各个章节中的案例以及类似于科学史的讲解，突出这些科学精神，让大学生自觉地以伟大的科学家为人生榜样，自觉学习，使得学生在追求真知灼见中激发起热爱科学、献身科学的精神并具备较好的科学素养。

家国情怀："神经生物学"教材中很多章节提到了神经系统的疾病，如帕金森病、老年痴呆症等，这些神经性疾病对人民群众的健康造成了巨大威胁。虽然我们对这些疾病的病理机制有了初步的了解，但是目前依然没有治愈这些疾病的有效方法。青年大学生是未来科研的主力，尤其作为生物专业的大学生，应当拥有专业报国、解决国人疾苦的责任与担当。"知责任者，大丈夫之始也；行责任者，大丈夫之终也"，本课程应充分借助神经生物学的当前挑战激发同学们的家国情怀。

正确的人生和社会发展观：相对于人体其他器官和组织而言，大脑具有更强的可塑性，受到后天因素的影响极大。人出生后的感知觉、学习、经验等要素可以深刻地改变大脑的结构和功能，大脑越用越灵活。在知识点讲解的过程中，可以突出这一观点，同时培养学生的改革创新精神，不要墨守成规。大脑的功能可以通过人出生后的努力不断得到增强，要摒弃那些"人的聪明才智生而既定"的观点。因此，要鼓励学生设定切实可行但又较高的人生目标并为之奋斗，在奋斗中实现人的价值。大脑可塑性使得人和动物能够通过改变自身以及其所生存的环境从而更好地适应外界环境，我们的社会从某种意义上而言就是由众多的大脑所决定的，社会的发展归根结底在于人的发展。理解了这些，我们就能更加自觉地拥护改革开放、可持续发展、科学发展观等政策。

和谐社会和精神健康："神经生物学"课程中讲解了众多的大脑疾病。现代社会学习和工作压力的增大，抑郁症和焦虑症等的发生非常普遍，对人的身心健康造成巨大影响，扭曲人的正常思想和人生价值观，甚至对他人和社会造成危害。许多人一旦得了某些大脑疾病后，会有很大的精神压力和心理创痛，甚至会病急乱投医，求助于一些非理性的治疗方法，对人的精神状态和思想政治造成非常负面的影响。统计研究发现，在一个拥有良好人与自然和人际关系的和谐社会中，精神性疾病的发病率较低；相反，一个战乱、动荡的社会以及紧张的人际关系，可致相关精神疾病的发病率大幅提高，这也说明了和谐社会的重要性。所以在讲解相关知识点时，教师可以适当融入和谐社会的理念，强调社会的安定团结、友善的人际关系在克服和战胜相关精神疾病中的作用。同时，引申出我们国家目前安定的社会环境来之不易，需要我们精心维护。

文化传承与民族自信："神经生物学"课程中有许多篇幅谈到学习和记忆，如神经信息的突触传递、海马结构、工作记忆等。大脑通过学习和记忆，不断积累知识和经验，从某种意义上说，人类的知识、文化以及习惯等就保存在人的大脑中，体现在一个一个突触连接中。对于一个国家而言，其历史和文化就是他的记忆，我们国家历史悠久，中国传统文化在数千年文明演进过程中没有出现断层，教师可以在讲授相关章节的过程中，点出文化传承对我们国家的意义，增强民族自豪感。

法治意识：在“神经生物学”的讲授过程中，会涉及大脑信息的整合，感知觉和意识等的产生，同时许多篇幅会谈到大脑的损伤和一些疾病（如精神分裂症等）会对大脑信息编码产生不利影响，形成歪曲的认知以及幻想幻觉等。在课程讲解过程中，可以从大脑信息编码和高级感知产生的角度，探讨封建迷信思想、极端思想、病态思维产生的可能原因，构筑青年大学生的思想防线，防止因为错误思想走上违法道路。同时，社会上针对神经疾病患者的违法行为也时常出现，本课程也可以将此类事件作为专业教学案例，在专业释疑中提高同学们的法治意识。

全球视野：现代神经科学是一门多学科交融、发展迅速的前沿学科，涉及经典神经生物学、脑成像、计算神经科学及人工智能等，其研究的深度和广度在不断地发展和延伸。通过“神经生物学”课程的学习，学生可以了解当代神经科学在全球的研究现状以及研究热点，有利于培养同学们的全球视野，扩大他们思考问题的格局。

2.2　“神经生物学”的课程思政教学目标

由上分析，“神经生物学”课程具备丰富的课程思政元素和内涵。在“神经生物学”课程的教学过程中，应当采用合适的教学方式，体现和强化这些思政元素，实现以下的主要课程思政教学目标：

◎ 在深刻理解神经系统结构和功能的基础上，接受马克思主义唯物史观，使用辩证唯物主义思维和科学严谨的态度分析和解决问题；

◎ 在了解感觉信息的处理、大脑高级认知功能的基础上，认识大脑功能的可塑性，由此认识保持国家活力、弘扬改革开放、可持续发展、科学发展观等政策的重要性；

◎ 在掌握神经信息的突触传递、海马结构、记忆的神经机制，以及记忆对认知功能重要性等的基础上，了解中国传统文化（即国家记忆）对我们国家的重要性，增强民族自豪感，增强政治认同感；

◎ 在了解从细胞、系统以及大脑整体结构复杂性的基础上，认识大脑结构和功能的深奥，树立对生命和进化的敬畏、激发学生的求知欲和对科学的探索欲望；

◎ 在掌握神经系统主要疾病的发病机理、临床表现、治疗措施和研究进展过程中，引导学生热爱脑科学，强调建立和谐社会的重要性，鼓励学生为国富民强而努力奋斗。

二、《神经生物学》各章节课程思政教学指南

第一章　神经细胞和神经胶质细胞

1.1　专业教学目标

神经系统是生物体感知外界、形成与保存记忆、进行决策判断和指导行为的生理系统，是意识和智慧的物质基础。由于神经系统高度的精密性和复杂性，在生命科学和医学高度发达的今天，它依然是人体中最为神秘和充满未知的系统。神经系统主要包括两大类细胞，神经元和神经胶质细胞，在这一章节中主要讲解神经元和神经胶质细胞的结构和特点。具

体教学目标如下：

◎ 神经元的发现历程；

◎ 掌握神经元的基本结构以及神经元的特有结构；

◎ 神经细胞的分类；

◎ 神经胶质细胞的发现过程以及分类；

◎ 不同神经胶质细胞的功能。

1.2 重要思政元素分析与相关知识板块

神经元，又称神经细胞，是神经系统最基本的结构和功能单位。动物通过神经系统对感受到的信息进行处理分析，形成判断并发出控制信息传递到其他系统，产生反应和行为。我们对神经元形态、结构和功能的探索和发现经历了漫长的历史，其过程相当波折，但是真知灼见就是在不断的假设、推测、争议和验证中显现出来的。这一章所蕴含的思政元素主要在于，通过发现神经元的漫长百年历程，告知学生科学发现的艰辛，但要有恒心与毅力，正如屈原《离骚》中的名句“路漫漫其修远兮，吾将上下而求索”。思政元素分述如下：

1) 实践出真知

我们的大脑由什么组成，有何功能？这个问题曾是每一位古希腊哲学家思考的问题，但是光靠想象是很难得出真知的，在将近 2 000 多年的历史长河中，对大脑的认识依然浮于希腊神话般的猜测。神经元的发现过程是一个随实验不断开展、技术不断发展而逐步推动的过程，包括神经元的固定、切片、染色、观察、形态鉴别等过程，这些步骤的每一次技术进步，都使得我们与真知拉近了一步，但是每一次进步都需要长久的实验积累。

2) 实事求是与坚持真理的科学精神

受到时代和技术的影响，以前的神经科学家对大脑结构和功能的认识具有很大的局限性，几乎每一次重要的发现和学说的建立，都是一个不断探索、挑战权威的过程，这体现的就是实事求是、坚持真理的科学精神。高尔基是高尔基染色技术的发明人，这项染色技术可以完整勾勒出大脑细胞的形态，高尔基认为大脑细胞是互联互通形成网络状的——即网状理论。卡哈尔(Cajal)认真研究了高尔基染色技术，对这一理论进行了挑战，认为神经细胞间不是相互连通的，而是通过接触进行信息的传递，他随后建立了神经元学说，还提出了动态极化原理和连接特异性原理。他身上那种实事求是、坚持真理的品格与气质，是进行科学精神教育的优秀案例。

1.3 课程思政的教学策略实例

1) 课程思政教学实例一：实践出真知

在本章中有较多的篇幅涉及大脑的组成、结构和功能是如何被发现的，在讲课过程中教师可以回顾人类对大脑的功能以及大脑组成的研究历史，得出科学实践是获得真知的唯一方式。柏拉图、亚里士多德和古希腊伟大的外科医生盖伦(Galen)都从理论上提出了意识信息是由某个器官(心脏、大脑)来感觉并控制着人们的活动。教师在此时便可强调：理论必须要通过实验证据来支持。之后，便可以串联讲解青蛙腿神经和肌肉刺激实验揭示了神经元激活的电学性质，该实验证明大脑可分成不同的功能区；用银染法观察到单个的神经元，给脑结构的研究带来了巨大的变化；之后，硝酸银染色法的应用可以更清楚地观察神经元的结构等等。进入 20 世纪，随着实验技术的极大进步，神经科学的发展更为迅速，从分子、细胞、环路、系统、整体这五个由低到高的层次得到了全面的发展。教师在教授这些内容的时候，务必时时强调实验实践在推动学科发展中的巨大作用，从而显现出“实践出真知”的思政元素。

2）课程思政教学实例二：实事求是与坚持真理的科学精神

在本章会介绍细胞学说，并通过“高尔基和卡哈尔之争”强调：科学研究要实事求是、不盲目轻信权威。在卡哈尔生活的相当长的一段时间里，神经网络学说的思想始终占据着统治地位。神经网络学说认为，神经系统是由相互联络的网络所构成，神经细胞是这种网络的结节，神经纤维发自于此，形成完整的结构，高尔基坚定不移地支持网络学说。1891 年，沃尔德耶（Waldeyer）首先提出了神经元学说，认为神经元可能是一个独立的结构单位，卡哈尔支持了该学说，但是这一学说受到了很多的争议和排斥，卡哈尔采用高尔基所发明的浸银技术做了大量研究工作，证实了自己的观点，并进一步发展和完善了神经元学说。卡哈尔的神经元学说，是神经科学发展史上划时代的里程碑，对神经科学的发展起到了巨大的作用。没有卡哈尔的坚韧和挑战权威的精神，我们对神经元的认识也许要晚许多年。教师在这段科学史的简要回顾中，便可以自然地凸显出实事求是、不盲目轻信权威的科学精神对人类进步的重要性。

第二章　神经元膜的电学特性和静息电位

2.1　专业教学目标

神经元和神经胶质细胞是构成神经系统的主要细胞，其中神经元被认为是神经系统的基本结构和功能单位之一，它具有感受刺激、转运物质、通讯交流以及产生和传导兴奋的功能。本章的教学重点是掌握神经细胞膜的结构和功能，神经元膜的电学特性，理解膜的静息电位产生的机制。具体教学目标如下：

◎ 神经细胞膜的分子结构；

◎ 神经细胞膜的物质转运；

◎ 神经细胞膜的离子通道的结构和特性；

◎ 离子通道在产生静息膜电位的过程中的作用；

◎ 静息膜电位产生的机制。

2.2　重要思政元素分析与相关知识板块

在本章中，我们主要介绍神经细胞膜的特性及其功能。神经元膜主要由磷脂双分子层和膜蛋白组成，磷脂双分子层构成神经元膜的主体结构，很多膜蛋白是电压门控的通道蛋白，是神经元能产生电信号的奥秘所在，本章的难点是讲清楚静息膜电位产生的原因。充分领悟这部分内容，不但需要生物学知识，还需要物理学知识和数学知识，对多学科知识的掌握，在现代科学研究中已越来越重要。因此主要的思政元素和相关知识如下：

1）全球视野、学科交融

现在科学的发展不但需要更深更广博的专业知识，也需要相当精深的跨学科知识，以神经科学为例，典型的神经科学家主要以分子生物学、行为学、电生理学等手段来研究从细胞到系统的结构和功能，普遍缺乏神经计算方面的知识，因为这涉及较深的数学建模、统计学等知识，因此无法全面解析大脑局部脑区或整个系统的全体神经元的活动结果。相反，计算神经科学家具备这种能力，但是普遍不具备的生物技术为基础的研究能力，因此培养复合型学科交叉人才，是未来科学发展的客观需要。教师在教授相关专业知识的同时，向学生灌输这些信息，让他们早做准备，为未来的科学事业打下坚实基础，促进我们科技水平更快、更好发展。

2）各司其职、合作共赢

在神经元膜上存在众多的电压门控离子通道，这些各司其职又相互配合的门控通道，共同铸就了神经元膜电位的精细调控，体现出了一种合作的工作模式。从这些微观的结构映射到我们的社会，显示大到一个国家小到一个几个人的团体，也必须发挥每一个人的独特作用，才能保证共同事业的顺利完成。

2.3 课程思政的教学策略实例

1）课程思政教学实例一：全球视野、学科交融

神经元之间的信息传递是通过电信号来传递的，如何记录神经元的电信号，并且解析这些电信号的意义，是一项复杂的系统工程，需要神经生物学专业技术以及神经计算方面的知识，教师在讲授时可以强调指出不光是神经生物学等生物学科如此，其他学科如化学、物理的具体研究中也需要掌握多学科知识的复合型人才。所以，教师在此便可以指出同学们需要更努力地学习各科知识，成为复合型人才。

2）课程思政教学实例二：各司其职、合作共赢

本章主要介绍了神经元膜和膜蛋白的结构和功能。在讲解过程中要着重指出这些不同的通道蛋白具有各自独特的结构和功能，它们相互配合保证了膜电位和动作电位的产生，又保证了神经元内离子浓度的相对稳定，体现出合作共赢的模式。教师由此可以将主题引申到现实中国，指出我们每一个人的知识、能力和想象是有限的，往往都只专长于某一项工作。但是如果社会中每一个个体都能各司其职，坚持合作共赢的精神，我们就能完成许多复杂而重大的工程，合作精神、团队精神是当下国家建设所必须的精神。

第三章　神经电信号和动作电位

3.1 专业教学目标

神经系统是以动作电位的形式将信息传导到与之相连的靶细胞（神经元或其他类型的细胞），神经元之间是通过一种特殊的结构——突触来传递信息的，在这一章节中我们需要掌握突触的结构和特性，理解突触如何来传递神经信息，突触后电位如何进行整合。具体教学目标如下：

◎ 掌握电突触和化学突触的结构和特点；

◎ 掌握神经递质的释放机制；

◎ 掌握突触后电位及信号的整合；

◎ 突触的可塑性及其调节机制。

3.2 重要思政元素分析与相关知识板块

动作电位是神经元进行信息传递的主要方式，这是一种大小相似的脉冲式信号，来自外

界的信息在神经系统中都转化为动作电位，在大脑中进行传递和处理，信息就体现在动作电位的发放频率和时间中。因此，我们的感知、想象、意识从本质上就是大脑电信号，大脑是思想产生的物质基础。本章的重点就在于学习动作电位产生的离子机制等。几个主要的思政元素和相关知识如下：

1) 唯物主义世界观

思想和意识就是大脑电信号的一种反应，而不是看不见摸不着的，现在我们已经可以通过非常先进的实验技术，对大脑产生的电信号进行记录，并通过合适的方式对记录到的信息进行解码。这里便显示出明确的唯物主义世界观。

2) 质量互变规律

动作电位是神经系统信息传递的基本方式，但是动作电位的产生需要满足一定的条件，即只有当膜电位去极化超过阈值，神经元才能爆发产生动作电位，反之如果膜电位去极化不能超过阈值，动作电位不能产生。这很好地体现了唯物辩证法中的质量互变规律。

3.3 课程思政的教学策略实例

1) 课程思政教学实例一：唯物主义世界观

教师在课程讲解过程中，可以先系统介绍动作电位产生的过程，指出大脑的感知和决策其实都是神经元活动的反映，同时从大脑信息编码和高级感知产生的角度，讲清楚极端思想、病态思维和封建迷信产生的可能原因。此处，教师便可以借由民间对人脑意识的迷信作为反例，指出世界是唯物的，由此构筑青年大学生的科学思想防线。

2) 课程思政教学实例二：质量互变规律

教师在讲授动作电位产生的过程中，要特别指出动作电位产生的条件，即膜电位去极化到达阈值，因为这很好地体现了唯物辩证法质量互变规律。质量互变规律揭示了事物发展量变和质变的两种状态，以及由于事物内部矛盾所决定的由量变到质变，再到新的量变的发展过程。神经元动作电位的产生是需要满足一定的条件的，即膜电位去极化到一定的程度，即由量变到达质变的临界点，如果去极化程度进一步增加，动作电位产生的数量就会相应的增加，即到新的量变质变发展过程。由此，教师便可以引导同学们体会唯物辩证法的精妙所在。

第四章　神经电信号的传递

4.1 专业教学目标

神经系统的功能活动特征，就是体现在以神经元为“节点”所构成的极为复杂的网络系统功能。神经元作为神经系统结构和功能的基本单位，在生理状况下都在神经系统的网络发挥作用，而且其本身的活动，也只有在该网络系统中才能得以完整的表达，因此本章的学习重点就在于学习掌握神经电信号传递的方式、途径以及神经电信号传递过程中所参与的物质等。具体教学目标如下：

◎ 神经电信号传递的概念和方式；

◎ 化学突触传递的概念和化学突触传递的基本过程；

◎ 突触后电位和突触后电位的整合；

◎ 神经电信号传递的调制。

4.2 重要思政元素分析与相关知识板块

突触是神经元之间进行信息传递的中介，由突触前膜、突触间隙和突触后膜组成。突触信息传递改变可极大地影响神经元之间信息传递的方式，学习和记忆被认为与突触结构的改变密切相关。本章中我们需要重点掌握的关键知识点集中在突触、量子释放、突触后电位等，几个主要的思政元素和相关知识如下：

1) 终身学习的奋斗理念

突触的结构和数量可以随着感觉经验的多少发生可塑性变化，研究认为学习和记忆的痕迹就体现在突触上。学习影响突触的数量和信息传递的效力，使得大脑的功能不断得到发展。教师由此可以继续引导同学：社会的发展依赖于人的发展，而人的发展依赖于大脑功能的增强，而大脑功能的增强取决于突触的传递效率和数量的多少。因此可以从突触的可塑性，引申到个人、政党和国家只有不断学习，才能得到发展。

2) 对立统一规律对科学的指导意义

兴奋性突触后电位（EPSP）和抑制性突触后电位（IPSP），这两种电位是性质相反的电位，一种使突触后膜去极化，另一种使突触后膜超极化。同时突触水平存在两种可塑性：LTP 和 LTD。LTP 使突触的传递信息的功能增强，LTD 使之减弱。这就是在神经元的微观水平强调马克思主义哲学中辩证统一的矛盾观，并展现出马克思主义辩证唯物主义对科学的指导意义。

4.3 课程思政的教学策略实例

1) 课程思政教学实例一：终身学习的奋斗理念

该章节的一个教学重点是突触的结构和功能，从中我们知道，突触的结构和数量会受到突触活动的影响，同时突触的功能也受到很多因素的调制，因此突触具有较大的变异性。反映在大脑整体水平上，这意味着大脑具有很强的可塑性，受到后天因素的影响极大，所以人在出生后的感知觉、学习、经验等要素可以深刻地改变大脑的结构和功能，这就是大脑越用越灵活的理论基础。教师在知识点讲解的过程中，可以突出这一观点，并由此培养学生的改革创新精神，不要墨守成规。既然大脑的功能可以通过人出生后的努力不断得到增强，那么那些人的聪明才智生而既定的观点便并不完全正确。因此，要鼓励学生设定切实可行但又较高的人生目标，终身学习、终身奋斗，在学习和奋斗中实现人的价值。

2) 课程思政教学实例二：对立统一规律对科学的指导意义

在我国传统文化中，非常注重和谐共生的观点，如阴和阳、水和火等，唯物辩证法上称之为矛盾的对立与统一，这些寓意深刻的传统和哲学思想对我们的科学研究有非常重要的指导意义。在教授相关的知识时，教师可以点出这一点，使学生对这一方法论留下深刻的印象，并用于今后的科学和工作中去。教师还要突出强调兴奋性突触后电位（EPSP）和抑制性突触后电位（IPSP），这两种电位是性质相反的电位，一种使突触后膜去极化，另一种使突触后膜超极化；同时突触水平存在两种可塑性（LTP 和 LTD），LTP 使突触的传递信息的功能增强，LTD 使之减弱，在一定条件下，LTP 和 LTD 可以相互转化，符合矛盾对立统一的观点。

第五章　神经递质和神经肽

5.1　专业教学目标

神经递质是神经元之间信息传递的媒介，神经递质从突触前神经元释放，通过扩散作用，到达突触后膜，与突触后膜上的特异性受体结合，完成信息传递。该章所讲述的内容是神经生物学这门课中的核心基础知识，是学生必须掌握的内容。本章着重介绍神经递质和神经肽的分类和功能，使同学们对神经活动的基本过程进一步了解，从而为学习神经生物学的普遍规律打下坚实基础。具体教学目标如下：

◎ 掌握神经递质的分类和功能；

◎ 掌握神经肽的分类和功能；

◎ 掌握神经递质转运体的分类和功能；

◎ 了解神经递质系统。

5.2　重要思政元素分析与相关知识模块

得益于电子显微镜技术，使我们现在能够清楚地了解，突触的结构以及神经递质在突触间的传递过程，能够体现的思政元素如下：

1) 科技是人类进步的推动力

人类社会的进步本质上依赖于科技的进步，即科技发展是第一生产力。得益于科技的发展，我们对大脑微观层面的了解，有了飞跃的进展，如本章中神经递质和神经肽，神经递质的释放过程，神经递质回收等过程，这些宝贵知识的积累，使得人类对于自身和世界的理解日益深入，推动人类的发展，这些都依赖于关键科学技术的突破。

2) 探索精神

大脑是思想和意识的发源地，是已知物质世界中最神秘的物质，尽管人类对大脑结构和功能的探索已经有了漫长的历史，但是所知依然有限。从对大脑组成的争议、神经元之间的联接的疑惑以及对神经递质和神经肽及其受体多样性的了解，每一步认识的突破，都得益于神经科学家所展现出的超强探索精神，使我们对大脑结构和功能的认识有了初步的了解。大脑神秘而重要，人本好奇爱探索，人对大脑有着天然的探索趋向。

5.3　课程思政的教学策略实例

1) 课程思政教学实例一：科技是人类进步的推动力

本章内容主要是神经递质、神经肽和神经递质转运体的认识以及对它们功能的了解，神经递质可以分为好几种（如谷氨酸、甘氨酸等），神经递质或神经肽首先在突触囊泡中富集，当突触前膜感受动作电位时，突触囊泡和突触前膜融合释放递质。在讲授相关知识点时，教师应当要着重强调这些知识来之不易，是伴随着人类科技的进步而逐渐被发现的。在19世纪，我们对突触及其神经递质的存在更多的只是猜测，染色体技术的发展和高分辨率显微镜的发现，证实了神经元之间存在着联接，但直到电子显微镜的发现，我们才清晰地观察到了突触的结构，突触前膜中有许多囊泡，突触后膜中存在致密带，富含递质受体。教师可以将本领域内的这些关键科技突破以时间轴串联，并在每个突破点上加上该突破带来的人类认知的飞跃、社会和工业的显著进步以及知识的爆发增长。这些内容可以通过短视频或者PPT进行讲解，凸显出人类在时间轴上不断取得科技突破的进步。由此，教师便可以让学生领悟到科学技术发展的重要性，激发他们学好专业知识，以科技报国、推动人类进步的热情。

2) 课程思政教学实例二：探索精神

教师在讲授过程中，可以从神经科学发展历史的角度入手，从历史的角度，介绍不同时期杰出科学家和他们的代表性工作，从探寻人类对脑和神智看法的演变，看出人类对脑认识的转变与深入：由最初把脑看作灵魂的殿堂，到现在认识到脑活动的分子和基因基础，再到这节课所讲解的神经递质和受体以及它们的多样性等。教师也要采用时间轴的讲解法，强调对未知世界和奥秘的探索需要伟大的科学探索精神，尤其突出科学研究中永不停息的“假说—验证—假说—再验证”过程，也彰显出人类进步的源泉。

第六章　离子通道与胞内钙离子平衡

6.1　专业教学目标

在神经元膜上存在着众多的离子通道，如钾离子通道、钠离子通道、钙离子通道等，这些离子通道对静息膜电位和动作电位的产生至关重要，通过本章的学习，学生们将系统掌握离子通道的特性以及在信息传递过程中的作用，重点介绍离子通道的功能和钙离子介导的信号转导。具体教学目标如下：

◎ 掌握离子通道的基本特征；

◎ 了解单通道记录技术；

◎ 掌握电压门控通道；

◎ 掌握钙离子介导的信号转导。

6.2　重要思政元素分析与相关知识板块

本章节专业性较强，以相对微观的专业知识为主要内容。然而，其中仍然蕴含着重要的思政内容，这些内容在专业知识的讲授中得到体现。主要的思政元素和相关知识板块如下：

1) 生命是运动的

我们通常所言的生命在于运动，往往指通过运动达到强身健体的目的，有利于生命的健康和长久。事实上，我们的生命就是一个不断运动的过程，这在细胞的微观世界中更为明显，通过离子通道结构和功能的学习，使我们相信生命就是一个物质不断运动的过程，运动(如离子运动)停，生命止。这正是马克思主义哲学中的运动观：世界是运动的。

2) 工匠精神

本章在讲解离子通道的特性时，会提到膜片钳技术，用一个尖端直径在 1.5—3.0 μm 的玻璃微电极接触细胞膜表面，通过负压吸引使电极尖端与细胞膜之间形成千兆欧姆以上的阻抗封接，此时电极尖端下的细胞膜小区域(膜片，patch)与其周围在电学上分隔，在此基础上固定(钳制，Clamp)电位，对此膜片上的离子通道的离子电流进行监测及记录。正是通过这一技术，离子通道特性才得以研究，但是这一技术是一项高精尖的技术，熟练掌握和运用这项技术需要很长时间的反复练习和实验，没有工匠精神，做不好膜片钳实验。

6.3　课程思政的教学策略实例

1) 课程思政教学实例一：生命是运动的

教师在教授这一章内容时，可以首先对离子通道进行描述，然后指出这些离子通道既是离子通过的门户，更是决定神经细胞存活的命门：不同的离子(如钾离子、钠离子、氯离子和钙离子等)在一定的条件下，可以通过相应的通道穿过细胞膜，从而维持神经元的活性。因此离子的跨膜运动造就了神经元的生命，使我们的大脑能够思考和想象等，也造就了我们人的生命。生命在某种意义上就是一个物质不断运动的物理化学过程。在这一章中教师需要向学生明确传递这一思想，有利于他们认识生命的本质，感受生命的奥妙。

2) 课程思政教学实例二：工匠精神

教师在讲授这一知识点的过程中，可以通过短视频和图片的方式，仔细介绍膜片钳技术，膜片钳技术是研究神经细胞膜离子通道特性的重要手段，这是一门极端高精尖的技术，直到有了成熟的膜片钳技术，研究离子通道的特性才成为可能。它和基因克隆技术并驾齐驱，给生命科学研究带来了巨大的前进动力。教师可以通过具体的实验案例，深入介绍这项技术的具体应用，让学生们自发地感受到掌握这项技术需要长时间的训练，从而培养学生的工匠精神。

第七章　受体与信号转导

7.1　专业教学目标

受体存在于突触后膜，主要分为两类：离子通道型受体和G-蛋白偶联受体。神经递质与特异性离子通道受体结合后，可以打开受体通道允许相应离子通过，神经递质与G-蛋白偶联受体结合后不直接打开受体，而是通过第二信使的作用影响离子通道的开放，效应范围往往更加广泛。本章是“神经生物学”课程的第七章，仍然属于神经生物学最基础的通用知识板块，具体教学目标如下：

◎ 掌握受体的种类和结构；

◎ 掌握离子通道型受体分类和介导的信号转导；

◎ 掌握G-蛋白偶联受体分类和介导的信号转导；

◎ 掌握第二信使系统；

◎ 了解受体间的相互作用。

7.2　重要思政元素分析与相关知识板块

本章节专业性较强，以相对微观的专业知识为主要内容。然而，其中仍然蕴含着重要的思政内容，值得在专业知识的讲授中得到体现。几个主要的思政元素和相关知识板块如下：

1) 矛盾的对立统一

在神经系统中同一种神经递质它的受体可能会多于一种，如与谷氨酸结合的神经受体有多种，可分为两类：一类为离子型受体，包括：N-甲基-D-天冬氨酸受体(NMDAR)、海人藻酸受体(KAR)和α-氨基-3羟基-5甲基-4异恶唑受体(AMPAR)，它们与离子通道偶联，形成受体通道复合物，介导快信号传递；另一类属于代谢型受体(mGluRs)，它与膜内G-

蛋白偶联，这些受体被激活后通过 G-蛋白效应酶、脑内第二信使等组成的信号转导系统起作用，产生较缓慢的生理反应。信号传导的快与慢，互相拮抗却又和谐统一于有序的神经系统功能，这便体现出唯物辩证法中的矛盾对立统一规律。

2) 透过现象看本质

在神经系统中神经递质和相应 G-蛋白偶联受体结合，可以引起一系列广泛的级联效应和生物学表征。如 mGluR5(代谢型谷氨酸受体)以二聚体形式主要分布于大脑皮质、海马和纹状体等区域，通过激活磷脂酶 C-肌醇 1,4,5-三磷酸-甘油二酯-Ca^{2+} 和磷脂酰肌 3-激酶-哺乳动物雷帕霉素靶蛋白等信号通路，参与神经兴奋性网络调节、神经发生以及与学习记忆相关的突触可塑性形成。近来研究证实，mGluR5 在神经性疾病中发挥着重要作用，mGluR5 的过度激活或抑制与多种神经性疾病的病理过程密切相关。教师通过示例性 G-蛋白偶联受体及其下游效应的讲解，可凝炼出“透过现象看本质”这一方法论。

7.3 课程思政的教学策略实例

1) 课程思政教学实例一：唯物辩证法

本章结合在课程讲解过程中的知识，点出其中所蕴含的唯物辩证思想，使唯物辩证法对立统一的思想植入学生的脑中，提高分析问题的能力，所用的例子可用乙酰胆碱与其受体。乙酰胆碱受体包括两种，毒蕈碱型受体和烟碱型受体这两种受体分别引起两种明显不同的效应，即交感神经和副交感神经兴奋效应。毒蕈碱型受体(M 受体——G-蛋白偶联型受体)，产生副交感神经兴奋效应，即心脏活动抑制，支气管胃肠平滑肌和膀胱逼尿肌收缩，消化腺分泌增加，瞳孔缩小等，阿托品为毒蕈碱受体阻断剂。烟碱型受体(N 受体——离子通道型受体)，N1 位于神经节突触后膜，可引起自主神经节的节后神经元兴奋，N2 受体位于骨骼肌终板膜，可引起运动终板电位，导致骨骼肌兴奋。因此同一种神经递质，与两种不同的受体结合，可产生截然不同的效应，这与唯物辩证法中的对立统一的观点高度吻合。教师要在心中先存有唯物辩证法的教学思想，之后在讲解中以辩证统一的教学思路进行这些专业知识的讲解，并在讲解完毕后提问同学：同学们都学过一些哲学原理，那么这些内容符合哪个哲学原理呢？这样，教师便可自然地将辩证统一原理与专业知识紧密结合起来，并大大提高学生分析问题的全面性。

2) 课程思政教学实例二：透过现象看本质

教师在教授这部分内容的过程中，先通过示例性 G-蛋白偶联受体及其生物学效应的讲解，强调在神经系统中神经递质和相应 G-蛋白偶联受体结合，可以引起一系列广泛的级联效应和广泛的生物学效应。如 mGluR5(代谢型谷氨酸受体)以二聚体形式主要分布于大脑皮质、海马和纹状体等区域，通过激活磷脂酶 C-肌醇 1,4,5-三磷酸-甘油二酯-Ca^{2+} 和磷脂酰肌 3-激酶-哺乳动物雷帕霉素靶蛋白等信号通路，参与神经兴奋性网络调节、神经发生以及与学习记忆相关的突触可塑性形成。通过以上知识点的讲解，教师需要强调很多生物学效应看似复杂多变，但其本质往往源于少数关键因子，由此便可以凝炼出“透过现象看本质”这一方法论，促使同学们形成在复杂社会生活中努力探寻和把握事物本质的科学理性思维。

第八章　神经系统发育

8.1　专业教学目标

神经发育是神经科学中一个非常重要的组成部分，本章主要介绍单个细胞如何发育成一个能够执行各种高级功能的极其复杂的神经网络，以及这个过程中的特征和调控机制，从而揭示大脑是如何形成的。具体教学目标如下：

◎ 神经管的形成和分化；

◎ 中枢神经系统组织构型的建立，神经细胞的迁移，脊髓和延髓的组织生成等；

◎ 轴突的生长；

◎ 突触的形成和再生；

◎ 突触联系的精细调制；

◎ 神经系统的损伤和再生。

8.2　重要思政元素分析与相关知识板块

神经发育是神经科学中一个非常重要的组成部分，讲述了单个细胞如何发育成为能够执行各种高级功能的极其复杂的神经网络，以及这个过程中存在的奥秘、特征和调控机制，从而初步揭示大脑这一自然界中最神奇的产物是如何形成的。本章重在了解神经系统发育过程中各个阶段的动态特征，也探讨神经发育过程的调控机制，这是理解神经系统机制的重要基础知识。

1）人类命运共同体的生物学本质

哺乳动物中，单个受精卵经过一系列的分化形成原肠胚，中枢神经系统的发育始于原肠胚，此时的胚胎呈圆盘状，具有三层结构，内胚层、中胚层和外胚层，神经系统和皮肤全部来源于外胚层。在惊叹于神经系统发生、发展过程神奇的同时，我们由此联想到人类社会自身，虽然肤色不同，国家不同，但是我们有着共同的祖先，有着共同的神经形成过程，并如同神经系统一样形成相互紧密联系的全球网络。这样的思考过程，是对人类命运共同体的生物学思考与比拟。

2）全球视野下的人类文明多样性

在神经发育过程到达一定阶段后，在成型素（morphogen）的作用下，诱导细胞内特性的转录因子的表达，再通过调控相关靶基因的转录，最终决定细胞的命运，分化形成不同的脑组织和结构，最后形成不同的脑区。在知识讲授过程中，可以由神经系统的分化联想到人类社会的分化，再到人类文明多样性的形成，强调对人类文明多样性的尊重。

3）政治认同

大脑的发育依赖于营养，营养不足可致大脑发育不全，脑室扩大，神经元树突上神经棘稀少，严重影响大脑的功能。新中国成立 70 年来，我国早已解决温饱为题，正迈向小康社会，无论是纵向还是横向比较，人口素质和教育水平不断提高，新生儿存活率不断提高和智障率不断降低，体现出党和政府为提高民众健康水平所作出的巨大努力和切实成效。

8.3　课程思政的教学策略实例

1）课程思政教学实例一：理解人类命运共同体

教师可以通过短视频的形式，介绍个体如何从一个受精卵发育而来，着重强调神经系统的发育过程，强调所有神经细胞来自同一个细胞，神经细胞间存在着紧密的相互联系，相互作用，形成一个功能强大的神经网络，应对外部世界。在学生们惊叹神经系统发生、发展过程神奇的同时，教师可以指出人类社会和神经网络有着非常相似的结构，神经系统来源于同一个细胞并且是相互联系的，我们人类也有着共同的祖先，虽然肤色不同，地域不同，但是不同国家和民族的人民事实上是相互紧密联系的一个整体，这有利于我们共同面对挑战。通过这一对比，让学生们对人类命运共同体这一概念有切身的感受。

2) 课程思政教学实例二：尊重人类文明的多样性

教师在本章教授过程中，可先着重介绍神经分化的诱导机制，神经系统的分化后的发育过程，以及最终分化形成不同的脑组织和结构，最后形成不同的脑区。在系统介绍这一点后，教师可以指出，目前的人类社会也分化成不同的国家和民族，分化成不同的文化（如东西方文化），这些不同的文化赋予了人类文化的多样性，强调不同文化要在多样中求同一，在差异中求和谐，在交流中求发展，就像大脑各分区的相互协同交流才能实现大脑的完整功能一样。因此，教师便可以强调对人类文明多样性的尊重，以及中华文明对于不同文化的包容性。

3) 课程思政教学实例三：政治认同

营养和教育水平对大脑的发育有着重要的影响。教师在讲授完相关专业知识点后，可以结合时政指出，国家间的竞争本质上是科技水平的竞争，而一国人民的脑智开发水平很大程度上影响着科技发展的潜能。很多发达国家已采取多种举措开发脑智，并形成完整理论。目前在我们国家，儿童青少年的脑智提升已成为国家在公共卫生健康和教育发展领域的工作核心，这对于国家可持续发展具有重大战略意义，有助于我国在国际竞争中取得优势地位，也是促进同学们认同国家战略、增强民族自信的重要举措。

第九章　视觉

9.1　专业教学目标

大脑的一个非常重要的功能是对外界信息进行感知，所以人和动物可以通过多种方式来感知外界信息。从本章开始将系统介绍不同感觉系统如何感知和处理不同感觉信息，本章着重介绍视觉产生的过程，包括视觉信息的获取、处理、加工以及视觉的产生，使同学们对于视觉这种感觉有更深入的了解，从而为之后理解感觉系统中其他的部分打下基础。具体教学目标如下：

◎ 掌握视网膜光感受器如何将光能转化为神经信号；

◎ 掌握眼或视网膜怎样处理各种视觉信息并报告大脑；

◎ 掌握外侧膝状体核对视觉信息调节和分流处理；

◎ 了解视皮层细胞组构和分层，视皮层的分类和感受野性质；

◎ 形状、颜色和运动信息的平行处理机制。

9.2　重要思政元素分析与相关知识模块

视觉系统是人类和高等动物最重要的感觉通路，大约 70%—80%的外界信息经视觉系统进入大脑，这些信息进入大脑引起视觉感知。正是由于人类具有优越的视觉系统，才得以认识世界进而改造世界，因此本章中蕴含着重要的思政内容，值得在专业知识的讲授中得到体现。思政元素和相关知识板块如下：

1）辩证唯物主义思想——物质决定意识

外界的视觉信息通过视网膜的信号转换把电磁波转换成神经电信号并对视觉信号进行初步加工，然后信息传入到中枢神经系统进行信息的进一步加工，最后在高级皮层形成感知。这与辩证唯物主义思想之一的物质决定意识的观点是一致的。

2）激发爱国主义热情

我国地域辽阔、山河壮丽、风景优美、文化多样、自然地理历史遗产众多，这些信息主要通过我们的视觉系统感知而来，而这就为本章通过视觉感受祖国大好河山，进行爱国教育提供了绝好的课程思政机会。

3）爱眼护眼与国家建设

眼球的结构是相对不稳定的，青少年不养成爱眼护眼的习惯便会造成普遍的近视，不仅影响个人生活，也会对工作造成很大影响，甚至无法进入相关行业，影响国家建设对人才的需求。

9.3 课程思政的教学策略实例

1）课程思政教学实例一：辩证唯物主义思想

教师应在教授过程中强调，大脑中产生的感知和意识，是外界事物在大脑中的反映。以视觉系统为例子，外界物体的图像首先投射在视网膜上，通过视网膜上的视杆细胞和视锥细胞信号把电磁波（光是电磁波的一种）转换成神经电信号，然后将信息传入中枢神经系统最终形成视觉感知。这时，教师便需要明确指出，关于感知与意识，是唯心主义者与唯物主义者争夺的主要阵地。神经生物学以明确的证据证明，感知与意识具有确凿的物质基础。

2）课程思政教学实例二：激发爱国主义热情

在讲解外界图像在视网膜中投射以及视觉信号在中枢的编码时，教师可以在讲课过程中插入反映我国绚丽多彩的图片，既是触发视觉反应的专业教学手段，但也是展示祖国地域辽阔、山河壮丽、风景优美、文化多样、自然地理历史遗产众多的好机会。这样的课堂设计，既让学生感悟到视觉系统在感知这些信息时的重要性，同时也潜移默化地展示我们这个祖国的“可爱之处”。由此，当代国情教育、爱国主义教育和“为中华崛起而读书”的情怀便能自然地融入本章的教学之中。

3）课程思政教学实例三：科学用眼与国家建设

教师可以在讲授眼球结构和物体在视网膜成像时，提问：“班里面有多少人是近视眼？”然后强调青少年眼球结构是相对不稳定的，青少年时期是近视高发时期，目前我国近视人口超 4.5 亿，几乎平均每三人中就有一个是近视眼。其中近视的重灾区是 10—18 岁年龄段的青少年，我国青少年近视发病率已超越其他国家，高居世界第一。教师还可以展示某些行业（比如军队系统）对从业人员视力的要求，从而提示学生如果全民皆近视，那么国家建设和国防建设便会受到极大影响。通过这些知识的讲解，可以让同学们了解公民保护视力、身心健康对于一个国家走向强大的重要性。

第十章 听觉

10.1 专业教学目标

听觉是人类在获取外界信息时，仅次于视觉的重要信息来源，也是人类语言发展的关键因素。听觉系统的听觉器官、中枢通路以及信息处理等都比其他感觉系统复杂，但是所有感觉系统的信息处理机制都有许多共性或相似之处，因此本章所介绍的内容也对于进一步理解其他感觉信息处理的脑机制有所帮助。具体教学目标如下：

◎ 掌握听觉系统的结构；

◎ 掌握外周听觉系统的信息处理机制；

◎ 掌握听觉中枢的信息处理；

◎ 掌握听觉信息整合及中枢调控；

◎ 理解中枢听觉功能发育及可塑性。

10.2 重要思政元素分析与相关知识板块

对人类而言，听觉非常重要，有声语言是日常交流思想，互通往来的重要工具。对个人而言，交流有利于人与人之间消除隔阂、增进感情；对国家而言，有利于不同国家的相互了解、增进友谊、和平共处。但是，人的听力极易受损，许多聋哑人天生就失去听觉功能，但是通过科学家的努力，先天性耳聋患者现在可以安装电子耳蜗。这是神经科学研究历史上浓墨重彩的一笔，体现了探索创新精神的重要性。具体思政元素如下：

1) 讲好中国故事，传播中国声音

听觉的最重要功能是能听见外界的声音，尤其是有声语言信息。无论是人际交流还是国际交流，要让别人听得明白、听得好，如何讲很重要。教师可以指出作为青年学生，作为未来国家的主人，要努力学习本领和知识，努力创造机会，向世界讲好中国故事，奏响中国最强音，扩大中国的影响力。

2) 创新、探索精神

本章节会讲到大量听觉疾病，比如先天性耳聋。先天性耳聋主要指的就是在出生的时候就已经存在的耳聋，这种疾病一旦发生对患者的生活质量影响很大，应该进行及时治疗。对先天性耳聋患者的治疗目的主要是提高听力，要完全治愈困难很大。经过学习和研究有关听觉的形成和处理机制，可以联想到帮助听觉障碍患者恢复听觉的技术，如人工耳蜗。中国的人工耳蜗植入各方面都经历着快速的发展，如声-电联合刺激(助听器 + 人工耳蜗)的技术发展、声音编码技术应用的发展，而且中国还根据汉语声调编码了适合汉语人群使用的编码策略，这都是基于基础的神经生物学方面的知识和研究。上述都体现出科技工作者不断探索创新的科学精神与关爱人民健康的社会责任感。

3) 保护听力与国家建设

日常的言语交流依赖于听觉系统，很多因素(如环境噪音、过量服用某些抗生素等)可对外周和中枢听觉系统造成严重损害，听力的下降会对人的身心健康和人际交往造成重大影响，进而影响就业和工作。

10.3 课程思政的教学策略实例

1) 课程思政教学实例一：讲好中国故事，传播中国声音

教师在介绍听觉相关知识的同时，可以指出，要让别人听得清楚、听得明白，如何讲非常重要。接着指出，我们国家在国际上的发声不够，许多国家和人民对我国并不了解。教师可以介绍一些国情知识，近年来，随着中国的崛起，中国在世界上开始有实质性的外在影响，与此同时，“中国崩溃”等言论也不绝于耳，随着中国经济进入新常态，“中国崩溃论”又开始甚嚣尘上。因此，我国已把讲好中国故事，传播好中国声音，让世界更好地读懂中国提升到了战略高度。在讲课过程中，教师要鼓励学生力所能及地讲好中国故事，宣传中国。

2) 课程思政教学实例二：创新、探索精神

许多先天性耳聋患者，他的听觉传导通路是健康的，但是毛细胞功能受损，适合安装人工电子耳蜗，人工电子耳蜗可以将接收到的声音转化为电信号，绕过受损区，通过电极传送到与听觉神经毗邻的细胞。教师在讲课过程中，在讲到如何治疗先天性耳聋时，可以通过实物展示介绍电子耳蜗，详细描述电子耳蜗的原理、目前的应用、存在的问题和发展的方向，比较不同代电子耳蜗间的性能差异。人工电子耳蜗的发明以及其技术不断进步，是神经科学研究史上的一项壮举，深刻地体现出了创新、探索精神的重要性。

第十一章　味觉与嗅觉

11.1 专业教学目标

本章包含了味觉与嗅觉两个方面的知识，这两种感觉都是生物体直接通过口鼻感觉周围化学成分的感觉功能，可能是生物体感觉系统最原始的形式。两感官内部都有特殊分化了的感受器，这两种感觉关系密切又相互影响，在功能上相互配合，对于鉴别外界化学物质、选择食物或防止有害物质侵入体内具有重要意义。因此本章所介绍的内容也对进一步理解其他感觉信息处理的脑机制有所帮助。具体教学目标如下：

◎ 了解嗅觉感受器及其适宜刺激；

◎ 重点掌握嗅觉感受器对刺激的感觉换能机制；

◎ 掌握嗅觉信息的信息处理以及向中枢的传递过程；

◎ 了解味觉感受器及其适宜刺激；

◎ 重点掌握味觉感受器对刺激的感觉换能机制；

◎ 掌握味觉信息的信息处理以及向中枢的传递过程。

11.2 重要思政元素分析与相关知识板块

味觉和嗅觉是感觉神经系统的重要组成部分，其本质是由特化的感觉细胞选择性对某些小分子或化合物高度敏感并产生反应，然后将这些反应传递至大脑皮层的相关中枢进行处理的过程。本章的思政元素可从以下几方面展开：

1) 借由中华美食文化，树立民族自豪感

舌头中味觉感受器的主要作用在于辨识进入口中食物的味道，好味道食物带给我们很多的快乐。因此，教师可由味觉讲一讲饮食，我国历史悠久、幅员辽阔、民族众多，诞生了众

多口味独特、制作方法多样的美食，中华美食，人皆爱之，教师应由此引导同学产生文化自信、增强民族自豪感。

2) 环保意识

嗅觉系统可以感知存在于空气中的某些化学信号，产生相应的气味，空气质量的好坏可以深刻影响位于鼻腔中的嗅觉感受器的功能，也会极大地影响人的身心健康。我们国家在经历了经济快速发展的同时，也遭受了严重的环境破坏和水、空气污染，这不利于可持续发展。保护空气、保护水和环境的理念应当根植于当代学生的脑中。

3) 美食风味与政治认同

随着国家经济实力的增强，我国的社会主义基本矛盾也从“人民日益增长的物质文化需要同落后的社会生产之间的矛盾”转化为“人民日益增长的美好生活需要和不平衡不充分的发展之间的矛盾”。这里，“人民日益增长的美好生活需要”就包括对于美好食物风味的需求，由此，国家在最近连续启动了多个针对农产品风味品质的国家级项目。这体现了党和国家对人民诉求的高度重视，可以引发同学们对“一切为了人民”政治体制的高度认同。

11.3 课程思政的教学策略实例

1) 课程思政教学实例一：中华美食文化与爱国主义

味觉是我们的一种重要感觉，好味道能增进我们的食欲，带给我们好的心情，品尝美食就是享受。年轻学生都是美食爱好者，教师需要利用这一特点，在讲授各种味觉和味觉感受器(受体)时展示相关的代表性美食(酸甜苦咸鲜各种菜式)，必能让同学们舌尖生津。教师随之便可拓展讲解：我国地域辽阔食材丰富，饮食文化博大精深源远流长，形成了众多具有地方特色的菜系，这些菜系是中华文化中的典型代表，远比四方饮食文化有特色、多样和绚丽，深受全世界人民的喜爱，值得我们引以为傲。我们应爱中华味道，爱中华文化。

2) 课程思政教学实例二：保护环境，建设生态文明

在讲授嗅觉时，教师可着重强调空气清新对于保持嗅觉灵敏的重要性以及污浊空气对人们的生活幸福感的损害。由此，教师便可顺势讲解保护环境以及共同努力建设一个“天更蓝、山更绿、水更清”的中国的重要性。这样，嗅觉的专业知识便和空气质量、生态文明建设联系在一起。

3) 课程思政教学实例三：美食风味与政治认同

在讲述嗅觉味觉的专业知识的同时，教师可以结合课堂所展示的美食图片，讲解随着国家经济实力的增强，我国百姓对食物的需求也从之前“吃得饱”转化为“吃得好”，而相应地我国的社会基本矛盾也从“人民日益增长的物质文化需要同落后的社会生产之间的矛盾”转化为“人民日益增长的美好生活需要和不平衡不充分的发展之间的矛盾”。这里，“人民日益增长的美好生活需要”就包括对于美好食物风味的需求。教师可以用一张简单的 PPT 列表说明国家在最近连续启动的多个针对农产品风味品质的国家级项目(和畜禽、水产、瓜果相关的国家重点研发项目都专设了风味品质的项目或课题)。教师可以指出这体现了党和国家对人民诉求(包括美食的需求)的高度重视，可以引发同学们对“一切为了人民”政治体制的高度认同。

第十二章　躯体感觉

12.1　专业教学目标

本章包含了躯体感觉系统的两个主要的子系统：检测机械力刺激的系统以及检测痛刺激和温度的系统，它们使得动物和人能够感知物体的形状和纹理、检测内部和外部受到的力以及可能有伤害的刺激，对于一个动物或人的正常生活具有极其重要的意义。具体教学目标如下：

◎ 了解并掌握躯体感受器以及躯体感觉在中枢的传递；

◎ 重点掌握躯体感觉皮层的拓扑投射；

◎ 了解躯体感觉皮层的功能柱；

◎ 掌握痛觉感受器及其传入通道、痛觉信息在中枢的传递和整合以及调制机制。

12.2　重要思政元素分析与相关知识板块

本章节的教学内容十分丰富，也含有很多思政元素。在本章中会讲到痛觉，由于疼痛和我们每一个人都密切相关，而我国在治疗和缓解疼痛方面，有着自己独特的方法，因此可以挖掘这方面的思政素材，同时我国在痛觉研究方面，有几位著名的科学家，他们的事迹可以很好地体现科学精神。具体分述如下：

1）针灸与文化自信

痛觉是机体受到伤害性刺激时，产生的一种不愉快的感觉。痛觉常伴有情绪变化和防御反应，对机体起到保护性作用。我国民族医学的瑰宝——针灸在治疗身体某些疼痛方面具有独特的作用，这是绝好的思政元素，可以增进我们的文化自信，提高民族自豪感。

2）求真务实，献身科学

在讲授到痛觉时，必须要介绍以张香桐先生为代表的我国学者在20世纪六七十年代，对针刺镇痛作用的神经机制作了大量的、系统的、深入的研究，提出了针刺信息（低阈值）和痛信息（高阈值）在中枢神经系统各水平相互作用并进行整合形成镇痛效应的理论。这一理论已被大量的神经生理学的证据所证实。1965年5月，当时已年近六旬的张香桐申请，要求在自己身体上进行一次不用任何麻醉药物、只靠针刺来镇痛的模拟手术，真切地体验了“针刺镇痛下的肺切除手术”全过程。那天张香桐身上足足扎了60多根银针。模拟手术后很长一段时间，被针刺过的上、下肢仍不能自由活动，左手几乎完全丧失了运动功能，甚至连打领带、扣扣子都不行。有人不解地问：“我不明白你为什么去自讨这份儿苦吃？”张香桐却不以为然地笑道：“以一人之痛，可能使天下人无痛，不是很好么？”通过实践与体验，张香桐真切地认识到针刺镇痛是两种不同感觉传入中枢神经系统的相互作用的结果。也因为这项开创性的研究成果，1980年他获得了茨列休尔德奖，1992年又获得国际神经网络学会颁发的终身成就奖。

3）爱国主义与人民英雄

痛觉信息受到高级中枢的调控，刺激中脑导水管中央灰质和延髓缝际核能产生非常强烈的镇痛效果，而这两个脑区受到大脑高级皮层的调制，强烈的意志和精神可以对痛觉信息进行调制。在革命战争和抗日战争年代，无数英烈用坚强的意志和信念克服疼痛，与敌人做斗争，才取得了最后胜利，是我们的榜样和骄傲。

12.3 课程思政的教学策略实例

1) 课程思政教学实例一：民族自豪感

教师在讲解疼痛时可以通过视频介绍、实物演示等方式对针灸进行全面讲解。针灸是一种中国特有的治疗疾病的手段，它是一种“内病外治”的医术，是通过经络、腧穴的传导作用，以及应用一定的操作法，来治疗全身疾病的。针灸由“针”和“灸”构成，是东方医学的重要组成部分之一，其内容包括针灸理论、腧穴、针灸技术以及相关器具，在形成、应用和发展的过程中，具有鲜明的中华民族文化与地域特征，是基于中华民族文化和科学传统产生的宝贵遗产。2006 年中国中医科学院申报针灸经国务院列入第一批国家级非物质文化遗产名录。学生通过这一学习，必定能感受到中国传统医学的博大精深，增强民族自豪感。

2) 课程思政教学实例二：科学精神

教师在讲解痛觉的调控时，可以通过提问的方式向同学们询问：“你是否有这样的经历，腿上添了一个伤口，但是可以通过用手抚摸或摩擦周围皮肤的方式来缓解疼痛?”当学生们回答后，进一步提问其原理是什么？然后引出张香桐先生，张香桐先生是世界著名的神经生物学家，主要进行镇痛机理研究，教师通过讲解张先生的事迹与生平，学生们一定可以体会到张香桐先生“以一人之痛，使天下人无痛”的精神。

3) 课程思政教学实例三：发挥榜样的示范作用

痛觉信息受到高级中枢的调控，强烈的意志和精神可以对痛觉信息进行调制。教师在讲解痛觉信息的中枢调控时，可以通过对比的方式来说明这一点，如在革命战争和抗日战争年代，无数战争英雄虽伤痕累累，但仍能用坚强的意志和信念克服疼痛，与敌人做斗争，而和平年代的人们是很难承受这些伤病的。教师通过这样的对比，不但可以使学生对痛觉的中枢调控有深刻的影响，还能使学生油然而生对英雄的敬佩之情，增强他们在面对艰难困苦时的决心和毅力。

第十三章　平衡觉和本体感觉

13.1 专业教学目标

本章主要介绍了平衡觉的感受器官——前庭器官和人与高级动物对身体运动的感觉——本体感觉。前庭器官位于内耳，其功能是使人和动物感知头部和身体的位置和运动信息，同时又在姿势反射和眼球运动控制中起重要作用。具体教学目标：

◎ 掌握前庭器官的基本结构及毛细胞的换能机制；

◎ 掌握前庭系统的中枢通路；

◎ 掌握肌梭、腱器官和关节感受器的构造及功能；

◎ 掌握本体感觉的中枢通路。

13.2 重要思政元素分析与相关知识板块

人类具备发育完善的平衡器官，这些感觉器官通过姿势反射和运动反射来调节姿势和维持身体平衡。这种调节随时都在极其自然地进行着，并不为人们所察觉。飞行员、运动员

（尤其是体操和跳水运动员）需要具备较强的平衡觉和本体感觉功能。本章的思政教学可从国家和民族自豪感角度切入：航天员、飞行员以及体操和跳水运动员需要较强的平衡觉和本体感觉功能，由此引申我国的航空航天事业，以及跳水等体育项目在国际上的地位，以增强国家和民族自豪感。

13.3 课程思政的教学策略实例

教师在讲述平衡觉和本体感觉的过程中，可以举例讲解这些感觉对跳水、体操运动员，尤其是对航天员和飞行员也非常重要。教师可以展现我国近年来的航天杰作："载人航天"、"嫦娥奔月"、"天宫二号"空间实验站等，并用短视频展现我国航天员太空行走挥舞五星红旗的场景。教师可讲解这种情况下的平衡觉和本体感觉，同时也可通过这些画面和视频中浓厚的国家元素让学生深入了解我国航天科技背后的感人故事，为我国航天事业取得的辉煌成就而自豪。由此，便可以顺势激励学生把"航天精神"运用到学习当中，锐意进取，担当作为，强化使命感和责任感，奋力开创未来。

第十四章　躯体运动及其中枢控制

14.1 专业教学目标

躯体运动系统是中枢神经系统中与躯体运动控制有关结构的总称，包括大脑皮层、脑干、脊髓、基底神经节、小脑等，躯体运动系统的作用是生成运动计划、编制运动程序、并发出运动指令引起骨骼肌收缩。本章重点在于掌握大脑中枢如何控制运动。具体教学目标如下：

◎ 掌握反射性运动、随意运动和节律性运动的概念；
◎ 掌握控制运动的神经结构及其作用；
◎ 掌握膝跳反射的结构基础和神经机制；
◎ 掌握运动单位的概念；
◎ 理解并掌握运动神经元的兴奋转变为骨骼肌收缩的过程；
◎ 掌握神经系统调节肌肉张力的方式；
◎ 了解肌梭和腱器官的结构特点和感受机制；
◎ 掌握 γ 运动神经元的功能和 $\alpha-\gamma$ 同激活；
◎ 掌握牵张反射的类型；
◎ 了解初级运动皮层的编码方式；
◎ 了解辅助运动皮层和前运动皮层在运动控制中的作用；
◎ 区分小脑和基底神经节在运动控制中的作用；
◎ 掌握小脑的 3 个功能分区；
◎ 掌握帕金森病和亨廷顿病的症状和治疗方法。

14.2 重要思政元素分析与相关知识板块

1）不忘初心，牢记使命

在本章节的介绍中，很多地方提及了与运动相关的一些疾病，如帕金森病、渐冻人症、亨廷顿病，虽然我们对这些疾病的病理机制有了初步的了解，但是目前依然没有治愈这些疾病的有效方法。尤其是帕金森病发病率较高,危害较大。科学的本质使命在于探索未知世界,解决人类疾苦,教师应鼓励学生不忘初心,牢记使命,献身科学,造福人类。

2) 生命在于运动

在讲课过程中,强调运动对于身心健康的好处,倡导生命在于运动的观念。党的十八大以来,党中央高度重视、殷切关注人民群众的身体健康,将全民健身作为全面建成小康社会的重要内涵,上升到国家战略的新高度。当前,随着全民健身政策举措越来越完善、健身途径越来越便捷、健身环境越来越优越,健康理念已经深入人心,健身运动蔚然成风,国人的健康生活品质得到不断提升。本章节,既可用来鼓励同学们加强运动锻炼,也是引导同学们构建政治认同的理想素材。

14.3 课程思政的教学实例

1) 课程思政的教学实例一:不忘初心,牢记使命

教师在讲述完帕金森病的相关知识后,可穿插介绍我国帕金森患者的生存现状,通过图片展示,案例分析,展现出帕金森患者的生活不易。据世界帕金森协会统计数据显示,目前全球共有570万帕金森患者,而中国患病人数约270万,年增新发患者10万。预计到2030年,中国帕金森病患者将激增至500万人左右,患者数量将占全球一半以上。中国已成为"帕金森第一大国"。青年大学生作为未来科研工作的主力,一定要牢记作为科学家的初心和使命——探索未知世界,解决人类疾苦,建设繁荣富强的国家。教师要鼓励学生"不忘初心,牢记使命",献身科学。"不忘初心,牢记使命"是党的十九大报告的主题,正所谓"科技兴则民族兴,科技强则国家强",作为未来的科技工作者需时时回望这一"初心"。

2) 课程思政的教学实例二:生命在于运动

本章的重点内容是讲解神经系统对运动的控制,但是运动对神经系统也存在着很大的影响,教师可以通过课堂提问或以课后作业的方式让学生归纳运动如何影响神经系统,随后教师再系统进行讲解。这不但能让学生对所学的专业知识进行很好的归纳和记忆,更能让学生深刻意识到,运动保护大脑和促进大脑机能方面的作用,进一步领悟"生命在于运动"的含义。此外,教师还可用村间地头的健身器械和老年人健身的图片展示国家推行全民健身计划的切实成效,从而增强同学们对于国家方针政策的高度认同。

第十五章 自主神经系统

15.1 专业教学目标

本章介绍的内容属于运动系统中内脏运动系统这一部分。自主神经系统由交感和副交感神经系统,以及控制交感和副交感神经元的高位脑中枢组成,控制内脏平滑肌、心肌和一些腺体的分泌活动。自主神经实际上并不是完全独立自主的,其活动也受高级神经中枢系统的控制。具体教学目标如下:

◎ 自主神经系统的结构和功能特性;

◎ 自主神经系统的递质和受体;

◎ 自主神经系统对主要内脏系统活动的调控;

◎ 高级中枢对自主神经系统活动的影响。

15.2 重要思政元素分析与相关知识板块

中枢部分包括大脑皮质、下丘脑、脑干的交感神经及副交感神经核团，以及脊髓各阶段侧角区。其中，下丘脑与糖、水、盐、脂肪代谢和体温、睡眠、呼吸、血压调节等均有密切关系。自主神经系统维系着人基础的生命活动，与个体的命运息息相关。本章的课程思政可以从矛盾的对立统一规律角度切入。交感神经和副交感神经在机能上具有拮抗性质，两者共同作用维持内脏各器官运动的稳定和谐。交感神经系统的活动比较广泛，刺激交感神经能引起腹腔内脏及皮肤末梢血管收缩、心搏加强和加速、瞳孔散大、消化腺分泌减少、疲乏的肌肉工作能力增加等。而副交感神经的作用则相反，它起着平衡作用，抑制体内各器官的过度兴奋，使它们获得必要的休息。这种相互制约却又辩证统一的关系，正是马克思主义哲学中对立统一原理的体现。

15.3 课程思政的教学策略实例

交感神经系统的活动比较广泛，刺激交感神经能引起腹腔内脏及皮肤末梢血管收缩、心搏加强和加速、瞳孔散大、消化腺分泌减少、疲乏的肌肉工作能力增加等。而副交感神经的作用则相反，它起着平衡作用，抑制体内各器官的过度兴奋，使它们获得必要的休息。在专业知识的讲授过程中，教师需要明确指出，交感神经和副交感神经在机能上具有拮抗性质，这符合对立统一规律(亦称矛盾规律)。它揭示着无论在什么领域，任何事物以及事物内部以及事物之间都包含着矛盾，而矛盾双方的统一与斗争，推动着事物的运动、变化和发展。在本章节的内容里，体内的交感和副交感神经便遵循着对立统一原理，共同作用，维持着内脏各器官运动的稳定和谐。

第十六章　弥散性调制系统与行为

16.1 专业教学目标

本章是《神经生物学》第五篇“脑的高级功能”的开篇章节。脑内有多个弥散性调制系统，每个系统和脑的其他部位都有着广泛的联系。这些系统的神经细胞行使调节功能，调制着大量的突触后神经元的兴奋性和同步化活动等。它们对运动控制、记忆、情绪、动机和代谢状态等许多脑功能都是非常重要的，科学家还没有完全阐明各弥散性调制系统在行为上的明确功能，本章中的某些解释还有待于进一步研究。具体教学目标如下：

◎ 去甲肾上腺素能系统；
◎ 5-羟色胺能系统；
◎ 多巴胺能系统；
◎ 乙酰胆碱能系统；
◎ 弥散性调制系统和药物依赖；
◎ 弥散性调制系统和精神疾病。

16.2 重要思政元素分析与相关知识板块

1) 以史为鉴，振兴中华

本章第五节介绍弥散性调制系统和药物依赖。教师可以由成瘾性药物切入，以“珍爱生命、拒绝毒品”为主题,从毒品的概念、毒品的特征、新型毒品的“伪装品”、吸毒的危害性及学生应该如何预防和抵制毒品等方面对学生进行毒品预防教育,深化学生的禁毒概念及法律意识。此外,教师更要充分利用我国近代民众受毒品之害的惨痛历史教训,教育学生不忘国耻,振兴中华。

2) 自律自强、培养高尚情操

弥散性调制系统调制着大量的突触后神经元,具有广泛的投射联系,可由蓝斑神经元、中缝核群神经元参与的对情绪和某些情感行为的调控;中脑—皮层—边缘 DA 系统对奖赏中心的调制引出个人的情绪控制、自律自强等公民品格相关要素,通过相关知识讲解,教师要教育学生要具备作为国家主人和社会主体的自觉意识,自律自强,培养高尚情操。

16.3 课程思政的教学策略实例

1) 课程思政的教学策略实例一:不忘国耻、振兴中华

本章涉及的中脑—皮层—边缘 DA 系统具有许多不同的功能,它参与调控精神活动,参与“奖赏”系统以强化某些适应性行为(如求偶)。这一投射系统还与药物成瘾和精神疾患相关。教师授课时,要强调毒品对个人、家庭和社会的危害性,以提高青年大学生的识毒、拒毒、防毒意识,最大限度地减少新吸毒人员的滋生,最大程度地发动全社会共同参与禁毒工作。同时要结合历史,讲解近代鸦片对我中华民族的危害和鸦片战争的起因,让学生从内心感受到过去的国耻,激发振兴中华的雄心,增强他们抵制毒品诱惑的决心。

2) 课程思政的教学策略实例二:自律自强、培养高尚情操

教师在本章的讲授中,可结合本学科的经典实验,引发同学们对精神文明建设和公民道德素质的深入思考。教师可以在课堂上具体讲述一项著名的实验:科学家把电极连接到几只大鼠脑内的“奖赏中心”,大鼠只要踩下踏板,就能产生刺激用法快感。接着,他们让大鼠做出选择:美味的食物或是踩踏板,大鼠会选择踏板而放弃进食。最终大鼠频繁踩动踏板,直至失去活动能力。这个实验是专业知识的补充证据,教师也可利用这一案例,引导同学们思考:如何拒绝诱惑,让自己变得更自律?教师可通过在线教学平台,或者课后作业,甚至教学考核,请同学们以专业知识为依据,讨论青少年沉迷网络的原因与提高自律控制性的方法。由此,便是在教导学生学会拒绝诱惑,有效管理时间,并建立良性的归属感、愉快感、成就感与意义感;学会自我控制,自我约束,建立强大的自我认同感和高尚的社会情操。

第十七章 情绪的脑机制

17.1 专业教学目标

本章是第五篇“脑的高级功能”的第二章。本章主要介绍了有关情绪的两大学说、边缘系统的概念以及几种特定的情绪和与之对应的特定神经回路,使同学们明白大脑皮层在情绪体验中起到的作用,同时也了解相关的经典动物行为实验。具体教学目标如下:

◎ 了解 James-Lange 学说和 Cannon-Bard 学说;

◎ 了解边缘系统概念及其起源;

◎ 了解 Kluver-Bucy 综合征;

◎ 了解杏仁核在情绪反应中的作用;

◎ 了解下丘脑、中脑、杏仁核、5-羟色胺与攻击行为的关系；

◎ 了解自我电刺激以及多巴胺与强化间的关系。

17.2 重要思政元素分析与相关知识板块

1) 事物发展规律

本章节提到了关于情绪的两大学说，James-Lange 学说和 Cannon-Bard 学说。20 世纪初期，James-Lange 学说非常盛行，但不久这个学说便受到攻击。1927 年，美国生理学家坎农(Cannon)对 James-Lange 提出了几点批评，并建立了一个新的学说，后来又被巴德(Bard)进一步加以完善，形成了 Cannon-Bard 情绪学说。这一过程提示了螺旋形上升的事物发展规律。恩格斯在《自然辩证法》中说："由矛盾引起的发展或否定的否定——发展的螺旋形式。"(《马克思恩格斯选集》第 4 卷，第 259 页)螺旋形上升的基本特点和特征是前进性、曲折性、周期性。事物发展总的方向和趋势是由低级到高级、由简单到复杂的前进运动。但前进的道路不是直线，而是迂回曲折的，会出现向出发点回复的现象。列宁指出："发展似乎是在重复以往的阶段，但它是以另一种方式重复，是在更高的基础上重复。"(《列宁全集》第 26 卷，第 57 页)本章节的一个主要思政内容和重点，便是通过讲授情绪学说的发展过程，使同学们理解自然辩证法中的事物发展规律。

2) 精神健康与和谐社会

本章节提到了恐惧、焦虑、愤怒与攻击行为，这都是长期处在快节奏的现代社会中人们可能会出现的精神亚健康状态。进一步发展还会造成抑郁症焦虑症等精神疾病。20 世纪中期，弗洛姆以人性角度出发，分析了西方各国精神疾病发生的数据，透视出发达西方资本主义社会繁荣背后的精神失衡状况，批判了资本主义发展各阶段出现的精神不健全的状况。他强调社会对精神健康的影响作用，认为社会是否健全与个体的心理健康密切相关。一个和谐安定的社会必然有利于降低精神疾病的发病率。这更显示出党和政府提出我国建设"和谐社会"的重要性和必要性，也显示出我国政治体制与时俱进的强大生命力。

17.3 课程思政的教学策略实例

1) 课程思政的教学实例一：事物发展规律

基于本章的开始便介绍了情绪的两大学说，教师可以在讲述完这两大学说的具体内容后，提问同学对于这两大学说的看法，并且让同学们思考，虽然 James-Lange 学说在今天看来似乎是不可思议的，但其是否有独特的历史价值与意义。同时，让同学们畅所欲言 Cannon-Bard 学说的进步与不足。在讨论过后，提出自然辩证法中的事物发展规律，提示同学们要用发展的眼光看待一切科学发现，并且意识到事物的发展都是螺旋上升，迂回曲折的，在科研的道路上也是如此，要经过一代代科学家们的努力试错，才有科技的进步与发展。

2) 课程思政的教学实例二：精神健康与和谐社会

教师在讲解完情绪的脑机制之后，可以穿插介绍目前民众的精神健康问题，说明其已经成为我国重大的公共卫生问题和突出的社会问题。据调查，我国目前约有精神疾病患者 1 600 万，各类精神疾病的患病率已达 13.47%。更值得关注的是，精神疾病所造成的负担正以显而易见的势头增长。据世界卫生组织推算，精神疾病在我国的疾病总负担中排名首位，约占疾病总负担的 20%，到 2020 年将上升至疾病总负担的 25%。教师在用数据图表展现这些让同学们惊讶的现实情况后，便可以顺势讲述：统计研究发现，在一个拥有良好人与自然和人际关系的和谐社会中，精神疾病的发病率较低。然后，教师可以通过展现一些新闻报道与文件标题说明：进入21世纪后，党的十六大和十六届三中全会、四中全会，从全面建设小康社会、开创中国特色社会主义事业新局面的全局出发，明确提出构建和谐社会的战略任务，并将其作为加强党的执政能力建设的重要内容。党的十六大报告第一次将"社会更加和谐"作为重要目标提出。十六届四中全会，进一步提出构建和谐社会的任务。由此，同学们便会理解构建和谐社会的重要性，并深刻领悟到我国政治体制在适应时代变化方面的强大生命力。

第十八章　睡眠与觉醒的脑机制

18.1　专业教学目标

本章是第五篇"脑的高级功能"的第三章。本章主要介绍了睡眠周期和不同的睡眠时相即快速动眼睡眠和非快速动眼睡眠、睡眠与觉醒的机制、快速动眼睡眠和梦的联系，使同学们对睡眠有一个初步的认识。具体教学目标如下：

◎ 掌握快速动眼睡眠和非快速动眼睡眠的概念和特征；

◎ 了解睡眠周期并掌握每个时期的特点；

◎ 掌握睡眠与觉醒的机制；

◎ 了解快速动眼睡眠与梦的联系。

18.2　重要思政元素分析与相关知识板块

1) 破除迷信，建立科学世界观

梦，是本章节的重要教学内容。民间一直有"解梦"一说，许多所谓的"算命先生"便是利用人们封建迷信的心理以"解梦"骗取钱财。尽管人类还未完全阐明关于梦的确切产生机制，但现代神经生物学已经有大量证据表明：梦只是大脑信息加工的过程，没有任何预测未来的功能。由此，本章节的教学内容就可以成为破除迷信，建立科学世界观的重要基础。

2) 为实现中华民族伟大复兴的中国梦而努力奋斗

生物学意义上的梦固然过于荒诞离奇。但是，在人类的现实语言体系中，"梦想"也代表着希望。"中国梦"，便是全国人民对祖国崛起、民族复兴的希望和期待。在本章中，同样可以用"梦"为引子，引申出国家梦想、国家希望，从而最终让年轻学生拥有"中国梦"，为实现中华民族伟大复兴而努力奋斗。

18.3　课程思政的教学策略实例

1) 课程思政的教学实例一：破除迷信，建立科学世界观

睡眠主要可分为两个阶段，非动眼睡眠和动眼睡眠，在不同的睡眠阶段，脑电图显示不同节律的波，梦主要出现于动眼睡眠阶段。教师在讲授这些知识的同时，可以通过提问的方式，让学生回答一些关于梦的问题，如："你能记得你每天做过的梦吗？""你做些什么梦？""你做的梦对你的现实生活有影响吗？"随后运用专业知识对梦境作一个客观的阐述，告诉学生梦有现实的成分——即梦中出现的人和物也许在现实中是存在的，但有时梦也是神秘荒诞的，梦不能对未来进行预测，告诫学生不要对梦作过度的解读，要破除迷信，守护精神文明。

2）课程思政的教学实例二：为实现中华民族伟大复兴的中国梦而努力奋斗

在讲授睡眠这一章的过程中，教师可以对生物学意义上的“梦”与现实语言表达体系中的“梦”做语义辨析。然后指出，梦想有时是对现实的升华，反映出我们内心的渴望。然后再用幻灯片，展示“中华民族伟大复兴的中国梦”，说明我们国家也有梦想。此时，教师必须要明确指出：梦无法预测未来，但是我们可以通过发奋图强，让“美梦成真”！由此，教师便可以鼓励学生为努力学习不断奋斗，为实现中国梦做出自己的卓越贡献。

第十九章　学习和记忆

19.1　专业教学目标

本章是第五篇“脑的高级功能”的第四章。本章主要介绍了学习和记忆的神经基础，包括学习和记忆的分类、陈述性记忆的脑系统和突触机制、各种形式的非陈述性记忆，使同学们对学习和记忆有更加深刻的了解。具体教学目标如下：

◎ 掌握习惯化和敏感化的概念；

◎ 理解并掌握经典条件反射和操作式条件反射；

◎ 了解短时记忆与长时记忆的概念；

◎ 区分陈述性记忆和非陈述性记忆；

◎ 了解陈述性记忆的脑系统和突触机制；

◎ 掌握 LTP 产生的机制；

◎ 了解各种形式的非陈述性记忆。

19.2　重要思政元素分析与相关知识板块

1）文化传承与民族自信

本章主要介绍学习和记忆，从某种意义上说，人类的知识、文化以及习惯等就保存在人的大脑中，体现在一个一个突触连接中。对于一个国家而言，其历史和文化就是它的记忆，我国有着悠久而厚重的历史文化，这便是每个中国人值得自豪的民族记忆。由此，本章的这部分内容便蕴含着中华文明传承与民族自信的思政元素。

2）正确的人生观和价值观

相对于人体其他器官和组织而言，大脑具有更强的可塑性，受到后天因素的影响极大，在知识点讲解的过程中，可以突出这一观点。出生后的感知觉、学习、经验等要素可以深刻地改变大脑的结构和功能。这便说明：大脑的功能可以通过人出生后的努力不断得到增强，要摒弃那些人的聪明才智生而既定的观点。由此，教师应鼓励学生设定切实可行但又较高的人生目标并为之奋斗，在奋斗中实现人的价值。从专业角度激发同学们发奋图强，提升自我、造福社会，树立积极向上的人生观与价值观，这是本章节特别值得挖掘的思政元素。

3）动物伦理

本章提到的行为学实验中，用到了各种实验动物，如小鼠、大鼠、兔等。在当前我国建设生态文明、实施可持续发展战略的重要时期，培育同学的动物伦理意识，协调人与动物的伦理关系有着重要的意义。动物伦理教育目的重在培养公众爱护动物的意识，调动公众参与动物保护的自觉性和热情，唤起人们保护生命、维护生态环境的生态思想，建构公众新的价值观、权利观和道德观。只有这样，伦理思想才可能扩展到整个大自然，生态文明的核心理念——生态伦理才可能在整个社会普及，而与之相随的必然是社会道德水平的整体升跃。

19.3 课程思政的教学策略实例

1) 课程思政的教学实例一：文化传承与民族自信

教师在讲解记忆这一节的过程中，应仔细讲解学习记忆的突触机制是什么，学习和记忆如何改变突触的传递，然后凝练出一个观点，学习和记忆的痕迹也许就体现在一个个突触连接中，随后可以通过类比的方式提出问题：一个国家是否有记忆？如果有，表现形式是什么？可以让学生们畅所欲言，最后教师总结，对于一个国家而言，其历史和文化就是它的记忆，然后进一步指出我们国家历史悠久，中国传统文化在数千年文明演进过程中没有出现断层，可以在讲授相关章节的过程中，点出文化传承对我们国家的意义，增强民族自豪感，增强政治认同感。

2) 课程思政的教学实例二：在发展中提升自我价值

学习和记忆是神经科学研究的热点，教师在这一章的讲解过程中，可以通过分析学习和记忆的突触机制入手，阐述大脑功能的可塑性，同时通过文献中实验的讲解指出，大脑可塑性受到后天因素的极大影响，出生后的感知觉、学习、经验等要素可以深刻地改变大脑的结构和功能。通过这一讲解，将使学生更加重视后天的勤奋与努力。教师便可进一步鼓励学生设定切实可行但又较高的人生目标并为之奋斗，在奋斗中实现人的价值。尽管只是寥寥数语，教师向学生传达的却是积极的人生观。

3) 课程思政的教学实例三：动物伦理

教师应在讲述各类行为学实验过程中强调实验应当符合动物伦理即应充分考虑动物的利益，善待动物，防止或减少动物的应激、痛苦和伤害，尊重动物生命，制止针对动物的野蛮行为、采取痛苦最少的方法处置动物；实验动物项目要保证从业人员的安全；动物实验方法和目的符合人类的道德伦理标准和国际惯例。动物和我们一样渴求幸福、承受痛苦和畏惧死亡。虽然在今天的科学技术下，我们还不得不依靠动物实验来探索未知领域，人和地球上的所有动物和谐发展才是自然赋予地球生命的意义。同学们应当尊重实验动物，对其为科研做出的牺牲致以崇高的敬意。

第二十章 大脑联合皮层和功能一侧化

20.1 专业教学目标

本章开始进入“脑的高级功能”的主体部分，大脑联合皮层属于大脑的高级皮层，在许多脑的高级功能中起关键作用，这些功能包括注意力调控，学习和记忆，行为抑制，行为的计划和策略，思维和推理等等。理解并掌握联合皮层及其功能，和我们的日常生活息息相关。具体教学目标如下：

◎ 掌握顶叶联合皮层的特点及其功能；

◎ 掌握颞叶联合皮层的特点及其功能；

◎ 掌握前额叶联合皮层的特点及其功能；

◎ 了解并掌握脑功能一侧化。

20.2 重要思政元素分析与相关知识板块

本章内容涉及大脑的高级皮层，所蕴含的课程思政元素可体现在以下两个方面。具体分析如下：

1) 唯物主义世界观——物质决定意识

大脑联合皮层接受来自皮层以及皮层下结构的感觉信息(主要携带外界事物的信息)和运动信息的投射，然后对信息进行加工和整合，最后形成感知和决策指令(主观认知)。这一章是宣扬唯物主义世界观——物质决定意识的绝佳章节。

2) 科学研究的全球合作

动物越高等，大脑皮层的表面积就越多，联合皮层占皮层表面的比率就越大。就人脑而言，目前已知的研究认为，联合皮层占了大脑皮层的绝大多数区域，但是以前由于受到研究技术的限制，对这些联合皮层的功能研究所涉不多，我们对它们的了解非常肤浅，因此这些皮层的功能有待被发掘，这需要全球各国的努力。目前世界上许多国家对脑科学研究非常重视，希望能为解密大脑做出自己的贡献。美国和欧盟已于2013年先后开展了为期10年的脑计划，日本于2014年也开展了类似的计划，我国的脑计划也处于启动阶段，我们有理由相信在全球各国神经科学家的努力协作下，我们对大脑的结构和功能认识，必定会达到一个新的阶段。

20.3 课程思政的教学策略实例

1) 课程思政教学实例一：物质决定意识

大脑联合皮层包括前额叶皮层、顶叶皮层和颞叶皮层，各个联合皮层存在着相互联系，但又有各自的功能特殊性，前额叶联合皮层目前被认为是大脑中的总司令，产生高级感知和决策指令，在工作记忆、信息处理和整合、联想等高级脑功能中居主导地位。教师可以结合自己的研究课题或相关文献，对从联合皮层上所记录到的信号进行解码，让学生知道外界感知觉刺激可以激活神经元而发放动作电位，感知、决策指令等其实就是大脑神经元活动的结果。同时教师可以通过大脑对信息处理基本过程的讲解，表明意识是大脑对外界事物的主观认知，这将使学生领悟到唯物论物质决定意识的正确性。

2) 课程思政教学实例二：国际视野，全球合作

联合皮层可产生高级感知和决策指令，但是我们对它们的了解才刚刚开始，因此需要全球同行一起合作，才能加速对它们的了解。在讲授本章专业知识的过程中，教师可以通过发表于著名杂志(如《自然》、《科学》等)上的一些报道，罗列脑科学研究亟待解决的一些重大问题和难点。然后指出我们虽然对这些问题有了深刻认识，但是对很多的机制和原理我们依然不知晓，需要全球同行的努力。然后可以用打比方指出，脑科学现在的处境，相当于物理学和化学在20世纪初期的处境，有很多事情已经搞清楚，但是重大的理解和突破还没有出现，所以现在的脑科学是生物科学里比较神秘的领域，从这点来说，脑科学仍将成为未来生命科学发展中很重要的一个领域，从而鼓励同学们以开阔的视野投身专业。

第二十一章 语言和语言障碍

21.1 专业教学目标

本章是《神经生物学》的第二十一章，属于脑的高级功能篇章的重要部分，本章着重介绍人类语言的特征、语言功能的优势半球以及语言障碍的表现形式。语言是人类特有的通信

手段，人的语言潜能似乎在出生时就已存在。对语言功能的神经基础的研究有助于我们理解大脑复杂的高级功能。具体教学目标如下：

◎ 掌握人类语言的特征、语言功能的优势半球及语言信息的处理模型；

◎ 理解并掌握语言障碍的表现形式——失语症的主要类型及定义；

◎ 了解失读症和失写症的定义。

21.2 重要思政元素分析与相关知识板块

语言和语言障碍历来是神经病学中一个引人重视的研究课题，它与同学们的日常生活息息相关，这其中也蕴含着不少重要的思政内容，值得在专业知识的讲授中得到体现，具体如下：

1) 文化自信

语言是人类最重要的交际工具，是词汇和语法规则的总和，是一个民族的文化结晶，这个民族过去的文化靠它来流传，未来的文化也仰仗它来推进。教师讲授到语言自然便可联想到中华民族的伟大文化——汉语。五千年来，浩繁的文化典籍跨越时空，通过汉语这一极具文化特色与魅力的传播媒介传承着丰厚的中华文化，记载了中华民族的文明及其发展。它表达了中国自古代以来为人处世的哲学观和价值观，是维系祖国统一、民族融合的重要纽带。要提振中华民族的文化自信，首先要实现语言自信。十八大以来，我国领导人在多个场合谈到中国传统文化，表达了自己对传统文化、传统思想价值体系的认同与尊崇。

2) 交流互鉴，尊重多样文明

尽管不同国家和人种之间的大脑结构是相同的，但是我们的语言存在着很多的不同，但是语言的不同不应成为不同文明交流的障碍。不同国家和民族有自己独特的文化和习俗，这些不同的文化、制度以及宗教信仰是在各自民族(或国家)长期的历史演变过程中发展起来的，契合了社会发展和生产的需要，不同文明存在性格不同，但无优劣之分。文明因交流而多彩，文明因互鉴而丰富。文明交流互鉴，是推动人类文明进步和世界和平发展的重要动力。倡导文明之间应该加强交流互鉴，这不仅是国际社会的普遍期待，也成为中国推进全球治理改革、解答时代命题的重要主张。

21.3 课程思政的教学策略实例

1) 课程思政教学实例一：文化自信

本章主要是讲解大脑皮层相关区域在语言信号分析和语言产生过程中的作用，其中 Broca 区主要在语言的表达过程中起重要作用，而 Wernicke 区主要在于对语言信息进行分析。语言是人类特有的功能，教师在讲解完成这些内容后，可以用简练的语言概括语言对人类的影响，如语言是人类最重要的思维工具和交际工具，然后教师就可以非常自然地提到我们国家的语言——汉语。教师可以在课堂上诵读《论语》和唐诗宋词等优美的语言文字，然后让同学分析此时大家大脑中负责欣赏优美文句的大脑功能区有哪些。这样的方式，既支撑了专业教学，又让学生从专业角度感受到汉语之美。从而可以进一步引申出：提振中华民族的文化自信，首先要实现语言自信。

2) 课程思政教学实例二：交流互鉴，尊重多样文明

教师在讲课过程中，在介绍语言表达和语言信息的皮层调控后，可以提出两个问题：大脑左右两侧半球的语言调控功能是否有差别？讲不同语言的人之间是否存在语义分析和语

言表达的皮层不同？当学生对问题进行思考后，结合文献知识和教科书知识，教师和学生可以一起对问题的答案进行探讨。通过这种提问—回答的形式，使学生对人的左右大脑在语言信息的编码和表达中存在不对称现象留下深刻印象，也可使他们知晓，编码语言信息的大脑皮层区域是相当固定的，不存在因语言的不同而改变，也不存在因人种的不同而不同。大脑对语言的理解具有共性，语言的不同不应成为国家与国家、民族与民族之间进行交流的障碍。最后可以用我国曾在联合国教科文组织总部发表的精彩句子来作一下概括，即“文明因交流而多彩，文明因互鉴而丰富”。

第二十二章　注意的神经机制

22.1　专业教学目标

本章着重介绍以视觉为例的注意的行为学效应、注意的神经生理学效应以及注意是如何控制的。具体教学目标如下：

◎ 理解并掌握选择性注意的两类行为学表现；

◎ 理解并掌握在选择性注意过程中所涉及的神经学机制；

◎ 了解控制注意的三个神经网络类型及其定义与特征。

22.2　重要思政元素分析与相关知识板块

本章主要讲了注意(attention)的神经机制、与注意功能密切相关的脑区以及这些不同的脑区如何调控和实施注意。注意的主要功能是把大脑的关注度集中于某个事物或事物的某个方面，对于我们的工作和学习均有重要作用，因此思政元素可主要从这方面来把握，具体如下：

1) 提高学习效率，促国腾飞

在大脑中，后顶叶皮层、上丘和前额叶视区在注意的调控中起着非常重要的作用。注意可以把大脑的资源聚焦于处理某种信息，使得对该信息的编码得到很大的增强，在神经元水平得到的数据显示，注意可以明显地影响神经元对外界事物的编码。青年学生正处于积累知识、获得本领的黄金时期，在学习过程中，一定要聚精会神，提高效率。尤其在中国快速发展的当前，年轻人的学习工作效率从某种程度上是中国以高于世界水平快速发展的基础。

2) 抵制诱惑，风清气正

在简单的实验环境中，大脑皮层神经元对注意的物体表现出较高的放电活动，但是如果在注意物体的旁边放置另一个需要忽略的物体，神经元的放电活动就会受到极大的影响，削弱注意的效果。这一结果提示，当我们需要工作和学习时，务必先营造一个良好的环境，减少干扰因素，与注意事物无关的物体或事件的存在，客观上会降低我们的注意能力，从而严重削弱我们的工作和学习环境。小环境如此，大环境亦然。现代社会，科技发达，网络方便，交流便捷，但也带来了很多的诱惑，这些诱惑对青年学生的学习和工作造成了很多的干扰，削弱了他们的学习能力和效率。因此，教师要强烈呼吁青年学生发挥主观能动性，为自己也为别人营造风清气正的工作学习环境，为今后走上工作岗位抵制诱惑，做好本职工作打下基础。

22.3 课程思政的教学策略实例

1) 课程思政教学实例一：提高学习效率，促国腾飞

关于大脑注意调控的文章相当多，教师可以在文献中找到有关这一章的教学素材，如无论在感觉皮层还是在高级联合皮层（如后顶叶联合皮层），研究显示，对关注的物体神经元的动作电位发放水平往往非常高，而对于需要忽略的物体则表现出较弱的反应。然后向学生抛出问题："在课堂上如果你不集中注意力听课，是否很难理解教师所讲的课，且容易遗忘？而对专心听课的内容，往往容易理解并形成较强的记忆？"这一提问将使学生对注意的功能有切身的体会，然后教师再通过电生理数据或脑成像实验数据指出，大脑在注意和不注意两种状态下，大脑的活动有着极为显著的差别。这样学生们通过实验数据以及自身体会，领会到注意的重要性，然后教师再总结，无论是工作还是学习，大家一定要聚精会神、心无旁骛，这样才能提高工作和学习的效率。最后，教师应当明确点出，为什么中国的发展速度高于世界其他国家？其背后，就是因为中国有千千万万高效率工作的劳动者，所以，高效工作和学习，是中国腾飞的基础。

2) 课程思政教学实例二：抵制诱惑，风清气正

与上类似，鉴于有很多的文献资料可以借用，在抛出这一思政点前，教师可以先通过 2—3 个文献实验的讲解和数据结果的展示（最好是神经元的放电数据结合脑成像数据），讲清楚干扰因素如何影响大脑神经元对注意事物的编码。简单明了的神经元数据及成像结果展示是最能让学生留下深刻印象的，然后教师可以反问学生："通过实验结果，我们知道了干扰因素可以极大地抑制大脑对关注事物的编码后，你有何感想，如何来营造工作学习环境？"当学生进行激烈讨论后，教师可以稍作归纳，并结合时政，向学生传递营造风清气正的工作学习环境的重要性，尤其要点出"抵制诱惑"对于今后走上社会无论哪个岗位，都是极其重要的。

第二十三章　脑成像技术的基本原理

23.1 专业教学目标

本章篇幅虽小，但涉及的知识点比较重要。脑成像是通过最新技术使得神经科学家可以"看到活体脑的内部"。这些脑成像方法可以为神经科学家提供帮助，比如理解脑特定区域与其功能之间的关系、对受神经疾病影响的脑区进行定位以及发明新方法治疗脑部疾病。具体教学目标如下：

◎ 理解并掌握三种脑成像技术的原理及其优缺点；

◎ 了解脑成像技术的发展现状与前景。

23.2 重要思政元素分析与相关知识板块

本章节介绍的三种脑成像技术均涉及学科交叉，蓬勃发展的计算机技术使得科学家能够在无损伤的情况下观察人类大脑的结构和功能，使临床医生能够对大脑损伤或病变部位进行精确的定位。这章的知识点蕴藏着以下两个思政元素：

1) 全球视野，合作共赢

在本章节所讲述的脑成像技术的发展进程中提到数位来自全球的科学家为研究脑成像

技术互相协助，互相进步，这就体现了全球化视野的重要性。无论是从事科研事业还是其他行业，我们不应闭门造车，应当开阔思维，汲取外界的优势，审视自身的不足，这是同学们应当在日后的学习生活中所具备的意识和态度。

2) 国家发展，科技引领

脑成像技术的发展为推动脑科学研究做出了重要的贡献，技术的进步推动着科学的发展。1988 年 9 月，邓小平同志根据当代科学技术发展的趋势和现状，在全国科学大会上提出了“科学技术是第一生产力”的论断。本章节可以通过脑成像技术的发展推动神经科学、心理学以及临床医学的发展为例，让同学们具体理解科技发展对医学和社会发展的巨大推动作用，从而更深刻地理解“科学技术是第一生产力”。

23.3 课程思政的教学策略实例

1) 课程思政教学实例一：全球视野，合作共赢

在人类探索脑成像技术的征程中，从初步形成的计算机断层技术到完全可以直接观察大脑活动的动态过程的正电子发射断层成像技术，直至可以直接观察大脑的解剖结构的磁共振成像技术，每一项技术都是当时顶尖科学技术的整合，也体现了全球无数科研工作者的互相合作。在教学过程中，教师应当着重讲授这些技术发现的国际合作性，可以以磁共振成像技术为例，展示国际上各个著名研究所在世界地图上的分布、各个关键技术合作者的国籍分布等。这样，同学们便自然而然地站在全球角度看待学科的发展，并领悟到人类科学的进步和对未知世界的探索，必须要具备国际视野。

2) 课程思政的教学实例二：国家发展，科技引领

教师在介绍脑成像技术的发展、大致的工作原理以及技术的应用后，需要告知同学们，这些先进设备(可以以核磁共振仪为例)的核心技术依然掌握在发达国家手中，我们目前还没有能力实现完全国产化。随后教师可以讲解西方各国在这些高科技领域对我国实施技术封锁，意在抑制我国的科技发展。教师还可以和学生们讨论国际科技封锁对我国的影响，并请同学们思考对策。通过这样的讨论，可以让学生更加深刻地领会到核心技术的重要性，也必将增强同学们为祖国的科技发展而努力奋斗的决心。

第二十四章　神经、内分泌与免疫系统的关系

24.1 专业教学目标

本章是《神经生物学》的最后一个章节，本章需要讲授的知识点偏多，但是每一小节之间的逻辑关系紧密，学生容易理解与掌握。神经系统、内分泌系统与免疫系统以各自独特的方式，在维持机体内环境方面发挥着重要作用。“神经—内分泌—免疫网络”这一概念的提出是当代生命科学研究的重大进展。具体教学目标如下：

◎ 理解并掌握神经、内分泌系统对免疫系统的调节作用；

◎ 理解并掌握免疫系统对神经、内分泌系统的调节作用；

◎ 掌握“神经—内分泌—免疫网络”的结构基础及作用机制。

24.2 重要思政元素分析与相关知识板块

随着神经科学、免疫学和内分泌学的不断发展，神经内分泌免疫学也正在逐步丰富，更

全面、完整地在不同水平上反映机体的真实生理过程。在讲解本章所涉及的神经系统、内分泌系统和免疫系统三大重要系统之间的相互调节关系时，完美契合了一些以下的两个思政元素：

1) 马克思主义哲学原理——事物都是普遍联系的

"神经—内分泌—免疫网络"这一神经生物学最新概念正如当今的社会各界相互合作、相互制约的关系，依靠着社会各界的共同努力维持着社会的安宁与稳定。事实上，这一内容印证了马克思主义哲学原理"事物都是普遍联系的"：事物之间以及事物内部诸要素之间的相互影响、相互制约和相互作用。联系是普遍的。世界上一切事物都与周围其他事物有着这样或那样的联系。世界是一个普遍联系的有机整体，是一幅由种种联系交织起来的丰富多彩的画面，其中没有一个事物是孤立存在的。

2) 团结协作，构建人类命运共同体

"神经—内分泌—免疫网络"概念的提出，使得神经生物学的研究内容不仅仅只局限于神经生物学家的传统领域，而必须与内分泌学家、免疫学家共同研究神经生物学问题。学科高度融合、科学家团队高度协作，这已经成为当前科学发展的普遍规律。事实上，当前人类面临着诸多共同的难题，包括科学问题、社会问题、环境问题等，各国各民族各领域必须团结起来，构建人类命运共同体，为人类命运而共同奋斗。

24.3 课程思政的教学策略实例

1) 课程思政教学实例一：事物是普遍联系的原理

普遍联系作为一般哲学范畴，通常是指事物或现象之间以及事物内部要素之间相互连结、相互依赖、相互影响、相互作用、相互转化等相互关系。神经系统和免疫系统先前被认为是不直接发生相互联系的，目前越来越多的研究显示，神经、免疫以及内分泌系统之间存在着紧密的相互调控，相互影响。因此本章是体现事物是普遍联系这一哲学思想的理想篇章。教师在讲解这一章的教学内容时，可以先通过案例讲解，表明它们之间复杂的相互影响，如免疫细胞产生的淋巴因子和单核因子(其中报道较多的有 IL-1、IL-2 及干扰素等)，除对自身活动进行调节外，还可作用到神经内分泌系统，从而影响全身系统的功能活动。IL-1 可刺激下丘脑使体温升高，同时神经系统内星形胶质细胞和小胶质细胞也可产生 IL-1，在神经细胞发育和修复中发挥作用；IL-1 还可引起慢波睡眠，在外周，它可抑制食欲；IL-1 可作用于垂体，通过 ACTH 促使肾上腺皮质激素水平升高，但后者可抑制免疫作用。讲解类似的这些案例后，可让学生概括不同系统之间相互作用的特征，通过这些典型示例的讲解，可使事物是普遍联系的这一重要哲学观点根植于学生的脑海，成为他们解析复杂问题的内在武器。

2) 课程思政教学实例二：构建人类命运共同体

神经系统、内分泌系统以及免疫系统存在着复杂的调控关系，如大脑中下丘脑—垂体系统所分泌的激素，可对内分泌系统以及免疫系统造成很大的影响，同时免疫系统也可影响神经系统，这些系统相互作用，休戚与共，有一个共同的目标——构筑人体功能正常与健康。教师可在讲解完本知识点后，用类比的方式指出，在人类生活的不同层面、不同领域、不同范围，都会形成各种各样关系紧密的共同体。家庭、政党、社团、国家、国际组织、宗教、企业、机关、学校等，只要是由个体所结成的集体，就可以算作共同体。共同体内的成员已经形成充分的共同价值，对共同利益也有更为理性的认识，并在此基础上形成共同的责任。通过这样的类比，就非常容易使学生接受命运共同体这个概念，这有利于他们增强集体主义观念，增强对他人的信任度和包容度，有利于团体协作。

三、"神经生物学"课程思政元素总览表

课程章节	重要的课程思政元素	相关联的专业知识或教学案例	所属思政维度
一、《神经生物学》各章节课程思政教学指南			
第一章　神经细胞和神经胶质细胞	实践出真知	从历史角度讲解神经元形态和建构的发现过程	科学精神
	实事求是与坚持真理的科学精神	卡哈尔建立神经元学说	科学精神 全球视野
第二章　神经元膜的电学特性和静息电位	全球视野、学科交融	细胞的发现及其对恩格斯和马克思的影响	全球视野 科学精神
	各司其职、合作共赢	离子通道的协同运作	全球视野 公民品格
第三章　神经电信号和动作电位	唯物主义世界观	举例讲解意识是大脑神经元电活动的一种表现	科学精神
	唯物辩证法——质量互变规律	动作电位的产生需要膜电位去极化超过阈电位水平	科学精神
第四章　神经电信号的传递	终身学习的奋斗理念	突触可塑性	公民品格
	唯物辩证法矛盾的对立统一	兴奋性突触后电位(EPSP)和抑制性突触后电位的对比分析	科学精神
第五章　神经递质和神经肽	科技推动人类进步	介绍技术的进步在神经递质的发现过程中的作用	科学精神 公民品格
	探索创新的科学精神	科学家对神经递质的深入研究，体现出探索创新精神的重要性	科学精神 全球视野
第六章　离子通道与胞内钙离子平衡	生命在于运动	在神经元水平揭示离子川流不息地进出细胞	公民品格 科学精神
	工匠精神	膜片钳技术的建立和发展	科学精神
第七章　受体与信号转导	唯物辩证法矛盾的对立统一	通过例子说明同一种神经递质可以和不同受体结合，引起不同效应	科学精神
	透过现象看本质	G-蛋白偶联受体及其生物学效应	科学精神
第八章　神经系统发育	人类命运共同体	所有神经细胞源自同一个细胞，神经细胞间存在着紧密的相互联系	科学精神 政治认同
	尊重人类文明多样性	神经分化形成不同的脑组织和结构，最后形成不同的脑区，这些不同的脑区是相互紧密联系的，但各自赋予大脑独特的功能	政治认同 全球视野
	国民素质与国家发展	国家对儿童青少年的脑智开发的重视	政治认同

（续表）

课程章节	重要的课程思政元素	相关联的专业知识或教学案例	所属思政维度
第九章　视觉	辩证唯物主义思想——物质决定意识	外界的事物大都通过视觉系统进行感知	科学精神
	激发爱国主义热情	视觉系统感知我国地域辽阔、山河壮丽、风景优美、文化多样，自然地理历史遗产	政治认同 家国情怀
	国民健康与国家发展	少年时期是近视高发时期，需要引起对保护视力的重视	公民品格 家国情怀
第十章　听觉	国家形象与国家发展	讲好中国故事，宣传中国	政治认同
	探索创新精神	中国人工耳蜗技术的发展与现状	科学精神 家国情怀
	国民健康与国家发展	保护听力对于专业担当和国家建设的重要性	公民品格
第十一章　味觉与嗅觉	爱国爱家	从味觉引申出中国的美食文化与爱国情怀	家国情怀 文化自信
	环保意识与生态文明	从嗅觉引申出空气质量与保护环境的重要性	生态文明 法治意识
	美食与国家支持	从民众对美食的爱好引申出国家对人民追求幸福生活的支持与关怀	政治认同
第十二章　躯体感觉	民族自豪感	国家级非物质文化遗产——针灸	文化自信
	系统创新的科学思维	张香桐先生在中枢神经系统各水平相互作用并进行整合形成镇痛效应的理论	科学精神
	讴歌英雄、缅怀烈士	从痛觉的情感调控引入邱少云等烈士事迹	政治认同 家国情怀
第十三章　平衡觉和本体感觉	国家和民族的自豪感	我国航天事业的发展；跳水等体育项目在国际上的地位	政治认同 文化自信
第十四章　躯体运动及其中枢控制	一切为了人民的健康	国家对全民健身的倡导与支持	政治认同
	不忘初心，牢记使命	科学的本质使命在于探索未知世界，解决人类疾苦（包括很多脑疾病），由此鼓励学生不忘初心，牢记使命，献身科学	家国情怀 政治认同
	国家进步与科学发展的关系	新中国医疗体系的发展与成就	政治认同
第十五章　自主神经系统	唯物辩证法——对立统一规律	交感神经和副交感神经在机能上具有拮抗性质，这符合对立统一规律	科学精神

（续表）

课程章节	重要的课程思政元素	相关联的专业知识或教学案例	所属思政维度
第十六章　弥散性调制系统与行为	以史为鉴，遵纪守法	毒品药物成瘾机制、历史教训与法治社会	公民品格 法治意识 家国情怀
	自律自强、培养高尚情操	弥散性调制系统对情绪和情感的调节	公民品格
	不忘初心，牢记使命	从焦虑症、抑郁症、帕金森病病因，点出科研人员应不忘初心，牢记使命，为解决人民的疾苦而努力	家国情怀 公民品格
第十七章　情绪的脑机制	事物的基本发展规律	Cannon-Bard 情绪学说的建立过程	科学精神
	精神健康与和谐社会	分析抑郁症、焦虑症等精神疾病产生的生物学与社会成因	公民品格 法治意识
第十八章　睡眠与觉醒的脑机制	破除迷信、守护精神文明	对梦的神经生物学解析	科学精神 法治意识
	为实现中华民族伟大复兴的中国梦而努力奋斗	对中国梦的诠释说明	家国情怀 政治认同
第十九章　学习和记忆	记忆与文明传承	个人的记忆与国家民族的“记忆”	文化自信 家国情怀
	学习的重要性	学习记忆可以驱动大脑的可塑性，促进大脑功能的发展	科学精神 公民品格
	合理而积极的动物伦理观	尊重实验动物，对其为科研做出的牺牲致以崇高的敬意	科学精神 公民品格
第二十章　大脑联合皮层和功能一侧化	唯物主义世界观	联合皮层在工作记忆、信息处理和整合、联想中的作用	科学精神
	全球合作	大脑皮层功能的复杂性和全球合作研究的重要性	全球视野
第二十一章　语言和语言障碍	语言自信与民族自信	中国的语言文化之美	文化自信 家国情怀
	交流互鉴，尊重多样文明	语言在文明交流中的重要性	全球视野 文化自信
第二十二章　注意的神经机制	提高学习效率，助国腾飞	注意的神经机制	公民品格 科学精神
	营造风清气正的工作学习环境	外界事物对注意效应的影响与抵制诱惑	科学精神 家国情怀
第二十三章　脑成像技术的基本原理	全球视野、合作共赢	磁共振成像技术发展的国际合作	全球视野
	独立自主的国家发展之路	介绍脑成像技术的发展以及西方技术壁垒	家国情怀 政治认同

（续表）

课程章节	重要的课程思政元素	相关联的专业知识或教学案例	所属思政维度
第二十四章　神经、内分泌与免疫系统的关系	事物是普遍联系的	免疫细胞产生的淋巴因子对神经系统的影响	科学精神
	构建人类命运共同体	人类共同命运与全球学科大融合时代的关系	全球视野

（俞黎平）

第八章

“分子生物学”课程思政教学指南

一、“分子生物学”的专业教学体系与课程思政教学目标

1. “分子生物学”课程简介

分子生物学是生物科学和生物技术专业教学计划中重要的专业基础必修课。课程内容丰富、涉及面广，由于其研究领域的发展迅猛，已成为生命科学领域最前沿学科之一。在我国生命学科发展规划中，分子生物学被列为生命科学的四大基础学科之一。在国外各大高校中，“分子生物学”课程也被归于生命科学专业的必修课程。

分子生物学是研究核酸、蛋白质等生物大分子的功能、形态结构特征及其重要性、规律性和相互关系的科学。因此本课程围绕中心法则遗传信息的流动方向，详细地介绍基因及其结构，DNA 的复制、转录、翻译机制及其调控，原核基因表达调控和真核基因表达调控实例，并介绍一些常用及最新的分子生物学技术。

1.1 “分子生物学”的专业教学体系结构

一般而言，“分子生物学”课程由理论课和实验课组成，分子生物学实验课的开设是理论与实践的有机结合，即通过理论指导实践的同时进一步在实践中深化理论，从而形成理论、操作和实践三位一体的课程教学体系。

1.2 “分子生物学”的专业教学目标

◎ 掌握核酸、蛋白质等生物大分子的结构、性质及功能，从分子水平上理解生物大分子的结构是其功能的基础；

◎ 掌握 DNA 的复制、转录、翻译机制及其调控，从分子水平上理解遗传信息的储存、传递及表达调控规律；

◎ 熟悉现代分子生物学实验的技术原理和流程，了解疾病与人类健康、基因与发育等重要生命现象的分子生物学基础。

1.3 “分子生物学”常用专业教材与特色

朱玉贤，李毅等主编. 现代分子生物学（第五版）[M]. 北京：高等教育出版社，2019.

本教材第一版由北京大学朱玉贤教授编写，1997 年出版，是国内第一本系统的分子生物

学教材。20余年来，在诸多分子生物学家的不断更新修订下，目前本教材已经成为国内综合性和师范院校最为常用的《分子生物学》教材，也是农、林、医学等有关专业的重要参考教材。全书共分为11章，分别对染色体结构、DNA的复制形式与特点、DNA的转座、遗传密码的破译、蛋白质的合成和运转、基因表达调控的原理、癌症与癌基因活化、癌症的主要现代疗法、人类免疫缺陷病毒的分子机制、基因组与比较基因组学等现代分子生物学中的重大问题作了全面系统的分析。本教材较好地兼顾了基础与前沿，清晰描绘出分子生物学的发展历程。

2. “分子生物学”的课程思政教学目标

2.1 “分子生物学”的课程思政特征分析

“分子生物学”课程是生物学相关专业的基础核心课程，更是培养高校学生树立最基本生命观念的主要课程。在“分子生物学”纷繁复杂的基本原理和知识中，也蕴含着丰富的课程思政元素。“分子生物学”的授课对象一般是大二、大三的高校学生，高校学生正处在世界观、价值观和人生观的建立期，也正处于政治意识和公民意识的萌芽期。若能在分子生物学专业知识的传授过程中，以“润物细无声”的方式将课程思政元素浸润于专业知识中，这将使得学生在学习分子生物学专业知识的同时，也潜移默化地塑造三观，自觉成为符合社会主义中国发展要求、推动中华民族伟大复兴的新时代青年。“分子生物学”蕴含的思政元素主要可归于八大维度：政治认同、家国情怀、科学精神、公民品格、文化自信、生态文明、法治意识与全球视野。

政治认同：“分子生物学”属于自然科学课程，有系统的知识理论体系和技术手段，具有很强的操作性和实践性。课程设置目标不仅是教会学生解决某个具体的技术问题，更是旨在服务国家整体发展战略。课程中有多处专业内容与马克思唯物主义哲学和自然辩证法原理密切相关，这些专业知识与案例是对马克思主义思想的自然证明，非常有助于同学们在专业学习中理解与认同马克思主义世界观与方法论。同时，党和政府大力推动发展以分子生物学为主要标志的现代生物学技术，极大地推动了医学、农学等领域的发展，为人民造福。这些内容，都有助于让同学对党和政府产生高度的认同感。

家国情怀：“分子生物学”的教学内容中彰显了多位学界前辈为国为民、以天下为己任的事迹，体现出前辈们的浓厚家国情怀。通过这些专业知识、原理技术结合国内分子生物学发展史的学习，将课程中的知识分享上升为价值观念的分享，使学生可以逐渐建立对中华大地的情感，从而发自内心地热爱这个国家。

科学精神：“分子生物学”作为自然科学属性的课程，其发展史以及取得的每一个重大进展均离不开学界前辈的科学精神。客观理性的思维特质、严谨求实的工作作风以及探索创新的价值取向成就了学界前辈们的专业素养和品格，在特定社会政治情境下也体现为社会性和价值性。作为自然科学的生命基础课程之一，科学精神是“分子生物学”课程的核心与灵魂，是育人的一个重要维度。

公民品格：“分子生物学”课程在讲述专业知识体系和技术时应结合传统文化特点，推动科学精神与科学文化进一步成为社会主流价值观念。科学文化本质上是一套价值体系和社会规范，蕴含着科学思想、科学精神、科学方法、科学伦理等，缺一不可。它以理性主义为特征，以追求真理为目的，在科学发展的历程中逐步凝练，对一个国家和民族的现代化进程产生着重要影响。“分子生物学”课程教学中，蕴含着深刻而朴素的生命观。这种尊重自然、尊重生命的价值观，无疑是当代文明社会公民所应当具备的基本人格之一。同时，《分子生物学》教材在不同章节中，也对现代公民所应该具备的社会责任感、公共参与度等提出了要求。这些对于社会主义公民的人格道德要求，也正和社会主义核心价值观相契合。

文化自信： 如上所述，科学文化本质上是一套价值体系和社会规范，文化自信对弘扬五千年传统文化、推进科学文化及创新文化发展至关重要。"分子生物学"的课程内容中，也有不少知识涉及我国的传统文化和传统典籍，这也使得同学们得以在自然科学的课堂里感受我国的灿烂文化和伟大传统，从而树立文化自信，推动科学文化建设，形成科学自信后再反过来提升文化自信，形成良性循环，立志把我国建设成为科技强国。

生态文明： 生态文明的本质就是在最大限度保护环境的前提下合理利用自然资源。生态问题的本质是自然体系被不当改造，生态文明的核心是有所为有所不为。体现在"分子生物学"课程中主要是分子生物学技术的两面性。生物技术对生命基础的改造，例如，基因编辑技术、转基因农作物等，目前都存在伦理角度展开的争论。教会学生对于技术风险评估的"可测、可控、可溯"三原则，尊重生命、尊重环境，强调人与自然的不可分割性应当成为青年学子世界观和价值观中不可缺少的一部分。而这种人—自然—社会和谐统一的生态文明意识，正是当代中国在建设生态家园、达成人与自然的和谐相处、推动社会可持续发展过程中最根本的思想基础。

法治意识： "分子生物学"课程的理论讲授和实验学习中，都有大量合理利用技术来攻克疾病、改善环境、改良农作物等实例，但也有一些违反生物伦理的反面例子。这背后既体现着中国日益进步和完善的法治观念和法治制度建设，但同时也反映出我国仍然存在地区发展不平衡所造成的部分公民法治意识的缺失。作为现代文明社会，法治是社会稳定和发展的重要基石，而公民的法治意识也决定了社会的文明程度和发展潜能。从这个意义上，"分子生物学"课程的教学过程，也应当成为一个普法的过程，使得青年学子在惊叹于伟大生命奇迹的同时，也将法治意识纳入自身的三观塑造中。

全球视野： 了解不同国家民族的体制和文化差异，并基于国际局势理解我国分子生物学的现状和发展方向，是当代大学生的必要素质。正如本教材前言所述："物种演化其实就是一系列发育模块的重组，归根结底是 DNA 水平上的变异或修饰、插入或缺失。"保护好我们自身的基因资源，并与国际间的学术和思想交流与比较，有利于培养同学们的全球视野，扩大他们思考问题的格局。

2.2 "分子生物学"的课程思政教学目标

由上分析，"分子生物学"课程具备丰富的课程思政元素和内涵。在"分子生物学"课程的教学过程中，应当采用合适的教学方式，体现和强化这些思政元素，实现以下的主要课程思政教学目标：

◎ 在深刻理解中心法则的基础上，培养学生树立正确的价值观和人生观。

◎ 通过对分子生物学专业知识、技术结合分子生物学发展史的系统学习，培养学生客观理性的思维特质、严谨求实的工作作风和探索创新的价值取向；在自然科学的课堂里感受我国的灿烂文化和伟大传统，从而树立文化自信，推动科学文化建设，形成科学自信后再反过来提升文化自信，形成良性循环，立志把我国建设成为科技强国。

◎ 通过系统学习分子生物学技术，对技术的两面性有正确认识。教会学生对于技术风险评估的"可测、可控、可溯"三原则,尊重生命,尊重环境,尊重伦理,遵纪守法。

二、《分子生物学》各章节课程思政教学指南

第一章　绪论

1.1　专业教学目标

现代分子生物学研究的目标是在分子水平上阐明各种生命活动的规律,揭示生命的本质。本章着重介绍分子生物学发展的历史背景和主要人物,并简单讨论人类对遗传的基本单位:基因化学本质的认识过程。具体教学目标如下:

◎ 掌握分子生物学概念及其研究内容;

◎ 理解分子生物学发展过程中相关学说的要点及其内容;

◎ 了解分子生物学发展史及其在生命科学中的地位和作用。

1.2　重要思政元素分析与相关知识板块

本章篇幅虽然小,但分子生物学简史内容覆盖面广,蕴含了丰富的思政元素。尤其是介绍了多位为分子生物学的发展作出卓越贡献的中外科学家及其事迹,加之绪论又是《分子生物学》课程的第一堂课,故应作为开展课程思政的重点章节。其主要的思政元素和相关的重点知识板块包括:

1) 政治认同和爱国情怀

科技是国家强盛之基,创新是民族进步之魂。习近平总书记一直强调中国要建设世界科技强国,希望广大科技工作者能弘扬科学报国的光荣传统,追求真理、勇攀高峰的科学精神,勇于创新、严谨求实的学术风气,把个人理想自觉融入国家发展伟业,在科学前沿孜孜求索,在重大科技领域不断取得突破。爱国精神是科学家精神的灵魂。在新时代,激发当代大学生不忘初心跟党走、科技报国为人民的价值追求,就要大力弘扬科学报国传统。本章在"分子生物学简史"的最后一段落,专门讲述了我国科学家如汪猷、张昌颖的贡献。这一部分可以很好地激起同学们的民族自豪感,引导同学产生"这是一个值得热爱的伟大国家"的内在情怀,并树立正确的人生观和价值观。

2) 理性思维

理性思维是指通过概念、判断、推理等认识事物的内在联系和本质属性。本章在"分子生物学简史"中,可挖掘出大量科学家在科学观察、实验中通过理性思维来揭示事物的本质和规律,发现真理的事迹。例如,发现DNA双螺旋结构的克里克(Crick),从DNA结构预测出其功能,继而又推导出中心法则,其研究推理过程中思维缜密,对待研究结果和结论一丝不苟,是本部分内容重要的思政内容。

3) 科学精神

科学精神的基本内容为探索创新、唯实求真、崇尚理性、平等宽容、团结协作、执着敬业、无私奉献等,是体现在科学工作者身上的一种精神态度。在本章的"分子生物学简史"中,教材列举了多个科学家在分子生物学发展史上所作的贡献,科学无国界,这些科学家为了探索

真理而奋斗不息的精神值得我们学习。教材在本章还留下一个思考题：通过对本章的学习，哪些科学家的哪些事迹使你感动？这正是绝好的思政素材。

4）社会责任

分子生物学的研究内容与最新的科技发展和重大疾病的研究密不可分，从某种意义上来说，是从分子水平上研究生命的本质，因此学好分子生物学，也是今后造福人类、造福社会的必然条件。这部分内容蕴含着专业知识和社会责任的关联关系，值得作为思政元素加以发掘和利用。

1.3 课程思政的教学策略实例

本章思政元素丰富，但可以科学精神元素为主，其他思政元素为辅。以下列举三例：

1）课程思政教学实例一：爱国主义和科学精神教育

教师可以以教材绪论中提到的汪猷、张昌颖两位科学家的科学事迹为例，讲述他们严谨治学、求真求实、淡泊名利、报效祖国的案例。例如，张昌颖教授，新中国生化领域的一代宗师，战乱年代放弃美国优越的生活条件毅然回国，科学救国，知识救国，一生均致力于生化和医学的研究与教育，以百姓健康为科研目标，在营养、肿瘤、衰老和白内障等多个领域都作出了贡献，培养了数代生物化学和医学人才。通过这些老一辈科学家的感人事迹，教育同学们在学习的过程中，要仿效前辈，形成正确的行为规范和价值取向。

2）课程思政教学实例二：科学理性思维

近代科学的发现都是以实验事实为根据，以严密的逻辑体系和理性思维，通过系统的实验和观察推理得出结论，从而揭开自然和生命之谜。教师应当设计一个逻辑严谨、环环相扣的知识点时间轴，并以“破案式”教学讲解逐步揭示 DNA 的发现、DNA 晶体结构的解析、DNA 双螺旋结构模型的提出、推导并实验证实 DNA 的半保留复制等一系列经典性工作。之后，教师需要强调：这些里程碑式的工作都是通过一系列实验和观察推理得出了真相，从而在生物化学的基础上发展出一门新兴的学科，即分子生物学。通过这些经典的案例，可以培养同学们的科学理性思维。

3）课程思政教学实例三：社会责任

当代科学技术迅猛发展极大地推动了社会进步，但科学技术也是一柄“双刃剑”，在造福人类的同时，也带来一些负面效应。因此，当代大学生能明晰科学技术的价值负载与社会责任之间的关系尤为重要。科学技术作为第一生产力，已经成为经济社会发展的重要推动力量，成为决定国家民族前途与命运的关键因素。我们要教育未来的科技工作者肩负社会责任，对自然界负责，对祖国对社会的发展负责。可在课堂上列举克隆动物技术为例，讲述该技术可以在抢救濒危珍稀物种、利用相同基因背景的动物进行医学研究等方面发挥重要作用，但从技术安全角度看，目前的克隆技术还存在许多缺陷，绝不可以滥用到克隆人身上。这时可以适当引入一些反面例子，如邪教组织的“克隆人”计划，让同学们思考技术的两面性。进而可以布置课后作业：以生活中的分子生物学技术为例，你是如何理解技术的两面性的？从案例讲述和课后作业的讨论中，引导和提示作为将来的科技工作者，在掌握先进的科学技术时应当有社会责任感和使命感，将技术用于造福人类而不是危害社会。

第二章 染色体与DNA

2.1 专业教学目标

本章着重介绍染色体与DNA的结构、DNA复制原理和机制、DNA的突变与修复机制，从而为之后理解遗传信息的流动、基因表达调控奠定知识基础。具体教学目标如下：

◎ 掌握染色体和DNA的基本结构和生物学特征；

◎ 掌握DNA的半保留复制；

◎ 理解并掌握原核生物和真核生物DNA复制的特点和异同；

◎ 理解并掌握DNA的突变与修复机制；

◎ 了解转座子的分类、结构特征、转座机制及其遗传学效应。

2.2 重要思政元素分析与相关知识板块

本章节专业性较强，以相对微观的专业知识为主要内容。然而，其中仍然蕴含着重要的思政内容，值得在专业知识的讲授中得到体现。几个主要的思政元素和相关知识板块如下：

1) 政治认同感

在生物的分子世界里，小到一个原核细胞大到一个多细胞组成的高等真核生物，分子世界均遵循它们自身规律，忠实地将母本细胞中的DNA复制遗传给后代，保障了物种的稳定性。这里，便可以和一代代共产党人继承“红色基因”，坚持为人民服务，保障国家的长治久安的红色传承相关联，达到政治认同教育的目标。

2) 科学精神与理性思维

在肉眼看不见的微观世界里，要想看到生物大分子的结构和运动轨迹，揭示生物大分子的功能机制，从而阐明生命的本质，没有艰苦奋斗的精神和忘我的工作热情以及实事求是的态度，是难以想象的。这一章节中，从DNA双螺旋结构的发现、DNA半保留复制的证实、DNA聚合酶的发现到DNA突变及修复机制的研究，每一个关于DNA结构和功能的知识点，都是无数科学家不断探索、不断创新、呕心沥血的结晶。因此，这一章节蕴含着丰富的科学精神与理性思维的思政元素。

2.3 课程思政的教学策略实例

1) 课程思政教学实例一：政治认同感

基因由DNA携带，DNA是遗传物质载体，其复制必须不能出一点儿差错，那么万一在复制过程出错，子代DNA碱基有突变怎么办？在DNA的修复机制中有一种错配修复，是专用于对复制后的DNA进行校正的。当母本DNA和子代DNA有碱基不互补配对的，子代错配碱基会被剪切掉，然后重新合成，以准确和母本DNA进行配对。通过这个知识点的讲述，教师可以将分子世界与人类社会进行类比，告诉同学“为中国人民谋幸福，为中华民族谋复兴”就是我们中华民族的“红色基因”，是我们社会应该传承下去并发扬光大的。“红色基因”在中国大地上孕育了抗洪抢险、抗震救灾、科技强国精神，同样可以通过课堂的讨论或课后的思考，问一问同学们，体现在我们青年学子身上又应该是怎样的呢？启发和引导学生用所学知识报效祖国就是最好的红色基因传承。

2) 课程思政教学实例二：科学理性思维

在绪论“分子生物学简史”中已经提到，发现 DNA 双螺旋结构的克里克，从 DNA 结构预测出其功能，继而又推导出中心法则，其研究推理过程中思维缜密，对待研究结果和结论一丝不苟，就是理性思维的一种体现。现代分子生物学诞生的标志就是 DNA 双螺旋结构的发现，生物大分子的结构决定功能，DNA 结构被证实以后，其功能很快也通过实验被证实。其后，米西尔逊(Meselson)和斯塔尔(Stahl)又通过提出理论假设—实验观察—实验结论的方法证实了 DNA 的半保留复制机制。这些通过理论假设—实验观察—实验证实—理论解释的方法正是理性思维寻求真理的最好例子。通过这些案例的讲述，培养将来的科技工作者在学习和生活中要用理性思维来发现问题、解决问题。

3) 课程思政教学实例三：勇于创新的科学精神

在自然科学中，将观察到的现象进行分析、归纳，做出科学的解释，把最本质的问题揭示出来，就是科学精神的明确体现。在讲述转座子内容时，可以通过美国传奇女科学家芭芭拉·麦克林托克的故事向同学们介绍科学家是如何坚定不移地追求真理的。芭芭拉通过大量的实验揭示了由于玉米染色体上存在转座子，即基因可以在染色体上跳跃和移动，从而导致玉米籽粒颜色的随机变化。她的实验结果是如此超前，直到二十多年后方被主流学术界接受。当人们重新审视芭芭拉在玉米中进行的转座子研究时，不仅惊讶于她超前的科学发现，更感叹于她超常的坚韧力和忍耐力。因此，这一蕴含科学精神的经典专业案例，可以在本章相关知识点的讲授中加以强调和升华。

第三、四章　生物信息的传递

3.1　专业教学目标

生物信息的传递讲述遗传信息是如何从 DNA 传递给 RNA 继而再传递给蛋白质，即中心法则，这部分内容是“分子生物学”课程的核心基础知识。教材上分为两章，第三章讲述转录，即遗传信息从 DNA 传递给 RNA 的过程及机制；第四章讲述翻译，即遗传信息从 mRNA 传递给蛋白质的过程及机制。为方便思政案例展开，在此合并在一处讲述。具体教学目标如下：

3.1.1　转录

◎ 掌握 RNA 的结构和功能；

◎ 掌握转录的基本过程和机制；

◎ 掌握原核、真核生物 RNA 聚合酶及启动子的结构及功能；

◎ 掌握真核生物 RNA 的转录后加工机制；

◎ 了解 RNA 转录的抑制；

◎ 了解 RNA 的编辑和化学修饰；

◎ 熟悉核酶的分类、功能及生物学意义。

3.1.2　翻译

◎ 掌握遗传密码及其性质；

◎ 掌握 tRNA 的结构、功能，熟悉 tRNA 种类、氨酰- tRNA 合成酶的结构及功能；

◎ 掌握核糖体的结构及功能；

◎ 掌握蛋白质合成的生物学机制，熟悉蛋白质的加工、折叠以及蛋白质合成的抑制剂；

◎ 熟悉蛋白质运转机制；

◎ 熟悉蛋白质的修饰、降解与稳定性及其生物学意义。

3.2 重要思政元素分析与相关知识板块

本章内容是"分子生物学"课程的核心基础知识。分子世界严格以DNA为核心，将其信息准确无误地传递给蛋白质，体现着分子世界的自然规则。同时，这些生物大分子既分工明确，又相互合作，可以引申出团结协作和社会责任。本章也包含大量科学家为科学献身、奋斗的感人事迹。具体思政元素分述如下：

1) 遵循客观规律，建立规则意识

中心法则是生物体内的一套高保真遗传信息传递体系，细胞中数以万计的分子遵循着中心法则，严格以DNA为核心，将其信息准确无误地传递给RNA，最终指导翻译蛋白质来执行生物学功能，而在这一过程中，蛋白质合成的速度和数量都受到调控。所有的分子都围绕着中心法则，都听从DNA的指令，这是自然界的一种普遍规律，每一步都严格按照自然规则进行，才能实现生物物种的稳定和繁荣。这里就蕴含着遵循客观规律、建立规则意识的思政元素。这个世界如果没有规则，便谈不上繁荣昌盛。

2) 家国情怀

分子生物学是一新兴学科，可以说，分子生物学的每一个专业知识点都离不开科学家无私奉献和艰苦奋斗、勇于探索的科学精神。在这一章中，可着重讲述中国的科学家们在这一领域的贡献和感人事迹，体现他们浓厚的家国情怀，从而激发学生的学习热情，培养爱国主义和科学精神。在讲授氨酰-tRNA合成酶时，可以联系到中国女性科学家王恩多院士的感人事迹。王恩多院士具有强烈的社会意识和社会责任感，她认为个人命运是与国家命运紧紧连在一起的，虽然在国外或许能拥有丰厚的酬金或地位，但是祖国却给了她一种血脉相连的"家"的感觉。用中国科学家的事迹，引导学生树立学习科学知识和技术是为了科技报国和为人民服务的信念。

3) 理性思维

本章专业知识解决遗传信息传递的机制，在科学家探索分子世界的奥秘时，有很多通过观察—假设—再证实的案例来探究分子机制和生命本质。例如克里克提出中心法则，即遗传信息的流动方向，雅各布(Jacob)和莫诺德(Monod)预测并证实信使RNA的存在，马太、尼伦伯格等科学家破译密码子等都是理性思维解决科学问题的极好案例。可通过这些专业知识的讲述，培养学生的科学理性思维。

4) 进化论和辩证思维

核酶这一部分内容值得作为进化论世界观和辩证思维方面的思政元素进行挖掘。核酶是具有催化功能的RNA分子，一方面核酶的发现对于所有酶都是蛋白质的传统观念提出了挑战，另一方面核酶的发现也为"核酸(RNA)世界"学说提供了有利证据。RNA功能因而重新受到评估，它在生命起源中的作用也日益得到重视。但在生命由简单向复杂的进化过程中，RNA分子的功能也随之发生变化，我们又需要用辩证思维来看待各个生物大分子的分工和功能。

3.3 课程思政的教学策略实例

1) 课程思政教学实例一：遵循客观规律，建立规则意识

教师在讲授这一章的专业知识时，要注意强调细胞内的分子世界也遵循客观规律，即中心法则。细胞内充满了各种生物大分子，其中 DNA、RNA 和蛋白质是生物信息传递的主要大分子，它们各司其职，又紧密协作。所有的分子都围绕着中心法则，都听从 DNA 的指令，完美体现出大自然的规律性。DNA 通过转录，在 RNA 聚合酶的作用下，以碱基配对的方式，把 DNA 的信息准确转录出来，然后三个碱基组成一个氨基酸密码子，把 DNA 的遗传信息准确传递给蛋白质，最后由蛋白质执行功能，维持细胞活动。在这个过程中，遗传信息如何精准传递、拷贝不走样是整个基础分子生物学的核心知识，也是自然规则的完美呈现。教师要从规则意识的角度详细讲解这部分内容，并在讲授和总结时强调只有遵循客观规律，建立规则意识，才能让社会有序运行，实现国家的繁荣昌盛。

2) 课程思政教学实例二：家国情怀

在这一章节的讲述中，可以中国科学家的奋斗事迹为例讲述科学家的爱国情怀。例如，教师在讲授氨酰-tRNA 合成酶时，以中国女性科学家王恩多院士的科研成果作为案例。王恩多带领团队在“酶与核酸相互作用”的研究领域辛勤耕耘二十余年，致力于破解这些与人类健康息息相关的疾病的突变点，从而了解致病的机理，治疗疾病。教师然后便可以提到王院士，先后两次出国深造，国外用优厚待遇挽留她，但她认为个人命运是与国家命运紧紧连在一起的，因此毅然回国，认为祖国才是她的“家”。通过当代科学家的事迹，可激发同学们的爱国情怀，将自己的事业追求与国家发展紧密联系在一起，奋斗和奉献在祖国大地上。

3) 课程思政教学实例三：进化论和辩证思维

核酶知识点既是本章难点，又是本章思政元素重点所在，可通过课堂讲授和课外拓展讨论结合起来讲述，具体策略可如下展开。首先，介绍完核酶是具有催化功能的 RNA 分子后，结合中心法则，回顾 RNA 分子的功能可以承担中心法则中每个生物大分子的功能，进一步可以向学生提问：“中心法则是遗传信息流动的法则，DNA、RNA、蛋白质各司其职，共同完成细胞的生命活动，那么现在发现 RNA 分子也可以承担 DNA 和蛋白质的角色，说明什么问题?”在同学们讨论之后，提问：“那么既然 RNA 分子什么都可以搞定，为何细胞还需要 DNA 和蛋白质?”继而提问：“那既然发现 RNA 可以承担生命体的多种功能，那么 DNA 和蛋白质可否也具有其他功能呢?”通过这种启发式的连环式提问，启发学生用进化论和辩证思维的眼光看待生物大分子的进化和生命起源问题。同时进一步帮助同学们拓展视野和培养辩证思维，可布置 2—3 个课外作业：如何证明核糖体是核酶？DNA 分子可以作为酶吗？为什么可以或不可以？中心法则已经完美无缺了么？通过这些问题的讨论，可进一步帮助同学们理解进化论，以及用辩证思维来看待各个生物大分子的分工和功能。

第五、六章　分子生物学研究方法

5.1 专业教学目标

分子生物学研究方法强调利用分子生物学原理发展而来的技术及其用途，教材中分两章阐述，其中第五章介绍三种生物大分子：DNA、RNA 及蛋白质的操作技术，第六章则强调

基因功能研究技术，为方便思政案例展开，在此合并在一处讲述。具体教学目标如下：

◎ 掌握 DNA 提取、PCR 及定量 PCR、基因组 DNA 文库构建等常用 DNA 操作技术及原理；

◎ 掌握 RNA 提取、纯化、cDNA 合成及文库构建等常用 RNA 操作技术；

◎ 掌握常用基因克隆技术；

◎ 掌握常用蛋白质分析分离技术，了解常用蛋白质组学技术；

◎ 掌握常用基因表达研究技术；

◎ 掌握基因敲除及基因编辑技术；

◎ 掌握蛋白质及 RNA 相互作用技术；

◎ 了解其他分子生物学技术。

5.2 重要思政元素分析与相关知识板块

分子生物学研究方法包含各种经典和前沿技术，而科学技术是推动社会发展的第一生产力，本章内容蕴含大量的思政元素，可作为开展课程思政的重点章节。其主要的思政元素和相关的重点知识板块包括：

1) 公民品格和法治意识

本章内容蕴含大量合理利用技术来攻克疾病、改善环境、改良农作物等实例，但也有一些违反生物伦理的反面例子。这背后既体现着中国日益进步和完善的法治观念、法治制度建设，但同时也反映出我国部分公民也存在法治意识缺失以及某些科学家缺乏应有的职业道德等问题。可列举一些反面案例起到警示作用，提醒和教育同学们在拥有专业知识的同时要有良知和职业道德。

2) 科学精神和社会责任

本章中的许多技术发明都饱含着科学家不断探索、创新的科学精神，而技术开发出来以后又极大地推动了社会发展。例如，利用基因工程技术开发出来的药物用于攻克疾病；改造过的细菌成为高效治理环境污染的"功臣"；聚合酶链式反应的发明使得其在医学、法医学、农业、工业各个领域上广泛应用，解决了社会上很多现实问题，这些都是技术造福人类的绝佳案例。而发明这些先进技术的科学家们无疑都背负了重大的社会责任，他们的事迹值得我们学习和尊重。

3) 家国情怀和全球视野

"做科学家，尤其是应用学科的科学家，必须把自己的研究与国家的战略需要联系起来，通盘去想，去布大局，做大事。"身为中科院院士、中科院上海微系统所所长的王曦如是说。分子生物技术的飞速发展使得这一领域的国际竞争十分激烈，保护好我们自身的基因资源，挖掘和研究我们自身的基因，既要拥有自己的知识产权，同时又要与各国科学家合作，实现共赢发展。

4) 生态文明和可持续发展

分子生物技术对生命基础的改造，例如，基因编辑技术、转基因农作物等，目前都存在生物伦理方面的争论。可通过本章转基因农作物的介绍，教会学生对于技术风险评估的"可测、可控、可溯"三原则，尊重生命，尊重环境，强调人与自然的不可分割性，应当成为青年学子世界观和价值观中不可缺少的一部分。而这种人—自然—社会和谐统一的生态文明意识，正是当代中国在建设生态家园、达成人与自然的和谐相处、推动社会可持续发展过程中最根本的思想基础。

5.3 课程思政的教学策略实例

1）课程思政教学实例一：科学精神和社会责任

基因工程技术是本章重要的知识点和思政元素，在介绍完基因工程技术原理之后，教师介绍基因工程技术应用案例时，要注意强调正是由于科学家们的不断探索和创新，才有了技术的飞速发展，从而改变了人类生活，以此激发同学们对科学家科学精神的敬佩和尊重。具体案例可谈及利用基因工程技术开发出来的药物用于攻克疾病，改造过的细菌可成为高效治理环境污染的“功臣”，聚合酶链式(PCR)反应的发明使得其在医学、法医学、农业、工业各个领域上广泛应用，解决了社会上很多现实问题。还可重点介绍 PCR 技术在 2019 年冬天爆发的新冠病毒肺炎核酸诊断中的应用，各科研单位的技术人员在较短时间内就克服重重困难开发出病毒核酸检测试剂盒，为大量病患的及时确诊提供了技术支持，为疫情防控作出了贡献。这些都是技术造福人类的绝佳案例，也体现出科学家们的社会责任感。

2）课程思政教学实例二：法治意识和公民品格

技术是推动社会发展的“双刃剑”。分子生物学技术发展十分迅猛，在本章可以举一些违反生物伦理的反面警示案例，让同学们体会到在学习专业知识的同时要具有道德要求和法治意识。正如绪论提及不能滥用克隆技术，本章可以 2018 年的“基因编辑婴儿”事件，向同学们阐述此事件带来的伦理风险和社会负面影响。通过这一反面案例的警示，提醒和教育同学们在拥有专业知识的同时要遵纪守法，具有良知和职业道德底线。

3）课程思政教学实例三：生态文明

在介绍到转基因生物时，可以转基因农作物在我国的发展为例，教会学生对于技术风险评估的“可测、可控、可溯”三原则，尊重生命，尊重环境，强调人与自然的不可分割性，实现可持续发展。1997 年，我国批准了第一个转基因植物耐贮藏番茄商品化生产，成为第三个将转基因番茄投放市场的国家。1999 年经国务院批准，科技部、财政部联合启动了“国家转基因植物研究与产业化专项”，共资助课题 116 个。可先简单介绍一下我国的转基因政策，告诉同学们我国是世界第四大转基因植物种植国家，并是为数不多把控很严的转基因国家之一。然后通过布置课后作业，让同学们通过查阅资料对转基因农作物有更深入的了解，知道中国为何要大力发展转基因农作物的研究，这既加深了对课堂知识的理解，进行了复习，同时又有助于培养同学们的生态思维和可持续发展理念。

第七章　原核基因表达调控

7.1 专业教学目标

原核基因表达调控是基础分子生物学的重要组成部分，要求学生：掌握原核基因表达调控基本元件，操纵子对基因表达的调控；理解基因表达调控发生在多级水平：DNA 水平的调控、转录终止及翻译水平调控，理解中心法则的意义；了解三类生物大分子相互作用的特点和规律；学会运用本章知识解释生活中出现的现象及应用实例。专业教学目标具体如下：

◎ 掌握原核基因表达调控分类及主要特点；

◎ 掌握乳糖操纵子的正负调节机制；

◎ 掌握色氨酸操纵子的阻遏和弱化调节机制；

◎ 熟悉半乳糖、阿拉伯糖操纵子的调节；

◎ 了解细菌的 SOS 应答、多启动子调控的操纵子；

◎ 了解植物固氮基因调控、转录水平的其他调控方式以及转录后调控。

7.2 重要思政元素分析与相关知识板块

本章讲述原核生物的基因表达调控，即原核生物是如何快速适应环境的。原核生物生命形式简单，繁殖快，对环境作出快速应答通常都通过操纵子形式进行表达调控。而操纵子是指启动基因、操纵基因和一系列紧密连锁的结构基因的总称，是转录的功能单位。原核生物的操纵子往往是执行同一功能的一组结构基因一起表达，这种各元件的协调表达非常方便原核生物快速适应环境。因此本章节的思政元素主要集中在辩证统一的哲学思想、团队协作、社会责任以及理性思维这几方面。本章的主要思政元素分析如下：

1) 辩证统一的哲学思想

辩证统一是唯物主义辩证法的基本观点，常常指事物运动发展过程中内在的或与其环境条件之间的相互联系、相互制约，它同僵死不变的绝对统一相对立，强调动态（而非静态）的统一，这也与细胞中的基因表达调控方式相一致。细胞中数以万计的分子遵循着中心法则，由 DNA 最终指导翻译蛋白质来执行生物学功能，而在这一过程中，蛋白质合成的速度和数量都受到调控，这就是本章的核心专业知识。原核基因表达调控的根本目的就是适应环境，例如细菌中普遍存在的葡萄糖效应，由葡萄糖浓度调控细菌对糖类分解代谢操纵子的调控，细菌是否利用乳糖或其他糖类受到葡萄糖的调控，体内葡萄糖浓度高，优先利用葡萄糖作为能源，而在葡萄糖耗尽时再利用乳糖或其他糖类作为碳源，从而达到节约能源、适应环境的目的。可通过这些专业知识的讲述来加深理解辩证统一的哲学思想。

2) 团队协作

分子世界与人类社会相似，生物大分子之间既分工明确，又相互协作，肩负着自己在生命世界中的使命。在基因表达调控过程中，生物大分子的协作目标就是适应环境而生存下去，因此它们之间的协作是事关细胞乃至生命体生死存亡之事。可结合专业知识，类比人类社会，让同学们知道团队协作的重要性和必要性。

3) 科学理性思维

对微观世界尤其是生物大分子的认识，如果没有耐心细致的观察、缜密的逻辑推理、合理的实验设计和验证，是很难揭示分子工作机制的。这也是为何生物专业学生普遍反映生物化学和分子生物学是最深奥难懂的学科。作为生物学专业的学生，可从原核基因表达调控的各种经典案例中体会科学家们实事求是、大胆探索、严谨求实的理性思维和科学研究精神。

7.3 课程思政的教学策略实例

1) 课程思政教学实例一：科学理性、探索创新

乳糖操纵子是本章重点内容。法国的雅各布和莫诺德两位科学家通过实验观察，根据大肠杆菌利用乳糖的适应现象，结合一系列遗传学和生化学研究实验，两人于 1961 年首次提出乳糖操纵子（lac operon）学说，从而阐明了原核基因表达调控的基本方式。正是由于他们

的细心观察，大胆假设，缜密验证，从而获得了原核基因表达调控的经典模型，为后人研究原核基因表达调控奠定了基础。通过他们的事迹，教育学生在自然科学追求真理的路上要具备理性思维，才能揭示真相。教师在教学过程中可通过重现他们的实验观察、假设和实验步骤，运用提问方式来启发学生自己破解乳糖操纵子的调控原理。进一步，再通过课堂实测，给予不同环境、条件、结合各种乳糖操纵子的突变体，让同学们判断乳糖操纵子转录与否或该操纵子能否利用乳糖，或该操纵子是诱导型表达还是组成型表达。这样不仅让同学们能较快地掌握该知识点，而且能培养同学们通过实验观察—分析—结论的理性思维来分析解决问题，也为他们将来探索创新提供了自信。

2）课程思政教学实例二：团结协作精神

可仍然以乳糖操纵子的表达调控为例，乳糖操纵子通过协调合成β-半乳糖苷透过酶和β-半乳糖苷酶来共同完成对乳糖的利用，如果这两个基因中的任意一个失活，细菌是无法利用乳糖的。从这个例子可看出，乳糖操纵子上的结构基因团结合作，齐心协力，一起完成利用乳糖，帮助细菌在以乳糖为唯一碳源的时候也能生存下去。类似的，色氨酸操纵子、阿拉伯糖操纵子等，都是其上的结构基因相互协作来完成某一功能，帮助细菌快速适应环境从而生存下来。教师在介绍完这部分的知识点之后，话锋一转，要提到分子世界与人类社会相似，生物大分子之间既分工明确，又相互协作，肩负着自己在生命世界中的使命。借此，让同学们知道集体的力量永远比一个人的力量大，要有团队协作精神才能高效完成目标。

3）课程思政教学实例三：用辩证统一的观点来认识事物

教师在讲述细菌的葡萄糖效应时，要注意引入辩证统一的观点来看待细菌糖类操纵子的表达调控。细菌是否利用其他糖类物质作为碳源并不是一成不变的，用或不用，依赖于环境中葡萄糖浓度的调控，目的就是为了节约能源，快速适应环境。因此细胞的生命活动是和环境密切相关的，并不是一成不变的。通过专业知识的讲述，教会学生用动态统一的观点来学习专业知识，分析事物的本质。

第八章　真核基因表达调控

8.1　专业教学目标

真核基因表达调控是分子生物学的精髓内容。基础分子生物学中要求学生掌握真核基因表达调控基本元件，真核生物转录及转录后调控；理解真核基因表达调控发生在多级水平，进一步理解中心法则的意义；进一步了解三类生物大分子相互作用的特点和规律，表观遗传学的基本概念和原理；学会运用本章知识解释生活中出现的现象及应用实例。本章的主要专业教学目标如下：

◎ 掌握真核基因的结构、基因家族，真核基因表达的方式和特点；

◎ 掌握真核基因表达的转录调控发生在染色质水平，顺式作用元件与反式作用因子；

◎ 掌握真核基因表达调控的染色质修饰和表观遗传调控；

◎ 熟悉非编码 RNA 对真核基因表达的调控；

◎ 理解真核基因表达调控发生在多级水平。

8.2 重要思政元素分析与相关知识板块

本章的专业性非常强，专业知识较多，专业术语的出现也非常频繁。但是，与原核基因表达调控章节类似，也存在团队协作、科学精神等思政元素。此外，从原核生物到真核生物，基因表达调控进化得更为精确和复杂，其中蕴含的思政元素具体分析如下：

1) 团队协作与社会责任

和原核基因表达调控类似，真核基因转录调控需要多个生物大分子的协同参与，这些生物大分子在接收到信号后严格按照时序进行招募组合，最后共同激活基因转录，从而完成细胞生命活动，适应环境。要让学生理解分子间的合作一旦有一个大分子突变失活，则整个生物学功能将会受到影响，严重的甚至会引发疾病。因此，分子世界中每个生物大分子都有自己的功能，在和其他分子的协作中完成自己的生物学功能。分子世界的相互协作可以作为一个较好的思政元素。

2) 进化世界观

原核生物与真核生物基因表达调节有共同规律，但两类生物沿着不同的方向进化，因此基因表达调节又有较大差异。原核生物以表型的多样性来适应环境复杂多变，而真核生物的表型则以适应变化取胜，其性状能随环境变化而调整。故教学中要引入进化观，让学生更好地理解原核与真核基因的差异及表达调控的差异。

3) 文化自信

新中国成立以来，涌现了不少杰出的分子生物学家，其中刘新垣院士在基因工程药物方面的研究令人瞩目，他被誉为中国干扰素第一人。而干扰素的信号传导途径往往是真核基因转录调控的一个经典案例，因此中国科学家的贡献在这里是一个极好的思政元素，可以激发同学们的自豪感和文化自信。

8.3 课程思政的教学策略实例

1) 课程思政教学实例一：团队协作与社会责任

真核基因表达调控的基本点仍然发生在转录水平上，但与原核基因表达调控常采用操纵子形式转录生成多顺反子 mRNA 不同，真核基因转录生成单顺反子 mRNA。但是，在转录起始时，在染色体水平上涉及染色质重塑蛋白、中介因子、组蛋白伴侣及修饰酶等多个生物大分子的参与，在 DNA 水平上涉及 DNA 甲基化酶、RNA 聚合酶、多个通用转录因子及特异性转录因子的共同参与，这些生物大分子在接收到信号后严格按照时序进行招募组合，最后共同激活基因转录。可用提问或讨论的方式向同学发问："真核基因是如何被转录激活的？涉及多少大分子的参与？如果在这个过程中有大分子失活会产生怎样的后果？"接着，教师便可在讨论中让学生将这一专业问题理解得更为透彻，能够理解分子间的合作一旦有一个大分子突变失活，则整个生物学功能将会受到影响，严重的甚至会引发疾病。因此，分子世界中每个生物大分子都有自己的作用，在团队协作中完成自己的生物学功能。然后，将分子世界类比于人类社会，既可理解生物工作者的社会责任，又能培养学生的团队合作精神。

2) 课程思政教学实例二：进化世界观

教师在本章开始讲述真核基因结构的时候，就要适时引入进化的观点，强调原核和真核基因沿着两个不同方向进化，前者的基因组是越简单越好，通过快速繁殖适应环境，后者则是向着复杂的方向进化，因此不同的基因结构使得基因表达调控也存在差异。原核生物以表型的多样性来适应环境复杂多变，而真核生物的表型则以适应变化取胜，其性状能随环境变化而调整。例如，韭菜在日光条件下叶片为绿色，而在无光条件下培养叶片为黄色，成为韭黄。以进化论的思想去看待真核基因表达调控，则能更好理解真核生物对环境的适应。

3）课程思政教学实例三：文化自信

在讲述具体的真核基因表达调控实例时，常常会提到干扰素的信号传导途径及引起的下游基因转录调控的实例，这时教师可以提及我国干扰素研究的开拓者、现代分子生物学家刘新垣院士的科研工作。刘院士年近 90 岁时依然活跃在科研前线，实验室就是他的第二个家，其一生主要研发了两个基因工程药物，即白细胞介素-2 和干扰素，发挥了巨大的作用。教师借此向同学们介绍他一生坚持用学术成就报答祖国的精神，从而激发同学们对中国科学家的贡献产生自豪感，进而激发出文化自信。

第九章　疾病与人类健康

9.1　专业教学目标

本章内容是从分子水平理解疾病的发生发展与治疗技术进展，可单独作为一章独立讲授，也可穿插到其他章节中举例加以说明。本章专业教学目标如下：

◎ 掌握原癌基因产物及其分类、原癌基因的表达调控，理解基因互作与癌基因表达；

◎ 掌握 HIV 基因组、编码蛋白及其基因表达调控，理解 HIV 的感染及致病机制，了解艾滋病的治疗及预防；

◎ 了解乙型肝炎病毒(HBV)、人禽流感及严重性呼吸综合征冠状病毒等感染和致病的分子机制；

◎ 掌握基因治疗原理及其进展；

◎ 熟悉肿瘤免疫治疗的分子基础。

9.2　重要思政元素分析与相关知识板块

本章涉及疾病发生的分子机制和治疗疾病的技术进展，与人类生活密切相关。本章的思政元素主要集中在辩证思维、爱国和敬业精神、社会责任、道德观和人文关怀精神的培养等方面。具体分述如下：

1）社会责任

当前，病毒感染的各类疾病已严重危害人类健康，现在已知很多病毒感染与肿瘤的发生发展密切相关，例如乙型肝炎病毒(HBV)感染与肝硬化和肝癌发生密切相关，人乳头状瘤病毒(HPV)与女性宫颈癌的发生密切相关，因此各种疫苗的研制和使用是防治病毒感染、致病的有效途径。深入了解病毒感染和致病的分子机制，继而研制疫苗是当代生物学家和医学家的研究内容和社会责任。这一点，是专业学生在学习本章节时应该被强调的重要思政元素。

2）文化自信

如上所述，疫苗的研制是预防疾病的重要途径。然而，早在明朝，我国古代医师则知种痘预防天花，由此开创人类天花预防之先河的故事。古人以“吹鼻法”种牛痘，即取天花患者痘痂研成极细粉末，置曲颈根管之一端，对准鼻孔吹入，以达种痘预防天花的目的。一般至七日而发热，即种痘已成。接种之后人会出现一些轻微病状，之后就获得了对天花的免疫力。虽然该技术的死亡率为0.5%—2.0%，但比天花20%—30%的死亡率要强。种人痘的方法西传之后，直到18世纪，英国人琴纳才发明了更加安全的牛痘接种法。通过这个史实的介绍，可以知道最早的疫苗源于中国，可以激发学生强烈的民族自豪感和爱国热情。同样，这也是本章节的重要思政元素。

3）辩证思维

辩证思维简单来讲就是要看清事物的两面性。因此，同一事物往往具有利害双面性，看待问题要善于分析其积极和消极的方面，由此，如何看待原癌基因、免疫系统的两面性便是一个典型的辩证思维训练过程。例如，免疫对机体有利的一面是可以防御病原微生物的侵害，消除损伤、衰老或突变细胞，但其不利的一面则是可导致自身免疫性疾病和超敏反应的发生。原癌基因是机体生长发育必不可少的重要基因，但如果其表达不受调控则会导致肿瘤等疾病发生。在讲述这些知识的时候，要培养学生的辩证思维，让学生意识到凡事都有对立的两个方面，要用辩证的眼光去看待问题。

4）公民品格

本章讲述的艾滋病和乙肝等病毒性疾病都是传染性疾病，包括流感，以及新生人畜共患疾病等，其对人类社会危害极大，不仅严重危害人类健康，而且对国民经济也造成影响。我们在这里必须强调，作为未来的生命科学工作者，应培养道德观，要养成健康良好的生活卫生习惯，倡导忠诚、责任等理念，做到防治传染性疾病人人有责。

5）人文关怀

由于本章讲述的艾滋病和乙肝等疾病都是传染性且难治愈疾病，患者往往受到歧视，因而经受着肉体和精神的双重折磨。这里更需要教师在课堂上强调，作为未来的生命科学工作者，应当在学会准确高效使用先进技术的同时具备仁爱之心，将患者视为“人”而不是“损坏的机器”，隔离疾病而不是隔离人。教育同学们应设身处地为患者着想，理解宽容他人，减少歧视，尊重患者的隐私，有仁爱之心，培养人文精神，提倡人文关怀。

9.3 课程思政的教学策略实例

1）课程思政教学实例一：文化自信

从同学们都知道疫苗是目前对细菌和病毒感染最好的防护手段这一点入手，教师可提问：那同学们知道最早的疫苗是起源于哪个国家么？然后再讲述疫苗起源于中国的史实，从公元4世纪初，东晋葛洪所著《肘后方》中通过“以毒攻毒”方式防治狂犬病的记载，到11世纪，中国开始接种人痘预防天花，我国古人早已开创疫苗制备之先河，比最早记载的英国人琴纳发明的牛痘接种要早了700年。通过这些传统典籍和史实的介绍，可以激发学生强烈的民族自豪感和爱国热情，还可以激发学生们的文化自信，鼓励他们今后在艾滋病等疫苗的研制中贡献自己的力量。

2）课程思政教学实例二：公民品格和人文关怀

教师在讲述这一章节的内容之时，还要注意结合时事，可以提及2020年爆发的“新型冠状病毒肺炎”疫情，让同学们自己查阅资料，了解一线科研人员在病毒检测及疫苗研发中的感人事迹，让同学们感同身受地理解科研人员的使命感和责任感。同时也在课堂上用提问的方式问问大家对这次距离大家最近的疫情的感受。例如，对有些患者撕扯医护人员的防护服，有些患者不愿意被这类事件隔离，同学们是如何看待的？通过这些热点案例，启发同学们对待疾病要有正确的态度，对待病患要设身处地为他人着想，理解宽容他人，减少歧视，尊重患者的隐私，有仁爱之心。

当然，也可结合本章讲述艾滋病及其患者的境遇。患者由于免疫力低下，易于感染各种疾病并可引发肿瘤等疾病，病死率较高。由于艾滋病往往和"道德败坏、伤风败俗"等同起来，人们像躲避瘟疫一样躲避艾滋病人，然而许多艾滋病人和感染者是无辜的，是受害者。作为未来的生物科学家，应尊重患者，减少歧视，有仁爱之心。同时还可以强调：艾滋病的传播不可避免地涉及道德问题，在目前尚无治愈艾滋病的有效手段时，道德力量在艾滋病防治中显得尤为重要。倡导忠诚、责任等理念，防治艾滋病人人有责。

第十章　基因与发育

10.1　专业教学目标

发育调控是真核基因表达中的不可逆调控，本章分别以模式动物果蝇、模式植物拟南芥为例简单介绍真核生物的发育调控。专业教学目标如下：

◎ 理解果蝇卵子发育与卵裂、果蝇胚胎发育，掌握果蝇的末端系统及背—腹极性基因与发育调控、果蝇的同源域基因；

◎ 掌握花器官发育的"ABCE"模型及调控花器官发育的主要基因，理解高等植物花发育的基因调控；

◎ 理解控制植物开花时间的分子机制。

10.2　重要思政元素分析与相关知识板块

发育调控是真核基因表达调控的精髓，目前很多调控机制还在探索之中，常见的真核生物发育大多使用模式生物来研究。本章专业性较强，其思政元素分析如下：

1) 矛盾的特殊性与普遍性

本章主要分别以模式动物果蝇、模式植物拟南芥为例简单介绍真核生物中动物和植物的发育调控。事实上，在当今的生命科学研究中，由于生物种类数不胜数，科学家便选择了若干种"模式生物"，以将其作为不同类物种的代表进行集中而深入的研究，从而揭示生命现象中蕴含的普遍规律。而在对模式生物的选择和运用的背后，既是中国古代名言"窥一斑而见全豹"在现代生命科学研究中的再现，更体现了马克思主义经典著作《自然辩证法》(恩格斯)、《矛盾论》(毛泽东)中关于矛盾的特殊性和普遍性的对立和统一。更具体地来说，表明在矛盾的特殊性中蕴含着普遍性，因此，通过对少数模式生物的深入了解，可以让人类了解生命的部分普遍规律。所以，对模式生物做深入分析，也正是马克思辩证唯物主义思想的实际应用。

2) 科学精神与理性思维

在利用模式生物探究真核基因表达调控的过程中，充满了科学家们的探索精神和理性思维。例如，研究果蝇的著名遗传学家摩尔根曾经说道："实验方法的本质在于要求每一种见解(或假说)都必须通过实验的检验，然后才得以承认其科学地位……研究者必须养成一种对一切假说(特别是对自己提出的假说)的怀疑心理，而且一旦证明其谬误，要勇于抛弃之。"这种信念使得摩尔根既敢于反对权威，也勇于改正自己的错误。这些科学家的事迹可以教育和培养学生的科学精神和理性思维。

10.3 课程思政的教学策略实例

1) 课程思政教学实例一：矛盾的特殊性与普遍性

在课上，教师在讲授到模式生物果蝇和拟南芥时，可用提问或讨论的方式向同学发问：“为什么科学家要选定模式生物来研究生命现象？少数几种模式生物能成为普遍生物学规律的代表吗？”接着，教师便可在与学生们的讨论中引入矛盾观，即在矛盾的特殊性中蕴含着普遍性，因此，通过对少数模式生物的深入了解，可以让人类了解生命的部分普遍规律。继而，教师再开始讲述以果蝇和拟南芥为代表的真核基因发育调控机制，则学生也能更好理解这些专业知识。通过学习，学生进一步能够举一反三，自行通过查阅文献知道不同模式生物可用于了解生命的部分普遍规律，从而让同学们接受辩证唯物主义思想和思维方式。

2) 课程思政教学实例二：科学精神与理性思维

在提到果蝇作为模式动物的时候，教师自然会提及研究果蝇的著名遗传学家摩尔根，他在大量的实验当中培养出了果蝇突变体，从突变体的观察中，把染色体和基因关联在一起，成为遗传学的奠基人之一。在教学过程中，教师除了突出知识点的讲述，还要突出研究者摩尔根的特点：“在实验时大胆，解释实验现象提出假说时慎重。”这种信念使得摩尔根既敢于反对权威也勇于犯错和改正自己的错误，这种科学精神和理性思维使他在同时代的科学家中脱颖而出。例如，摩尔根认为无眼盲鱼之所以无眼是因为用进废退，但当他花了两年时间以果蝇为研究对象并未得出他想象的实验结果时，他果断否定了这个理论。教师接着进一步指出，实际上，摩尔根自己在筛选动物模型以及大量的实验当中也经历了相信—质疑—验证—重新相信—修正孟德尔学说的这个过程。通过科学家的这些事迹和经历告诫同学们追寻真理、取得成功并不是偶然的过程，而是科学家们刻苦努力、坚忍不拔以及将实验数据进行归纳总结而取得的成绩，从而培养同学们脚踏实地、勇于创新的科学精神，以及通过实验数据进行归纳总结的理性思维。

第十一章 基因组与比较基因组学

11.1 专业教学目标

现代分子生物学已经进入到“No sequence no science”的阶段，组学和大规模测序是研究生命本质的新手段和新工具，因此学生需要在本学科中了解基因组与比较基因组学的研究内容、技术手段和热点进展。专业教学目标如下：

◎ 掌握遗传图、物理图、转录图以及全序列图的概念，理解人类基因组计划；

◎ 掌握高通量 DNA 序列分析技术及其研究进展；

◎ 熟悉新测序平台的应用；

◎ 了解常用模式生物基因组；

◎ 了解比较基因组学及其应用。

11.2 重要思政元素分析与相关知识板块

本章节是讲述和组学相关的技术，基于测序的组学与基因资源密切相关，这就要求我们具有家国情怀，保护好自身的基因资源，同时又要具有全球视野，在这一重要领域和国际合作交流，从分子水平上理解物种演化和生命本质。基因测序技术的发展极大地推动了组学研究，而发明基因测序的美国科学家桑格也因此获得诺贝尔奖。关于科学精神和理性思维的思政元素在前面章节多次提及，在此不再赘述。本章思政元素着重如下所述：

1) 全球视野

人类基因组计划是一个宏大的国际科研计划，由多个在基因组学领域领先的国家合作进行，中国也参与其中，并由此和全球主要国家一起分享和研究人类基因组信息，从而提升中国的相关科研实力。事实上，很多宏大的人类共同科学计划已经无法由一个单独国家来承担，所以，只有具备全球视野，才能参与国际合作，共同促进人类科学进步。

2) 家国情怀和法治意识

基因序列是一种不可再生资源，基因组信息与重大疾病相关基因、具有重要生物学功能基因的克隆分离、功能鉴定及开发应用密切相关。一旦某个功能基因序列被专利化，其下游产品开发也必须引进该专利，因此，基因专利申请得越多，越能在今后的竞争中立于不败之地。中国由于人口民族众多，地理形貌丰富，是基因资源十分丰富的国家之一。因此，在与其他国家进行合理合法的合作与交流的同时，也要做好基因资源的保护工作，不要随意让生物样本流失到国外。教师在授课的时候要强调以国家为重，强调公民的法治意识，保护基因，人人有责，这也是本章需要着重讲述的思政元素。

3) 科技强国和社会责任

组学是一门以测序技术为基础的新兴学科，因此，谁拥有强大的核心技术和仪器设备平台，谁在这个研究领域就能走在世界前沿。成立于 1999 年的华大集团目前就已成为全球领先的生命科学前沿机构，秉承"基因科技造福人类"的使命，在短短十余年时间，华大在技术服务、学术研究、仪器设备开发方面均走在了世界前列。在 2003 年，华大基因用十几个小时就测出了 SARS 病毒序列，96 个小时就做出了 SARS 病毒酶联免疫试剂盒。在抗击疫情中，华大基因作为中华企业作出了应有贡献。华大基因的案例就是体现科技强国和社会责任思政元素的最好案例，可供教师在教学中加以使用。

11.3 课程思政的教学策略实例

1) 课程思政教学实例一：全球视野

随着测序技术的飞速发展，组学日益受到人们重视并逐渐从分子生物学中独立出来形成一门新的学科，可以说今天的生物科学研究离不开测序。教师在向同学们解释组学概念后，可以向同学们介绍组学测序的重要性和必要性。因为，对大规模人群基因组进行测序，建立群体遗传基因的多样性基线，全面了解人类健康和疾病的原理及其运作机制的重要性，正逐渐成为国际共识。近年来，包括美国、英国、新加坡、法国、芬兰在内的多个国家均已将基因科技作为精准医疗和精准预防的核心技术，纷纷开启大规模人群基因组计划，以实现国家公民"先天无残"和"后天少病"的目标。接着，可以提问大家对人类基因组计划了解多少？中国是否参与了该计划？在课堂上简短讨论后，教师可进行一个小结，强调中国是参加这项研究计划的唯一发展中国家。通过教学和讨论，让同学们具有全球视野，学会在未来研究工作中与国际同行进行合作和交流。

2) 课程思政教学实例二：法治意识

正如本教材前言所述："物种演化其实就是一系列发育模块的重组，归根结底是 DNA 水平上的变异或修饰、插入或缺失。"在讲述到相关内容时，先简要介绍一下国家的相关政策。基因序列是一种不可再生资源，中国由于人口民族众多，地理形貌丰富，是基因资源十分丰富的国家之一。保护好我们自身的基因资源，是我国的国家战略，2011 年我国已建成首个国家基因库。2019 年 5 月，为了有效保护和合理利用我国人类遗传资源，维护公众健康、国家安全和社会公共利益，我国颁布了《中华人民共和国人类遗传资源管理条例》，对人类遗传资源采集、保藏、使用以及法律监督和责任均作出了规范。接下来，可举一反面案例说明违规运输人类遗传资源出境是违法行为，即使是开展国际合作，也需要得到国家审批同意方能进行。可以用一些公司或机构因违反人类遗传资源管理规定遭科技部处罚的案例向同学们解释，在促进国际科学研究合作的同时，要具备法治意识，不能随意泄露基因信息，要维护国家和人民的利益和安全。

3）课程思政教学实例三：科技强国和社会责任

在讲述本章节知识点时，可事先让同学们浏览华大基因网页，了解该企业概况、正在参与的重大研究项目、获得的荣誉以及承担的社会责任。然后在上课的时候，在讲述到组学测序及其应用时，教师可用概括性的语言总结一下华大基因用其先进的测序技术及服务、提供的测序设备参与到国内外多个大型基因项目的研发中，以及在多个国内外公共卫生事件中，华大基因均在第一时间给予技术支持，破译致病基因组，研制出诊断试剂盒，提出应对方案，负起相应的社会责任。然后教师可以很自豪地告诉同学们中国科技企业的迅速崛起就是科技强国的最好案例，这可激发同学们的自豪感和爱国热情。

三、"分子生物学"实验课程思政教学指南

1. 专业教学目标

生物学是一门实验科学，因此，"分子生物学"的理论教学也必须结合实验教学，才能真正达到"分子生物学"的教学目标。"分子生物学"实验课以 DNA 重组技术为核心，从目的基因的获得、质粒载体提取、体外重组、转化大肠杆菌、蓝白斑筛选/抗性筛选、重组基因的诱导表达、目的蛋白分离纯化和鉴定等，有一套完整的原核目的基因克隆和表达程序，旨在让同学们掌握核酸和蛋白质操作技术的基本流程和原理。主要教学目标如下：

◎ 熟悉基因工程的基本流程和微量操作，掌握质粒 DNA 及基因组 DNA 抽提的基本原理及方法；

◎ 掌握电泳技术的基本原理，掌握琼脂糖凝胶电泳的基本原理及方法，理解紫外分光光度法测定质粒 DNA 纯度及浓度的原理；

◎ 掌握 DNA 的体外扩增（PCR 技术）基本原理、操作及应用；

◎ 掌握限制性内切酶及 DNA 连接酶的作用原理、操作及应用；

◎ 掌握化学法感受态细胞制备的原理及操作；

◎ 了解层析法在分离纯化蛋白质中的重要作用，掌握凝胶过滤层析法、亲和层析法分离纯化蛋白质的基本原理及操作；

◎ 掌握 SDS－PAGE 电泳法检测蛋白的原理及操作过程和应用。

2. 重要思政元素分析与相关知识板块

"分子生物学"实验课程重在实验操作，尤其着重于微量操作，由于是基因操作，涉及到转基因物种（Gene modified organism，GMO）法规，适合开展生命观教育、法治意识教育以及实事求是和团队协作的科学精神和理性思维教育。具体分析如下：

1）树立法治意识

分子生物学实验涉及重组 DNA 分子，实验结束获得的基因工程菌属于 GMO 范畴，对其处置不能随意存放或抛弃，应该做好规范标注。很多国家针对转基因生物都有标签与追踪管理的重要法案，对 GMO 进行标识和追踪管理，并对转基因（GM）食品和饲料的市场投放和标签进行管理，以使人们能够自由选择，并确保环境安全。但通常我们所说的 GMO 是指转基因动植物，而忽视了转基因微生物。通过实验课，可培养学生们的法治意识，合规合法地开展实验和研究工作。

2）培养实践观

实践是检验真理的唯一标准，这是科学精神的重要内涵。分子生物学实验课作为理论课的补充与拓展，正是树立实践观念的绝好时机。分子生物学实验课，是通过实验操作和观察，证实《分子生物学》教材中的种种理论、定义和概念的过程。这一过程，正是"实践出真知"、"实践检验真理"过程的情景再现。教师需要在一次次的实验过程中，不断强调强化这一观念和思想，使得同学们理解手中的实验正是一个检验真理的过程，从而培养科学素养。

3）具有团队协作精神和社会责任意识

分子生物学实验是微量操作，在实验过程中有时候设备需要共用，这就需要大家合理安排、分工协作，从而提高设备使用效率和实验效率。实验通常还需要值日生额外完成实验对照，值日生对照实验的成功与否直接关系到整个班级的实验结果观察和实验结论。另外，分子生物学实验从取材开始到实验结束，试验步骤多，耗时较长，往往也需要进行团队合作才能顺利完成。事实上，整个实验过程就是培养同学们团队精神和责任心的过程。

3. 课程思政的教学策略实例

1）课程思政教学实例一：法治意识的建立

教师应当在第一次实验课程的开头强调 GMO 概念并介绍一些国家针对转基因生物的管理法案，通过 PPT 展示一些 GMO 的标签，让同学们能深刻理解"转基因"，同时告诉大家转基因微生物也属于"GMO"范畴，让同学们建立法治意识。在实验操作过程中，教师也需时刻注意提醒同学们正在进行重组 DNA 技术操作，最后获得的基因工程菌虽然只是一块培养皿，但是其上的每一个克隆实际上都属于 GMO，从而对同学们进行法治意识教育。实验课不仅仅限于实验技能的教授与训练，同样也是对科学素养的培养。

2）课程思政教学实例二：实践观的培养

基础分子生物学实验课程，大多数都是验证性实验，是通过实验检验教材理论概念的过程，是一个"实践检验真理"的过程。教师在实验课的开展过程中，不能仅限于实验技能的教授与训练，而应当时时注意提问学生：通过什么方法"看"到了这些微观分子？怎么知道微观分子的数量和浓度？如何将一类分子从众多分子里纯化出来？在这个过程中，教师也应当不断启发同学们：如果自己便是创立相关理论和概念的学术前辈，是如何通过这些实验步骤得出相关理论或概念的？由此，实践与真理的相关性便成为贯穿整个分子生物学实验课程的重要主线，有助于培养同学们实事求是的精神特质和理性思维。

3）课程思政教学实例三：团队合作精神和社会责任意识

教师在第一节实验课的教学中就应指出，对于每一个同学来说，分子生物学实验是微量操作，每个同学的实验材料也许就是 1 支 2 mL 的离心管，或是一瓶 50 mL 的发酵液，再或是一块琼脂糖凝胶电泳平板上的 1 个泳道，因此，一台仪器设备大多时候需要公用。那么，如何高效使用这些公用设备呢？从而提示在实验过程中，学生应主动学习团队协作。例如，一台24孔的微量离心机可供8—10位学生同时进行离心，一块10孔的琼脂糖凝胶电泳平板可供上样8—10个，通过大家的合作，不仅提高实验效率也节约了资源。另外，生物实验通常需要对照，教师同样可以通过提问，问大家是否需要每个人都做一份阴性和阳性对照？在同学们做出协作的决定后，可继续提问：如果一大组同学只做一个阳性和一个阴性对照，那怎样保证对照实验不出纰漏呢？通过这些启发式提问，引导学生培养团队协作精神和责任意识。例如做PCR扩增基因的实验时，电泳验证时，一块琼脂糖凝胶电泳上需要一个分子量Marker，一个阴性对照样品，这些对照实验往往由当天值日生来完成，因此值日生在整个实验过程中必须具有责任心，提供成功的对照供大家分析实验结果。事实上，整个实验过程就是培养同学们团队精神和责任心的过程。

四、"分子生物学"课程思政元素总览表

课程章节	重要的课程思政元素	相关联的专业知识或教学案例	所属思政维度
一、《分子生物学》各章节课程思政教学指南			
第一章 绪论	社会主义体制政治认同感	新中国分子生物学研究的崛起	政治认同 全球视野
	爱国情怀	我国分子生物学科学家的科技救国、科技爱国	家国情怀 文化自信
	科学研究过程与理性思维	观察—推测—实验—解释揭开分子机制	科学精神 法治意识
	科学研究的基本要求	客观严谨、实事求是的分子生物学研究方法	科学精神
	社会责任	理解技术的两面性，生物学专业学生的职业道德和社会担当	家国情怀 公民品格
第二章 染色体与DNA	规则意识	DNA复制的高度忠实性	政治认同 家国情怀
	严谨求实的科学精神	DNA双螺旋结构和DNA半保留复制的证实	科学精神
	大胆假设、严谨求证	转座子的发现与证实	科学精神
第三章 生物信息的传递(上)——从DNA到RNA	遵循客观规律，建立规则意识	中心法则是遗传信息流动的基本法则	科学精神
第四章 生物信息的传递(下)——从mRNA到蛋白质	职业担当与爱国奉献	中国科学家王恩多的奋斗、奉献精神和社会责任	科学精神 家国情怀
	进化论与辩证思想	核酶的发现及功能	科学精神
	探索创新的科学精神	信使RNA的预测和证实、密码子的破译	科学精神

（续表）

课程章节	重要的课程思政元素	相关联的专业知识或教学案例	所属思政维度
第五章　分子生物学研究方法（上）——DNA、RNA 及蛋白质操作技术	尊重生命、遵守伦理	技术是推动社会发展的“双刃剑” “基因编辑婴儿”事件的警示	公民品格 法治意识
第六章　分子生物学研究方法（下）——基因功能研究技术	专业担当与社会责任	基因工程技术造福人类	家国情怀 科学精神
	科技造福人类	国际合作共同发掘重要功能基因，推动生命科技发展	全球视野
	生态文明和可持续发展	合法开展转基因农作物科研与应用，促进可持续发展	生态文明 公民品格
第七章　原核基因表达调控	科学理性，探索创新	雅各布和莫诺德提出的操纵子学说	科学精神
	团队协作和社会责任	乳糖操纵子的表达调控机制与社会分工的联系	公民品格
	用辩证统一的观点认识事物	葡萄糖效应分子机制中的辩证统一表现	科学精神
第八章　真核基因表达调控	团队协作和社会责任	真核基因转录调控机制与社会分工的联系	公民品格
	进化世界观	真核基因表达调控的复杂性和时空性及其进化	科学精神
	中国科学家的国际贡献	中国科学家近年来在基因表达调控方向的学术贡献	文化自信
第九章　疾病与人类健康	辉煌的中国历史成就	疫苗最早起源于中国	文化自信
	辩证思维	原癌基因与疾病的辩证关系	科学精神
	公民品格和人文关怀	尊重艾滋病、乙肝患者的隐私，有仁爱之心	公民品格
第十章　基因与发育	矛盾的特殊性与普遍性	以果蝇/拟南芥为代表的模式动物/模式植物的研究价值与意义	科学精神
	科学精神与理性思维	摩尔根用果蝇做遗传学研究	科学精神
第十一章　基因组与比较基因组学	家国情怀和全球视野	人类基因组计划及我国的贡献	家国情怀 全球视野
	遵纪守法、合法工作	遵守人类遗传资源管理条例，科技部对违反人类遗传资源管理规定的机构的处罚案例	法治意识
	科技强国和社会责任	华大基因已成为全球领先的生命科学前沿机构，华大基因在多次公共卫生事件中承担的社会责任	家国情怀 公民品格

（续表）

课程章节	重要的课程思政元素	相关联的专业知识或教学案例	所属思政维度
二、“分子生物学”实验课程思政教学指南			
“分子生物学”实验课程	建立规则意识	对 GMO 的认识和规范操作	法治意识
	实践是检验真理的唯一标准	实验课的意义与教学目的：理论知识与实验的相互验证	科学精神
	团队合作和社会责任	实验操作要求团队合作精神	科学精神 公民品格

（黄　静）

第九章

“细胞生物学”课程思政教学指南

一、“细胞生物学”的专业教学体系与课程思政教学目标

1. “细胞生物学”课程简介

细胞生物学主要研究细胞基本生命活动规律，在不同层次上揭示细胞结构与功能的相互关系，以及细胞自然生命活动——增殖、分化、衰老与死亡等内容。它以探寻细胞甚至整个生命体奥秘为出发点，解答了什么是生命的本质，为人类揭示生命规律和征服疾病提供了重要的理论依据。本课程作为生物学及相关专业领域的学科基础课程，一般面向本科二年级学生。课程具有融汇其他学科的枢纽作用，为学生后续选修免疫学、遗传学、生理学等专业课程做好理论知识的积累和准备。

课程的开设对培养当代大学生的科学素养、远大理想和全面人格等有不可替代的作用。同时通过本课程的学习，要求学生能阐述细胞结构与功能相统一的概念，理解细胞基本生命活动过程及调控机制，并了解细胞生物学研究的方法和最新发展方向。学生通过对细胞生物学知识和相关技能的掌握和应用，为以后从事生命科学的教学、科学研究或其他相关工作打好扎实的基础。

1.1 “细胞生物学”的专业教学体系结构

“细胞生物学”课程通常由理论课和实验课两部分组成，从而形成理论储备、技能训练和人格素养培养等多元化的课程教学体系。

1.2 “细胞生物学”的专业教学目标

通过本课程的学习，学生应达成以下专业教学目标：

◎ 明确细胞基本结构与功能的相互关系，知晓细胞生命进程调控机制等基本知识，能用所学知识分析细胞生命活动机理和疾病发生的分子机制；

◎ 了解细胞生物学学科发展过程和各种研究方法，结合物理、化学等其他学科，具备运用细胞生物学研究方法解决实际科学问题的能力；

◎ 能联系细胞生物学与其他学科的交叉融合及其应用，明确细胞生物学在生命科学发展中的地位和价值；

◎ 列举细胞生物学对维护人类健康、促进生产价值和科学进步等方面的贡献，引导学生热爱科学，尊重生命，培养学生具有正确的科学研究态度和高尚的科学素养。

1.3 “细胞生物学”常用专业教材与特色

翟中和，王喜忠，丁明孝.细胞生物学(第4版)[M].北京：高等教育出版社，2011.

本教材为普通高等教育“十一五”国家级规划教材，本教材第一版由翟中和院士等诸多国内知名细胞生物学家、分子细胞生物学家、细胞遗传学家等于1995年编写。前三版教材出版后，曾获得包括国家科学技术进步奖等多项国家级重大奖项。多年来，在诸多编辑的不断更新修订下，目前本教材已出版至第四版，并成为国内综合性和师范院校最为常用的《细胞生物学》教材，也是医学、生物学、农林学等有关专业的重要参考教材。本课程教材选用第四版，此版本在保持前三版内容精炼、教学适用性强等优点的基础上，根据细胞生物学研究的发展现状，简化了对细胞形态结构与功能定位的描述，重点阐述细胞重大生命活动及其分子机制的研究进展。教材对学科发展前沿和研究新成果严谨引用、及时更新，在保持教材内容基础性和科学性的基础上，更注重前沿性。书中注重介绍细胞生物知识在维护人类健康及创造生产价值上的贡献，引导读者思考什么是正确的科研态度和科学素养，培养他们热爱科学和尊重生命等价值观念。本教材也提出了细胞生物学领域目前尚未解决、有待研究的热门问题，以激发学生的学习兴趣，培养他们的独立思考能力和创新意识。

2. “细胞生物学”的课程思政教学目标

2.1 “细胞生物学”的课程思政特征分析

“细胞生物学”课程是生物学相关专业的核心基础课程，旨在培养知识、能力和人格全面协调发展的高素质科学人才。在“细胞生物学”复杂的知识体系中，蕴含着丰富的课程思政元素。“细胞生物学”的授课对象一般是高校二年级本科生，他们正处在人生观念、思想品德和个人人格建设的关键时期，也开始具有一定的政治觉悟和公民意识。若能在“细胞生物学”专业知识的传授过程中，将课程思政元素“润物细无声”地融入其中，将有助于培养学生具备健康全面的人格品质和树立正确积极的三观，从而推动培养大学生成为符合新时代社会主义中国发展要求、推动中华民族伟大复兴的新时代青年。

根据“细胞生物学”课程的知识内容、专业特征和教学方法，其蕴含的思政元素主要可归于七大维度：政治认同、家国情怀、生命观念、科学精神、公民品格、法治意识和全球视野。

政治认同：“细胞生物学”课程对理论知识的讲解会涉及大量的科学发现和应用案例分析，其中充分体现了科学研究和一个国家的国情政策、自然资源紧密相连的深刻含义。我国在细胞生物学领域发展走上正轨是在新中国成立后，并在党和国家的高度重视下得到蓬勃发展。随着中国的经济社会发展，特别是进入21世纪以后，我国细胞生物学在某些领域的研究已经居于国际领先水平。这部分内容清晰阐明了政治与科学发展的关系，表明一个稳定而强大的国家对于推动科学研究良性发展的重要性。这是对学生进行政治认同感教育的良好素材。教师通过古中国、旧中国和新中国三个不同时期细胞生物学研究成果和重要成就的比较，体现出在党的坚强领导下，当前我国正处于“中华民族重新崛起”的历史阶段，从而引导同学形成支持中国崛起和对我国政治制度的认同感：拥护中国共产党的领导，树立中国特色社会主义理想信念，积极投身于中国特色社会主义建设。对于新时代的青年人，只有筑牢政治认同，才能形成全国各族人民团结奋斗的思想基础，才能为实现中华民族伟大复兴的中国梦而努力奋斗。

家国情怀：家国情怀是一个人对自己国家所表现出来的深情大爱，是爱国主义精神产生的伦理基础和情感状态。这种情感往往会和个人理想和奋斗目标相联系。天下之本在国，国之本在家，家之本在身。家与国是一个整体，有了大国，才有自己的小家。细胞生物学发展的今日，我国科学家在此领域取得了不少世界瞩目的成就，例如干细胞治疗、抗体药物研发、蛋白质结构解析和肿瘤免疫细胞治疗等。在细胞生物学课程的知识体系中，系统地梳理我国科学家在细胞生物学领域中获得的成就，可激起学生们的民族自豪感，引导他们产生“这是一个值得热爱的伟大国家”的内在情怀。以此加强爱国教育，厚植家国情怀。让同学们从我国科学家们身上产生爱国精神的共鸣，并引导他们把自己的人生理想与价值追求融入国家进步之中，担当起时代赋予的使命，同时意识到一个富强文明的中国，对于一个完善的科学研究体系的建设起到决定性的作用。

生命观念：“细胞生物学”课程着重描述了生命运作的基本规律，其中蕴含着深刻而朴素的生命观念。生命观念是课程的核心价值观，贯穿了整个课程，是人们对生命现象及相互关系进行解释后的抽象归纳。细胞生物学中的生命观念涵盖了结构与功能观、进化与适应观、稳态与平衡观、物质与能量守恒观等。学生在发现生命本质的同时，会感受到生命的美妙之处、生与死的辩证关系、生命体繁衍生息的不易，从而油然而生对生命的尊重。因此，课程中培养学生树立生命观念，理解生命活动的本质与物质基础，能用这些生命观念解释生命运作规律，是本课程重要的专业和思政教学目标。事实上，生命观念也是马克思主义科学世界观和唯物辩证观的源头，整个“细胞生物学”的课程教学事实上是马克思主义唯物辩证法在细胞生物学领域中的重要体现。教师应该在课程中帮助学生深刻理解生命观念的内涵，提高自身的科学素养，在此基础上形成正确积极的人生观和科学的世界观。

科学精神：科学精神是自然科学发展中形成的优良传统、认知方式、行为规范和价值取向。科学精神是人类文明的精神果实，也是马克思主义的精髓之一。“细胞生物学”课程的知识体系中包含了大量的科学发现过程，蕴含了大量的科学精神的思政元素。这些科学精神是新时代青年必须具备的素养。在课程不同的教学环节中应加以引导学习，让学生知道科学活动是复杂艰难的过程，只有秉持客观的原则、严谨求实的态度和创新意识，才能完成科学研究。另外，科学认识来源于实践，实践是检验科学认识真理性的标准和认识发展的动力；科学的发现是无国界的产物，科学既是对前任发现的传承，也是不断发展的开放体系；科学是自由的探索，在真理面前一律平等，对不同意见要采取宽容态度，不迷信权威，提倡怀疑批判的同时不断创新进取。生命科学专业的学生只有具备这些科学精神，才能在社会发展中把握机遇、应对挑战。要学会面对问题利用辩证思维能力，作出正确的价值判断和行为选择，立足基本国情，在实践创新中增长才干，实现个人价值。

公民品格：公民的品行和道德素养是整个国家和民族素质的体现，也是一个国家软实力的重要组成部分。中共中央《公民道德建设实施纲要》提出了“爱国守法、明礼诚信、团结友善、勤俭自强、敬业奉献”二十字的公民道德基本规范。作为新时代的青年，必须具备作为国家主人和社会主体的自觉意识，明确并履行社会主义制度下的权利、义务与责任。细胞生物学领域科学发现和研究成果在维护国民健康和促进生产发展中的重大贡献，反映出科学家们服务社会、造福人类的优秀品格。在课程中，应当对学生塑造高尚的公民道德品格、具备社会责任感和公共参与度等提出一定要求。特别是要唤醒他们尊重生命、关怀生命，促进公共健康的意识。对于社会主义公民的人格道德的培养要求，也契合了社会主义核心价值观，应在课程中有效地传授给学生。

法治意识：法治是对于现行法律发自内心的认可、崇尚、遵守和服从，是现代文明社会稳定和发展的重要基石。公民的法治意识决定了社会的文明程度和发展潜能。对于生命科学研究，我国具有相应的法律条文来规范科学家们的行为准则和推动科学研究的良性发展。因为，科学在为人类创造物质财富和精神力量的同时，也可能给人类带来负面影响甚至灾难。只有敬畏自然规律、合理利用科学研究，才能让科学造福人类，形成人与自然的和谐发展。为了避免极个别科学家在追求利益的驱使下，做出无可挽回的“疯狂”举止，我国形成了一系列的法律法规和伦理准则，来约束并规范科学研究行为。在课程中，教师应强调科学研究行为规范的重要性，以及遵守法律法规和伦理守则的必要性，引导同学们形成守法守律的法治意识和正确的科学伦理观念，明白法律底线不可触碰的道理。

全球视野：科学是无国界的产物，每位成功的科学家都具有开放的科学精神，以面向世界的全球眼光，关注社会和世界的现状与发展变化，追求人类和谐共处、共同进步。在细胞生物学领域中，很多重大发现都是“世界级”的研究成果，从中体现出科学家们“全球视野”的精神与情怀。在科学迅速发展的当今中国，我们可以发现，很多重大项目的研究团队都是由多个国家的科学家组成的。作为新时代的大学生，应具备基于全球变化与国际差异的思维视角，以全球视野看待并参与社会主义中国的建设。在课程中，教师应鼓励学生用全球观审视事业的发展方向和个人的培养目标，扩大思想格局，并在交流、对话的过程中坚定对自己国家和民族的自信。

2.2 “细胞生物学”的课程思政教学目标

在“细胞生物学”课程的教学过程中，应体现和强化以上多个维度的思政元素，实现以下课程思政教学目标：

◎ 在了解生命组成单位——细胞的基本结构基础上，认识生命形成之美，树立对生命的敬畏、尊重和关怀，形成健康积极的人生观念；

◎ 在深刻理解细胞结构与活动规律的基础上，领悟生命的本质，运用马克思主义唯物辩证法的方法论去分析和解决问题；

◎ 在学习中能感悟到科学家崇尚科学、严密推理、追求真理等科学精神，督促自己形成正确的科学思维和健全的人格品质；

◎ 了解我国科学家在细胞生物学研究领域取得的贡献，并由此了解我国基本国情，培养爱国情怀，认同中国发展道路，认清我国在细胞生物学相关领域科学发展的国际地位，激发学生报效祖国、振兴国家的使命感和责任感；

◎ 在进行动物实验过程中，学习并理解我国的实验动物管理法规和伦理守则，树立善待实验动物、合法合理利用实验动物的法治意识，铭记实验伦理与法规是不可触碰的底线。

二、《细胞生物学》各章节课程思政教学指南

第一章　细胞生物学概论

1.1　专业教学目标

本章是《细胞生物学》的开篇，重点讲述细胞生物学学科的宏观概念和发展宗旨，在整个课程的教学中起到了思想统领的作用。通过本章学习，要求同学们掌握细胞生物学最基本的知识概念、学科发展历史与现状，以及细胞生物学领域科研工作的科学价值，为后续章节的教学奠定基本的理论基础和思想纲领。具体教学目标如下：

◎ 了解细胞生物学的发展简史；

◎ 知道细胞生物学的研究内容、研究现状与发展，明确细胞生物学在生命科学中的地位和作用。

1.2　重要思政元素分析与相关知识板块

本章作为《细胞生物学》的开篇，其内容覆盖面广，蕴含了丰富的思政元素。与之后大部分章节相比，本章的思政元素维度广、素材多，是“细胞生物学”课程开展课程思政的重点章节。本章节主要的思政元素和相关的重点知识板块包括：

1) 马克思主义辩证唯物观

本章开篇描述了细胞生物学学科的中心思想：一切有机体(除病毒外)都是由细胞作为基本单位构成的；新的细胞由细胞分裂而来。这些理论与恩格斯的《反杜林论》和《自然辩证法》经典著作中对于生命来源的阐述相呼应，可作为本章节中天然的思政元素。细胞的发现过程体现了人们认识自然界的辩证发展过程，细胞学说是马克思主义哲学产生的自然科学基础之一。因此将马克思辩证唯物主义经典著作和生命起源相结合是本章节的一个主要思政内容和重点。借助细胞发现史的教学，可将课程思政内容悄然融入专业知识。

2) 生命观念

本章在“细胞生物学研究意义”中，深刻蕴含了多元素的生命观念，人们通过揭示生命的本质和内在运作机制，来维护自然界生命的和谐发展和人类健康。这同时也反映了人类是如何认识生命本质、发现生命规律的科学思维过程。通过这些案例分析，可引导学生形成正确的生命观，客观地对待不同细胞生命体之间的差异和关系，认清人类在自然界中的生物地位，形成尊重生命、敬畏生命的观念。作为本章节重要的思政内容，教师应加以强调和深入讲解。

3) 科学精神

在本章的“细胞生物学说发展史”环节中，教材列出了大量学者逐步揭开细胞神秘面纱的思维推导过程，这些案例都体现出科学理论源于实验和实践的科学精神。科学家们思维缜密，对于实验过程和结果反复论证，实验数据记载详明，将观察到的现象进行分析归纳，最终才做出科学的解释。这是细胞生物学研究最基本的要求，也是科学精神的明确体现。在这个环节教学中，应重点突出其中蕴含的各种重要的科学精神，将此传递给学生，引导学生

树立正确的科学研究态度。

4) 爱国情怀

在本章介绍细胞生物学发展现状和趋势的环节中，有许多我国科学家取得的成果案例。这表明，细胞生物学发展至今，我国科学家在此学科发展中起到了越来越重要的推动作用。例如，细胞治疗、基因编辑技术、细胞超分辨率分析技术、细胞的衰老与损伤机制研究等，都有我国科学家的重大贡献。教师应在课堂上列举这些案例，这可以很好地激起同学们的民族自豪感和国家荣誉感，由此引导同学产生热爱祖国的内在情怀。

5) 社会责任感

本章在"细胞生物学在生命科学中的作用"小节中，列举了许多促进人类健康、疾病预防等为人类造福的案例，也有关于科学成果推动产业进步、促进国家发展的案例，这些领域的发展均需要细胞生物学的专业知识积累。因此，作为修读此课程的学生，学好细胞生物学理论知识是造福人类、推动社会发展的必然条件。这部分内容蕴含着专业知识学习和社会责任密切关联的寓意，值得作为思政元素加以发掘和强调。

1.3 课程思政的教学策略实例

1) 课程思政教学实例一：马克思主义辩证唯物观

细胞生物学发展的简史中，英国学者胡克(Robert Hooke)发现细胞，荷兰学者列文虎克(Leeuwenhoek)观察到活细胞，德国植物学家施莱登和动物学家施旺发表《植物发生论》和《动植物的结构和生长一致性的显微研究》并提出细胞生物学学说观点，这些重要的学科历史事件都是可以进行马克思主义唯物史观思想教学的绝好素材。教师在讲解时可引导学生对这些科学家研究结果进行归纳总结，推导出细胞生物学说的中心思想。在师生提问交流中，教师在讲授专业知识之前可以明确提出：本节的内容，正是马克思主义形成的三大自然科学基础之一。在课后，教师也可以让同学们在马恩经典著作中寻找体现细胞生物科学史重要事件的原文。这样，既能促使学生阅读马恩经典著作，重温自然辩证法，也能帮助他们理解本学科的发展对于人类历史发展的重要性。

2) 课程思政教学实例二：追求真理、实事求是的科学精神

在科学简史中，我们会发现很多学者和科学家对科学研究都源于兴趣。但对于新学科的开启，往往会受到诸多质疑。例如，列文虎克观察到活细胞，以及细胞内高尔基体结构的发现等，最初都受到了科学保守派的质疑甚至压制。但这些发现细胞、创建细胞学说的科学家克服清贫、隐忍坚守、矢志不渝、追求真理，坚持他们所热爱的研究工作，最终在大量数据积累的基础下，开辟了细胞生物学学科。对于科学家的这种科学精神与职业操守，应当成为生物学专业学生们学习的楷模，得到学生们的尊重与继承。此环节，可以通过教师推送或学生自学等方式，让学生阅读这些科学家的生平事迹材料，在重温经典科学研究过程的同时，启发学生领悟到其中蕴含的具体科学精神。

3) 课程思政教学实例三：培养民族自豪感与爱国情怀

在细胞生物学学科发展的当代，我国科学家所取得的成就与贡献占据了越来越领先的地位。与学科的发展初期相比，教师只能列举国外科学家代表性的工作，而当代细胞生物学的现状分析，可以讲讲我们中国的故事。例如，在细胞治疗领域，尤其是 CAR-T 细胞治疗，中国的成果已与美国同行持平甚至超越。利用冷冻电镜技术解析细胞中蛋白的精细结构，中国已经处于世界领先水平。这些内容可以结合现代细胞生物学发展的未来展望和价值所

在分析，从而将科学发展与我国现有国情和政策扶持相关联，点燃同学们心中的民族自豪感和爱国主义情怀，强化对学生人生理想树立的价值引领，增强学生的责任感和使命感。这样既讲授了知识，又凸显出价值引领。

4）课程思政教学实例四：肩负使命的社会责任感

纵观细胞生物学发展的整个历史，本学科研究的科学问题具有很高的应用价值和经济价值。在此部分中，可结合细胞生物学发展史重大事件的讲解，让学生知道人们是如何利用细胞生物学的知识来提高人类健康和促进国民生产价值。例如，列举我国在细胞治疗、肿瘤治疗、生物制药生产等行业迅速发展的案例。但此章节为全课程开篇章节，对于案例的具体科学机理讲解还未完全展开，因此，可只做案例列举，不宜深入开展，让学生从中体会科学家立足基层、造福百姓的社会责任与担当，体会严谨求实的科学研究精神。具体展开可在后续相关章节的学习中进行。

第二章　细胞的基本知识

2.1　专业教学目标

本章是《细胞生物学》基础通用知识板块的第二部分。本章着重介绍细胞的共性与多样性、细胞的分类和不同种类细胞之间的差异，使同学们对千姿百态的细胞基本特征有整体印象，了解地球上多种多样细胞的基本共同特征，从而为之后理解细胞结构与功能相统一的生命观念做好铺垫。同时让学生对细胞生物学研究涉及的动物模型和实验方法有初步的感性认识，为后续章节知识点细致解析所运用的实验方法和实验样本打好基础。本章节还介绍了细胞生物学研究的模式生物应用规则及最新的研究方法进展。具体教学目标如下：

◎ 了解细胞的基本概念及其演变过程；

◎ 阐明细胞的统一性与多样性；

◎ 知道细胞的起源假说；

◎ 熟知细胞生物学基本的研究方法；

◎ 举例说明细胞生物学研究的模式生物；

◎ 了解细胞生物学的研究方法发展。

2.2　重要思政元素分析与相关知识板块

本章节专业性较强，以了解细胞生物学基本知识与研究方法为主要内容。但在其中仍然蕴含着重要的思政内容，值得在专业知识的讲授中深入挖掘。几个主要的思政元素和相关知识板块如下：

1）系统生命观

本章节概述了对细胞的整体认识，在学生认知细胞的起源、共同特性与多样性的同时，通过比较不同细胞（真核细胞、原核细胞和古细胞）的异同，认识到生物界由细胞组成的生命的多样性和统一性，感受到细胞构成生命基本单位（不包括非细胞生命形态）的神奇与美丽。形成细胞是最基本的生命单位的认知理念，在此基础上进一步认知生命系统的不同结构层次，从而让学生建立生命的系统观念。

2) 生态意识与可持续发展

本章中细胞多样性的知识点蕴含着生态意识与可持续发展观的思政元素,多种单细胞与多细胞生物形成了自然界和谐的网络关系。不同细胞构成了不同的有机个体,它们相互依赖,相互影响,维持自然发展的平衡,体现着微观的生态平衡关系。在讲解此知识点的同时,除了从细胞结构角度分析不同细胞的共性与个性,应融入不同生命体相互影响、相互制约,生态平衡和可持续发展的观念。通过列举不同细胞对地球整体发展的影响作用,帮助学生形成尊重自然规律、实现人与自然和谐共处的可持续发展观念。

3) 科学理性思维

本章在"细胞的起源"环节中会探讨生命起源的本质,其中蕴含着深刻的科学理性思维,反映着人类如何根据实验推测细胞的起源、发现生命规律的科学思维过程。通过对细胞起源的推导与案例的阅读、分析,可引导学生建立理性的科学思维方式,客观地对待细胞与其他生命体(非细胞形态)之间的辩证关系。另外,此部分内容与达尔文阐述进化理论的伟大著作《物种起源》密切相关。进化论是马克思唯物史观形成的重要源头和支撑,马克思、恩格斯对达尔文的进化理论给予了高度评价。因此,可以借鉴这部分内容,结合马克思主义唯物史观,开展科学理性思维的课程思政教学。

4) 追求真理、不惧权威的科学精神

本章节中"细胞学说的建立与发展"的科学史,是典型的科学探究过程体现。教师在分析细胞学说建立和发展过程中,讲解科学家们对细胞的发现、认知和解析(例如,显微镜技术的应用与不断创新等)都体现了科学家们追求真理、不惧权威、不断探索的科学精神。在此环节,教师不仅可以和学生们一起回顾人们认识发现细胞的过程,更应引导学生挖掘其中值得学习的科学精神。

5) 尊重生命与法治意识

在人类探索生命世界的进程中,以大量的实验动物作为实验对象,这是因为在人类对于生命世界的每一个研究进展,都需要以这些动物的牺牲作为代价。在当前人类的科技水平下,人类在追求健康持续发展的科研探索中,离不开实验动物的必要牺牲,我们必须客观理性地对待此事。此章节在细胞生物学研究方法介绍中,会涉及多种模式生物和实验动物的介绍。为了科学研究,不可避免地会造成实验动物的人为死亡和损伤。在此,学生应具有尊重动物生命的伦理道德意识,在科学实验中不滥用实验动物,善待实验动物。同时,更应熟知我国关于实验动物的相关法规政策,绝不违反法律条文规定。因此,在此教师需要引导同学们树立理性的生命观,尊重生命,理解并接受现代实验动物伦理观,遵守相关法规政策。

2.3 课程思政的教学策略实例

1) 课程思政教学实例一:和谐发展的生命观念

教师在讲解细胞的起源、科学家如何通过实验推测细胞的形成环节时,可采用课堂提问或者课后作业(资料查阅)方式,引导学生先对生命的形成展开思考。随后在分析细胞多样性知识点时,列举原核细胞作为典型代表,结合这些不同单细胞在整个生命系统中的地位与作用,例如支原体与人类、细菌与人类或生态系统中的蓝藻等,让学生认识不同生命状态构成完成生命体系重要性的观念。对于多细胞组成的生命体(植物细胞、动物细胞、人体细胞),则侧重讲述其依赖于不同分化的细胞密切合作,完成一系列复杂的生命活动,这也是生命系统观的体现。通过这些案例,帮助学生感悟出生命的复杂性和系统性,建立唯物的生命观念,形成尊重生命的价值观念。

2) 课程思政教学实例二:科学思维与科学精神

本章节对科学史的阐述和科学方法的讲解,都是典型的科学思维与科学精神思政元素。对于"细胞的起源"知识点,是绝佳的对学生进行理性推导等科学思维模式训练的教学内容。在此,教师可采用启发式教学方法,结合提问与讨论,和学生一起重演科学家们对于"细胞起源假说"多个推导实验的过程与结果分析,训练他们客观理性、严密推理的科学思维,同时强调马克思辩证唯物观在细胞生物学研究中的核心价值。

另外,学生在学习细胞学说的形成过程中,教师可利用归纳和概括的方法,训练学生形成正确的科学思维方式。例如,提出问题:科学家是如何发现细胞这一生命体的?其中科学家借助了哪些工具?随后又是如何发现细胞内部结构?原先的工具是否满足研究需求?科学家是怎么解决这些问题的?……借助和学生重现细胞学说创建过程的训练,将其作为发展学生科学思维的途径。同时采用案例讲解或者让学生查询资料,开展"线上线下"讨论环节,引导学生发现细胞生物学科学史中相关科学家们宝贵的科学精神(理性思维、严谨推理、反复验证、实事求是、不断创新等)。

3) 课程思政教学实例三:法治意识的培养

本章节科学研究方法中对于实验模式生物的介绍,教育学生应树立不滥用实验动物和善待实验动物的观念。但更重要的是学习相关法律法规,规范科学研究行为。教师可在课程讲解中引导学生查阅和阅读《实验动物管理条例》(中华人民共和国国家科学技术委员会令第 2 号,1988 年发布,2017 年 3 月修正)、《关于善待实验动物的指导性意见》等相关法律法规,帮助学生从伦理上树立正确对待实验动物生命观念,引导他们从遵从法规的角度来规范自己的动物实验操作行为。教师在此必须加强学生的法治意识,使得他们能遵从科学研究相关法规,严格约束自己遵纪守法,不去触碰法律底线。

第三章　细胞质膜与细胞表面

3.1　专业教学目标

从本章开始,正式进入"细胞生物学"课程的主体部分,阐述细胞结构和功能的理论知识。细胞膜是所有细胞的共同特征之一,是细胞重要的结构,富有多种功能,参与细胞多种生命活动。在本章学习中,对于细胞膜的清晰认识,有助于学习后续章节相关的知识内容,例如,物质的跨膜运输、内膜系统、膜泡运输、信号转导等。因此,要求学生能够在本章节掌握细胞膜的化学组成、结构特征和分子模型,理解结构与功能相统一的原则。具体教学目标如下:

◎ 熟悉细胞表面的特化结构;

◎ 掌握细胞质膜的化学组成;

◎ 了解细胞膜的分子结构模型;

◎ 掌握细胞不同的连接方式及分子基础。

3.2　重要思政元素分析与相关知识板块

本章节要求学生理解细胞膜作为细胞基本结构之一的特征和赋予的功能,从结构和功能相统一的角度思考为何细胞以膜(磷脂双分子层)作为细胞边缘和大部分细胞器的边界。在学习细胞膜结构发现过程的科学史和细胞膜实际应用案例的同时,理解以下思政元素:

1) 唯物主义世界观

细胞生物学对于结构的描述和功能的分析,始终贯穿了生命现象与物质结构功能相统一的唯物主义思想。作为细胞结构学习的开篇章,细胞膜结构的组成和特征分析也巧妙地蕴含了这一唯物主义世界观。正是因为膜的特性(流动性、不对称性)才赋予了细胞膜多种生理功能,最终反映在细胞所具有的生命活动中。对于如此典型的案例,教师应融入专业知识体系,帮助学生巩固理解唯物主义思想,形成唯物主义世界观。

2) 求真务实、不断突破的科学思维和科学精神

细胞膜分子结构和生物学特征的发现过程,蕴含着细胞生物学研究代表性的科学思维方式。人们对于膜结构的化学成分分析、膜结构分子模型构建的推导与证实,都反映了科学研究需要大胆猜测、小心求证的求真务实科学态度。在此部分讲解中,可采用提问式引导或者学生自主学习方式,让学生回顾科学家们如何根据实验证据一步步缜密推导,不断突破,最终揭示细胞膜分子结构的整个过程,借此训练学生形成相应的科学思维方式,引导他们继承这些科学家的科学精神。

3) 社会责任

本章节除了从细胞结构角度介绍细胞膜,还可根据膜的特性,列举细胞膜作为应用的案例,例如人工膜——脂质体,作为多种药物载体,可在药物装载和药效改善中发挥重要的作用。这是科学理论服务社会需求的典型案例,可在此加以强调。同时,可让学生进行细胞膜相关应用案例的深入挖掘,引发他们的思考,使其明白提高生产力、改善人类健康需要生物学专业知识和从业人员,从而唤起他们的社会责任感,感悟学习理论知识的重要性和自己的职责。

3.3 课程思政的教学策略实例

1) 课程思政教学实例一:求真务实的科学精神

在细胞的分子模型认识发展过程中,人们对细胞膜结构的分析过程,包括脂双分子层(1925年)、三夹板模型(1935年)、单位膜模型(1959年)、流动镶嵌模型(1972年)等理论模型的更新与升级,本身就体现出贯穿细胞生物学科学研究的科学思维发展模式。在这部分科学史内容中,集中表现出当时科学家们大胆推测、小心求证的求真务实的科学精神。科学需要突破性的思想,有时甚至是“奇思怪想”。但作为实验学科,细胞生物学的所有发现的最终结论都需要实验验证过程。任何设想、推测都需要实践来检验。教师可利用此知识点,帮助学生进行正确的科学思维训练,同时培养他们的实证科学精神,引导他们理解“科学的实践活动是检验科学理论真理性的唯一标准”。进一步,可提出对公认细胞膜分子模型——流动镶嵌模型的不足之处的思考,引出科学家们不局限于现有的研究结果,不断追求真理的科学精神,最终在这些科学精神的推动下,提出后续“脂筏模型”等细胞膜分子模型的研究结果。提醒同学们:表象不等于真相,要探究真相必须了解事物的本质。

2) 课程思政教学实例二:社会责任

细胞生物学教学工作不仅是教授学生相关的专业知识,更要引导学生思考并领悟如何将所学的知识转化为实际的应用和创造价值。在本章节中,利用细胞膜的结构特征,人们已经可以制备多种人工膜在多个领域进行应用。其中脂质体在实际生产和医药健康等领域的应用案例十分常见,例如抗肿瘤药物载体——阿霉素脂质体和顺铂脂质体。教师可让学生

自己查阅资料,寻找脂质体在不同领域的应用案例,在提高对理论知识与实际应用相结合的认识的同时,从中体会科学家立足基层造福百姓的社会责任与担当。引发学习细胞生物学的价值思考,让同学始终思考:学习生命科学的本质是什么?在未来的工作中,如何利用学习的理论知识来服务社会?

第四章 物质的跨膜运输

4.1 专业教学目标

物质跨膜运输是细胞正常生命活动,也是细胞膜的重要功能之一。通过不同的跨膜运输方式,细胞内外之间及细胞内各细胞器之间建立联系,保证细胞在新陈代谢等生命活动中的正常物质交换,也是生物膜能量转换和信息传递等功能的基础。本章节主要专业教学目标如下:

◎ 举例说明物质不同的跨膜运输及意义;

◎ 理解细胞对不同物质的跨膜运输方式选择的本质;

◎ 阐述细胞胞吞作用与胞吐作用的过程。

4.2 重要思政元素分析与相关知识板块

本章节是在第三章专业知识的基础上开展的,专业性强,专业术语多,但本章节仍旧存在可挖掘的思政元素,主要包括生命观念、科学精神和社会责任。人们如何发现细胞通过不同的方式来完成跨膜运输工作?细胞如何利用物质跨膜来完成与外界及细胞内部之间的物质交换?这些和人体正常代谢及机能发挥有何联系?哪些因素会造成物质跨膜运输的紊乱,从而引发疾病的发生?这些问题都蕴含了以下三点思政元素:

1) 健康生活、热爱生命

本章节阐述的物质不同的跨膜运输方式,在揭示细胞生命活动规律的同时,也包含了热爱生命的观念。人体内几乎包含了所有的物质跨膜方式,不同的细胞对于不同的物质,在不同的条件下会选择不同的物质跨膜运输方式来转运物质进出细胞内外。这些代谢活动有序进行,参与各种生理机能活动。掌握其中的机制,对于我们选择健康生活方式,了解生命、了解自我具有重要的意义。教师应结合具体的案例,在帮助学生理解物质跨膜专业知识的同时,强调这些物质跨膜运输正常进行的重要性。如果生活习惯不健康,容易导致物质跨膜运输的紊乱和错误,将会导致严重的后果,例如糖尿病等重大疾病的发生。在此帮助学生树立健康生活、热爱生命的价值观。

2) 勇于创新的科学精神

物质跨膜运输中的协助扩散、离子泵和协同运输,包括胞吞和胞吐过程,需要膜蛋白的参与。在这些膜蛋白功能的发现中,例如水通道蛋白、葡萄糖转运蛋白、钠离子通道等,都体现了科学家们对实验数据严格精确的分析精神,从经验认识层次上升到理论认识层次的理性精神,以及不辞辛劳、勇于创新的精神。这些精神值得我们学习和继承。促进学生深入思考科学研究应具有哪些科学精神。

3) 维护国民健康的社会责任

物质跨膜运输方式的揭示,是基于人们对生命本质和疾病发生机制的探索而引发的。人们为了发现疾病产生原理，从与疾病相关的物质跨膜方式找到控制和治疗疾病的方法，来进行相关研究。作为生物学专业的学生，应当对其中的科学发现有所了解，并从中体会科学家立足基层、造福百姓的社会责任，学会严谨求实的科学研究精神，以及承担时代使命的社会责任感。

4.3 课程思政的教学策略实例

1) 课程思政教学实例一：生命观念的形成

生命观念是生物学科的核心素养，包含了人们对结构与功能、稳态与平衡、物质与能量守恒的抽象概念。在物质跨膜运输章节非常好地诠释了这部分的生命观念元素，教师可结合此部分专业知识的讲解，融入关于生命观的思政元素。例如，分析离子通道的特异性（结构与功能），葡萄糖转运蛋白是负责葡萄糖跨膜运输、细胞能量储存与释放的主要方式之一（物质与能量守恒），质子泵维持细胞 pH 环境稳定（稳态与平衡）。学生对此部分专业知识的学习与掌握，能帮助他们解释生命现象的本质，理解生命活动的意义，并树立结构和功能、物质与能量、稳态与平衡等生命观念。

2) 课程思政教学实例二：科学探索精神

物质的跨膜运输是个多体系的复杂过程。在物质跨膜运输机制揭示中，出现了很多著名的科学家，他们不懈努力，不断探索，帮助人们揭示了多种物质进出细胞的机理，因此也荣获了诺贝尔奖等不同奖项。其中有很多富含科学精神的案例值得挖掘。例如，2001 年诺贝尔化学奖得主彼得·阿格雷及其团队是在分离纯化红细胞膜上的 Rh 多肽时，偶然发现了一个 28 kDa 的疏水性跨膜蛋白，他们敏锐地抓住了这个发现，始终保持着好奇探索精神，最终确定了水通道蛋白的存在并解析了其蛋白结构。在揭示生命现象的同时，解释了因水通道蛋白异常而引发疾病的机制。教师应当以此作为课堂案例，在讲解中重点强调科学家敏锐的觉察力、强烈的好奇心和不懈的探索精神，让学生感悟到科学家们追求真理、创新进取等科学精神，鼓励他们形成不断质疑、批判、开放的科学思维。

3) 课程思政教学实例三：为国家健康事业奋斗的社会责任

教师在讲解不同物质跨膜运输方式时，可结合它们在不同细胞及人体多种生理活动中功能发挥的典型案例进行讲解，帮助学生分析细胞中物质跨膜途径的错误引发相关疾病发生的原理。本章节中糖尿病与葡萄糖转运蛋白、重金属中毒与水孔蛋白、神经毒素与离子通道专业知识，都是对学生进行社会责任培养的典型案例。以葡萄糖转运蛋白为例，教师可结合课外资料查阅和文献阅读，让学生了解糖尿病等与葡萄糖转运蛋白相关疾病发病机制及治疗现状的同时，激发学生对自身及社会健康的责任感。根据所学的专业知识，思考如何预防糖尿病，目前的治疗药物的作用原理是什么？这些，都是让学生建立疾病治疗和细胞生物学专业知识的密切联系，从而培养学生健康生活、尊重生命的价值观念，以及利用所学理论知识来维护人民健康的社会责任感。

第五章　细胞信号转导

5.1 专业教学目标

本章节从专业知识角度看，是细胞生物学知识难点之一。主要介绍细胞信号转导的基本概念及规律，要求学生能通过重要案例：细胞内受体（激素受体）信号途径、一氧化氮信号途径、G 蛋白偶联受体(GPCR)和具有酶活性受体介导的信号转导途径等,学会分析不同细胞转导过程及机制,利用所学的知识解释相关疾病发病机制。其专业教学目标包括:

◎ 掌握细胞信号转导基本概念;

◎ 了解细胞内受体介导的信号转导规律及过程;

◎ 能举例阐述 G 蛋白偶联受体介导的信号转导及调控机制;

◎ 知道具有酶活性受体介导的信号转导途径及意义。

5.2 重要思政元素分析与相关知识板块

本章知识体系深刻复杂,可在多处发掘不同的课程思政元素。章节描述的代表性信号通路途径中包含了多项诺贝尔科学奖,这些获奖者身上具有不同的科学家品质,值得我们对其归纳总结和引发个人人生观思考。在最新的信号转导途径研究中,尤其是包括 GPCR 等膜蛋白结构解析中,我国科学家也取得重要成果,此处是引发学生国家自豪感较好的切入点。同时也要让学生了解我国在相关领域的研究地位,培养他们具有全球视野,扩大他们思考问题的格局。具体分析如下:

1) 科学精神

在本章中,教材列举了许多科学家发现负责信号转导膜受体、第二信使、调节方式等重要要素的案例。这些发现体现了多种科学精神:探索精神、理性精神、协作精神和奋斗创新精神等。科学家们思考周密精细,记载详明,将观察到的现象进行分析归纳,理性分析,做出创新性的科学解释,把细胞信号转导的本质问题揭示出来。这既是细胞生物学研究的基本要求,也是多种科学精神的明确体现,值得在本章教学中加以重点突出、强调和强化。

2) 马克思主义认识论

对于细胞内信号转导的研究具有非常强的时代性,不断有新的途径、某一途径的新成员的发现。人们通过不断探索新的研究结果,慢慢清晰地描绘出细胞中复杂的信息网络图。此处知识点和马克思主义认识论的观点有异曲同工之处。马克思主义认为,客观而不依赖于人的意识存在的物质世界是认识的对象和源泉,认识是主体对客体的反映,是客观世界的主观映象,这反映出认识与实践的具体统一。人们为了解释一些生理现象,开始逐步绘制出细胞信号转导通路的图谱,这些新信号通路和分子的发现就是在不断的实践中被发现,又被实践所证实的“真理”。由此,科学家对于信号转导途径的发现过程便非常符合马克思主义认识论等观点,值得教师加以发掘并作为思政元素使用。

3) 政治认同

2019 年,国家发布《“健康中国 2030”规划纲要》,提出了建设健康中国的目标和任务,其中包括了对于重大疾病的预防与治疗。同时,国家也从国民健康维护需求出发,大力发展健康事业,设立了多项疾病相关信号转导科学研究项目。对于本章节阐述的信号转导典型途径,可选用与机体代谢和重大疾病相关的途径,并在分析信号途径的同时,结合国家健康中国战略政策,介绍这些信号途径研究工作是在国家大力的扶持下有序开展的,从而让学生了解学习此部分专业知识的时代性价值,引发学生对我国国家科技政策的认同感。

4) 国家自豪感

在信号转导的专业知识体系中,膜蛋白结构与功能是重要部分,膜蛋白结构的解析为分析其在信号转导中的功能起到了关键的作用。在近些年,我国科学在这部分的研究获得了重大的成果,如 G 蛋白偶联受体家族蛋白的结构解析及工作原理的揭示。教师可以利用这部分内容，凸显我国当代科学家在膜蛋白结构及功能研究中的地位和贡献，从而增强当代学生的国家自豪感和民族自信心。

5）全球视野

科学研究是无国界的，是开放的体系。科学家应具有开放精神，拓展与国外研究团队的合作与联系，推动科学的发现。在此章节，蕴含了这项思政元素，信号转导途径的多项发现是在不同国家、多位科学家共同努力下完成的。教师需引导学生思考，作为新时代的大学生，在具有民族使命感、国家自豪感的同时，也应保持开放的精神，具有全球视野，立足本位，扩大思维的格局。

5.3 课程思政的教学策略实例

1）课程思政教学实例一：科学传承、奋斗创新的科学精神

在本章节的知识体系中，涉及了大量的科学史和诺贝尔奖项。教师可根据这些素材，挖掘出以“科学精神”为主题的思政元素。例如，G 蛋白偶联受体中的 cAMP 信号转导通路中的多种关键元素获得了多项诺贝尔奖项，这是很好的案例。教师可结合多种教学方式：课堂启发式、课后学生自学，或者采用“线上线下”混合式教学模式，充分利用这部分素材，让学生从科学家们身上感悟出什么是科学精神。批判怀疑、创造探索和实践探索等精神是值得学生们去学习的。另外，cAMP 发现者萨瑟兰(E. W. Sutheland)是在柯里夫妇(解析了糖原分解机制)的指导下完成了此项工作的探索，这是科学传承教育的典型案例。教师可通过让学生查阅其中的科学故事、组织课堂讨论或线上网络课程平台讨论，让学生领悟科学活动是阶梯式递进的攀登，科学成就在本质上是积累的结果。鼓励学生拓宽视野，努力攀登科学高峰，奋斗创新。

2）课程思政教学实例二：政治认同

信号转导章节的学习中，涉及大量与人类疾病发生相关的专业知识。例如，与心肌细胞舒张相关的一氧化氮信号通路、控制各种代谢途径的 G 蛋白偶联信号通路，以及与肿瘤发生密切相连的具有酶活性的信号通路。教师在讲解时，可结合这些案例，提出问题，让学生思考他们学习这些专业知识的意义在哪里？如何学好这些专业知识，将知识应用到实际生活中，行使公民责任与意义，去维护人类健康，为疾病治疗找到更多的突破口。随后列举我国关于信号转导研究国家重大项目所取得的成果，引导学生去阅读相关资料，从而让他们感悟国家对于科学工作者的大力扶持政策是我国取得巨大成果的重要原因。这样的教学方式，便能潜移默化地引导青年学子产生对国家的政治认同。

3）课程思政教学实例三：国家自豪感

闻到花香心生愉悦，步入黑暗感到恐惧。这是大家熟知的现象，但在 20 世纪的大部分时间里，人们并不清楚我们人体如何感知外部环境变化并作出反应。随着膜蛋白——GPCR 的发现，人们才知道是它充当了“信号兵”，并在细胞多种信号转导途径与生理反应中发挥了非常关键的作用。因此此章节选用了 GPCR 作为信号转导的教学内容。不仅因为其是细胞最大的膜蛋白受体，更因其与人类疾病关系密切，是最大的药物靶标蛋白家族。药物的发现与 GPCR 结构的解析密切相关，但膜蛋白结构解析一直是世界难题。在此领域的研究中，我国科学家厚积薄发，取得了辉煌的成绩，例如清华大学、上海科技大学、上海药物所等研究团队取得很多重要成果。教师可通过让学生阅读我国科学家在《自然》等顶级杂志上发表的相关论文，让他们在学习专业知识的同时，很好地激起民族自豪感和国家认同感。正是由于中国

的蓬勃发展、制度完善，推动了科学研究的进步，越来越多的细胞生物学重大成果由我国科学家发现，由此也可以激发同学们的国家自豪感。

4）课程思政教学实例四：全球视野

不同国家民族的体制和文化存在一定的差异，但科学是无国界的产物。作为当代大学生应基于国际局势和全球化发展，了解我国科学的现状和发展方向，明确我们科学在国际中的地位。细胞信号转导课程环节中有不少内容涉及国际间的学术和思想交流与比较。例如，结合我国科学家在 GPCR 研究中的成果，介绍这些成果的发现是我国科学家与国际一些顶级科学团队合作，因此加快了科学发现的步伐。具有全球视野是当代大学生的必要素质，教师需要引导他们提升思考问题的格局，发展全球视野。

第六章　细胞内膜系统及蛋白质分选

6.1　专业教学目标

本章教学内容在"细胞生物学"课程中具有重要的地位与作用，衔接了前后章节的多个知识点，体现了细胞活动的系统性。本章的主要教学目的是让学生了解细胞内膜系统的组成结构与功能，能描述细胞内膜系统相互协作的工作方式及调节机制，并判断分析细胞内外不同蛋白的合成途径。具体教学目标如下：

◎ 知道细胞基质的组成和功能；

◎ 知道核糖体的结构与功能；

◎ 了解内膜系统的成员组成及各自功能；

◎ 掌握膜泡运输参与的蛋白质共转运合成途径；

◎ 理解膜泡运输参与的细胞内蛋白质分选过程。

6.2　重要思政元素分析与相关知识板块

生命观念是贯穿本章节的主要课程思政主题。在本章节细胞内膜系统协同作用机制内容中，充分体现出生命的系统观、结构与功能相统一等生命观念，值得深入挖掘。通过对细胞内部的探究，使学生形成以系统论的视角来观察和分析世间万物的思维方式。同时，衍射到自己在整个社会、国家中的作用，感悟个人与整体的关系，培养他们如何正确对待个人利益与整体利益，思索自己的社会责任是什么。具体分析如下：

1）生命系统观与结构功能统一观

生命系统有许多层次，细胞是基本的生命系统。细胞是由许多不同功能、互相联系而又有区别的内部结构所组成，它们有各自的调控规律和发展规律，但相互作用、相互依赖。就细胞而言，细胞内各类细胞器，尤其是内膜系统成员是分工合作的，它们一起形成了生命体系。同时，细胞是一个复杂而有序的系统，不同成员都表现出结构与功能相适应。因此，生命系统观、结构与功能相统一等生命观念都应在此章节被明示化，作为课程思政元素融入专业知识讲解中。

2）做好本职工作的社会责任

宏观世界与微观世界有许多相似之处，正如细胞内部有分工，社会群体也有分工。一个完整的生命体就类似于是一个国家，而一个个的细胞就是生活于国家之中的个体。细胞之间的相互协作促进了生命体的生长发育，社会中每位成员的贡献推动了国家的强大。单独的一个细胞非常渺小脆弱，而在大的生命体的庇护之下有一定的保护机制；同理在国家的庇佑之下，我们才能和平健康地生活。对于这部分的思政元素，教师可采用类比法，激发学生的社会责任感，明确我们每个个体只有在不同的工作岗位上各司其职，做好本职工作，才能促进社会的整体进步和实现中华民族的伟大复兴。

3）健康观念

细胞内部系统成员的完整是细胞功能发挥的基本保障。部分成员结构错误或工作错误都会导致疾病的发生，例如溶酶体相关疾病、膜泡运输与神经性疾病等。其中的诱发机制有外界因素也有内在因素。如何维持生命系统的良性运转、保持健康的机体环境是生物学专业学生应思索的问题。如何通过学习细胞系统性的运作机制，维护细胞内外环境的平衡及正常活动，并运用专业知识帮助人们维护健康，形成相关健康观念，是教师需引导学生达到的素质水平。

6.3 课程思政的教学策略实例

1）课程思政教学实例一：系统思维

内膜系统的知识体系体现出细胞的整体性、动态性和组织性等特性，内膜系统的成员构成了一个开放的系统，和其环境又组成一个大系统。生命系统由不同层次的结构组成，这些结构不是孤立的，是动态相联的，这体现了生命的系统观和结构功能统一观。教师在此可以内膜系统为案例，分析其成员内质网、高尔基体、膜泡等是如何相互联系，为细胞蛋白质合成与分选等活动作出贡献，体现出各部分成员对细胞整体的贡献。同时提出：结构与功能存在何种联系？内质网为何与细胞核外膜融合？高尔基体分布为何在核周围或者植物细胞膜内侧？引导学生形成结构与功能相统一的生命观念，帮助学生建立生命观念和系统意识，促进他们形成客观理性的科学自然观。

2）课程思政教学实例二：个人贡献推动社会进步

“我为人人，人人为我”的社会价值观是大家熟知的价值观念，但往往由于拔得太高，学生无法真正体会其中的蕴意。细胞内膜系统这章节的内容，从专业知识角度切入，巧妙地体现出个体与整体、个人与社会的辩证关系，在帮助学生解析弄清内膜系统成员之间的相互关系的同时，可引导他们体会出个人贡献推动社会发展的道理。例如，在蛋白合成过程中，重要监控机制——分子伴侣的“错误”可导致整个蛋白合成的失败。作为对比，教师可以帮助学生感悟出整体社会需要不同的分工，每个职能部门都是重要的环节，缺一不可，从而强化学生的社会责任感。

第七章 线粒体与叶绿体

7.1 专业教学目标

线粒体与叶绿体章节的知识点明确地体现出细胞的能量转换与物质代谢形影相随的概念。在本章节学生将学习两种细胞器中能量转换的分子机制，同时了解线粒体和叶绿体结构与功能的适应性，线粒体与叶绿体中蛋白合成的后转运过程及半自主性合成过程。并举例说出与线粒体缺陷相关的疾病，植物叶绿体功能缺失导致的植物病变。其主要的教学目标包括：

◎ 能明确线粒体、叶绿体的结构与功能；

◎ 解释线粒体与叶绿体的半自主性概念；
◎ 掌握蛋白质合成的后转运途径；
◎ 知道线粒体与叶绿体的增殖与起源。

7.2 重要思政元素分析与相关知识板块

本章节的教学内容十分丰富，也含有很多思政元素。能量守恒与转化定律是辩证唯物主义自然观的重要内容，本章节中线粒体与叶绿体的功能机制中充分体现出能量转化的辩证关系，也蕴含了其他的辩证思想与事物发展规律。主要思政元素分析如下：

1）马克思辩证唯物主义思想

恩格斯在《自然辩证法》、《反杜林论》、《费尔巴哈论》等重要著作中都提到马克思辩证唯物主义思想。学界普遍认为，细胞学说、能量守恒和转化定律、生物进化论这三大发现是马克思主义哲学产生的自然科学基础。因此，本章节的一个主要思政内容，便是将马克思辩证唯物主义经典著作和思想起源，通过能量守恒和物质转化规律的讲授悄然融入课堂，与专业知识融为一体，从生物学角度让学生深刻理解马克思辩证唯物主义思想。

2）结构与功能的辩证关系

在真核细胞适应各种环境中，其内部发生了各种特异的适应性变化（特化）。例如，线粒体与叶绿体的起源假说认为：线粒体与叶绿体是真核细胞为适应环境、获得外部能量而进化形成的内部结构。在它们自身行使重要功能的蛋白中，很大一部分可在这两种细胞器内自行产生，但同时也依赖于细胞核的调控，这便是“半自主性功能”的体现。这些案例，都体现出生物体结构与功能的自然辩证关系：结构决定功能，但功能的变化也会诱导结构发生进一步改变。细胞生物学中的结构与功能的辩证统一，是生命发展的普遍性原理，也应是学生处理和解决实际问题时所需要的重要思维方法。在此借由学习线粒体、叶绿体的结构功能相统一的案例，引导学生们逐步建立基于自然辩证法的世界观和方法论。

3）科学研究与人生观

在细胞生物学学习中，教师应将理论知识与实际应用相结合，引导学生思考学习细胞生物学的科学价值是什么。教师对线粒体功能与疾病、叶绿体光合作用与农作物种植的讲解，可促进学生对自己生物科学的学习目的进行反思，明确学习科学知识的社会价值。这也有助于让学生们建立理论与实际相结合的价值观念，激发他们的学习热情和对未知的探索，并促使他们在未来的职业中将所学的理论知识和实现生产价值相结合，为推动我国科学发展、国民健康和经济建设作出贡献。

4）可持续发展观

近几十年来，人类以巨大的资源和环境代价换来了空前的物质文明。但我们在赞美自己成就的同时，也必须面临食物与能源、资源与环境等危机问题。可持续发展才能使人类长效地获得资源，维持社会和经济的繁荣。其中如何高效地依靠叶绿体的光合作用来获得更多的食物、可再生能源及其他可再生资源，维护地球的生态环境，是非常关键的中心环节。在此章节，教师可利用此部分案例，在课堂上强化生态平衡和可持续发展的世界观。

7.3 课程思政的教学策略实例

1）课程思政教学实例一：能量守恒的辩证唯物主义观

细胞内重要的能量 ATP 的产生主要由线粒体负责，植物细胞对光能的吸收转化由叶绿体负责。这些能量的来源与在细胞内的转化机制，诠释了辩证唯物主义的能量守恒和转化定律的内容，恩格斯在《自然辩证法》一书中也进行了描述与分析。教师可通过课堂提问或课后作业，请同学们结合《自然辩证法》的课外阅读，总结生物能量来源与转化过程中的自然辩证法原理，从而既促进同学们对马恩著作的学习，也能更深刻地理解叶绿体和线粒体工作机制中所蕴含的哲学原理。

2) 课程思政教学实例二：事物普遍联系而对立统一的世界观

正如前文所提，对立统一是客观世界的写照。细胞内的"中心法则"定律是细胞基本生命活动的基本规律。作为遗传信息的载体，细胞核装载了绝大部分的信息。但线粒体和叶绿体中的DNA遗传信息又充当了何种角色？它和细胞核基因是怎么样的关系？如何分工又协作控制细胞内哪些生命活动？这些科学问题的分析可以从线粒体和叶绿体的起源入手。以叶绿体为例，提出内生说的辛珀(A. F. Schimper)，在1883年发现绿藻和高等植物的叶绿体能够自行繁殖分裂，并发现它们在形态上与自由生活的蓝藻很相似，从而提出叶绿体来自寄生的蓝藻的演化假说，建立了一种互惠的共生关系："大细胞"利用"小细胞"的某种功能而从中得以维持整体正常环境，"小细胞"则利用"大细胞"提供的环境与食物得以更好地生存。在对此问题分析讨论的同时，教师可将此比喻为个人与集体乃至与整个社会之间关系处理的辩证方式。正如线粒体、叶绿体基因(分工部门)与细胞核基因(指挥中心)相辅相成、相互依赖、对立统一的哲学辩证关系，个人、社会职能部门和社会整体是相似的关系。个人和部门的行为影响着整个社会的发展。通过讲解核基因和线粒体、叶绿体基因之间为维护细胞正常生理功能而存在的辩证关系，让学生理解马克思主义辩证观，并领悟到个人在社会中为人处世所应具有的素养和品德：作为一个公民，要正确行使自己的权利，同时还要自觉履行应该承担的义务，权利与义务相互依存、不可分离。

3) 课程思政教学实例三：树立科学研究与社会服务相结合的理念

本章节中线粒体疾病治疗、光合作用产能的提高等都是很好的科学研究服务社会实践的案例。教师可以通过课堂讲授或课后作业的方式，让学生自己阅读课外资料和文献，帮助学生梳理所发现的专业知识在实践中的应用案例，并进一步画龙点睛地指出：社会的进步和发展，人类的健康维护，都是我们所学知识的科学价值。我们应怀着服务社会、造福人类的远大理想，明确自己的学习目的，体现出新时代大学生的科学素养和责任意识。

第八章　细胞核与染色体

8.1　专业教学目标

细胞生物学第八章内容为学生学习分子生物学等专业知识奠定了最基本的理论基础。本章节学生将学习细胞核中基本结构组成和主要功能，明确细胞核在整个细胞中的地位，以及与其他细胞内部结构之间的关系。主要专业教学目标包括：

◎ 了解细胞核的结构与功能；

◎ 描述染色质组装成染色体结构的过程；

◎ 归纳总结物质输入与输出细胞核的过程。

8.2 重要思政元素分析与相关知识板块

由于本章节涉及多种与遗传信息相关的疾病发生机制的重要发现，并从中涌现出大量感人的人物事迹和案例，因此本章节的重要思政元素主要集中在科学精神和社会责任两方面。另外，对细胞核在细胞中所属地位的正确认识，有利于帮助同学树立客观而合理的辩证观念。主要思政元素分析如下：

1）不断探索的科学精神

科学活动是一项探索性的活动，在课程中教师应激发学生的好奇心，培养想象力，激发创新潜力，努力创造出有价值的成果。对于细胞核结构和功能的研究是细胞生物学研究的重点之一，但对于细胞核的研究仍存在很多未知领域，例如核孔复合物的精细结构、染色体的组装方式与调控机制等。近些年，这部分研究开始有了新的突破。在此过程中，科学家们充分表现出坚持不懈、不辞辛劳和勇于创新的精神，并始终保持他们探寻生命本质、追求真理的“初心”，让细胞核的精细结构越来越清晰地展现在人们面前。这些素材值得教师发掘并使用。

2）尊重生命

学生会在本章学习科学家如何发现包括人类基因的信息编码规律。但了解基因的序列，并不代表了解了生命的全部奥秘，更不意味着科学家们可随意利用基因去重构生命。在此，教师必须强调对于自然生命的敬畏心，尊重生命自然科学发展规律，不能为了个人研究和名利的追求，违背科学伦理，肆意利用基因编码工具，对人类生命密码进行随意重构。这是每位科学工作者必须遵守的职业操守和所必须具备的尊重生命的底线意识。教师必须在课程中反复向学生强调，促进学生们形成尊重生命、敬畏生命的意识。

3）法治意识

尊法守法是每个公民的义务。所谓尊重法律，就是不做违反法律的事。科学家从事科学研究工作不仅必须怀有尊重生命的观念，还需要有完善的法律体系来保障。这不单是约束科学家的行为，使其不违背职业操守，更是保护科学家的合法权益。教师通过列举本章节涉及的“基因编辑”多项案例分析，培养学生自觉尊法、学法、守法、用法的意识。作为生物学的学生要做到对相关法律有基本的认识和了解，严格约束自己遵纪守法，不去触碰法律底线，同时用好法律武器来维护自己和所有科学研究的合法利益。

4）社会责任

健康不只是个人最宝贵的财富，也是社会资产，维护健康更是一种社会责任。健康体现了一种人文精神，更体现了文明进步的程度。维护人类健康是生命科学专业学生的使命。细胞生物学的知识体系本质是揭示了生命运作的本质和疾病产生的原理。此章节列举了多种与细胞核相关的人类疾病，我们在学习中应深入思考，再次明确自己的职责，从科学家身上学习他们勇于担当的社会责任感。

8.3 课程思政的教学策略实例

1）课程思政教学实例一：不断探索的科学精神

与前几章节一样，在本章节描述的细胞核形态与功能的知识中体现出多种科学精神价值。例如，书本中对于核孔复合物的结构研究的描述仍有很多未知领域，但在近些年《自然》等高水平杂志上陆续报道了对核孔复合物结构的解析与功能机制的分析，大大加深了人类对这一知识点的理解与认识。教师可通过课外作业，让学生进行资料文献查阅，了解最新的研究进展。通过文献阅读，体会科学家们严谨求实、不断创新的科学精神，激发学生不局限于书本知识、不断扩展视野和勇于创新的精神。对于端粒与端粒酶知识的介绍，也是值得深挖的思政元素。教师利用这部分科学发现，可结合诺贝尔奖项主题的课堂汇报活动，让学生自己挖掘其中的科学精神。

2) 课程思政教学实例二：尊重生命规律，遵守科学伦理规范和法规

生物科学研究是求知求真的活动，是通常所说的探求生命奥秘的活动。在这个意义上，生物科学只具有认识功能和认识价值。但随着生物科学研究的迅猛发展，对于一些技术的发现和应用，例如克隆技术、基因编辑技术，因脱离了原先自然发展规律，对人类的现有发展秩序冲击很大，人们对此看法不一。此部分是本章节值得讨论的问题：科学与伦理的博弈关系。教师可结合课堂讨论，鼓励学生积极思考和寻找相关“正反”案例，给予学生发表个人意见的机会，让他们充分发表自己的观点。最后教师要加以正确的引导，帮助他们认清科学家们的工作价值及追求真理的精神，同时怀着对生命的敬畏心，善待生命，知道科学工作必须遵守相关法规和遵循科学伦理道德。

第九章　细胞骨架

9.1　专业教学目标

细胞骨架章节是《细胞生物学》对细胞结构描述的最后一章节，主要的教学目的是让学生了解细胞骨架的化学组成及组装过程、结构与功能、与其他细胞内部结构协同作用的分子机制，学会利用细胞骨架参与调控的细胞活动机制解释相关疾病的发生原理。具体教学目标如下：

◎ 描述三种不同细胞骨架结构的化学组成和功能；

◎ 举例说明细胞中三种骨架体系的结构、功能及生物学意义，并尝试解释功能发挥的机制过程。

9.2　重要思政元素分析与相关知识板块

本章通过对细胞骨架结构及功能、与其他细胞内部结构协同作用机制的学习，了解结构与功能相统一的生命观、个体与整体的生命系统观，并通过细胞骨架参与的生命活动及相关疾病发生的案例分析，再次明确科学研究的社会价值。具体分述如下：

1) 个体与整体的辩证关系

细胞内的三种细胞骨架结构参与了细胞内几乎全部的生命活动，它们分工合作，并与细胞内其他结构相互协作，维护细胞内环境的稳定和基本活动进程。例如，细胞基本生命活动的有丝分裂过程，微管（纺锤丝）、微丝和中间纤维三种骨架都共同参与了这项进程，在其中发挥了不同的功能。缺少某一种细胞骨架，细胞有丝分裂过程就无法顺利准确完成。此部分再次体现了结构与功能统一的生命观念，以及个体与整体的辩证关系。

2) 科学造福社会

人们通过对细胞骨架结构化学成分、组装过程的分析和功能机制的研究，发现了细胞骨架功能发挥的运作规律。这些科学研究目前在疾病治疗、农作物种植中起到了重要的作用，

如肿瘤治疗、无籽西瓜育种等。这些都是科学价值体现的典型案例。在此章节，教师可加以利用，适当拓展，让学生了解科学研究的价值所在，增强学习生物科学的使命感和责任感。

9.3 课程思政的教学策略实例

1) 课程思政教学实例一：个体与整体的辩证思维

个体与整体的价值关系是值得每位学生终身思考的问题。在本章节中，教师可以通过讲授马达蛋白分子蛋白家族的专业知识，对个体和整体的关系进行阐述。马达蛋白分子在细胞骨架动态功能执行中起到了关键的作用，这些微小但众多的每一个蛋白个体聚集成一个动态平衡的整体(解聚与聚合的动态)来发挥作用，这正好体现出个体与整体的生命观念：稳定的整体依赖于每个个体，依赖于个体与整体的动态平衡关系。事实上，这种个体和整体的动态平衡关系法则也是宇宙万物运行的普遍规律。教师应该在专业知识传授的同时，点出个人与整体的生命观念，让学生明白，即使个人力量再小，但汇聚在一起，凝成一股绳，可以推动社会的进步，爆发出“撬动地球”的力量。

2) 课程思政教学实例二：维护生命健康

学习细胞生物学的目的之一是通过所学理论知识，解决人类面临的未攻克的疾病治疗，为造福百姓、维护大众健康找到突破口。在讲述细胞骨架功能时，教师可列举细胞骨架参与的疾病发生的例子。例如，近年来的多项研究证实，细胞骨架与肿瘤发生、发展及转移密切关联。人们通过揭示细胞骨架在其中的作用机制，研发了以紫杉醇为代表的靶向细胞骨架蛋白或结合蛋白的肿瘤治疗药物。教师可组合不同的教学方式，例如，课前学生自学、课堂案例分析讨论等，让学生了解这些药物的工作原理和发现过程，感悟出在科学技术发展日新月异的今天，只有打下扎实的理论基础，才能为解决人类健康问题提供更新更广阔的思路。

第十章　细胞增殖及其调控

10.1 专业教学目标

本章节是阐述细胞生命活动的开篇章，在前几章节知识理论的积累上，陈述细胞分裂的活动进程与调控机制。要求学生了解细胞分裂是细胞生命进程的重要生理过程及其对整体生命活动稳态的价值所在。专业教学目标如下：

◎ 陈述细胞周期、细胞分裂等概念，判断细胞通过不同的方式进行分裂；

◎ 比较不同细胞分裂过程的异同及意义；

◎ 描述细胞周期各时期的主要变化以及细胞周期的调控机制，举例说明细胞分类是细胞生命进程的重要生理过程；

◎ 列举与细胞周期调控失败相关的疾病及发生机制；

◎ 了解癌细胞发生的本质与形成机制。

10.2 重要思政元素分析与相关知识板块

细胞分裂是细胞的自然存在的规律之一，在细胞学说建立的描述中，便提及一切新细胞都是由细胞分裂生成，这是所有细胞的共同特性之一。在恩格斯《自然辩证法》中也描述到：一切多细胞的机体(植物、动物和人类)，都各按细胞分裂规律成为一个成熟的完整个体。细胞分裂的精确进行对机体整体生命活动的稳定状态起到了决定性的作用，这与生命观念中的稳态和平衡观相一致。稳定的整体环境和细胞群态影响并调控细胞分裂过程，这种调控机制的失败会引发包括肿瘤发生在内的多种不良后果。这些都是本教材在本章节中的天然思政元素。具体分析如下：

1) 辩证唯物主义

细胞生命活动规律的发现，对于人们认识自然界的辩证发展过程具有十分重要的意义。学界普遍认为，细胞学说、能量守恒和转化定律、生物进化论这三大发现是马克思主义哲学产生的自然科学基础。因此，本章节的一个主要思政内容和重点，便是将马克思辩证唯物主义经典著作和思想起源，通过细胞活动规律的讲授悄然进入课堂，与专业知识融为一体。

2) 严谨严格的科学思维

细胞分裂周期调控机制的发现是非常好的科学史讲解案例。科学家对分裂机制调控蛋白——细胞周期蛋白/细胞周期蛋白依赖性激酶复合物的发现遵循了细胞生物学研究的科学思维发展过程。科学家通过不同的实验材料和实验方法，以缜密的思维和严格的推理，层层揭示出细胞周期调控的分子运作机制。教师可利用此部分素材，训练学生的科学思维。

3) 团队协作的科学精神

结合此章节的科学史，比如，细胞周期蛋白/细胞周期蛋白依赖性激酶参与细胞周期调控机制的发现是结合了多个研究团队的劳动成果。正如细胞周期蛋白与细胞周期蛋白依赖性激酶本身需要分工合作一样，这些科学家无偿地与他人分享了自己的研究成果，并通过共同合作取得了突破性的成就。教师应将这些科学发现的背景信息融入专业知识教学中，让学生理解这一研究成果获得的前因后果，帮助他们理解其中蕴含的科学精神。

4) 生命健康与科学家的社会责任感

癌症是目前人类面临的第三大杀手，如何攻克癌症成为全球科学家面临的严峻挑战。细胞周期调控的失败结果之一是癌细胞的产生。此章节教学内容中提到，在细胞分裂过程和调控机制中，包含了许多值得开发的抗肿瘤药物靶点。只有明确细胞癌化的本质，解析哪些关键因素在细胞增殖中发挥了何种功能，才能发现调控它们的因素，找到肿瘤治疗的方法。对于这些令学生感兴趣的素材，必须充分利用和深入挖掘，找到很好的案例与契合点，加强学生维护生命健康、专业报国的决心。

10.3 课程思政的教学策略实例

1) 课程思政教学实例一：辩证唯物主义的自然科学基础

基于本章节内容与恩格斯《自然辩证法》思想体系密切相关，教师可以在讲授专业知识时明确提出：本节课的讲授内容，正是马克思主义形成的三大自然科学基础之一。通过细胞分裂知识点的学习，再次强调本章内容与马恩经典著作和思想的关联。在课堂上，教师可让学生进行癌细胞与正常细胞的对比，分析出稳态与平衡的辩证关系。通过布置课后作业，请同学们在《反杜林论》和《自然辩证法》中找出更多和本章内容相关的语句，以及在著作中的作用，从而通过专业课引发同学们阅读马恩经典著作、重温自然辩证法的热情，更有助于同学们理解自然科学对于社会进步的重要性。

2) 课程思政教学实例二：生命健康与科学家的社会责任感

肿瘤疾病是每位学生都知晓的目前难以攻克的科学难题，其中的发生机制未被完全揭示，也限制了人们治愈肿瘤的思路与方法。教师需要重点讲解细胞癌化的过程和其中的分子机制，分析肿瘤细胞形成的外因与内因，从而让学生建立稳态体系生命观念，形成生命健康的价值观，并感悟到“事物发展的不平衡必然形成不良的后果”。在学习肿瘤知识的同时，教师可列举相关案例，如采用靶向并抑制 CDK4/6 活性的乳腺癌治疗药物，强调细胞生物学专业知识在癌症治疗研究中的价值，激发同学们运用所学知识造福人类的社会使命感。

3）课程思政教学实例三：科学精神

在细胞分裂和周期调控机制发现过程中，美国科学家利兰·哈特韦尔（Leland H. Hartwell）和英国科学家保罗·纳斯（Paul M. Nurse）、蒂莫西·亨特（Tim Hunt）作出了巨大的贡献。他们从不同角度入手，严密推理，通过具体实践发现了细胞周期调控的机制。更难能可贵的是，这些科学家不计个人利益，开展团队合作，整合研究结果，最终揭示了细胞周期蛋白/细胞周期蛋白依赖性激酶调节细胞分裂周期的调控机制。整个科学发现过程无疑显现出科学家们追求真理、不断探索和团队合作的科学精神。科学家们为人类福祉、为获得精准科学数据而不计个人得失的科学精神的现实写照，值得重点讲述。教师可通过让学生阅读与讨论这部分科学史，从而潜移默化地引导学生感受科学家的科学精神。

第十一章　细胞分化及其调控

11.1　专业教学目标

本章节描述了细胞分化形成了复杂的多细胞生物体的概念，并使得学生通过细胞分化的学习，掌握细胞分化的本质。重点能理解细胞分化在医学和农业等领域的应用及其价值。具体教学目标如下：

◎ 描述细胞分化形成了复杂的多细胞生物体的概念及其分子机制；

◎ 知道干细胞的本质、分类及应用，并列举干细胞治疗在医学等领域的应用案例。

11.2　重要思政元素分析与相关知识板块

本章阐述的细胞分化也属于细胞自然生命活动之一。在细胞分化本质的讲解中，会涉及大量的应用案例。例如，细胞全能性在农业生产上的使用、动物干细胞在医学界中的价值，以及最新的诱导多功能干细胞的制备等，这些不仅揭示了生命的本质，更体现出科学研究的价值。但目前对于干细胞治疗的争议较大，观点不同，如何平衡科学应用和科学伦理问题，是每位科学家都应思考的问题。这些都是本章节开展课程思政的绝佳素材，值得深入挖掘并使用。几类思政元素分述如下：

1）中国传统哲学观

生命的形成是个复杂的过程，细胞分化是多细胞生命体适应环境生存的自然现象。这和老子《道德经》中“道生一，一生二，二生三，三生万物”的思想有异曲同工之处。教师在讲授本章细胞分化知识点时，通过对细胞分化机制的分析，可延伸到中国传统哲学观中“大道至简”等辩证思想，使得同学们得以在自然科学的课堂里感受我国传统哲学思想的精妙之处，从而树立文化自信。

2）实践与认识的辩证关系

人们在社会实践中产生的对事物认知的疑惑，推动了科学研究的发展。在生产及生活中遇到无法解决的问题后，促使人们开始创新的研究工作，用科学实践提出理论建立技术，再回归到社会实践来检验科学理论与技术。如此往复，逐步深刻，最终解决人类面临的实际问题。本章节关于干细胞的发现、研究及应用探索，就是遵循了这种实践与认识的辩证关系。教师可以通过此领域发展过程的阐述将此元素融合，让学生从中发现实践与认识存在怎样的辩证关系。

3) 社会责任与法治意识

干细胞治疗虽然是21世纪最受瞩目的生物科学技术之一，但也饱受争议。在不同国家中，由于宗教信仰不同和人文环境的差异，人们对它的态度也大相径庭。作为科学研究，人们应理性客观地对待这个科学问题，如何在科学研究中遵循科学伦理，是值得思考的问题。历史证明，科学的进步应该给人类带来福祉而不是灾难。某一科技进步最终是否被人类所接受，取决于它是否能为全人类带来幸福，推动社会发展。但科学研究应遵循相关的法律条款，科学家保持科学研究的合法性和合理性，是应尽的义务和职责。

4) 政治认同感

在本章节介绍干细胞治疗时，提到了不同国家对干细胞治疗的政策导向。在新时代环境下，我国的国家政策给予干细胞治疗极大的支持力度。在我国衰落和旧中国的内忧外患中，生命科学研究进展缓慢，落后于世界水平。只有当新中国成立后，我国的生命科学研究才重新走上正轨，并在党和国家的高度重视下得到蓬勃发展，目前已经重新成为国际研究的重要力量，并在部分领域居于国际领先水平。例如，我国科学家对干细胞，细胞重编程、多能性建立及其调控等研究领域取得了众多有国际影响力的重大成果，在特色动物资源平台、疾病动物模型等方面处于国际领先地位。近些年国家重点研发计划“干细胞及转化研究”重点专项所支持的项目团队，在国际顶级学术期刊《自然》、《细胞》杂志及其系列子刊上发表多篇论文，极大地拓展中国科学家群体在这一领域的国际话语权。这部分内容清晰讲述了政治与学科发展的关系，表明一个稳定而强大的国家对于科学研究发展的重要性。学生通过对我国科学家发表的干细胞治疗相关文章的阅读，在学习专业知识的同时，也接受了对我国现行政治制度进行政治认同的教育。

11.3 课程思政的教学策略实例

1) 课程思政教学实例一：文化自信

中华上下五千年，其思想文化之灿烂辉煌，世上无出其右。细胞分化机制的科学本质与中国传统文化中《道德经》关于宇宙生成论的哲学思想十分相似。世界上本来没有生命，后来出现了单细胞生物体，单细胞生物体之后又出现了多细胞生物体，植物、动物和人。细胞的分化形成了多种细胞，即是“一生二，二生三，三生万物”的思想。教师可以将这文化要素作为相关知识点的引子融入专业知识进行教学，引发学生思考细胞分化的本质是什么？蕴含了怎么样的哲学思想？让学生在自然科学的课堂里感受我国灿烂的文化传统，从而树立文化自信，激发他们传承这种文化，并继续发扬光大。

2) 课程思政教学实例二：科学研究与伦理问题、法治意识

胚胎干细胞体外培养技术的发明是20世纪末高于“人类基因组计划”的科学研究，它将干细胞治疗推向了全面发展的阶段。人们在探索细胞分化本质过程中所建立的科学理论，也很好地与实际应用相结合，为诸多疾病的治疗提供了可能的解决路径。干细胞治疗使得脊髓损伤、帕金森氏综合征、糖尿病到癌症和艾滋病等疑难顽症有望得到有效的治疗甚至治愈。即使是受到伦理等问题的争议，人们也不应忽视干细胞治疗的应用前景。那如何能让

干细胞治疗技术在合乎法律法规的前提下良好发展，是值得探讨的主题。教师可采用课堂讨论的方式，让学生发表自己的看法，选取不同的案例，帮助学生思考科学研究与伦理道德之间的辩证关系。同时，也要引导学生阅读相关的法律法规，例如，科技部和原卫生部 2003 年联合下发的《人类胚胎干细胞研究伦理指导原则》，2012 年公布的《人类遗传资源管理条例》以及 2017 年科技部最新的《生物技术研究开发安全管理办法》等，帮助学生树立法治意识和正确的科学伦理观念。

3) 课程思政教学实例三：实践与认识的辩证关系

人们对事物的认识都是在实践活动中产生的，这种辩证关系的诠释可以在本章节“干细胞”知识点的讲解中得到很好地展示。教师可提出干细胞治疗在社会实践中面临的安全及伦理等问题，让学生思考如何解决。通过课堂讨论，引出人们为寻求更合理有效的干细胞来源，推动了人工诱导干细胞(iPS)新技术的产生；随后 iPS 体外培养技术的成熟完善，则又推动了 iPS 被进一步成功诱导分化为多种功能性细胞；而 iPS 新技术的诞生，又极大地推动了细胞治疗领域的发展。这层层关系，深刻反映出实践是认识的来源和科学发展的动力，是检验认识的真理性的唯一标准。教师通过递进式的讲授和引导，引导学生接受实践与认识的辩证关系的思想，也激励学生形成不断探索创新的科学精神，使其立志推动社会的进步与人类文明的发展。

第十二章　细胞衰老与死亡

12.1　专业教学目标

《细胞生物学》的最后一章节，主要讲授了细胞衰老和死亡的概念及其机制。本章节与细胞增殖分化两章形成了完整的细胞生命活动周期的知识体系。具体教学目标如下：

◎ 了解细胞衰老的现象及机制；

◎ 知道细胞死亡的生理意义，描述出细胞凋亡的形态特征及其分子调控机制；

◎ 能举例说明细胞衰老和死亡是一种自然的生理过程，并分析细胞死亡与癌症疾病的关系。

12.2　重要思政元素分析与相关知识板块

生与死是永恒的哲学命题，充满神秘朦胧之感，吸引了古今中外许多学者进行不断探索，本章节便包含了生与死的辩证关系与自然生死观的哲学观。这既是一个生理现象，也是一个精神现象。在本章节中，教师不仅要从科学角度解释生命死亡是自然的生理现象，也应从思想层面让学生认清死亡的本质。教师可将生死的辩证关系作为本章节独特的思政元素进行课程的思政教学。另外，本章是细胞生物学课程最后一章节，教师可将课程思政主题加以总结升华，从更高的维度去诠释细胞生物学课程中蕴涵的思政元素。具体分析举例如下：

1) 生与死的辩证关系

唯物辩证法认为：“世界上的任何具体事物，都要经过产生、发展和消亡的过程，并不存在只生不死的事物，也不存在只死无生的生命世界。”个体的死亡是群体发展的必要条件，个体的死亡推动了生命整体的进化。细胞的整个生命活动过程很好地诠释了生与死存在的辩证关系。从细胞生物学的角度来看，生，取决于生物细胞的分裂分化、生长等活动；自然死亡，取决于细胞的衰老和程序性死亡。每种细胞都有不同的生命周期，生命体的生长过程伴随着细胞的不断更新。一些原有细胞死亡的同时，另一些新细胞会随之产生，这是自然界普遍存在的现象，也体现出生死的辩证关系。这种自然规律和马克思唯物辩证法的相通性，是值得教师加以发掘并作为思政元素使用的。

2) 热爱生命的人生态度

在了解生命活动周期本质的基础上。另一个问题随之产生，如何让短暂的人生更有意义和价值？人类总体的生命绵延不绝，但个体生命是有限的。因此，每个人必须善待和珍重一生只有一次的生命。如何让自己的人生活得精彩，是每个人一生都在思索的问题。教师可以用细胞作为类比，利用不同生命长短的细胞及其承担的重要作用作为案例引导，让学生感悟出人生的意义，帮助学生形成正确的生死观念。一个人的生死观能体现人的精神境界和气节品质，在此激发学生积极的人生态度。

3) 社会责任

虽然细胞存在自己的生命周期规律，但这种平衡会受到内外因素的影响，对生命造成严重的后果。早衰、神经退行性疾病、肿瘤和并发性细胞坏死，都是打破了细胞正常死亡规律所引发的。哪些因素导致这种平衡的破坏，是学习生命科学专业学生试图解答的问题。对于相关疾病的防控、治疗药物的研发，均需要专业的细胞生物学知识。因此，作为本专业的学生，学好基础理论知识，也是今后造福人类、造福社会的必然条件。这部分内容蕴含着专业知识和社会责任的关联关系，值得作为思政元素加以发掘和利用。

12.3 课程思政的教学策略实例

1) 课程思政教学实例一：尊重生命的自然发展规律，树立积极的人生态度

对于生死观，不同阶层和不同时期的人，对生与死的意义有不同的回答。学生在大学阶段，正是处于人生观和价值观形成的重要时期，如何引导他们树立正确的意识形态，是每位大学教师应尽的职责。细胞衰老和死亡这章节探讨的是细胞的自然生命规律，细胞又是我们人类生命体组成的基本单位，可以作为很好的课程思政教学载体，让学生理解生与死是自然界的普遍规律，是生命体不可抗拒的自然法则。同时通过人体内不同细胞寿命的列举，引导学生珍惜生命。例如，负责输送氧气的红细胞寿命大约只有100—120天左右，人的胃黏膜上皮细胞和小肠上皮细胞的寿命更短，分别在2—3天和1—2天就更新一次。这些细胞在其短暂的生命里承担了重要的生理活动，它们努力工作、不虚度光阴的“人生态度”，值得我们学习。其实，中学时期的马克思便开始思考人生和死亡的意义及价值，他在一篇作文写道：“如果我们选择了最能为人类福利而劳动的职业，那么重担就不能把我们压倒，我们的幸福将属于千百万人，我们的事业将默默地但是永恒发挥作用地存在下去，而面对我们的骨灰，高尚的人们将洒下热泪。”教师可结合马克思的人生态度分析，融入专业课程教学，让同学们更深刻思考人存在的意义，如何尊重自己的生命，积极面对人生的挫折，活得更有价值。

2) 课程思政教学实例二：遵从生命的自然规律，维护健康人生

任何事物都有自己的发展规律，从宏观的自然界到渺小的细胞世界。自然规律平衡的破坏会给人类带来灭顶的灾难。细胞正常生命活动平衡的打破是造成多种疾病发生的根本，很多外界因素都会导致这种不平衡的产生。教师可布置课外作业，让学生归纳总结哪些人为的外部因素会诱导细胞自然生命规律的不平衡，其与哪些疾病发生相关联。由此，潜移

默化地点出健康生活、尊重生命的哲学道理。通过对死亡调控机制的运用来治疗疾病的案例分析，让学生感受到科学力量的强大性。同时告诫学生需要用严谨的科学态度和高度的社会责任感对细胞群体进行认真研究，忽视自然规律，缺乏科学精神，一味依照人类主观意愿，便会办错事，甚至办坏事，最终造成难以挽回的惨痛后果。

三、“细胞生物学”实验课程思政教学指南

1. 专业教学目标

细胞生物学课程是一门实验性学科，实验课程环节设置是非常必要的，理论课与实践课结合才能达到细胞生物学课程整体的教学目标。“细胞生物学”实验课是培养学生实验技能和科学思维的一门实践类课程。它是在结合理论课程内容的基础上，让学生了解什么是真正的科学研究，科学的价值体现是什么。课程设置不仅帮助学生掌握课堂学习的理论知识，提高学生的观察能力、动手能力和分析问题的能力，更重要的是培养学生一定的科学素养和正确的科学思维，以及应用细胞生物学知识和技术解决科学问题的基本素质。主要的教学目标包括：

◎ 了解观察细胞形态结构的各种显微镜技术，学会普通光学显微镜、荧光显微镜、相差显微镜的使用，了解显微成像技术和图像处理技术；

◎ 熟练掌握动物细胞离体培养技术，以及对培养细胞进行观察和检测的手段；

◎ 学会细胞内叶绿体、线粒体、细胞骨架、染色体等内部结构的形态观察、功能检测技术及数据分析方法；

◎ 应用上述实验技术或自学新方法，完成一个细胞生物学自主设计性探究实验。

2. 重要思政元素分析与相关知识板块

“细胞生物学”实验课程是科学研究很好的模拟及重现环节，通过实践性课程可以让学生体会科学研究的精神和价值。教师在训练生物专业学生的观察、解剖和描述等技能的同时，也非常适合开展科学精神、生命观念等世界观和职业精神的思政教育。具体分析如下：

1）科学实证精神

实践是检验真理的唯一标准，这是我国改革开放、探索中国特色社会主义进程中的重要指导思想。类似的，科学的实践活动是检验科学理论真理性的唯一标准，任何科学理论知识都要经得起实践的考验。作为实验科学的细胞生物学实验课，正是帮助学生树立科学证实观的绝好时机。细胞生物学实验课，是通过实验观察和数据分析证实《细胞生物学》教材知识体系中的种种理论、定义和概念。这一过程，很好地演绎了“实践出真知”、“实践检验真理”的思想。教师在每堂实验课中，可不断强调强化这一观念，使得同学们理解手中的实验正是一个检验真理的过程，从而树立坚定的实践观念。

2）科学求真精神

科学研究应本着反映客观事物与规律、实事求是的原则开展。研究客观规律就应具备可重复和可检验性。细胞生物学实验，包括形态观察和数据分析等技能，是一项对专注力、观察力和控制力要求很高的工作。实验过程中操作者必须全神贯注、细致严谨，否则往往造成实验的失败和错误的结果。教师应在实验课程中，强调科学研究的严谨性和求真性，大胆

推测，小心求证。让同学们每一个实验环节都能谨慎对待，对于实验结果反复求证。

3) 探索创新与团队合作

作为学科基础课程的细胞生物学，在实验课程设置中大部分是验证类实验内容。这要求学生秉承科学研究的严谨态度，训练操作技能，以达到课程教学目的。但科学实验还应带有批判与质疑精神，不断创新，同时开阔思路，与他人分工合作。这些精神可以在实验课程环节，结合不同课程内容，由教师巧妙地融入探索性、自主性，让学生身临其境地感悟出这些科学精神特质。

4) 工匠精神

自古以来，工匠们以一丝不苟的工作态度和精雕细琢的职业精神，创造了许多平凡中的崇高与伟大，谱写了中华历史的辉煌乐章。在快速发展的今天，只有把这种工匠精神发挥得淋漓尽致，才能拥有竞争实力，并在复杂环境下保持领先优势。细胞生物学研究工作中对细胞形态及结构的观察分析都需要较高的专注力、观察力和控制力。操作者需全神贯注、精益求精、细致严谨地进行实践操作，否则会造成研究工作的失败。因此，细胞生物学实验对操作者的要求与职业品质中的“工匠精神”有异曲同工之处。教师在实践课程中对学生此项技能的要求，正是对同学们工匠精神的培养和训练，需要教师在实验课程中加以强调和重点培训。

5) 理性的生命观

在人类探索生命世界的进程中，会使用大量实验动物作为实验对象，人类对于生命世界的每一个研究进展，也需要以这些动物的牺牲作为代价。尽管国内外都有一些极端的动物福利主义者声称一切生命绝对平等，但在当前人类科技发展水平的制约下，人类探索生命本质的过程中仍然离不开实验动物的必要牺牲。细胞生物学实验课程中某些环节也会用到实验动物作为实验对象。但是，在当前的人类文明社会中，不滥用实验动物、善待实验动物，在可能的情况下以体外实验代替活体实验等实验动物伦理观念，已经成为生命科学研究的重要法则。在细胞生物学实验课程中，教师需要引导同学们树立理性的生命观，理解并接受现代实验动物伦理观。同时引导学生阅读《实验动物管理条例》、《关于善待实验动物的指导性意见》等相关法律法规，从遵从法律法规的角度规范他们善待实验动物的行为。

3. 课程思政的教学策略实例

1) 课程思政教学实例一：科学精神之求实创造

细胞生物学实验课程是通过实验检验教材理论概念的过程，就是实践检验真理的过程。教师在实验课的开展过程中，不能仅限于实验技能的教授与训练，而更应注重学生科学素养的培养。在一些重要的实验操作教学之前，教师可以通过播放示范视频或动画，让学生自己归纳总结实验操作过程需要具备哪些素质和技能。实验完成后，根据学生不同的实验结果，分析其中原因，并展示优秀实验结果(包括形态观察和数据分析)，以培养学生坚定的实践观念和求真求实的精神特质。

但实验课程也应模拟真正的科学研究过程，训练学生学会如何开展科学实验。实验前教师根据实验开展目的，先提出问题，让学生根据已经掌握的理论知识和查阅前辈的研究结果，推测可能的实验结果，之后再开展实验操作，并根据实验数据分析其中的科学原理。教师在指导过程中，应不断引导学生开阔思路，小心求证，不盲目迷信权威，根据实验结果推导出科学原理。由此，多项科学精神便成为贯穿整个实验课程的重要主线，培训学生具备完备的科学素养与科学家品质。

2）课程思政教学实例二：团队合作精神

团队模式有利于培养学生的合作意识，增强人际交往和沟通能力。在实践课程中，分组实验教学是培养集体精神、团队合作的良好时机。学生通过实际合作训练，从活动中能感悟出高效的团队合作能有利地推进科学研究工作的顺利开展。与理论课相比，此项课程思政的教学内容在此可得到更淋漓尽致地发挥。由于大部分细胞生物学实验课程内容操作步骤复杂、耗时繁长，因此在课程中，多个实验都可被设计为合作项目，例如细胞培养、线粒体分离与活性检测、细胞骨架化学及荧光标记观察等。学生通过实际的团队合作实践，进行数据处理，分析实验结果，各自撰写实验报告。任课教师进行批改，并帮助学生从中感悟团队合作的真谛。

3）课程思政教学实例三：工匠精神

工匠精神是对工作的精益求精，在新时代的今天具有深刻的内涵和学习的价值。科学研究工作者必须具备这种工匠精神，只有研究工作做到追求极致，才能获得创造性的科研成果。在实验课程中，每个细小的实验项目，都可培养学生严谨认真和追求完美的工匠精神，这种品质的体现和实验结果有密切关联。以细胞器（叶绿体、线粒体、染色体等）分离纯化项目为例，该实验含有很多比较繁琐的实验操作步骤，只有精微细致地完成每个环节，才能在最终的阶段获得有价值的实验数据。教师在实践课程教学中，应时刻强调科学研究工作必须严肃对待，认真完成每个实验工作。在课程总结时，教师还可以将学生的实验数据对比分析作为直接的教学材料，宣扬中华民族“工匠精神”的传承与发扬。

4）课程思政教学实例四：理性生命观的建立

教师必须在第一次实验课程中进行理性的生命观的教育，介绍实验动物存在的意义和整个实验教学过程会使用的实验动物种类及操作规范，从而引导同学们思考应该如何对待实验动物、减少不必要的实验动物消耗等重要问题。这些问题，可以通过学生间的讨论与教师总结，最终推导出实验动物的伦理要求：不滥用实验动物，善待实验动物，在可能的情况下以体外实验代替活体实验。同时，教师也可由此对同学们提出实验操作规范的要求：尽可能做好课前预习，熟悉每一次实验课程的内容，增加实验成功率，从而减少实验动物的痛苦与使用数量。这样，同学们既能够建立正确的理性生命观，同时也可以提高实验课的学习质量。而且这种素养和行为规范应在今后的其他实验课程和科学研究中始终具备，这是科学研究必备的品德。

四、“细胞生物学”课程思政元素总览表

课程章节	重要的课程思政元素	相关联的专业知识或教学案例	所属思政维度
一、《细胞生物学》各章节课程思政教学指南			
第一章　细胞生物学概论	马克思主义辩证唯物观	细胞生物学发展简史	科学精神
	理解生命、尊重生命	细胞生物学说与人类对生命的理解	生命观念
	追求真理、实事求是的科学精神	细胞生物学发展简史及研究方法	科学精神 公民品格

（续表）

课程章节	重要的课程思政元素	相关联的专业知识或教学案例	所属思政维度
	民族自豪感与爱国情怀	细胞生物学发展中的中国科学家事迹	政治认同 家国情怀 公民品格
	肩负使命的社会责任感	细胞生物学研究价值体现及职业担当	家国情怀 公民品格
第二章　细胞的基本知识	细胞发现与马克思主义思想	细胞的发现及其对恩格斯和马克思的影响	科学精神
	可持续发展观	细胞的多样性与生态多样性的联系	生态文明
	科学理性思维	细胞的起源及发现过程	科学精神
	追求真理、不惧权威的科学精神	细胞学说的建立与发展	科学精神 公民品格
	尊重生命与法治意识	细胞生物学研究方法和模式生物	生命观念 法治意识
第三章　细胞质膜与细胞表面	生命的奇妙与伟大	细胞膜结构与功能	生命观念
	求真务实、不断突破的科学思维和科学精神	细胞膜分子模型的发现与发展	科学精神
	社会责任	人工膜—脂质体的研发与应用	家国情怀 公民品格
第四章　物质的跨膜运输	健康生活、热爱生命	物质跨膜运输是细胞代谢活动所必须的	生命观念
	勇于创新的科学精神	负责物质跨膜的膜蛋白工作方式的发现	科学精神
	维护国民健康的职业担当	物质跨膜方式与疾病发生机制	公民品格
第五章　细胞信号转导	探索创新、不懈追求	信号转导通路中的重大发现（相关诺贝尔奖项）	科学精神 公民品格
	马克思主义认识论	信号转导通路的细致化解析	科学精神
	国家支持与科学进步	信号转导通路中的重大发现	政治认同
	民族自豪感	中国科学家完成重要G蛋白偶联受体的结构解析	文化自信 家国情怀
	全球视野	全球参与的cAMP信号通路解析	科学精神 全球视野
第六章　细胞内膜系统及蛋白质分选	生命系统观与结构功能统一观	细胞内膜系统的结构与功能	生命观念
	做好本职工作的社会责任	细胞内膜系统的结构与功能（类比：个人贡献推动整体社会进步）	公民品格
	健康国民与国家发展	蛋白质合成与分选的调控机制与健康生活方式	生命观念 公民品格

（续表）

课程章节	重要的课程思政元素	相关联的专业知识或教学案例	所属思政维度
第七章　线粒体与叶绿体	马克思辩证唯物主义思想	线粒体与叶绿体能量转化功能	科学精神
	结构与功能的辩证关系	线粒体、叶绿体结构与功能的统一性	科学精神
	树立科学研究与社会服务相结合的理念	线粒体疾病机制、叶绿体光合作用的农业生产价值	科学精神 公民品格
	可持续发展观	叶绿体光合作用在农业生产中的应用	公民品格 家国情怀
第八章　细胞核与染色体	不断探索的科学精神	细胞核核孔复合物的结构解析与端粒/端粒酶的发现	科学精神
	尊重生命	染色体疾病的发现，基因编辑技术	科学精神 生命观念 公民品格
	法治意识	基因编辑技术的发展应用与法律边界	法治意识 公民品格
	社会责任	细胞核的功能和疾病治疗	公民品格
第九章　细胞骨架	个体与整体的辩证关系	细胞骨架的分工合作	科学精神 公民品格
	科学家的职业责任	靶向细胞骨架的肿瘤治疗药物的发现	科学精神 公民品格
第十章　细胞增殖及其调控	马克思辩证唯物主义	细胞增殖是细胞自然的生命活动	生命观念 科学精神
	团队协作的科学精神	全球合作下细胞增殖调控机制的发现	科学精神 公民品格 全球视野
	生命健康与科学家社会责任	细胞增殖调控性疾病及其科研进展	公民品格 家国情怀
第十一章　细胞分化及其调控	灿烂的中国文明	细胞分化与中国传统哲学思想的结合	生命观念 文化自信
	实践与认识的辩证关系	干细胞的发现与应用	科学精神
	社会责任与法规意识	干细胞治疗的价值和伦理问题	法治意识 公民品格
	政治认同感	我国在干细胞治疗中的国际地位	政治认同 家国情怀 全球视野
第十二章　细胞衰老与死亡	生与死的辩证关系	细胞死亡是细胞自然的生命活动	生命观念 科学精神
	热爱生命的人生观念	细胞生命活动周期的调控	生命观念 公民品格

(续表)

课程章节	重要的课程思政元素	相关联的专业知识或教学案例	所属思政维度
	专业人员的职业担当	医学科学救死扶伤的神圣职责	公民品格
二、“细胞生物学”实验课程思政教学指南			
“细胞生物学”实验课程	科学实证精神	实验课的意义与教学目的,实验操作要求	科学精神
	科学求真精神	实验课的意义与教学目的,实验操作要求	科学精神
	探索创新与团队合作	实验素养培养要求	科学精神 全球视野
	工匠精神	实验素养培养要求	科学精神
	理性的生命观	实验动物伦理观	科学精神 生命观念

(任　华)

第十章

“遗传学”课程思政教学指南

一、“遗传学”的专业教学体系与课程思政教学目标

1. “遗传学”课程简介

遗传学是研究生物遗传与变异的学科。其研究遗传物质的本质、遗传物质的传递和遗传信息的实现。遗传学在发展过程中，产生了众多分支，如经典的孟德尔遗传学、细胞遗传学、分子遗传学、微生物遗传学、数量遗传学、群体遗传学和表观遗传学等，是生命科学领域发展最快的学科之一。本课程是生命科学领域中一门重要的基础理论课程，是生物学本科生的专业基础课，一般在大学二、三年级开设。通过本课程的学习，学生将了解遗传学的基本概念，掌握基因的结构、功能及其变异、传递和表达规律，为以后从事生命科学的教学或研究打下基础。

1.1 “遗传学”的专业教学体系结构

一般而言，“遗传学”课程由理论课和实验课组成，通过理论知识的学习指导实验，通过实验加深对理论知识的理解，从而形成理论和实践相结合的课程教学体系。

1.2 “遗传学”的专业教学目标

◎ 使学生系统掌握遗传学的基本概念、遗传规律，形成一套完整的遗传学知识体系，并具有运用遗传学知识，分析和解决生活、教学、科研中有关遗传问题的能力；

◎ 使学生掌握遗传学的一些基本技术方法，并能运用这些技术方法设计实验、完成实验、分析实验结果，解决相关遗传学问题。

1.3 “遗传学”常用专业教材与特色

张飞雄，李雅轩主编. 普通遗传学(第三版)[M]. 北京：科学出版社，2015.

本教材第一版于2004年出版。十多年来，在许多专家的不断修订下，本教材已经成为师范院校和其他国内综合性大学生物专业最常用的遗传学教材之一。本教材具有“基础性、系统性、前瞻性”的特点，既阐述遗传学的基本知识，又介绍遗传学的发展动态和发展趋势。在介绍遗传物质、遗传规律的基础上，层层深入，将孟德尔遗传学、细胞遗传学、分子遗传学、微生物遗传学、细胞质遗传、数量遗传学、群体遗传学的内容从现象到本质进行了较为深入的

讨论，并在每一章都结合了相关的遗传学发展动态，同时增加了表观遗传学等新知识点，这对拓展学生的遗传学视野，了解遗传学的新概念、新成果具有重要的意义。

2. “遗传学”的课程思政教学目标

2.1 “遗传学”的课程思政特征分析

“遗传学”是生命科学相关专业的基础核心课程，其授课对象通常是高校二年级或三年级的学生。这些学生即将由学校走向社会，因此在此时培育他们正确的世界观、人生观，建立起社会主义核心价值观，对他们将来在社会上工作、生活有重要的意义。在遗传学的教学过程中，可以将课程思政元素与专业知识传授相结合，使学生在学习遗传学知识的同时，潜移默化地接受思政教育，成为符合中国特色社会主义建设要求的高素质人才，为实现中华民族伟大复兴的“中国梦”贡献出自己的力量。

根据“遗传学”课程的学科特点，其思政元素可归纳为以下八大思政维度：政治认同、家国情怀、科学精神、文化自信、法治意识、公民品格、生态文明和全球视野。

政治认同：“遗传学”课程中会介绍中国在现代遗传学发展上的贡献。这些贡献是在中国共产党的坚强领导下，广大学者积极投身于中国特色社会主义建设，运用马克思主义的科学原理，在党和国家的大力支持下才取得的成绩。这些贡献及其背后蕴含的党和国家的政策及支持，可以使学生意识到只有坚持中国共产党的领导，坚定走中国特色社会主义道路，才能实现科技发展、国家富强、人民幸福，从而使学生更能认同和拥护中国共产党的领导，坚定中国特色社会主义理想信念，积极投身于中国特色社会主义建设。

家国情怀：“遗传学”课程中介绍的很多遗传学贡献是由中国人做出的。通过这些由中国人在遗传学上取得的成就，以及这些成就背后国家和社会的历史背景，可以展现出我国科学家“为国为民、心系天下”的浓浓家国情怀，从而可以培养学生的爱国主义精神、奉献意识，并提升国家自豪感。

科学精神：“遗传学”课程介绍遗传物质的本质及其遗传规律。通过教学，学生可以了解到任何遗传现象都有其物质基础，看似错综复杂的表象其实有内在规律可循。这些事实是辩证唯物主义在科学上的重要证据，是马克思主义理论体系产生的重要基础。通过对这些内容的教学，可以培养学生的科学精神和辩证唯物主义世界观。“遗传学”课程还介绍遗传学发展史。在遗传学发展史上，经常出现前一个理论经过长期的研究和实践后被后一个理论推翻的情况，通过对这些理论创立的背景和被否定的原因的讲解，可以对学生进行实事求是精神、批判怀疑精神和创造探索精神的教育，培养不迷信权威、敢于向权威挑战的民主精神。

文化自信：“遗传学”课程介绍中国古人对遗传和变异现象的初步认识，以及在历史长河中中国人民利用生物的遗传、变异，不断有意识地改造生物，培育出了很多新品种，还介绍中国古人对近亲结婚这种近交行为的认识和态度。通过对记录这些的文献的阅读，可以使学生体会到中华民族文化的博大精深，从而更加认同并热爱中华民族的优秀传统文化。

法治意识：“遗传学”课程介绍人类胎儿医学鉴定的方法、环境对生物性状的影响，这些都要在法律允许的范围内实施。每个公民严格约束自己的行为、遵纪守法，不去触碰法律的底线才能保障我国社会主义建设的顺利进行。“遗传学”课程在讲解这些知识点时也需要向学生普及相关的法律知识，可以使学生在学习知识的同时，提高法治意识，做遵纪守法的好公民。

公民品格：敬业奉献、团结友善是公民应具备的基本道德与品格特征。“遗传学”课程中讲到的每一个遗传学发展史上的进步都是由科学家经过无数次的实验、考察、分析取得的。大量的样本、大量的实验数据是遗传学在各个历史时期取得关键性突破的重要保障。这离不开遗传学家的敬业精神。他们在遇到困难时不放弃，遇到挫折时不退缩，在追求真理的道路上坚持不懈。在“遗传学”教学过程中，通过对这些事实的讲述，可以使学生建立起爱岗敬业的思想。同时，“遗传学”课程中介绍的很多重要发现都不是单个科学家个人努力的结果，而是几个科学家共同研究的结果，或一个主要科学家加上背后整个团队支持的结果。没有科学家之间的相互协作，没有团队在背后的默默支持，很多发现都不能取得或研究进程会被推迟。因此，在科学研究过程中团队合作精神非常重要。通过在“遗传学”教学过程中讲述这些通过团队合作取得重要成果的例子，可使学生认识到团结合作的重要性。并且，在遗传学实验课的学习中将学生分组实验，小组成员共同完成某一实验，这可以使学生体验团队合作的重要性，增强团队合作意识。

生态文明：“遗传学”课程中很多内容涉及了基因突变和染色体的变异。不良的基因突变和染色体变异造成了生物不良的表型，导致了很多疾病包括癌症的产生。而引起基因突变和染色体变异的原因往往是我们生存的环境遭到破坏，如核辐射、水污染、大气污染等。通过对这些因素造成的基因突变和染色体变异的举例，可使学生认识到生态文明的重要性，意识到优良的环境是美好生活的保障，人只有与自然和谐共处，才能进入良性循环、持续繁荣。从而提高学生的环保意识，充分理解“绿水青山就是金山银山”的生态文明思想。

全球视野：“遗传学”课程介绍群体的遗传组成及其在逐代中的变化规律。在全球范围内，不同国家、不同民族在体制、文化、社会环境上的不同会导致其人群遗传结构存在差异。通过对这些影响种群遗传结构的因素的分析，既可以使学生了解选择、突变、迁移和基因漂变对种群遗传结构的作用，又能使学生了解不同国家、民族在体制和文化上的先进性和劣势。这样既有利于培养学生的全球视野，又同时能使学生理解我们国家相关生育政策的重要意义。

2.2 “遗传学”的课程思政教学目标

通过以上分析，可以看到“遗传学”课程具有丰富的课程思政元素。在“遗传学”教学过程中，可以运用举例、提问、讨论等教学方法，来向学生渗透这些思政元素，实现以下课程思政教学目标：

◎ 在了解遗传物质的本质及遗传规律的基础上，能用辩证唯物主义的思维分析问题、解决问题，发扬实事求是的科学精神和勇于挑战权威的民主精神，具有全球视野。

◎ 在了解中国科学家在遗传学领域取得的卓越贡献及其背后党和国家的支持的基础上，认同和坚持中国共产党的领导，增进国家自豪感和民族自信心，激发爱国主义的情怀；

◎ 在了解历史上每项重要遗传学研究进展的基础上，认识到科学家取得成就背后的努力，增强不怕困难、坚忍不拔的信念和爱岗敬业的精神，树立高尚的公民品格；

◎ 在掌握遗传学实验技术和方法的基础上，认识到团队合作的重要性，并在实验环节中体现这种团队合作精神。

◎ 在理解基因突变和染色体畸变原理并了解其相关检测技术的基础上，意识到环境保护和生态文明的重要性，并理解国家各项环保措施如废水处理、大气污染防护、公共场所禁烟、垃圾分类的重要意义，树立环保意识，自觉遵守《中华人民共和国环境保护法》和《中华人民共和国人口与计划生育法》等法律，建立法治意识。

二、《遗传学》各章节课程思政教学指南

第一章　绪论

1.1　专业教学目标

本章是教材的第一章，在整门课程中起提纲挈领的作用。本章主要介绍遗传学的基本概念、遗传学的研究范围和任务、遗传学的发展历程和趋势，以及遗传学在生产生活中的应用。通过本章的学习，可以使同学们对遗传学有个基本的了解，为以后各章的学习打下基础。具体教学目标如下：

◎ 掌握遗传学的基本概念；

◎ 了解遗传学的研究范围和任务；

◎ 了解遗传学的发展概况；

◎ 了解遗传学的应用。

1.2　重要思政元素分析与相关知识板块

本章节的几个重要思政元素和相关知识板块如下：

1) 对立统一的自然辩证法原理

本章节会介绍遗传和变异的概念及相互关系。遗传和变异是相互对立又相互联系的。遗传是相对的、保守的，有利于维持生物性状的相对稳定性；而变异是绝对的、发展的，有利于生物进化和新物种的产生。但是如果没有变异，遗传就只能是简单的重复，生物就会缺少进化的素材；如果没有遗传，变异就不能积累，因此也就失去了意义，生物也不能进化。遗传和变异的关系正好体现了自然辩证法中的对立统一规律，是学习马克思主义哲学原理的很好素材。

2) 辩证唯物主义认识论

本章节会介绍前人对遗传现象产生原因的认知过程。从公元前 3 世纪亚里士多德的“血液传递说”，到后来的先成论、渐成论，再后来的进化论、新达尔文主义、孟德尔遗传定律的发现，到 1900 年遗传学诞生。这一认知过程，可以使学生们体会到其实认识是在实践基础上不断发展的辩证过程。在某个时期觉得正确的认知往往会在将来的不断实践中被推翻，从而建立新的认知。这是一个让学生学习和理解辩证唯物主义认识论的很好素材。

3) 文化自信

本章节会介绍中国古代的人们对生物遗传、变异的初步认识，以及他们认识到的遗传、变异与环境的关系，也会介绍中国古人通过杂交、人工选择培育生物新品种。记录这些的古代文献资料和生产实践为达尔文进化理论的产生起到了一定的启发作用。这些包含生物遗传思想的中国古代文献的展示，是激发学生文化自信、民族自豪感的理想素材。

4) 法治意识

本章节会介绍遗传学在人类胎儿医学鉴定中的应用，包括羊水穿刺、无创 DNA 等。虽然这些方法能有效鉴定出胎儿是否在染色体或 DNA 上存在缺陷，但也能鉴定出胎儿的性别。而在我国，胎儿的非医学需要的性别鉴定是触犯法律的。这是一个向学生宣传《中华人民共和国人口与计划生育法》相关条款的很好素材。

1.3 课程思政的教学策略实例

1) 课程思政教学实例一：对立统一的自然辩证法原理

教师在讲解遗传和变异的相互关系时，可先采用设问的方法让学生想象一下“如果没有变异这个世界将是怎么样的，如果没有遗传这世界又将是怎么样的”。学生一定会惊讶于自己的想象，发现遗传和变异对生物来说是不可或缺的，它们是既对立又统一的关系。接下来教师再对遗传和变异的对立统一关系进行系统阐述。这样能有效提升学生对自然辩证法对立统一规律的理解。

2) 课程思政教学实例二：辩证唯物主义认识论

教师可以通过对血液传递说、先成论、渐成论、进化论、新达尔文主义这些学说建立的背景基础进行解析，并指出这些学说的进步意义和局限性，来使学生体会到认识其实受主体当时生活经验、知识水平、认识能力等的限制，实践是认识的基础，只有不断实践，经历多次由实践到认识、再由认识到实践的反复，才有可能获得正确的认识，从而加深学生对辩证唯物主义认识论的理解。

3) 课程思政教学实例三：文化自信

教师在讲述什么是“遗传”时，以《涅槃经》中“种瓜得瓜，种豆得豆”这句名言和《吕氏春秋 · 用民》中“夫种麦而得麦，种稷而得稷，人不怪也”来说明生物亲代和子代具有相似性。在讲述“变异”时，用北魏《齐民要术》中“凡谷成熟有早晚，苗杆有高下，收实有多少，质性有强弱，米味有美恶，粒实有息耗”来说明生物性状存在变异。在介绍遗传学的应用时介绍中国古代生物遗传思想在实践中的应用，比如西汉《氾胜之书》、北魏《齐民要术》、明代《天工开物》等文献中记录了很多我国古代人工培育良种、选育新品种的方法，例如挑选母猪时“母猪取短喙木无柔毛者良”；马和驴杂交可以生产出骡子，骡子综合了亲本马和驴的优势因而在生产上有更好的性能。这些讲述可以使学生知道遗传学的发展历程中不仅有古代外国人的思想在发光，而且也有古代中国人的思想光芒在闪烁，使学生更能认同和热爱中华民族的文化。

4) 课程思政教学实例四：法治意识

教师向学生介绍完羊水穿刺、无创 DNA 产前检测技术在人类胎儿医学鉴定中应用的基本原理后，向学生提问：“根据这两种技术的基本原理你们觉得这两种技术能不能鉴定出胎儿的性别呢?”学生简单思考一下后一定觉得是可以的。教师追问：“那么在我国现行的法律下，这些技术能不能用于胎儿的性别鉴定呢?”教师接着向学生介绍《中华人民共和国人口与计划生育法》在胎儿性别鉴定上的相关条款：“严禁利用超声技术和其他技术手段进行非医学需要的胎儿性别鉴定；严禁非医学需要的选择性别的人工终止妊娠。”通过这样的问答，可以使学生了解到虽然技术本身可以做到胎儿性别鉴定，但是任何技术的应用要在法律允许的范围内进行，任何科技人员、医生都不能触犯法律，普通大众也不能为了生一个自己想要的性别的孩子去触碰法律的底线进行胎儿性别鉴定，这样能有效提高学生的法治意识。

第二章　遗传物质

2.1　专业教学目标

本章主要介绍遗传物质的发现历程，遗传物质的结构、复制和传递，以及染色体的行为。通过本章的学习，可以使同学们了解遗传物质的基本知识，为以后理解各种遗传现象的背后机理奠定基础。具体教学目标如下：

◎ 掌握 DNA 作为主要遗传物质的证据及遗传物质的分子结构；

◎ 掌握遗传物质的复制和传递；

◎ 了解染色体的结构、形态和数目；

◎ 掌握细胞的有丝分裂和减数分裂。

2.2　重要思政元素分析与相关知识板块

本章节的几个重要思政元素和相关知识板块如下：

1) 科学思维

本章节在介绍"DNA 作为主要遗传物质的直接证据"时，会讲到诸多证明 DNA 是主要遗传物质的实验。科学家们在前人工作的基础上，科学地设计实验、完成实验、分析实验数据，前赴后继，最后才证明了 DNA 是主要的遗传物质。这种一环扣一环、严谨合理的科学研究是培养学生科学思维的很好案例。

2) 民主精神

本章节在介绍"DNA 双螺旋结构的发现"时，会讲到当时科学界的主流意见和权威人士大多认为 DNA 可能是三股螺旋结构，但两位年轻的科学家在看到了富兰克林的 DNA 的 X 射线衍射照片后，通过仔细分析，毅然否定了 DNA 是三股螺旋结构，提出了 DNA 是双螺旋结构。他们没有迷信权威，敢于向权威挑战，基于富兰克林的实验结果，经过合理分析，提出了 DNA 双螺旋结构的分子模型，这是体现科学民主精神的完美案例。

2.3　课程思政的教学策略实例

1) 课程思政教学实例一：科学思维

教师在向学生讲解"DNA 作为主要遗传物质的直接证据"时，从 1928 年英国科学家格里菲思的"肺炎双球菌体内转化实验"入手，指出其发现的重要意义和存在的问题，再讲 1944 年美国学者艾弗里的"肺炎双球菌体外转化实验"的实验设计、结果分析并指出其被人诟病之处，然后再介绍 1952 年赫尔希和蔡斯的"噬菌体侵染与繁殖试验"和 1956 年格勒和施拉姆的"烟草花叶病毒拆分感染实验"，最后得出 DNA 是主要的遗传物质这一结论。这些逻辑严密的实验加上教师对实验优缺点的层层剖析，能很大程度上提高学生的科学思维，使他们在以后的学习工作中能用辩证唯物主义的思想去分析问题、解决问题。

2) 课程思政教学实例二：民主精神

教师在讲"DNA 的双螺旋结构"这部分内容时，一开始就可以向学生提问："大家现在都知道 DNA 是双螺旋结构，那么在 1953 年 DNA 双螺旋结构发现之前，当时的学术界认为 DNA 可能是什么结构呢？"一般同学们都不知道。教师随后解答："当时学术界的主流意见和蛋白质结构权威鲍林等都认为DNA可能是三股螺旋结构。”接下来教师再提问：“那么，为什么三股螺旋结构不对，而双螺旋结构才对呢？这是基于什么样的科学研究得出的结论呢？”接下来，教师讲解富兰克林的DNA的X射线衍射照片和两位年轻科学家在看到这个照片后如何进行研究分析得出自己的DNA双螺旋结构模型。这个案例可以使学生体会到科学研究要尊重基本的实验事实，不能迷信权威，要发扬敢于挑战权威的科学民主精神。

第三章　孟德尔遗传

3.1　专业教学目标

本章开始进入孟德尔遗传的学习。由于在高中阶段，学生对孟德尔遗传已有所了解，因此在大学阶段，经典的孟德尔遗传不作为重点内容，本章的重点是遗传学数据的统计分析和孟德尔定律的扩展。通过本章的学习，可以使同学们在熟知经典的孟德尔两大遗传定律的基础上，认识到环境、等位基因间的相互作用、非等位基因间的相互作用都会影响生物性状的表达，并且掌握遗传学数据的统计分析方法。具体教学目标如下：

◎ 掌握遗传的分离定律和自由组合定律；

◎ 掌握遗传学数据的统计和分析方法；

◎ 掌握影响生物性状表达的因素。

3.2　重要思政元素分析与相关知识板块

本章节的几个重要思政元素和相关知识板块如下：

1）科学思维

在本章节介绍孟德尔两大遗传定律即分离定律和自由组合定律时，会讲到孟德尔植物杂交实验设计的科学性和其对实验结果分析的严谨性。从选择豌豆这种自花授粉植物作为研究对象开始，采用从单因子到多因子的研究策略，选择简单而区分明显的7对性状并采用各对性状上相对不同的品种为亲本进行系统的杂交实验，再用测交进行验证，最后应用统计学方法分析实验结果。孟德尔基于这些严谨的实验结果得出了分离定律和自由组合定律，完美地体现了科学思维和科学精神。这是对学生进行科学思维和科学精神培养的很好案例。

2）勤奋敬业的公民品格

在本章节介绍了1866年孟德尔通过长达8年的植物杂交实验发现了分离定律和自由组合定律，虽然在当时并未受到重视，但其他科学家在1900年重复了他的实验，证实了孟德尔遗传定律的正确性。植物杂交实验是非常需要细心和耐心的实验，需要坚忍不拔的意志和持之以恒的探索精神，只有勤奋敬业的人才能取得成功。孟德尔等科学家在自己热爱的领域兢兢业业的精神，是对学生进行敬业精神教育的很好例子。

3.3　课程思政的教学策略实例

1）课程思政教学实例一：科学思维

教师在讲解“孟德尔植物杂交实验取得成功的因素”时，可以采取提问的方式，让学生进行深入思考。为什么孟德尔在豌豆这种植物上发现了分离定律和自由组合定律？用其他植物行不行？为什么孟德尔要从一对相对性状开始研究，而不是几对性状同时进行研究？为什么孟德尔面对复杂的杂交实验数据，能得出 F_2 代显性性状对隐性性状是 3∶1 的分离比？通过提问，能让学生深刻体会孟德尔植物杂交实验严谨的逻辑感，增进他们的科学思维和探索精神。

2) 课程思政教学实例二：勤奋敬业的公民品格

教师可以通过介绍孟德尔在长达 8 年的时间里精心培育豌豆、观察性状并计数，终日用木棍、绳子把四处蔓延的豌豆苗撑起来，并驱赶蝴蝶和甲虫阻止其传播花粉，使一个敬业的孟德尔形象呈现在学生的脑海中。然后出示孟德尔豌豆杂交实验的具体数据，和其他科学家如柯伦斯、冯·切尔迈克等在豌豆杂交实验中的具体数据，让学生看到得出分离定律和自由组合定律是一件多么不容易的事情，每组实验都涉及了几千个数据。学生能从这些数据强烈感受到这些科学家的勤奋与敬业精神。

第四章　性别决定与伴性遗传

4.1　专业教学目标

本章主要介绍生物雌雄性别的决定方式以及与性别相关的遗传方式。通过本章的学习，同学们可以了解到遗传型性别决定和环境性别决定这两种主要的性别决定方式，同时认识伴性遗传、从性遗传、限性遗传这些与性别相关的遗传现象及其内在机理，还可以了解环境对性别分化的影响。本章中讲到的伴性遗传、从性遗传、限性遗传方式体现了生物性状表现与生物性别的关系，能使学生认识到除了经典的孟德尔遗传，还存在其他遗传方式，为以后章节的学习起到了铺垫的作用。具体教学目标如下：

◎ 了解生物性别决定的类型；

◎ 掌握伴性遗传、从性遗传、限性遗传的概念及规律；

◎ 掌握性别分化的概念及环境条件对性别分化的影响；

◎ 掌握剂量补偿效应概念及生物的不同剂量补偿方式。

4.2　重要思政元素分析与相关知识板块

本章节的几个重要思政元素和相关知识板块如下：

1) 人人平等的价值观

本章节会介绍性别的决定方式和性染色体相关的遗传疾病。在当今社会中，往往存在着性别歧视。本章节可以通过对性别层次的划分和对性别决定的机制介绍，减少学生的性别歧视。本章节还可以通过对性染色体相关遗传疾病的成因介绍，减少学生对性染色体相关遗传疾病患者和携带者的歧视，有助于培养学生正确的世界观和人人平等的社会主义核心价值观。

2) 探索精神

在本章节"果蝇的 X 连锁遗传"这一内容中，会讲到摩尔根将控制白眼性状的基因 w 定位于 X 染色体上，Y 染色体不带有相应的等位基因。这是历史上第一次有人把一个基因与一条特定的染色体联系起来。摩尔根在实验过程中对实验结果中出现的特殊现象的细致分析和孜孜不倦的探索精神，是其取得重大发现的重要原因。可以此为案例，培养学生的科学精神。

4.3　课程思政的教学策略实例

1) 课程思政教学实例一：人人平等的价值观

教师可以用奥运会男女运动员性别鉴定方法的发展历程，来告诉学生“性别”其实是一个很有层次感的概念，可分为染色体性别、生殖腺性别、表型性别等。奥运会有可能出现某一运动员具有两条X染色体，但其雄性激素水平达到男性标准，因此判定此运动员要以男性身份参赛的情况。举这个例子可使学生强烈感受到判断男女其实是一件很困难的事情，更没必要在性别问题上对某种性别进行歧视，进而树立正确的世界观，培养人人平等的社会主义核心价值观。

2) 课程思政教学实例二：探索精神

在讲“果蝇的X连锁遗传”这部分内容时，教师可在讲完摩尔根红眼和白眼果蝇正交实验后，让学生自己分析其 F_2 代的表型结果，看看是不是符合孟德尔定律，有没有存在什么特殊的地方。通过讨论和分析，学生能体会到摩尔根在分析数据时的细心和对“F_2 代白眼果蝇全是雄性”这一特殊实验现象的探索精神。这种精神能潜移默化地渗透到学生的心中，从而增强他们的科学精神。

第五章　连锁互换与基因作图

5.1　专业教学目标

本章主要介绍连锁互换现象及其本质，以及不同生物基因作图的方法。本章内容是《遗传学》课程的难点，由于其涉及了很多基因之间距离测定的方法，如两点测验和三点测验，需要大量计算，因此学生掌握起来比较困难。但本章内容又是“遗传学”课程的重点，学生必须掌握在基因测序技术出现前，传统的基因间遗传距离测定的方法。通过本章的学习，同学们可以深入认识遗传学的第三大定律“连锁与互换定律”，同时掌握植物、动物、人类、真菌的不同的基因作图的方法。本章的教学目标如下：

◎ 了解连锁互换现象的发现及连锁互换的本质；

◎ 掌握两点测验和三点测验的方法；

◎ 掌握人类染色体定位与作图的方法；

◎ 掌握真菌着丝点作图的方法。

5.2　重要思政元素分析与相关知识板块

本章节的几个重要思政元素和相关知识板块如下：

1) 民族自豪感和爱国主义

本章节会讲到“人类基因组计划”。这是一项规模宏大的堪称“生命科学阿波罗计划”的伟大科学探索。人类基因组计划启动于1990年，2003年完成了人类基因组计划的测序工作。中国有幸在1999年加入了这一计划，成为参加这项计划的唯一发展中国家，为了解生命起源、诊断和治疗疾病作出了巨大的贡献。这是一个非常令人鼓舞的案例，可以用此来提高学生的国家自豪感和爱国主义情怀。

2) 政治认同

本章会讲到我国参与“人类基因组计划”的前期准备。在党和国家的高瞻远瞩和大力支持下，我国在人力、物力、财力方面对加入“人类基因组计划”做了很多前期准备工作，才保证了我国能顺利加入“人类基因组计划”并最终完成了1%的测序任务。这体现了中国共产党的英明领导和社会主义制度的优越性，是促进学生政治认同、坚定中国共产党的领导、走中国特色社会主义发展道路的很好素材。

3) 合作精神

本章节会讲到“连锁群和连锁图”，通常位于同一染色体上的基因组成一个连锁群，而展现一个连锁群各基因之间距离和排列顺序的图就是连锁图。测定两个基因之间的距离已是很繁重的工作，由于连锁图需要测定各个基因之间的距离和排列顺序，而一个连锁群往往存在很多基因，因此，生物连锁图的绘制不是单靠一个科学家就能完成的，需要很多科学家的合作，为连锁图添砖加瓦，使连锁图越来越精细。这是个对学生进行合作精神教育的很好案例。

5.3 课程思政的教学策略实例

1) 课程思政教学实例一：民族自豪感和爱国主义

“人类基因组计划”是一项伟大的科学探索工程。教师在讲“人类基因组计划”时可突出讲解中国在“人类基因组计划”中的角色和贡献。让学生知道除了美国、英国、法国、德国、日本这几个发达国家，中国是唯一一个参与“人类基因组计划”的发展中国家，并完成了3号染色体短臂30Mb的测序任务。这能很大地提高学生的民族自豪感，激发爱国情怀。

2) 课程思政教学实例二：政治认同

教师在讲中国加入“人类基因组计划”时，向学生介绍一下我国加入“人类基因组计划”前的一些准备工作。在党和国家的重视和关怀下，我国在1998年成立了南方人类基因组中心、北方人类基因组中心，组建了中科院遗传所。这使我国加入“人类基因组计划”有了人力、物力、财力保障，使我国能参与这项重大的探索计划，在生命科学领域紧跟发达国家的步伐，体现了党和国家的高瞻远瞩和行动力，突出了社会主义制度的优越性。学生能从中体会到中国共产党的英明领导，从而更加认同和坚定中国共产党的领导，投身到中国特色社会主义建设中。

3) 课程思政教学实例三：合作精神

教师先向学生展示一张“玉米的遗传连锁图”，让学生看到玉米有10个连锁群，每个连锁群中都有很多基因。然后指出每个连锁群中基因之间的距离确定，都是通过许多科学家及其团队辛勤的工作获得的。通常每个科学家只能完成连锁图中的一小部分，只有把大家的数据结合起来，才能得到比较完整的遗传连锁图。而且连锁图会在新的数据出现后不断地得到修正和更新。学生能从这个案例体会到科学研究中合作的重要性，从而增强他们的合作精神。

第六章　噬菌体和细菌的遗传

6.1 专业教学目标

本章主要介绍噬菌体和细菌的遗传物质、遗传物质在不同噬菌体或不同细菌间的转移方式，以及噬菌体、细菌基因间遗传距离的测定方法。通过本章的学习，同学们可以了解原核生物和病毒的遗传物质组成，学会第五章中讲到的遗传距离测定方法之外的其他测定遗传距离的方法，如中断杂交作图法等。本章的教学目标如下：

◎ 了解噬菌体的结构及其遗传物质；

◎ 掌握噬菌体基因作图的方法；

◎ 了解细菌的遗传物质及突变类型；

◎ 掌握细菌间遗传物质的转移方式和细菌基因作图的方法。

6.2 重要思政元素分析与相关知识板块

本章节的几个重要思政元素和相关知识板块如下：

1) 辩证思维

本章节会讲到细菌和噬菌体这两种生物。通常情况下，人们谈到细菌和病毒就会色变，认为它们会危害人类的健康。但在本章节中，学生将会看到细菌和病毒在生物界的作用、在生命科学领域的贡献和在疾病治疗方面的潜力。这些内容会带给学生对细菌和病毒的全新认识，使他们能看到细菌和病毒既有坏的一面，又有好的一面，从而提高学生用辩证的眼光看待问题的能力，促进辩证唯物主义世界观的形成。

2) 环保意识与生态文明

本章节会介绍“细菌的突变型”。其中很重要的一种突变型是细菌的抗性突变，使原本对抗生素敏感的细菌变成对抗生素耐受的细菌。现实生活中出现过很多由于抗生素的滥用、乱弃，导致环境中出现超级细菌致人死亡的情况。将“细菌的抗性突变”与超级细菌致人死亡案例相结合，是唤醒学生环保意识的很好素材。

6.3 课程思政的教学策略实例

1) 课程思政教学实例一：辩证思维

教师在讲解细菌和噬菌体的时候，可以引入一些细菌和噬菌体的正面例子，如细菌在地球碳循环中有重要作用，细菌是发酵的重要生物，细菌质粒是重要的基因工程工具，噬菌体能治疗超级细菌引起的感染等。这些例子可以减少学生对细菌和病毒的厌恶感，使他们能以辩证的全新视角来看待这两种生物，从而促进辩证唯物主义世界观的形成。

2) 课程思政教学实例二：环保意识与生态文明

教师在介绍细菌的抗性突变时，可以举超级细菌致人死亡的例子，然后问学生现在社会中超级细菌爆发的原因。让学生思考一下后，教师可以指出抗生素的滥用、乱弃是超级细菌爆发的重要原因。特别是医院和畜牧业中抗生素的大量使用，使之成为培养超级细菌的温床。抗生素和超级细菌会随人和动物的排泄物释放到环境中，严重危害人类健康。通过这一解释，学生能很快领悟到减少使用抗生素、保护环境是一件刻不容缓的事情，从而提高他们的环保意识，这也是生态文明建设的重要内容。

第七章 基因组学和蛋白质组学

7.1 专业教学目标

本章主要介绍基因组学和蛋白质组学。通过本章的学习，能使同学们了解基因组学和蛋白质组学的主要内容、相关技术和研究进展。具体教学目标如下：

◎ 了解基因组学的主要内容；
◎ 了解基因组的遗传分析和信息技术；
◎ 了解蛋白质组学的研究内容、相关技术及研究进展。

7.2 重要思政元素分析与相关知识板块

本章节的几个重要思政元素和相关知识板块如下：

1) 全球视野与人类命运共同体

本章节介绍"基因组学"，基因组学对生物体所有基因进行集体表征和定量研究，而且涉及各种生物基因组的比较研究。基因组学的任务不是几个科学家或几个国家的科研工作者就能完成，它需要全世界科学家的共同努力。对基因组学的介绍可以帮助学生拓宽视野，认识到人类是一个命运共同体，只有一起努力，才能更好地认识世界、改造世界。

2) 学科融合与协同创新

在本章节讲述基因组信息技术时，会讲到由于测序技术的发展，DNA 序列信息越来越多。对这些 DNA 序列信息进行分析、解释、交流成为一项非常复杂繁重的工作。而计算机和互联网技术的发展为这些 DNA 序列信息的储存、交流、研究提供了方便。这是生物技术与信息技术相结合促进科学发展的重要创新，可作为提升学生创新思维的素材。

7.3 课程思政的教学策略实例

1) 课程思政教学实例一：全球视野与人类命运共同体

教师在讲完人类基因组测序后，问学生："地球上那么多种生物，大家觉得仅仅依靠参与人类基因组计划的 6 个国家能把众多生物的基因组都研究清楚吗?"学生的答案一定是否定的。接着教师向学生介绍不同国家的科学家在不同生物基因组测序中的贡献，比如由中国主导的熊猫、白鳍豚、大黄鱼、鲤鱼、黄瓜、马铃薯、白菜等基因组的测序，西班牙科学家对甜瓜基因组的测序，意大利科学家对苹果基因组的测序，韩国科学家对野生大豆基因组的测序，瑞士科学家对火蚁基因组的测序等，然后向学生指出这些不同生物的测序数据是基因组学研究重要的基础，只有全世界科学家的共同努力并分享各自研究成果才能完成基因组学庞大繁杂的工作，科学工作者要有全局意识和全球视野，积极参与国际合作。这样能很好地拓展学生的视野，提高人类命运共同体的意识。

2) 课程思政教学实例二：学科融合与协同创新

教师在讲完基因组测序后，向学生提问："这么多序列测出来以后我们怎么来解读这些序列蕴含的信息呢？序列那么多，人力又那么少。"待学生思考一下后，教师指出"幸好我们有计算机技术来帮忙"。接着介绍计算机和互联网技术在基因组作图、分析中的应用，讲解生物信息学的概况，从而使学生建立遗传学可与其他学科如计算机科学共同发展的意识，使他们在今后的研究中能运用其他学科的力量促进遗传学的发展，树立创新意识。

第八章 遗传重组

8.1 专业教学目标

本章主要介绍遗传重组的类型、特点及其分子机制。通过本章的学习，同学们能认识到同源重组、位点专一性重组、转座重组、异常重组等各种遗传重组类型及其分子机制，理解遗传重组对于生物多样性、生物进化、个体发育分化以及遗传改良的重要意义。具体教学目标如下：

◎ 掌握同源重组的概念、特点、机制及功能；

◎ 掌握位点专一性重组的概念、特点、机制；

◎ 掌握转座重组的概念、特点、机制、功能及应用；

◎ 掌握异常重组的概念、类型和特点。

8.2 重要思政元素分析与相关知识板块

本章节的几个重要思政元素和相关知识板块如下：

1）合作精神

本章节在讲述位点专一性重组时，会讲到位点专一性重组不仅需要同源序列，还需要有位点专一性的蛋白因子参与催化过程。λ噬菌体通过位点专一性重组整合到大肠杆菌基因组的过程，完美体现了同源序列与蛋白因子相互合作、共同完成整合的过程。这是进行合作精神教育的很好素材。

2）辩证思维

本章节在讲述转座重组时，会讲到细胞发生转座的频率是很低的。这是由于如果频率过高，会对细胞造成损害，影响生物的生命力，而如果不发生转座则不能适应生存的需要。这充分体现了转座在生物生命中的两面性，是学习自然辩证法、形成辩证思维的良好素材。

8.3 课程思政的教学策略实例

1）课程思政教学实例一：合作精神

教师在讲述位点专一性重组时，首先要告诉学生这种重组方式需要重组的双方有同源序列。接着教师问学生："是不是有同源序列就足够了呢？"待学生思考一下后，教师自答："其实不是，位点专一性重组不仅需要重组的双方有同源序列，还需要有位点专一性的蛋白因子参与。比如λ噬菌体整合到大肠杆菌基因组的过程中需要整合酶 Int 和整合宿主因子 IHF 的共同作用完成整合过程，这两个酶识别同源序列中的特异性位点。位点专一性重组仅有同源序列是不够的。这充分说明完成一项任务团队成员之间的合作是多么重要。"由此提升学生的合作精神。

2）课程思政教学实例二：辩证思维

教师在讲述转座重组的概念后，提出一个问题："转座到底对生物好不好呢？"待学生思考一下后，教师接着先介绍转座会对生物产生的不良后果，比如转座可以破坏或提高一些基因的功能，引起基因突变或染色体畸变，影响生物的个体发育。然后话锋一转介绍转座对生物生存的积极意义，比如转座可使细胞在遭受损害时通过基因重建存活下来，转座引起的基因突变或染色体畸变为生物进化、细胞分化提供了重要素材。最后强调转座对生物的两面性，好的一面和坏的一面兼备，充分体现了事物的矛盾性，从而加深学生对辩证唯物主义的认识。

第九章　染色体畸变

9.1 专业教学目标

本章主要介绍染色体畸变的类型及其应用。通过本章的学习，同学们能了解染色体结构变异和数目变异的类型及其产生的遗传学效应，掌握利用染色体畸变改良农作物性状的方法。具体教学目标如下：

◎ 了解染色体结构变异的类型及其遗传学效应；

◎ 了解染色体数目变异的类型及其遗传学效应；

◎ 掌握染色体畸变在生产中的应用；

◎ 掌握人类染色体变异的符号书写。

9.2 重要思政元素分析与相关知识板块

本章节的几个重要思政元素和相关知识板块如下：

1) 对立统一的自然辩证法原理

本章节会介绍“染色体畸变的类型及其遗传学效应”。通常我们会认为染色体畸变会导致不良的遗传学效应，但有时染色体畸变对改良生物性状有很大的作用。这是一个让学生用辩证的眼光看待问题的很好素材。学生从中可以体会到一个事物可能既有好的方面又有坏的方面，就看人们如何对其认知，如何对其好的方面进行利用。

2) 尊重规律、自主创新

在本章节讲“异源多倍体的应用”时，会提到我国科学家鲍文奎研制的异源八倍体小黑麦。小黑麦是中国首创的人造麦类新作物，具有抗逆抗病能力强、籽粒蛋白质含量高等特点。小黑麦的培育是人工加速小麦进化过程的实践，这需要科学家在尊重自然进化的基础上，大胆开拓创新，才能取得成功。因此，这是一个蕴含科学精神的案例，可以用来提升学生的创新精神、探索精神和实践精神。

9.3 课程思政的教学策略实例

1) 课程思政教学实例一：对立统一的自然辩证法原理

教师可以通过举例来说明染色体畸变坏的方面和好的方面。比如坏的方面有使生物体死亡、产生不良表型等。好的方面比如利用染色体畸变可以生产出无籽西瓜，进行蚕的性别鉴定，形成新种，利于生物进化等。通过举例分析染色体畸变的两个方面，可以使学生深刻认识到事物具有两面性，需要用对立统一的辩证观点去看问题，从而帮助他们形成辩证唯物主义的世界观。

2) 课程思政教学实例二：尊重规律、自主创新

我国科学家鲍文奎利用染色体畸变研制出性状优良的异源八倍体小黑麦，是本章节培养学生科学精神的很好素材。异源八倍体小黑麦是基于自然界物种进化规律，通过创新，人工培育出的新物种。教师可以通过讲解异源八倍体小黑麦研制的科学背景和社会背景，以及鲍文奎的艰苦研究历程，挖掘其蕴藏的科学精神，同时强调任何科学研究都要基于自然规律，在自然规律的基础上通过合理的创新、探索和实践才能取得成功。

第十章 基因突变

10.1 专业教学目标

本章主要介绍基因突变的类型、特点，基因突变的分子机制以及 DNA 损伤修复的机制。

通过本章的学习，同学们能了解不同生物基因突变率的表示方法，掌握基因突变的分子机制及其修复机制。具体教学目标如下：

◎ 掌握基因突变的类型及特点；

◎ 了解模式生物基因突变的表现和检出；

◎ 掌握基因突变的分子机制；

◎ 掌握 DNA 损伤修复机制。

10.2 重要思政元素分析与相关知识板块

本章节的几个重要思政元素和相关知识板块如下：

1) 环保意识与生态文明

本章节在介绍“诱发突变的分子机制”时会讲到各种辐射如紫外线、X 射线、γ 射线等，各种化学诱变剂如羟胺、烷化剂、吖啶类染料等都能造成基因突变，从而导致癌症或其他疾病的发生。然而在现实社会中，很多这些诱变因素都在被排放。水污染、大气污染随处可见，严重危害着各种生物的健康。对诱发突变的因素及其分子机制的介绍，能透彻地告诉学生环境污染的危害，从而使他们建立起环境保护的意识和社会责任感。

2) 家国情怀与爱岗敬业

在本章节讲述“电离辐射诱变”时，会提到电离辐射既能使细胞的染色体发生断裂、产生缺失，也能使基因发生突变，其危害程度非常大。但在科学研究中，有时为了科学的需要，许多科学家在明知道电离辐射存在巨大危害的情况下，不顾个人安危，使用放射性元素进行相关工作。尤其是我国在核武器研制过程中，诸多前辈所体现出的为国为民而隐姓埋名的家国情怀和爱岗敬业精神，体现出革命前辈为了国家强盛无私奉献的工作精神。这是对学生进行家国情怀、爱岗敬业教育的理想思政素材。

3) 法治意识与规则意识

本章节在介绍“诱发基因突变的物质”时，会讲到这些物质有些是在自然环境中天然存在的，有些却是人类创造出来的。由于人们法治意识和规则意识的缺失，导致了这些由人创造出的诱发基因突变的物质的泄露或不正当使用，造成了对生物的严重危害。因此，遵守法律、遵守安全守则十分重要。这是向学生宣传在生活、生产、科研中提高法治意识、安全意识、规则意识的很好材料。

10.3 课程思政的教学策略实例

1) 课程思政教学实例一：环保意识与生态文明建设

教师在讲“诱发突变的分子机制”时，可对不同类型的诱变因素举些实例。比如在非电离辐射诱变中，可以介绍由氯氟烃排放导致的臭氧空洞使照射到地球的紫外线大大增加，从而导致皮肤癌的发生；在电离辐射诱变中可以介绍由于福岛核泄漏事故，海洋中的很多生物都遭遇到核辐射，这些核素通过食物链又被其他生物所吸收，形成恶性循环；在化学诱变中，可以介绍一下生物实验常用的溴化乙锭的危害。通过这些现实中的例子，可以使学生很直观地感受到保护环境、减少污染物排放的重要性，从而提高环保意识。

2) 课程思政教学实例二：家国情怀与爱岗敬业

教师在讲“电离辐射诱变”时，可以插入我国科学家研制原子弹这一案例。中国自行研制的第一颗原子弹于 1964 年 10 月 16 日下午 3 时在新疆罗布泊成功爆炸，这凝结了许多人的汗水和努力。为了我国首颗原子弹的诞生，很多科学家、技术人员、军人不顾放射性元素可能造成的染色体畸变和基因突变，以大无畏的革命精神和为祖国效力的家国情怀，克服重重困难，隐姓埋名、无私奉献，为我国打破超级大国的核垄断不懈奋斗。教师可以通过当时的历史画面，以及近年来的著名影片《钱学森》、《我和我的祖国》等片段，用前辈们的家国情怀和爱岗敬业精神充分感染学生。

3) 课程思政教学实例三：法治意识与规则意识

教师在讲"诱发基因突变的物质"时，指出哪些诱发突变的典型物质是天然存在的，哪些是人类制造的。然后以切尔诺贝利核电站爆炸事故为例，告诉学生导致其爆炸造成核泄漏的重要原因是由于操作人员的疏忽，没有严格按照安全章程办事，导致30多年过去，切尔诺贝利依旧核辐射值很高，大量动物变异。再以生物实验室常用的溴化乙锭为例，告诉学生其能造成基因突变，在使用时要注意安全，使用后不能随意丢弃，要遵守实验室安全规范，否则害人害己。通过这些例子，使学生树立安全生产、科研的意识，遵守各种法律法规。

第十一章　表观遗传学

11.1　专业教学目标

本章主要介绍表观遗传学的概念及表观遗传的主要机制。通过本章的学习，同学们能理解表观遗传学与经典的孟德尔遗传学的不同，了解DNA甲基化、组蛋白修饰、非编码RNA的调控等表观遗传机制。具体教学目标如下：

◎ 掌握表观遗传学的概念及表观遗传的特点；

◎ 掌握表观遗传的主要机制；

◎ 了解常见的表观遗传现象及其机制。

11.2　重要思政元素分析与相关知识板块

本章节的几个重要思政元素和相关知识板块如下：

1) 马克思主义实践观

本章节讲到的表观遗传学与经典的遗传学有很大的不同。经典的遗传学主要研究由基因序列改变导致的基因表达的变化。而表观遗传学则研究由非基因序列改变导致的基因表达的变化。在过去很长一段时期里，人们都认为只有基因序列发生改变产生的变异才能被一代代遗传，但后来人们陆陆续续发现生物后天获得的非基因序列改变产生的变异有时也能被遗传下去。这些发现导致了区别于经典遗传学的表观遗传学的诞生。这能让学生认识到人们对事物的认识由于受到主客观条件的限制具有局限性，只有经过不断地实践才能丰富和发展认识，实践是检验真理的唯一标准。

2) 环保意识与生态文明建设

在本章节介绍表观遗传机制时，会讲到外界环境的影响可能造成表观遗传改变。外界环境中的有毒有害物质可能通过DNA甲基化、组蛋白修饰、非编码RNA的调控等表观遗传机制改变抑癌基因或其他相关基因的表达，从而导致癌症等疾病的发生。这对学生来说是很好的环境保护教育题材，能使他们充分认识到环境与人类健康的关系，创造一个优良的环境、防治污染跟每个人都息息相关，从而提高学生的环保意识，理解生态文明建设的必要性。

11.3 课程思政的教学策略实例

1) 课程思政教学实例一：马克思主义实践观

教师向学生串讲一下表观遗传学艰难的发展历程，从1809年拉马克提出“获得性状遗传”解释了长颈鹿脖子为什么会那么长，到1892年魏斯曼通过老鼠22代割尾巴实验否定了“获得性状遗传”，再到1942年沃丁顿(Waddington)在细胞分化研究中提出了表观遗传学的概念，然后到20世纪80年代表观遗传学逐渐兴起。接着教师列举人们通过各种研究，如乙酰苯、农药等化学物质或营养条件对动物后代影响的研究，证明了在基因序列不发生改变的情况下，外界环境的改变造成的生物表型的改变也可遗传。通过对表观遗传学艰难的发展历程的讲述和举例分析，可以使学生了解到科学知识是在不断的研究中逐步完善的，在某一时期被否定的理论可能有其积极的科学意义，只有通过不断地实践才能找到真理。这能使学生更直观地理解马克思主义实践观，理解实践出真知，理解实践是检验真理的唯一标准。

2) 课程思政教学实例二：环保意识与生态文明

教师在介绍表观遗传机制时，可通过举例来向学生说明环境中的有毒有害物质是如何通过表观遗传机制来导致癌症或其他疾病的发生的。比如可以举例介绍由于吸烟导致异常的DNA甲基化，使抑癌基因表达量下降，引起与细胞生长和分化调控相关的KRAS基因表达量上升，从而导致肺癌的发生。类似的例子还有很多，通过这些生活中常见的实例，能使学生直观感受到环境对人类健康的影响，从而增强他们的环保意识。

第十二章　细胞质遗传

12.1 专业教学目标

本章主要介绍由细胞质中的遗传物质引起的遗传现象及其机理。本章讲到的遗传方式与经典的孟德尔遗传方式有很大的差异。通过本章的学习，同学们能认识到除了细胞核内存在遗传物质，在细胞核外也存在遗传物质如线粒体DNA、叶绿体DNA等，核外遗传有其自身的特点，与孟德尔遗传有明显的差异。此外，还能了解到细胞质遗传在农业生产上有很大的用处，可以通过利用植物雄性不育，培育出产量高、性状优的作物。具体教学目标如下：

◎ 掌握细胞质遗传的概念及特点；

◎ 了解细胞质基因和细胞核基因的关系；

◎ 了解非细胞质组分的遗传因子；

◎ 掌握母性影响的概念及其与母性遗传的区别；

◎ 掌握植物雄性不育的类型及其应用。

12.2 重要思政元素分析与相关知识板块

本章节的几个重要思政元素和相关知识板块如下：

1) 家国情怀与社会责任感

本章节讲述“植物的雄性不育类型及其遗传机理”时，会讲到袁隆平超级杂交水稻这个“植物雄性不育”应用的经典例子。袁隆平生产的杂交水稻获得了亩产世界最高的纪录，其成就令全世界瞩目。而袁隆平为国为民奉献一生，其身上有浓厚的家国情怀和社会责任感，足以感动学生。

2) 爱岗敬业与团队合作

在本章节讲述“质核互作不育型”时，会讲到袁隆平“二区三系法”生产杂交水稻的艰难研发历程，从不育系的发现到保持系和恢复系的筛选，历尽千辛万苦，终于取得成功。这是爱岗敬业、不怕困难的很好例子。另外，在袁隆平的研究过程中得到了李必湖等团队成员的大力支持，才能找到“野败”等重要品系完成三系配套，生产出杂交种。袁隆平还为李必湖、冯克珊出具了重大贡献证明。这是团队合作取得重大成果的典型案例，可以用此对学生进行发扬团队合作精神的思政教育。

3) 政治认同

本章会讲到袁隆平将近60年杂交水稻研发过程中所得到的党和国家的支持。在各个历史时期，是党和国家的支持才使袁隆平能克服各种天灾人祸及其他困难，最终取得成功。这是对学生进行认同中国共产党的领导、认同我国政治制度教育的理想素材。

12.3 课程思政的教学策略实例

1) 课程思政教学实例一：家国情怀与社会责任感

在讲“植物雄性不育的应用”这部分内容的时候，一开始教师就可以向同学们提问：“大家知道农民家里种的普通水稻亩产大概在600公斤左右，那么有同学知道现在袁隆平的超级杂交水稻亩产最高多少公斤吗?”一般来说学生是回答不出来的。教师随后进行解答：“2018年10月29日，袁隆平超级杂交稻(超优千号)在河北省测产验收的数据是平均亩产1 203.36公斤，这再次创造了世界水稻单产最高的纪录。”同学们听后会非常惊讶，感慨于这么巨大的差距。此时，教师便可顺势对袁隆平院士进行相关介绍，他一辈子为我国解决粮食安全问题、为百姓的饭碗问题作出重大贡献，是我国的国宝级人物，其本人却朴实无华，心中只有国家与人民。教师通过袁隆平的一些采访语录和视频记录，可以在课堂上充分地展现出袁隆平院士身上的这种气质，从而达到感染同学的目的。

2) 课程思政教学实例二：爱岗敬业与团队合作

教师在讲“质核互作不育型”时，以袁隆平“二区三系法”杂交水稻为例，既讲其质核互作不育的分子机制，又介绍杂交水稻的研制过程。介绍袁隆平从1964年正式开始水稻杂种优势利用的研究，在1965年从14 000多个稻穗中找到了6株雄性不育植株，然而在1968年5月的一个晚上，试验田里的秧苗被全部拔光，最后只在废井里找到5株秧苗才得以继续杂交实验，直到1970年才找到合适的不育系这一艰难研究历程，让学生体会科研工作的不易，要热爱自己的工作，尽心尽责才能取得成就。另外，通过讲述袁隆平助手李必湖在海南岛南红农场发现“野败”，以及许多科研人员为筛选合适的保持系和恢复系做了大量的工作，才使杂交水稻三系配套获得成功这些事实，向学生传递团队合作的重要性，激发他们团队合作的精神。

3) 课程思政教学实例三：政治认同

教师在讲袁隆平从1960—2019年杂交水稻研发历程时，向学生指出各个时期，由于有党和国家在背后的大力支持，才使袁隆平的杂交水稻研发得以取得举世瞩目的成就。比如，当1966年袁隆平发表《水稻的雄性不孕性》一文后，得到了当时国家科委九局局长赵石英同志的高度重视，指出这项研究意义重大并支持袁隆平的水稻雄性不育研究。1971年，湖南省农业科学院成立了杂交稻研究协作组，袁隆平进组工作。通过协作组成员的共同努力，找到了恢复系，攻克了“三系”配套难关。1996年，我国农业部立项中国超级稻育种计划，经过多年的努力，“超级稻”连续刷新水稻单产世界纪录。2001 年，袁隆平获得国家最高科学技术奖。从这些事实，学生可以深刻感受到科研取得巨大成功不仅要靠科学家的个人努力，还需要党和国家强有力的政策和精神支持。通过这样的教学能使学生充分认同中国共产党的领导，体会到社会主义制度的优越性。

第十三章　数量性状的遗传

13.1　专业教学目标

本章是《遗传学》课程的第十三章，主要介绍数量性状及其统计分析方法。通过本章的学习，同学们能认识到除了质量性状外还存在由微效多基因控制的数量性状，掌握广义遗传力和狭义遗传力的概念及其估算方法，理解杂种优势产生的原因，学会近交系数的计算。具体教学目标如下：

◎ 掌握数量性状的概念及特点；

◎ 掌握数量性状遗传的统计方法；

◎ 掌握遗传力的概念及其估算方法；

◎ 掌握近交系数的计算方法；

◎ 了解杂种优势产生原因。

13.2　重要思政元素分析与相关知识板块

本章节的几个重要思政元素和相关知识板块如下：

1) 科学理性思维

本章节中会介绍“杂种优势”。杂种优势是两个遗传组成不同的亲本杂交产生的 F_1 优于亲本的现象。而与杂种优势相对的就是近交衰退。近交衰退的主要原因是近交增加了有害等位基因纯合的概率，导致个体出现不良性状。近交衰退反应在人类社会就是近亲结婚的夫妻容易生出不健康的孩子。把杂种优势和近交衰退的原理与国家禁止近亲结婚的政策联系起来，可使学生充分理解国家制定禁止近亲结婚政策的科学性，使学生能以科学理性的思维看待问题、解决问题。

2) 合作精神

在本章节中会介绍“数量性状”。其中会提到数量性状是由微效多基因共同控制的。这些基因通过加性效应、显性效应、上位效应共同影响生物的性状。这可以参比到人类社会，每个人都在自己的工作岗位上做出自己的贡献，同时，通过相互合作共同建设美好的国家。这是通过类比方法对学生进行合作精神教育的很好素材。

3) 中国古代理性婚配观与文化自信

本章节会介绍“近交衰退”，其中会讲到中国古代人们对近亲结婚的认识和态度，从中可以看到历朝历代对“近亲结婚”这种不利生物繁衍的行为的管控。这表现了我国古代文化中科学理性的一面，是对学生进行中国传统文化认同教育的很好素材。

13.3　课程思政的教学策略实例

1) 课程思政教学实例一：科学理性思维

教师在讲解完杂种优势和近交衰退的原理后，可以问学生一个问题：“从遗传学的角度看，贾宝玉和林黛玉结婚好吗？”学生应该马上会反应过来贾宝玉和林黛玉是近亲，他们结婚对他们的后代不利，所以还是不结婚的好。教师可以顺势讲解我国禁止近亲结婚的政策，强调其背后的科学性，并告诉学生在感情中也要有科学理性的思维。

2) 课程思政教学实例二：合作精神

教师在讲解“控制数量性状的基因”时，可以运用类比的方法，把微效多基因与社会中的每个人进行类比，而这些微效基因对生物表型的作用就好比是每个人对社会的贡献。微效基因通过加性效应、显性效应、上位效应共同影响生物的性状，可以与社会中无数的人通过相互协作共同构建我们美好的社会相类比。通过类比，不仅使学生更容易掌握数量性状的基础知识，更能使他们体会到无论在基因层面还是在人类社会，合作都是永恒的主题，从而提高他们的合作精神。

3) 课程思政教学实例三：中国古代理性婚配观与文化自信

教师在讲解完“近交衰退”的基本原理后，可以问学生：“你们知不知道我国古代人对近亲繁殖的态度？”然后教师举几个我国古代文献中对近亲繁殖认识的例子和一些朝代在近亲结婚方面的管控，如《左传·僖公二十三年中》写道“男女同姓，其生不蕃”；《国语·晋语》中写道“同姓不婚，恶不殖也”；明代规定“民间姑舅及两姨子女，法不得为婚”；清代“中表为婚，礼所禁，亦律所禁”。通过这些讲述，可以使学生意识到我国古人的智慧，在还没有了解“近交衰退”科学原理的时候，就已经能从实践经验中了解到近交对生物繁衍的危害，并用道德和法律等形式进行管控，体现出了我国古人的大智慧和中华民族优良的传统文化。这样能使学生更认同和热爱我们国家的传统优秀文化。

第十四章　基因调控与发育

14.1　专业教学目标

本章主要介绍生物发育过程中的基因调控。通过本章的学习，同学们能认识发育研究中的三大模式动物及其发育调控研究进展、哺乳动物受精卵的发育过程，了解胚胎干细胞与体细胞的全能性。具体教学目标如下：

◎ 了解秀丽隐杆线虫、果蝇、小鼠这三大发育研究的模式动物及其发育调控的研究进展；

◎ 掌握哺乳动物受精卵着床前和着床后的发育过程及调控；

◎ 了解胚胎干细胞的全能性；

◎ 了解体细胞的全能性。

14.2　重要思政元素分析与相关知识板块

本章节的几个重要思政元素和相关知识板块如下：

1) 实验动物伦理观

本章节会介绍发育遗传学研究中的三大模式动物，即秀丽隐杆线虫、果蝇和小鼠。在发育遗传学研究中经常会使用这些动物进行观察、操作和解剖，因而不可避免会伤及这些动物的生命。在课程中，告诉学生在科学研究中尊重生命、善待实验动物、不滥用实验动物，树立正确的实验动物伦理观非常有必要。

2) 质疑与实证的科学精神

在本章节会介绍“胚胎干细胞与体细胞的全能性”。过去我们认为哺乳动物只有胚胎干细胞具有全能性，而体细胞不具有全能性。然而，这一论断一直伴随着科学界的质疑，随着科学研究的深入，一些科学家的研究推翻了哺乳动物“体细胞不具有全能性”这一论断，用实验证明了体细胞这种高度分化细胞的细胞仍然具有全能性。这一研究历程，体现出科学探索中的质疑精神与实证主义，是体现科学家创新探索精神的重要素材。

14.3 课程思政的教学策略实例

1) 课程思政教学实例一：实验动物伦理观

教师在讲线虫、果蝇和小鼠的发育研究进展时，要着重指出这些进展的取得是很多实验动物用自己的生命为人类科学事业作出的贡献，因此同学们要善待实验动物、尊重实验动物、不滥用实验动物。并向学生提问：“你们觉得有哪些措施可以减少实验动物的使用量?”让学生讨论一会儿后，对学生的答案进行总结，并要求他们在遗传学实验中爱惜实验动物，通过合理的实验设计尽可能减少实验动物使用量，进而使学生树立正确的实验动物伦理观。

2) 课程思政教学实例二：质疑与实证的科学精神

教师在本章节介绍完“胚胎干细胞与体细胞的全能性”后，向学生提出问题：“大家知道体细胞是高度分化细胞，那么体细胞具有全能性吗?”大多数的学生根据过去的经验都会认为体细胞不具有全能性。随后，教师出示 2006 年日本的山中伸弥(Yamanaka)在小鼠的皮肤细胞中表达 4 个基因后使小鼠皮肤细胞重新编程形成干细胞这一事实，告诉学生现在的研究证明体细胞也具有全能性，并指出科学研究是在不断探索中前进的。过去认为正确的结论在将来不一定正确，科学是不断的探索发现过程，从而使科学质疑、实证探索的科学精神深入学生心中。

第十五章　群体遗传与进化

15.1 专业教学目标

本章主要介绍遗传平衡定律、影响遗传平衡的因素、生物进化学说以及物种的形成。通过本章的学习，同学们能掌握遗传平衡定律的内容，明白选择、突变、迁移、遗传漂变对群体遗传平衡的影响，了解生物进化和物种形成。具体教学目标如下：

◎ 掌握遗传平衡定律；

◎ 了解改变群体遗传平衡的因素；

◎ 了解生物进化学说及其发展；

◎ 了解物种形成的方式。

15.2 重要思政元素分析与相关知识板块

本章节的几个重要思政元素和相关知识板块如下：

1) 辩证唯物主义世界观

本章节会介绍“生物的进化学说及其发展”。其中最具代表性的是拉马克和达尔文的进化学说。在生物进化思想产生之前，物种神创论占绝对的统治地位。而到了 20 世纪，进化论得到了较大发展，发展出了“综合进化理论”和“分子进化的中性理论”。达尔文的进化论为辩证唯物主义世界观的形成提供了重要支撑。而从进化学说的发展，可以使同学们看到认识是一个不断发展的辩证过程。这是对学生进行辩证唯物主义世界观教育的很好素材。

2）持之以恒的科学探索精神

在本章节介绍“达尔文的进化学说”时，会讲到达尔文在1831—1836年随英国军舰贝格尔号进行了5年的环球考察，其间收集了大量动植物和地质方面的资料。这些资料为《物种起源》一书的问世奠定了基础，也为马克思主义唯物史观的形成提供了有力支撑。在5年的环球考察期间，达尔文克服重重困难、专心研究，持之以恒，体现出了高度的科学探索精神。

3）国际视野

本章节会介绍“影响群体遗传平衡的因素”。在影响群体遗传平衡的因素中，“选择”是其中的一种。不同国家、不同民族在文化、社会环境、政策上的差异，会导致由“选择”引起的人类种群遗传结构的改变。这是一个让学生了解不同国家、民族在文化、社会环境、政策上对人类本身带来影响的很好素材，有助于培养学生的全球视野，更能理解我们国家的相关政策。

15.3 课程思政的教学策略实例

1）课程思政教学实例一：辩证唯物主义世界观

教师在讲“生物的进化学说及其发展”这一内容时，可采用比较法对神创论、拉马克的进化学说、达尔文的进化学说、新达尔文主义、综合进化理论和分子进化的中性理论进行阐述和分析。告知学生这些理论产生的背景、基础、先进性和局限性，使其理解认识其实是一个不断发展的辩证过程。同时结合化石证据、解剖学证据、组织学证据、生态学证据、分子生物学证据等，让学生体会到生命的物质性和生物进化过程中遗传与变异的对立统一性。这将有助于学生辩证唯物主义世界观的形成。

2）课程思政教学实例二：持之以恒的科学探索精神

教师在本章节介绍“达尔文的进化学说”时，可对达尔文从1831—1836年的5年环球考察进行一定描述。教师可以出示达尔文的环球考察路线图，告诉学生达尔文在穿越大西洋、太平洋、印度洋过程中在大海上颠簸的不易，其还要忍受毒蛇猛兽的攻击和疾病的缠绕，但是这些都没使达尔文产生动摇。在这5年里，达尔文千方百计地采集各种动植物样本并做了数十本笔记，为其后来创立进化论奠定了基础。学生可以从中强烈感受到达尔文那种坚持不懈、尽心投入科学探索的精神，从而提高自己的敬业精神。

3）课程思政教学实例三：国际视野

教师在介绍“选择”这一影响群体遗传平衡的因素时，以不同国家、不同地区的男女性别比例来说明选择作用对群体遗传平衡的影响。教师先告诉学生正常的人口性别比，再出示亚洲、欧洲、美洲、非洲一些国家、地区的人口性别比，指出“重男轻女”思想和行为会使人口性别比严重偏离正常范围，使男性比例大大增加；而卢旺达等一些国家在大屠杀中对男性的杀戮则会导致人口性别比大大降低。接着再出示中国实行计划生育前、后和实行全面二孩政策后的性别比，指出我们国家为了人民生活得更加美好，在控制人口基数和调整人口比例中作出的巨大努力。这样可以使学生能以全球的视野从体制、文化、社会环境等方面去看待人口问题，并理解我们国家的生育政策历史与现状。

三、"遗传学"实验课程思政教学指南

1. 专业教学目标

遗传学教学过程中，对核心内容配套了一系列的实验课程，比如果蝇的伴性遗传实验、果蝇的唾腺染色体染色与制片实验、人口腔上皮脱落细胞 DNA 提取实验、PCR 实验、荧光定量 PCR 实验、微核检测实验等。通过这些实验，能使学生巩固遗传学理论知识，提高遗传学实验技能。具体教学目标如下：

◎ 掌握基本的遗传学实验技术；

◎ 具备独立设计实验的能力；

◎ 具备分析实验结果的能力。

2. 重要思政元素分析与相关知识板块

遗传学实验几个重要思政元素和相关知识板块如下：

1) 团队合作精神

遗传学很多实验比如果蝇的伴性遗传实验等，整个实验过程会持续几个星期，并且工作量比较大。在这几个星期中，如果有哪次操作错误就会导致整个实验的失败。类似这种实验可以让学生们组成团队，合作完成整个实验。这可以当作增强学生团队合作精神的重要实践。

2) 法治意识与规则意识

遗传学有些实验涉及了染色体畸变内容，比如"微核检测实验"涉及了环境中的有害物质对染色体结构变异的影响。学生通过实验可以看到环境中的各种有害物质，如化工厂的废水、废气，农药，废电池等都会对生物的生存产生影响。而我们国家有相关的法律法规来禁止这些有害物质的随意排放。这是一个向学生普及环保相关法律法规、提高他们法律意识的很好机会。

3) 环保意识

遗传有些实验涉及检测外界环境对生物基因表达影响，如"烟草刺激对人肺细胞 ERCC4 基因表达影响实验"涉及烟草对癌症发生相关基因的作用。从这个实验可以让学生看到外界环境的改变对生物基因表达会产生很大的影响，甚至可能导致癌症的发生。只有好的环境，才能使各种生物包括人类生活得更幸福。这些和环保相关的生物基因表达检测实验是提高学生环保意识的很好途径。

3. 课程思政的教学策略实例

1) 课程思政教学实例一：团队合作精神

在果蝇伴性遗传实验中，教师可以将学生 4—5 人分为一组进行实验，让他们自己根据实际情况，安排由哪些组员负责每 8 小时一次的处女蝇筛选和后续的果蝇培养、统计工作。通过这种安排，使学生意识到自己的每次操作对整个团队都有很大影响，从而提升学生的团队责任感，并能使学生体会到团队成员间沟通的必要性和团队合作的重要性，由此增强他们的团队合作精神。

2) 课程思政教学实例二：法治意识与规则意识

教师在"微核检测实验"中，可让学生自己挖掘生活中常见的有毒有害物质，比如化工厂的废水、喷在果蔬中的农药等，让他们通过实验真实检验这些物质对细胞中微核产生的影

响。通过微核计数,使学生们亲眼见到这些有毒有害物质导致微核率的大幅上升,让他们直观感受到环境污染对生物的恶劣影响。随后,教师向学生普及《中华人民共和国环境保护法》、控烟条例、垃圾分类条例等的相关内容,使学生能深刻认识到这些环境保护相关法律法规的重要意义,从而在行动上充分遵守这些法律法规。

3) 课程思政教学实例三:环保意识

教师可以将遗传学实验中涉及"外界环境对生物基因表达影响"的实验与环境中的有毒有害物质相挂钩,让学生检测这些环境中的有毒有害物质对生物基因表达的影响。通过实时荧光定量PCR的检测,让学生看到这些环境中的有毒有害物质对抑癌基因、原癌基因或其他目标基因表达的影响,使他们深刻认识到环境污染对生物生长、发育的巨大影响,从而提高学生的环保意识。

四、"遗传学"课程思政元素总览表

课程章节	重要的课程思政元素	相关联的专业知识或教学案例	所属思政维度
一、《遗传学》各章节课程思政教学指南			
第一章　绪论	对立统一的自然辩证法原理	遗传和变异的相互关系	科学精神
	辩证唯物主义认识论	遗传学发展史	科学精神
	灿烂的中国文明	中国古代《齐民要术》在当时的领先性	文化自信
	尊法守法	无创DNA产前检测技术的法律问题	法治意识
第二章　遗传物质	大胆假设、严谨求证	DNA作为主要遗传物质的直接证据	科学精神
	科学民主精神	DNA双螺旋结构的发现	科学精神
第三章　孟德尔遗传	创新思维培养	分离定律和自由组合定律的发现过程	科学精神
	勤奋敬业、不懈探索	植物杂交实验及其验证过程	公民品格
第四章　性别决定与伴性遗传	人人平等的价值观	性别决定的生物学机制	科学精神 公民品格
	探索精神	果蝇的X连锁遗传	科学精神
第五章　连锁互换与基因作图	民族自豪感和爱国主义	人类基因组计划	家国情怀
	国家发展与科学进步的关系	我国参与"人类基因组计划"的前期准备	政治认同
	合作精神	科研协作绘制基因连锁图	公民品格
第六章　噬菌体和细菌的遗传	辩证思维	细菌和噬菌体在生物界的角色	科学精神
	环保意识与生态文明	细菌突变与健康风险	生态文明
第七章　基因组学和蛋白质组学	全球视野与人类命运共同体	基因组学的研究特点与全球合作	全球视野
	学科融合与协同创新	基因组信息技术	科学精神

（续表）

课程章节	重要的课程思政元素	相关联的专业知识或教学案例	所属思政维度
第八章　遗传重组	合作精神	位点专一性重组规律的发现	公民品格
	辩证思维	转座重组生物学机制的发现	科学精神
第九章　染色体畸变	对立统一的自然辩证法原理	染色体畸变的类型及其遗传学效应	科学精神
	尊重规律、自主创新	异源多倍体的应用	科学精神
第十章　基因突变	环保意识与生态文明	诱发突变的分子机制与环境污染	生态文明 公民品格
	家国情怀与爱岗敬业	科学家不畏电离辐射诱变坚持工作的事迹	公民品格
	法治意识与规则意识	诱发突变的物质与相关职业暴露风险	法治意识
第十一章　表观遗传学	马克思主义实践观	表观遗传学与经典的遗传学的异同	科学精神
	环保意识与生态文明	外界环境造成的表观遗传改变	生态文明 法治意识
第十二章　细胞质遗传	家国情怀与社会责任感	水稻育种中植物雄性不育株的发现过程	家国情怀 科学精神
	爱岗敬业与团队合作	袁隆平“二区三系法”杂交水稻研发过程	公民品格
	民生优先的中国政治体制	袁隆平杂交水稻研发历程中的国家支持	政治认同
第十三章　数量性状的遗传	科学理性思维	杂种优势的发现	科学精神
	中国古代理性婚配观与文化自信	近交衰退的古代认识	文化自信
第十四章　基因调控与发育	实验动物伦理观	发育遗传学研究中的三大模式动物	科学精神
	质疑与实证的科学精神	胚胎干细胞与体细胞的全能性	科学精神
第十五章　群体遗传与进化	辩证唯物主义世界观	生物的进化学说及其发展	科学精神
	持之以恒的科学探索精神	达尔文的5年环球考察	科学精神
	国际视野	影响群体遗传平衡的因素	全球视野
二、“遗传学”实验课程思政教学指南			
“遗传学”实验课程	团队合作精神	果蝇伴性遗传实验的小组合作	公民品格
	法治意识与规则意识	微核检测实验规范	法治意识
	环保意识	环境污染物对实验细胞基因表达影响实验	生态文明

（毛春晓）

附表 1

课程思政教学备课表(范例)

课程思政教学备课表(例表)

课程名称：动物学

课程章节：第二十一章　哺乳纲

本讲课程思政教学目标：1)政治认同维度：认同我国政治体制在动物保护和维护社会稳定中的独特优势;2)科学精神维度：形成进化论科学世界观，感受客观理性、严谨求实的科学精神;3)生态文明维度：形成保护生态环境、保护动物资源的生态意识;4)法治意识维度：尊法守法，不猎杀野生动物;5)公民品格维度：抵制吃野生动物的饮食陋习，文明饮食;6)全球视野维度：从对野生动物保护力度角度，了解各国贫富差距与国情差异。

课程思政元素	对应专业知识	教学方式要点简述	所对应的课程思政维度与对应强度(强支撑+++，中度支撑++，一般支撑+)																							
			政治认同			家国情怀			科学精神			文化自信			法治意识			公民品格			生态文明			全球视野		
			1	2	3	4	5	6	7	8	9	10	11	12	13	14	15	16	17	18	19	20	21	22	23	24
进化论世界观	人类起源的客观证据	展现已有客观证据，阐明“人从哪里来”							+++	+++	+															
稳定社会环境的重要性	哺乳动物体温恒定机制	恒温动物广泛的环境适应性与稳定社会环境的引申比较	+++		+																					

（续表）

课程思政元素	对应专业知识	教学方式要点简述	所对应的课程思政维度与对应强度（强支撑+++，中度支撑++，一般支撑+）																							
			政治认同			家国情怀			科学精神			文化自信			法治意识			公民品格			生态文明			全球视野		
			1	2	3	4	5	6	7	8	9	10	11	12	13	14	15	16	17	18	19	20	21	22	23	24
生态文明与环境保护	野生哺乳动物生存状况	野生哺乳动物的现存数量变化与人类对环境的破坏和饮食陋习的相关性														++	++		++		+++	+++	+++			
透过表象看本质	动物的趋同进化	鲸鱼非鱼、蝙蝠非鸟的生物学本质							+++	++																
国家富强与动物保护	野生动物保护体系	不同国家的动物保护体系比较	+++	+++	++																			+++	+++	

政治认同：1——拥护中国共产党领导；2——坚定中国特色社会主义理想信念；3——积极投身于中国特色社会主义建设；
家国情怀：4——在情感层面发自内心地热爱国家；5——与国家民族休戚与共的家国同构；6——以百姓之心为心、以天下为己任的使命感；
科学精神：7——客观理性的思维特质；8——严谨求实的工作作风；9——探索创新的价值取向；
文化自信：10——认同并热爱中华民族的优秀传统文化；11——认同并热爱中国共产党的革命文化；12——认同并热爱新时代中国特色社会主义文化；
法治意识：13——认同并支持中国社会主义法制体系；14——自觉尊法、学法、守法、用法；15——积极参与社会主义法治国家建设；
公民品格：16——具备作为国家主人和社会主体的自觉意识；17——弘扬和践行社会主义核心价值观；18——明确并履行社会主义制度下的权利、责任与义务；
生态文明：19——遵循人、自然、社会和谐发展的客观规律；20——树立符合自然规律的价值需求、规范和目标；21——倡导并践行生态理念，推动经济社会的可持续发展；
全球视野：22——了解国际政治体制与文化差异；23——具备基于全球变化与国际差异的思维视角；24——以全球视野看待并参与社会主义中国的建设

附表 2

课程思政课堂教学评价表(范例)

课程思政课堂教学评价表

开课院系：　　课程名称：　　授课教师：　　授课时间：　　授课地点：

评价项目	评价标准	等级赋分						得分
		分值	A	B	C	D	E	
教学仪态	仪表大方,举止得体,精神饱满	4	4	3	2	1	0	
	语言得当,课堂亲和力强	4	4	3	2	1	0	
教学内容	思政元素经过提炼归纳,明确可感知	8	8	6	4	2	0	
	思政要点符合路线方针,准确无偏差	8	8	6	4	2	0	
	思政内容紧扣专业知识,贴切不突兀	8	8	6	4	2	0	
	思政比重服从专业教学,合理不泛滥	8	8	6	4	2	0	
教学方法	思政元素的导入和切换自然流畅	8	8	6	4	2	0	
	思政教学过程柔润无形,顺势而为	8	8	6	4	2	0	
	思政信息表达的可接受度和可信度高	8	8	6	4	2	0	

（续表）

评价项目	评价标准	等级赋分						得分
		分值	A	B	C	D	E	
教学情境	善于设置教学情境，有效调动学生注意力和情感变化	8	8	6	4	2	0	
	善于把控现场局面，收持有度，处变不惊	8	8	6	4	2	0	
	课堂氛围热烈与恬静交融，师生沟通自然顺畅	4	4	3	2	1	0	
教学效果	学生学习态度认真，全程专心听讲	8	8	6	4	2	0	
	学生配合度高，实现积极师生互动	4	4	3	2	1	0	
	学生有跟随教学过程而产生的情感情绪变化	4	4	3	2	1	0	
简要总体评价						总分		

评价人：　　　　评价时间：

HOU JI 后记

上海市是"课程思政"概念的提出者和实践的先行者，华东师范大学则是上海市首批"课程思政教育教学改革整体试点校"和上海市首批"课程思政整体改革领航高校"。近年来，学校采用"课程思政教学设计比赛"、"课程思政示范课程"等一系列扎实有效的措施推进全校的课程思政改革，全面促进课程育人、全员育人。华东师大生命科学学院是华东师大课程思政改革的示范学院之一，自2017年上海市高校课程思政改革之初便积极参与到全市和全校的课程思政改革中，并涌现出一批优秀的课程思政改革先锋教师和一批定位准确、效果理想的课程思政示范课程，入选"上海市课程思政重点改革领航学院建设单位"，更成为上海市理工科课程思政建设的重要理论和实践经验的来源地。

自2018年起，上海市教委启动了"高校课程思政教学指南编制"项目。借助于华东师大和华东师大生科院、马克思主义学院扎实的课程思政理论与实践基础，华东师大生科院杜震宇教授领衔主持"生物学一级学科课程思政教学指南编制"课题，由此启动了本《指南》的编写工作。由于全国尚没有任何课程思政教学指南的编写先例，本《指南》编写组多次开会，多方求教，以摸着石头过河的态度，构建起本《指南》的定位与内容框架。在一年的《指南》的编写工作中，全体编写组成员兢兢业业、一丝不苟，以做科研的严谨负责态度，力求将课程思政的改革精神与自身的教学实践经验进行深度结合，既建立系统的课程思政教学理论体系，又努力地将本《指南》所构建的理论体系转化为能具体操作的教学设计和教学策略，从而为全国同行提供可参照、可执行的课程思政教学指南。

在本《指南》的编写工作中，上海市教科院德育院（筹）党支部书记、副院长宗爱东，华东师大两任教务处处长雷启立教授和孟钟捷教授多次给予宝贵的建议和具体的指导；华东师大教务处谭红岩副处长为本《指南》前后奔走，进行了大量的协调工作；华东师大教务处为本《指南》的出版提供了及时的资助；华东师大生科院和马克思主义学院为编写组给予了有力的组织支撑。在此，本《指南》全体编写组成员向上述老师和单位组织表示最真诚的感谢！此外，也感谢所有对本《指南》给予关心、指导、支持和帮助的专家与同仁！

《生物学科课程思政教学指南》编写组

2020年2月